Vita Di San Luigi Gonzaga Della Compagnia Di Gesu – Primary Source Edition

Virgilio Cepari ((S.I.))

VITA
DI SAN LUIGI
GONZAGA

DELLA COMPAGNIA DI GESÙ.

SCRITTA DAL PADRE

VIRGILIO CEPPARI

DELLA MEDESIMA COMPAGNIA.

COLLA TERZA PARTE NUOVAMENTE COMPOSTA DA UN ALTRO RELIGIOSO.

IN VENEZIA,
MDCCLXXXIX.

APPRESSO GIO: ANTONIO PEZZANA;
CON LICENZA DE' SUPERIORI, E PRIVILEGIO.

L'AUTORE DELL'OPERA

AL PIO LETTORE.

Qualunque perſona legge le Storie, e Vite de' Santi, i quali in varj tempi ſono fioriti nella Chieſa Cattolica, trova che la Divina Provvidenza per ordinario non ha mandato mai Santo al mondo di vita molto eſemplare, che inſieme non abbia provviſto alcuno de' ſuoi Conoſcenti, che iſpirato da Dio ſcriva la ſua Vita ed azioni; affinchè colla morte del Santo non muoja la fama; ma ſi ſtenda per tutta la Chieſa, e ſi conſervi per i tempi a ſuccedere a comune beneficio ed ammaeſtramento de' Poſteri: Concioſſiacoſachè le Vite de' Santi ſono norma di ben vivere, e moſtrano la diritta via del Paradiſo aſsai più efficacemente, che i libri ſcritti, e le parole non fanno. E perchè le Vite de' Santi antichi, come di perſone molto rimote da' noſtri ſenſi, ancorchè perfettiſſime ſiano, non hanno in ognuno quella viva forza di muovere, che dovrebbono avere; e pare in un certo modo, che eccitino piuttoſto a meraviglia, che ad imitazione; onde quaſi che foſſero colla mutazione de' tempi cangiate le forze, e ſcemati gli ajuti ſoprannaturali; ſi ode ſovente dire, che non ſia poſſibile giungere ora a quel ſegno di ſantità, al quale gli Antichi felicemente giunſero; quindi è che con particolar Provvidenza fa Dio nel Giardino di Santa Chieſa germogliare nuove piante, e fiorire nuovi Santi, i quali per dritto ſentiero al Cielo ci ſcorgano, e ci dimoſtrino non eſſere abbreviata la mano del Signore; ma poterſi ora, come ſempre, ſervire a Dio con ſantità, e perfezione.

Uno di queſti a' tempi noſtri è ſtato il Santo e non mai abbaſtanza lodato Giovane Luigi Gonzaga Religioſo della Compagnia di Geſù, il quale nel breve ſpazio di ventitre anni, e tre meſi, in ſua ſalute, diede tale odore di ſantità, e cotanto ſi avanzò nel ben operare, che moſſe tutti, che lo co-

nob-

nobbero, a meraviglia; e molti, che feco lui converfaron, a
defiderio d'imitare i fuoi fanti efempj. E acciocchè le perfone, che non l'hanno conofciuto, non reftino prive del frutto, che fi può cavare dalle fue fante azioni, la Divina Provvidenza conforme al fuo ftile ha moffo il cuore di più perfone a notare, e porre in ifcritto varie cofe, che della fua fanta Vita hanno faputo. E per lafciare di dire, che il Padre
Niccolò Orlandini negli Annali della Compagnia di Gesù,
trattando de' Novizj di Roma dell'anno mille cinquecento e
ottantacinque, defcrive in breve la fua vocazione alla fanta
Religione; e che nella Vita ftampata della Sereniffima Arci-
ducheffa Eleonora d'Auftria Ducheffa di Mantova, in due luoghi l'Autore tocca incidentemente con molta lode di fantità
la medefima vocazione, e la fua fanta morte; il primo, che
di propofito fcriveffe le virtù di Luigi, fu il Reverendo Padre Girolamo Piatti Autore dell' Opera *De Cardinalatu ad Fra-
trem*, e di quell'altra *De bono Statu Religiofi*: uomo di rari
talenti, e doni naturali, ed in particolare di eminente giudizio, e prudenza, e di fegnalata pietà, e religione, il quale
avendo foprantendenza nel Gesù di Roma de' Novizj, che colà vanno a fervire alle Meffe; quando vi andò Luigi Novizio,
fi fè raccontare la fua Vita, e vocazione, e le grazie, che
Dio gli avea fatte nel fecolo: e parvero al Padre così fegnalate le grazie, e ftraordinarj i favori, che Dio gli aveva fatto, che, partito il Giovane, notò il tutto in breve fcrittura.
Dopo quefto io fui il primo, che fcriveffe feguitamente la
Vita, mentre ancora il Giovane viveva in Roma: nel qual
tempo abitando io nel medefimo Collegio, e converfando fpeffo, ed intrinfecamente con lui; perchè fcorfi che le fue parole, ed azioni movevano a divozione chi le avvertiva; in
quel modo appunto, che muovere fogliono le Vite de' Santi,
quando fi leggono con difpofizione, e per approfittarfene ftimai, che il medefimo effetto avrebb   nato i fuoi fanti efempj nelle Perfone fecolari, quando a notizia loro foffe-
ro

ro pervenuti. E però moffo, come credo, da Dio, con intenzione di giovare a molti, determinai di fcrivere la fua Vita: e conferendo questo mio penfiero col fopraddetto Padre Girolamo Piatti, egli non folo l'approvò; ma per più ftimolarmi all'opera, mi diede quel fuo fcritto, che fino a quel tempo aveva tenuto celato. Con ajuto di quello, e con altre cofe, parte notate da me, parte raccolte da altri, fcriffi la Vita fua circa due anni prima, ch'egli moriffe: febbene per allora non la comunicai fe non a pochi, per come, più all'orecchie fue non pervenisse. Morto Luigi, fui ftimolato dal Reverendo Padre Roberto Bellarmino, ora Cardinale di Santa Chiefa, che l'aveva letta con gufto particolare, ad aggiungervi gli ultimi due anni, che vi mancavano. Ma perchè io era allora occupato in altro; fatta una raccolta di molte cofe, la diedi in mano del Padre Gio: Antonio Valtrino, allora venuto di Sicilia per fcrivere le Croniche della Compagnia, acciocchè egli, o la compiffe, o fe ne ferviffe come più gli piaceva. Egli febbene non aveva conofciuto Luigi, nondimeno trovò fparfa così gran fama della fantità fua nel Collegio Romano, che non volle afpettare a defcriver quelle cofe nelle Croniche; ma ne formò la Vita a parte; e fu la feconda Vita, che di Luigi andaffe attorno. Ma perchè le cofe, fopra le quali nello fcrivere ci eravamo appoggiati, per lo più erano ftate cavate col mezzo di un fanto inganno dalla bocca del Giovane, il quale per fua umiltà le raccontava mozze, le fminuiva, ed occultava; ci venne defiderio di cercare di effe maggior chiarezza, e più piena informazione delle circoftanze dei tempi, dei luoghi e delle perfone: ed avendo proccurate varie relazioni da Mantova, da Caftiglione, [e da altri Luoghi, ci crebbero le cofe in qualità, e numero di maniera; che giudicammo effer neceffario tornare da capo a riteffere la Storia.

Morì il Padre fenza farne altro: ed il M. Rever. Padre Claudio Acquaviva Generale della Compagnia, defiderofo, che

Vita così esemplare, e di Giovane tanto Santo uscisse in luce, mi ordinò, che io di nuovo vi applicassi l'animo, e vedessi di formare Storia aggiustata, e compita. Accettai il carico come venuto dal Cielo; e per saper meglio la verità delle cose, prima andai da Roma a Firenze; e per più giorni presi minuta informazione di tutta la Vita del Giovane dal Signor Pier Francesco del Turco, Maggiordomo del Signor Don Giovanni de' Medici, il quale si ritrovava in Corte del Marchese Don Ferrante, quando Luigi nacque: ed essendogli stato dato in cura da piccolino, fu suo Ajo, e lo servì per diciotto anni continui; finchè lo lasciò in Roma nel Noviziato della Compagnia: e per averlo accompagnato sempre in tutti i viaggi, e fattagli continua assistenza, è benissimo informato di tutta la vita sua. Da Firenze passai in Lombardia; e giunto a Castiglione Marchesato di Luigi, per molti giorni presi minuta informazione dalla Signora Marchesa Madre del Giovane, e da tutti quelli, che l'avevano conosciuto, e servito nel secolo, e per più autenticare le cose, feci formare con licenza del Vescovo due gran processi della Vita, e costumi suoi. Inoltre ho avute scritture sopra di lui di Francia, e di Spagna, ed esami e processi autentici, formati tutti colle debite solennità in varj luoghi del Regno di Polonia, ed in Italia a' Tribunali Ecclesiastici del Patriarca di Venezia, e degli Arcivescovi di Napoli, di Milano, di Firenze, di Bologna, di Siena, di Torino, e de' Vescovi di Mantova, di Padova, di Vicenza, di Brescia, di Forlì, di Modena, di Reggio, di Parma, di Piacenza, di Mondovì, di Ancona, di Recanati, di Tivoli. Ed io stesso in persona ho circondate più volte tutte le Città, e Luoghi di Lombardia, ove sperava poter avere cognizione vera delle cose: ed al fine mi fermai a scrivere la Vita in Brescia, come luogo vicino a Castiglione; donde a' dubbj, che mi occorrevano, aveva subito risposta. Dai detti processi e scritture ho cavato quanto scrivo in questa Storia; nella quale fo professione di non dire cosa veruna

del-

delle virtù di questo Santo Servo di Dio che non si possa provare con testimonj giurati, e per se stessidegni d'ogni credenza;
come appunto rendono testimonianza gl'infrascritti Reverendi
Religiosi, i quali hanno confrontata la Vita co'processi. Le
virtù interne per lo più si sono cavate dall'Illustrissimo Cardinale Bellarmino, da quello scritto del Padre Girolamo Piatti, dagli esami di varj suoi Superiori, e Confessori, e da altri, che intrinsecamente l'hanno conversato e trattato. Le cose esteriori successe nel secolo le ho intese in Mantova dal-
l'Illustrissimo, e Reverendissimo Monsignor Francesco Gonzaga Vescovo di Mantova, a bocca, e per uno scritto di suo
pugno giurato; dall'Illustrissimo Signor Prospero Gonzaga, che
lo tenne a Battesimo, e poi lo confermò, ed è bene informato di molti particolari; dalla Signora Marchesa Madre,
dall'Ajo, Camerieri e Servidori, che l'hanno servito sempre
da Fanciullino, e l'hanno accompagnato ne viaggi, che fece
in varj luoghi; e tutti depongono ciò che dicono in autentiche scritture.

M'è paruto bene dare notizia qui delle cose sopradette, non
per mostrare la mia diligenza, ma solo per assicurare i Lettori della verità delle cose, alle quali hanno da prestar fede,
perchè questo è uffizio proprio di chi scrive Storie. Ho scritto in lingua Italiana, acciocchè il benefizio sia comune, non
solo a quei che studiano, ma anco agli uomini, e donne. Lo
stile e semplice e familiare, senza verun artifizio, o ingran-
dimento rettorico. La narrazione delle cose non è legata, nè
ridotta a materie; ma accomodata successivamente all'età del
Giovane, ed a'luoghi, ove abitò, acciocchè ciascuno possa
sapere in qual luogo, e di che età egli facesse questa, o quella azione, il che è a molti di non picciola soddisfazione; ancorchè bisogni talvolta ripetere le medesime da lui continuate
azioni. La Storia è divisa in tre parti; La prima contiene la
Vita, che menò nel secolo fino all'entrare in Religione. La
seconda, la Vita sua Religiosa fino alla morte. Potrebbe pa-

rere ad alcuno che il decoro della Storia richiedesse, che non discendessi a certe cose minute, come io apposta discendo nella seconda Parte. Ma perchè io scrivo per giovamento delle Anime Religiose, e spirituali; e non iscrivo Storia di gran Capitano, o di Principe secolare; ma la Vita di persona Religiosa, ed azioni morali imitabili, le quali sovente si variano per minime circostanze; coll'esempio di molti Scrittori delle Vite de' Santi, che hanno fatto l'istesso, e col parere di Persone autorevoli e dotte; a bello studio scriverò certe minutezze, nelle quali vedrò che riluca l'esquisita santità e perfezione sua; perchè se bene ognuna di queste cose da se stessa parerà minuta; nondimeno la costante e perpetua continuazione di esse con quella esattezza, ch'egli le faceva, appresso gl'intendenti farà argomento di abituata perfezione: il che tutto qui ho voluto avvertire, acciocchè alcuno non pensi questo essere fatto a caso. Gli errori della Storia si attribuiscano a me; del bene se ne dia gloria a Dio, a cui piaccia dare grazia a noi d'imitare i santi esempj di questo Giovane, e d'arrivare per sua intercessione a quel beato fine, il quale crediamo ch'egli goda in Cielo con molta gloria. E tu Santissimo, e Beatissimo Luigi, che ne' Beati soggiorni di Paradiso ricevi ora il premio delle tue sante fatiche; ed in quello specchio volontario della Divina Essenza vedi l'imperfetto mio; perdonami se con basso stile ho osato di scrivere l'eroiche Virtù tue: e ricordevole di quell'affetto di carità, che in Terra vivendo mi mostrasti; impetrami dal comune Signore grazia di potere qui religiosamente vivere, e santamente operare: acciocchè favorito dal tuo ajuto, e dalla tua protezione io possa un dì, quando a Dio piaccia, giungere a godere in tua compagnia l'eterna Beatitudine. Amen.

PRIMA PARTE

DELLA VITA

DI S. LUIGI GONZAGA.

Della sua discendenza, e nascimento.

CAP. I.

SAN Luigi Gonzaga, di cui la vita, e costumi prendiamo a narrare, fu figliuolo primogenito degl' Illustrissimi, ed Eccellentissimi Signori Don Ferrante Gonzaga Principe dell' Impero, e Marchese di Castiglione delle Stiviere in Lombardia, e di Donna Marta Tana Santena da Chieri di Piemonte. Il Marchese Don Ferrante Padre di Luigi era cugino carnale in terzo grado del Serenissimo Signor Don Gugliemo Duca di Mantova, e del medesimo ceppo, e possedeva questo Marchesato posto fra Verona, Mantova, e Brescia, non lungi dal Lago di Garda, per eredità lasciatagli da' suoi maggiori. La Marchesa Donna Marta nacque ancor ella da nobilissime Famiglie del Piemonte, e fu figliuola del Signor Baldassare Tana de' Baroni di Santena, e di Donna Anna degli Antichi Baroni della Rovere, cugina germana del Cardinale Girolamo della Rovere Arcivescovo di Torino. Il maritaggio fra questi due progenitori di Luigi seguì nella Spagna in questa maniera. Stava il Marchese Don Ferrante nella Corte del Re Cattolico Don Filippo II. e Donna Marta nella stessa Corte era la più favorita, e confidente Dama, che avesse la Regina Elisabella di Vallois

mo-

moglie di quel Re, e figliuola di Enrico II. Re di Francia: e
con tale occasione venendo il Marchese in cognizione delle nobili qualità, e rare parti di questa Signora, s'accese in desiderio di prenderla per moglie, e dopo matura deliberazione riso-
lutosi a farlo, tenne modo, che questo suo desiderio arrivasse alle orecchie di quelle Maestà, dalle quali venendo compiaciuto,
con assegnamento di buona dote, e con preziosi donativi di gio-
ie, e di altre cose, che la Regina diede a questa Signora in segno
d'affezione, quivi in Corte la sposò. Ed intervennero nello sposalizio, e nel trattamento di tutto il negozio alcune circostanze
tanto sante, che ben dimostravano, che frutto si potesse aspettare da un tale matrimonio. Imperocchè, quando la prima volta Donna Marta riseppe dalla Regina, che si trattava questo
parentado, fece dire una moltitudine di Messe della Santissima
Trinità, dello Spirito Santo, della Passione, della Madonna,
degli Angeli, ed altre, per impetrar da Dio che seguisse il meglio. Inoltre, essendosi scritto in Italia, per avere sopra ciò il
consenso de' parenti d'ambe le parti, giunse la risposta in Corte,
quando appunto stavano tutti pigliando un Giubbileo, che nuo-
vamente era venuto da Roma: e nel giorno della Natività di
S. Gio: Battista, il Marchese, e Donna Marta si comunicarono,
presero il Giubbileo, e conclusero l'accordo del matrimonio: e
nel medesimo giorno questa Signora (per quanto ella stessa m'ha
raccontato) fece una ferma risoluzione di voler per l'avvenire
con ogni studio attendere alla divozione. Di più, perchè in quel
tempo la Regina si trovava di fresco gravida, e per la confidenza,
che aveva con questa Signora, la quale a suo gusto si aveva menata di Francia, non avrebbe voluto privarsene nel tempo della
gravidanza, ordinò che si differisse lo sposalizio fin dopo il suo
parto, come si fece; e quando poi giunse il giorno dalla Regina
determinato per lo sposalizio, con occasione di non so qual altro
Giubbileo, o Indulgenza Plenaria, che in quel dì correva, il
Marchese, e la Marchesa di nuovo confessati, e comunicati celebrarono santamente il matrimonio in grazia di Dio, come a
buoni cattolici si conviene. E quello, che mi pare non men degno
d'essere notato, si è, che questo fu il primo matrimonio che si celebrasse nella Spagna secondo gli ordini, e con le sollennità prescrit-
te dal Sacro Concilio di Trento, l'osservanza del quale appunto in
quei giorni cominciò ad introdursi ne' Regni di Spagna. Fatto
già lo sposalizio ebbe licenza il Marchese dal Re, e dalla Regina di tornarsene in Italia al suo Marchesato, e di condurre
seco la Marchesa sua Sposa: e prima che si partisse di Corte,
il Re lo dichiarò suo Ciamberlano, che è dire Cameriero di
onore, e gli assegnò alcune onorate provvisioni nel Regno di
Napoli, e nel Ducato di Milano a vita sua, e d'un figlio, e
peco

poco dopo lo fece in Italia Capitano di gente d'arme : grado, che fi ritrova oggi ne' primi Principi, e Duchi d'Italia. Giunti a Castiglione, veggendosi la Marchesa libera dalle occupazioni, ed impedimenti della Corte; come era stata sempre inclinata alla pietà cristiana; così avendo già maggior commodità, e libertà di prima, cominciò più che mai ad applicarsi alla divozione, conforme al proponimento fatto in Ispagna: ed in particolare si sentì accendere di desiderio di aver un figliuolo, che servisse a Dio nella Religione: e continuando in questa santa intenzione, nelle orazioni sue spesso, ed istantemente chiedeva a Dio questa grazia. E parve, che l'evento dimostrasse, ch'erano state esaudite le sue preghiere; poichè concepì questo primo figliuolo, il quale entrò poi, visse, e morì santamente nella Compagnia di Gesù. Nè deve parere maraviglia, che figliuolo così Santo, e con tanto santo fine desiderato abbia potuto essere impetrato con le orazioni della madre; poichè leggiamo nelle sacre storie, quanto benigno sempre si sia stato Dio in esaudire somiglianti desiderj; come si scrive di Anna madre del Santo Profeta Samuele, la quale essendo sterile, e chiedendo a Dio nel Tempio un figliuolo, per dedicarlo al suo servizio, subito l'impetrò; e anche di S. Niccola da Tolentino, che pure fu impetrato con le orazioni della Madre sterile; di S. Francesco di Paola ottenuto per voto de' parenti sterili; di S. Andrea Corsini, e d'altri simili; onde, chi per una parte ispirò alla Marchesa il chiedere tal grazia, potè per l'altra benignamente esaudirla, e scegliere per se il primo frutto, ch'ella nel ventre portasse. E ben pare, che Dio si compiacesse di possedere Luigi, prima ancora, che dal materno ventre fosse uscito; poichè senza dubbio a divina disposizione si deve attribuire, ch'egli fosse prima battezzato, che al mondo totalmente nato: e che alla sua natività concorresse con i suoi favori anche la Beatissima Vergine Regina de' Cieli, di cui fu egli da bambino cotanto divoto. Imperocchè soleva raccontare la Marchesa, che quando giunse il tempo del parto, fu da dolori sì fortemente assalita, che si condusse a termine di morte, senza poter mandar fuori la creatura: ed il Marchese, fatti venire più Medici, raccomandò loro, che se non si poteva salvar vivo il parto, proccurassero almeno di salvar l'anima della creatura, e la vita della Marchesa. Ma essi dopo di aver adoprati senz'alcun profitto varj rimedj, e medicine per farla partorire, alla fine disperati di poter far altro, diedero per ispedita la vita e della madre, e del figliuolo. Del che venuta in cognizione la Marchesa, veggendosi mancare gli ajuti umani, determinò di ricorrere a' divini, e specialmente all' intercefsione della Beatissima Vergine Madre delle misericordie; e fattosi venire il Marchese in camera, di suo consenso, e licenza, fe' voto, se campava, d'andare alla Santa Casa di Loreto, e di menarvi anche il figliuolo, se nascendo sopravvivesse. Fatto il voto, cessò il pericolo; ed indi a poco partorì questo figliuolo: e perchè i Medici perseveravano a dire non esser possibile, che la creatura campasse; ed il Marchese instava, che s'attendesse a salvare l'anima, la pratica raccoglitrice tosto, che vide il bambino ridotto a termine di poter esser battezzato, prima che totalmente nascesse, lo battezzò, ed in questa guisa per intercessione della Beatissima Vergine si salvò la vita della madre, e del figliuolo; e il bambino non prima fu al mondo nato, che in grazia di Dio, e a Dio rinato: il che singolar favore di Dio si deve attribuire, che fin dal ventre della madre lo volle possedere. Nel che egli fu simile alla Beata Metilde Vergine, a cui dal Signore fu rivelato, che per divino volere con somigliante pericolo il suo battesimo era stato accelerato, affinchè l'anima sua fosse immediatamente a Dio, come tempio, dedicata, in cui totalmente fin dal suo nascere Iddio abitando, la venisse con la sua divina grazia a pervenire, come si legge nella vita di lei. Nacque S. Luigi nella Rocca di Castiglione luogo principale del Marchesato di suo Padre, ora eretto in Principato nella Diocesi di Brescia, sotto il Pontificato di S. Pio Quinto, nell'anno della Natività di nostro Signore 1568. alli nove di Marzo, in giorno di martedì, a ore 23. e tre quarti: e subito che fu nato, la madre lo segnò colla Croce, e gli diede la sua benedizione, e per un'ora intera stette tanto quieto, ed immobile, che quasi non sapevano discernere se fosse vivo, o morto, e poi come se fosse desto da un profondo sonno, diede un solo picciolo vagito, dopo del quale si quietò, non piangendo più come ordinariamente i bambini sogliono: il che potè esser indizio della futura sua mansuetudine, e dell'innata piacevolezza de' suoi costumi. Le solennità del battesimo si fecero con gran festa alli venti di Aprile del medesimo anno, pure in giorno di martedì, nella Chiesa di S. Nazaro, per mano di Monsignor Gio: Battista Pastorio Arciprete di Castiglione, e gli fu posto nome Luigi: perchè questo era il nome del già morto Padre del Marchese. Compare fu il Serenissimo Don Guglielmo Duca di Mantova, il quale mandò a Castiglione l'Illustrissimo Sig. Don Prospero Gonzaga suo, e dal Marchese cugino, che a nome di sua Altezza lo tenne al sacre Fonte, come sta notato nel libro parrocchiale di quella Chiesa, nel quale fra le altre cose ho avvertito, che essendo tutti i battesimi di quel tempo scritti ad una forma in lingua Italiana, quello di San Luigi, o per onorevolezza della persona, e

ser-

perchè fosse particolare istinto di Dio, sono poste alcune parole latine al fine della nota, che non vidi poste a verun altro, nè anco a' suoi Fratelli, e di lui pare si siano poi verificate, e sono queste: *Sit felix, carusque Deo ter optimo, terque maximo, & hominibus in æternum vivas*: cioè sia felice, e caro a Dio, e per benefizio degli uomini viva in eterno.

Della educazione di S. Luigi fino all' età di sette anni.

CAP. II.

CON quanta cura, e diligenza fosse allevato Luigi nella sua fanciullezza, ciascuno può agevolmente immaginarselo: poscia che come primogenito doveva essere erede non solo del Marchese suo Padre, ma ancora di due suoi Zii fratelli del Padre; cioè del Signor Alfonso padrone di Castel Gofredo, e del Signor Orazio padrone di Solferino, il secondo de' quali per non aver figliuoli, ed il primo solamente una femmina, venivano necessariamente a lasciare i loro Feudi Imperiali a Luigi loro nipote. Desiderava la Marchesa, come pia Signora, che questo suo figliuolo fin da fanciullo s'avvezzasse a fare atti di devozione; ed appena cominciava a snodare un poco la lingua, che ella da per sè stessa gl' insegnava a segnarsi con la Croce, a proferire i nomi SS. di GESU', e di MARIA, e recitare il Pater noster, l'Ave Maria, ed altre orazioni; e voleva, che lo stesso facessero le altre persone, che lo servivano, e gli stavano d' intorno: e riusciva tanto divoto, che dalla chiarezza di quell' aurora si poteva raccogliere, quanto dovesse essere grande lo splendore del suo mezzo giorno. Imperocchè testificano le Donne, che in quel tempo stavano alla servitù della Marchesa, ed avevano cura particolare di vestire, e spogliare questo figliuolino, che videro in lui fin da bambino grandissima divozione, e timor di Dio. E due azioni fra l'altre assai notabili di lui si raccontano: una si è, che si mostrava molto compassionevole verso i poveri, e quando li vedeva, voleva far loro delle limosine, l'altra, che dopo di aver cominciato a poter da sè stesso camminare per casa, spesse volte si nascondeva, e quando lo cercavano, lo trovavano in qualche luogo rimoto, che se ne stava sequestrato a far orazione: del che restando tutti stupidi, fin d' allora pronosticavano: che sarebbe stato un Santo. Altri uomini con giuramento depongono, che prendendolo così bambino spesso nelle braccia, si sentivano interiormente muovere a divozione, e lor pareva di recarsi in braccio un Angelo di Paradiso. Prendeva la Marchesa gran diletto in vedere, ch' egli riuscisse così pio, e divoto: ma il Marchese, siccome faceva professione d' armi, e di Soldato (onde perciò ebbe dal Re Cattolico tarj) onorati carichi) così disegnava d'incamminare il figliuolo per la medesima via: e perciò fin quando era di quattro anni, fe fare per lui a posta archibusetti, bombardette, ed altre armi, piccole tutte, ed accommodate a poter essere maneggiate da quella età. E quando si apparecchiò per andare a Tunisi, ove era mandato dal Re Cattolico con la condotta di tre milla Fanti Italiani, dovendo fare la massa de' Soldati in Casal Maggiore, Terra sul Cremonese dello Stato di Milano, levò Luigi dalle mani delle donne, e dalla cura della madre, ancorchè non avesse più di quattro in cinque anni; e lo menò seco a Casale; e ne' giorni, che si faceva la rassegna, lo mandava innanzi alle squadre in ordinanza con un'armaturina leggiera indosso, e con una picchina in spalla; e gustava di vedere, che il fanciullo prendesse diletto di quell'esercizio. Stette Luigi in Casale alcuni mesi: e come quella età fanciullesca suole agevolmente apprendere tutto ciò, che veda fare, giuocando, e conversando continuamente con Soldati, apprese spirito soldatesco; e parve, che desse segni d'esser inclinato a quella gloria; alla quale dalle voci, e dall'esempio del Padre era incitato. Ed occorse più volte, che maneggiando armi, e specialmente archibusi, andò a manifesti pericoli della vita: da' quali fu dalla divina Provvidenza, che a migliore stato di vita lo riservava, quasi miracolosamente liberato. Una volta in particolare sparando un archibusetto, si bruciò con la polvere tutta la faccia: e un' altra volta di state, mentre sul mezzodì il Marchese riposava, e molti Soldati dormivano, pigliò dalle fiasche de' Soldati della polvere, e da sè stesso (cosa veramente di stupore in tal età) caricò un pezzetto d'Artiglieria, ch'era nel Castello, e gli diede fuoco: e mancò poco che nel ritirarsi, che se con impeto la caretta dell'Artiglieria, non lo cogliesse sotto le ruote. Ed il Marchese desto al rimbombo, e temendo di qualche rumore, e sollevamento de' Soldati, mandò subito a vedere, che novità fosse quella: ed avendo risaputo il tutto, volle fargli dare un gastigo: ma i Soldati, che si dilettavano di vedere tanto ardire in età così tenera, s'interposero con preghiere, e ottennero gli fosse perdonato. Queste, e somiglianti cose raccontava poi Luigi nella Religione, come per mostra della divina bontà verso di lui, che da tanti pericoli lo avesse liberato. E gli restava ancora un poco di scrupolo di aver tolta quella polvere a' Soldati, sebbene si consolava con pensare, che se l'avesse loro chiesta, volentieri glie l'averebbono data. Partendo poi il Marchese colla soldatesca alla volta di Tunisi, rimandò Luigi a Castiglione; dove seguitò la medesima vita, che in Casale aveva appresa. E perchè nel conversare co'

Sol-

Soldati aveva udito loro spesso usare parole libere, e sconcie
(come per lo più costuma simil gente) ancor egli cominciò ad
aver in bocca le stesse parole; sebbene non sapeva quel che
significassero, per quanto egli stesso disse al Padre Girolamo
Piatti, a cui in Religione, ricercato da lui, raccontò tutta
la vita, che aveva tenuta nel secolo. Or udendolo un giorno
il Sig. Pier Francesco del Turco suo Ajo, lo sgridò di maniera,
che (per quanto m'ha raccontato l'Ajo stesso) non gli uscì mai
più in tutta la vita parola di bocca, la quale non fosse onesta, e
decente: anzichè, se udiva altri usarle, egli subito o fissava
gli occhj vergognoso in terra, o li girava in altra parte: mostrando di non attendere, e talvolta ancora di sentirne dispiacere.
Dal che si può raccogliere, che se prima avesse avuta cognizione di ciò, che diceva, non avrebbe mai usate somiglianti
parole. Queste parole da lui dette in quell'età puerile, e senza
sapere il loro significato, sono il maggior fallo, ch'io ritrovi
nella vita di Luigi: delle quali sin d'allora, essendo avvisato
ch'erano improprie, ed indecenti al grado, ed alla nobiltà sua
si confuse talmente, che (per quanto egli disse poi) non si poteva ridurre nè anche a manifestarle al Confessore: tanto era
grande la vergogna puerile, che ne sentiva. Anzi per tutta la
vita sua se ne dolse, come se avesse commesso un gravissimo
peccato. E siccome non commise mai fallo maggior da potersene dolere, questo per sua mortificazione e confusione soleva
raccontare in Religione ad alcuni suoi famigliari, per dar loro
ad intendere d'essere stato non buono da fanciullino. Ed è da
credere: che Dio permettesse in lui questo neo con provvidenza singolare; acciocchè fra tanti doni sovrannaturali e virtù,
delle quali la divina bontà arricchì poi l'anima sua, egli avesse
qualche occasione d'umiliarsi, riconoscendo ivi la colpa, ove
probabilmente per la insufficienza dell'età, e mancamento di
cognizione non era colpa, ed acciocchè (come di S. Benedetto
scrisse S. Gregorio) ritirasse il piede, che di già aveva quasi
posto nel mondo: Quando poi pervenne all'età di sette anni
(nel qual tempo, per comune sentimento, e del Filosofo,
e de' sacri Dottori, sogliono i fanciulli per ordinario avere l'uso
di ragione, e cominciar ad essere capaci della virtù, e del vizio) si voltò talmente a Dio, e si dedicò e consacrò in guisa
tale a Sua Divina Maestà, ch'egli solea chiamare questo il tempo della sua conversione. Sicchè quando rendeva conto del suo
interno a' Padri spirituali, che l'indirizzavano, e guidava-
no, raccontava questo per uno de' segnalati benefizj dalla divina mano ricevuti, che di età di sette anni si era convertito dal
mondo a Dio. E da quanta grazia celeste egli fosse nello spun-
tar dell'uso della ragione prevenuto, ed ajutato, si può rac-

cogliere chiaramente da quefto ; che quattro Padri fuoi Confeffori ; i quali in varj tempi e luoghi, così nel fecolo, come
nella Religione udirono le fue confeffioni, anche generali,
uno de' quali è l'Illuftriffimo Sig. Cardinale Roberto Bellarmino, che udì l'ultima generale di tutta la vita, che fece non
molto prima di morire ; tutti per fcrittura depongono, uno non
fapendo dell'altro, ch'egli in tutto il tempo della fua vita non
commife mai peccato mortale, nè perdette mai quella grazia,
che nafcendo aveva nel Battefimo ricevuta. La qual cofa tanto
dee parere più degna di maraviglia, quanto che egli nella
fua più pericolofa età non ftette rinchiufo ne' Chioftri, o Mo-
nafterj Religiofi, dove per la lontananza dalle occafioni, per
la converfazione fanta di tanti fervi di Dio, e per la moltitudine degli ajuti, fpirituali è affai più facile il confervare la grazia di Dio, che nel mondo ; ma cominciò fin da fanciullo a
praticare per le Corti ; ed oltre l'effere nato, ed allevato in
quella di fuo Padre, fpefe degli anni in Corte del Gran Duca
di Tofcana, del Duca di Mantova, e del Re di Spagna ; e gli
fu neceffario trattare fempre con Principi e Signori, e converfare con ogni forte d'uomini, fecondo che l'occafione
portava : e nondimeno fra le delizie della cafa paterna, e in
mezzo alle occafioni e tentazioni delle Corti, confervò fempre pura e netta la bianca vefte dalla innocenza battefimale :
onde con gran ragione il Cardinale Bellarmino, difcorrendo
un giorno delle fegnalate virtù di Luigi, mentre era ancora vivo, alla prefenza di molti (fra' quali era ancor io) e
dicendo con fondate ragioni probabilmente, doverfi credere,
che la divina provvidenza mantenga fempre nella Chiefa militante alcuni Santi, i quali in vita fiano in grazia confermati,
foggiunfe quefte parole precife : *Ed io per me tengo, che
uno di quefti confermati in grazia fia il noftro Luigi Gonzaga : perchè fo quanto paffa in quell'anima.* Aggiunfe il medefimo Cardinale in quel fuo beliffimo teftimonio un'altra cofa, la quale
farà giudicata di maggior maraviglia da chiunque intende i
termini della vita fpirituale, e confidera la qualità della perfona, che ciò afferma : ed è, che S. Luigi dalli fette anni d'età
fino alla morte viffe fempre una vita perfetta ; il che quanto fegnalato Privilegio fia, lo lafcio al giudizio degl'intendenti. E
pare, che Dio voleffe, che i Demonj fteffi rendeffero teftimonianza della fantità di quefto fanciullo, e della gloria, che fe
gli appreffava in Paradifo. Imperocchè ; paffando in quel tempo per Caftiglione un Frate di S. Francefco degli Offervanti,
tenuto per tutto, ove andava, in gran concetto di fantità ;
mentre fe ne ftava ripofando in un Convento del fuo Ordine,
per nome detto S. Maria, circa un miglio lontane da Cafti-

glio-

glione, concorse una moltitudine grande di gente per vederlo, e per raccomandarsi alle sue orazioni: e perchè correva la fama, che egli facesse miracoli, vi furono condotte varie persone possedute da spiriti maligni, acciocchè fossero da lui scongiurate. Or mentre il Frate stava in Chiesa facendo gli scongiuri alla presenza di molto popolo, e d'altre persone molto illustri (fra le quali era ancora Luigi fanciullo, con un suo fratello minore) quegli spiriti cominciarono a gridare, ed accennando colla mano verso Luigi, dissero: *Vedete quello là, quello sì che anderà in Cielo, ed avrà molta gloria*: le quali parole furono notate; e si sparsero allora per Castiglione; e finora vivono persone, le quali si trovarono presenti al fatto, e lo depongono. E sebbene non s'ha da prestar fede a' Demonj, che sono padri della menzogna; nondimeno talora sono costretti da Dio per loro maggior confusione a dire il vero ed in questo caso si può credere, che lo dicessero; perchè fino in quel tempo era questo santo Giovinetto tenuto per un Angelo di vita, e costumi; ed ogni dì recitava in casa o solo, o accompagnato l' esercizio cotidiano, i sette Salmi Penitenziali, e l' Uffizio della Madonna sempre ginocchioni, e faceva altre sue divozioni. E volendo altri porgli sotto le ginocchia o cuscino, o altra cosa, non voleva; ma gustava d'inginocchiarsi sopra la nuda terra. In questo tempo medesimo fu Luigi assalito dalla febbre quartana, la quale gli durò per dieciotto mesi, e lo travagliò assai massimamente nel principio: sebben poi non lo teneva sempre in letto: ed egli la sopportò con grandissima pazienza, e non volle tralasciare mai di dire ogni dì l'uffizio della Madonna, i Salmi Graduali, i sette Salmi Penitenziali, ed altre sue orazioni solite. E quando si trovava stanco più del solito, chiamava qualche donna di quelle, che servivano alla Marchesa sua madre, e si faceva ajutare. Tali sono i primi fondamenti, che della sua fabbrica spirituale in età di sette anni gettò San Luigi; onde non è maraviglia, che giungesse poi a tant'altezza di perfezione, quanta siamo per dire nel progresso della vita sua:

Come S. Luigi fu menato dal Marchese a Firenze, ove fece voto di verginità, e gran profitto nella vita spirituale.

CAP. III.

DOpo l' andata a Tunisi, si trattene il Marchese Don Ferrante più di due anni nella Corte di Spagna; e poi ritornando al suo Marchesato, trovò Luigi non più inclinato all'armi, come l'aveva lasciato, ma tutto divoto, e composto, onde, come si stupiva di vedere in lui tanto senno, e maturi-

fiorito ; così si rallegrava in pensare , che sarebbe riuscito
attissimo al governo del suo stato . Ma il fanciullo fin d'
allora , essendo d'otto anni , faceva disegni , molto diversi ,
e rivolgeva nella mente sua pensieri di più alta perfezione :
dei quali s'assicurò un giorno di farne partecipe la Marchesa sua madre , dalla quale avendo udito dire più volte , che
giacchè Dio gli avea dato più figliuoli , si sarebbe rallegrata
di vederne uno Religioso , le disse da solo a sola queste parole , *Signora madre voi avete detto , che desiderate avere
un figliuolo Religioso : credo che Dio vi farà la grazia* . E
tornando un altro giorno a replicare in camera le stesse parole , aggiunse : *e credo , che farò quello io* . Al che la Marchesa mostrò di non voler dare orecchio , per esser egli il
primogenito , ma lo notò , e cominciò a crederlo , perchè lo
vedeva tanto dato alla divozione . Ben è vero , che (come
egli testificò in Religione) in quel tempo non fece mai ferma risoluzione di cosa veruna , ma seguitò a vivere divotamente , come soleva . In tanto si sparsero per Italia rumori
grandi di peste , perlochè stando il Marchese con sospetto volle andare ad abitare in Monferrato , e condusse seco tutta la
famiglia . Quivi dimorando fu assalito dalla gotta , la quale
acerbamente lo travagliava ; onde per consiglio dei Medici deliberò d'andare ai bagni di Lucca ; e con tale occasione menar
seco Ridolfo suo secondogenito per non so che male , ch'aveva , ed anche Luigi : con pensiero di passar al ritorno per Firenze , e lasciarli alla Corte del Sereniss. Don Francesco dei
Medici Gran Duca di Toscana : parte per mantenere l'antica
amicizia , che con detto Principe contratta aveva alla Corte
del Re Cattolico : parte ancora , perchè i figliuoli quivi più
facilmente imparassero la lingua Toscana . Postosi dunque con
essi in viaggio al principio della state dell'anno 1577. non senza dolore della Marchesa , la quale mal volentieri lasciava al-
lontanare da sè i figliuoli in età così tenera , se n'andò diritto
ai bagni . Finito di prendere l'acque , drizzò il cammino verso Firenze ; e giunto vicino alla Città , intendendo , che alle
porte si facevano diligentissime guardie per sospetti di peste ,
si ritirò in una vila di Giacopo del Turco , suo conoscente ,
vicino a Fiesoli : e in tanto fece intendere a quell' Altezza ,
ch' egli era ivi per visitarla , e ricevuta subito la risposta , se
n'entrò nella Città , dove fu ricevuto dal Gran Duca in Palazzo con molte dimostrazioni d'amore . Quivi avendogli il Marchese presentati i figliuoli , Sua Altezza gradì tanto quest' offerta , che voleva per ogni modo ritenerli in Palazzo . Ma perchè il Marchese desiderava che attendessero egli studj , volle
lasciarli fuori di Corte ; e il Gran Duca scontentò , e assegnò

loro

loro una casa nella via degli Angeli . Il Marchese prima di partire lasciò loro per Ajo , e per governatore della casa il Sig. Pier Francesco del Turco , ora Maggiordomo del Signor Don Giovanni dei Medici : la cui fedeltà e prudenza aveva sperimentata per molti anni in servizio della sua propria persona. Per Cameriere diede loro il Sig. Clemente Chisoni , Maggiordomo del presente Sig. Principe Marchese di Castiglione : e per Maestro della lingua Latina , e dei costumi un Sacerdote di conosciuta pietà , per nome Don Giulio Bresciani di Cremona , ed altra famiglia conveniente al grado loro. Aveva già Luigi nove anni compiti , quando fu lasciato dal Padre in Firenze , e vi stette più di due anni, nei quali attese con diligenza alla lingua Latina , e alla Toscana , e nei giorni di festa andava a corteggiare : talvolta nel principio giuocò a qualche giuoco onorato per ubbidire all' Ajo ; sebbene quanto a sè non ne gustava. Anzi racconta la Sereniss. Leonora dei Medici Duchessa di Mantova , che quando la Sereniss. Donna Maria sua sorella , ora Regina di Francia , ed essa , fanciulline invitavano il Signor Luigi a giuocare tra loro in giardino , o in palazzo , egli rispondeva che non aveva gusto di giuocare ; ma , che più volentieri avrebbe fatto degli Altarini , e si sarebbe trattenuto in cose simili di divozione.

Nel bel principio , che giunse in Firenze , fece Luigi gran progresso nella vita spirituale : e perciò soleva celebrare Firenze , come madre della sua divozione . Ed in particolare prese tanto affetto alla Beatissima Vergine nostra Signora ; che , quando di lei ragionava , o pensava ai suoi Santissimi Misterj , pareva si struggesse tutto per tenerezza spirituale : al che l'ajutò molto la divozione , che in Firenze si tiene all' Immagine Santissima dell' Annunziata ; ed un libretto dei misterj del Rosario scritto dal P. Gasparo della Compagnia di Gesù ; il quale leggendo egli un giorno , si sentì infiammare di desiderio di far qualche cosa grata alla Madonna ; e gli venne in pensiero , che cosa gratissima , ed accettissima sarebbe stata a questa SS. Vergine Regina dei Cieli , se per imitare quanto più gli fosse possibile la purità di lei , le avesse offerto , e dedicato con voto la sua virginità : e però stando un giorno in orazione nella Chiesa dell' Annunziata avanti detta Immagine ; fece ad onore di lei voto a Dio di perpetua virginità : e la conservò poi per tutta la vita sua con tanta integrità , e perfezione , che ben si può conoscere , quanto accetta fosse stata a Dio questa offerta , e quanto particolarmente la Beatiss. Vergine l'avesse abbracciato sotto la sua protezione . Imperocchè affermano i suoi Confessori , ed in particolare l'Illustr. Cardinale Bellarmino

nel

nel suo testimonio giurato , e più distesamente il P. Girolamo Piatti in quel suo scritto latino , che S. Luigi in tutto il tempo di sua vita non ebbe mai un minimo stimolo , o movimento di carne nel corpo , nè pensiero , o rap-
presentazione lasciva nella mente, contraria al proposito , e
voto fatto . La qual cosa trascende tanto di gran lunga ogni
forza , ed industria umana , che ben si vede essere stato dono particolare di Dio per intercessione della sua Santissima
Madre . E quanto questo privilegio debba stimarsi , lo co-
noscerà qualunque persona leggerà , che S. Paolo , o parlasse in persona sua , o di altri , tre volte dimandò grazia a
Dio, che gli levasse lo stimolo della carne ; e S. Girolamo ,
per vincerlo colà nel deserto , si batteva a lungo il petto nudo con pietre ; e S. Benedetto nudo si gettava nelle spine :
S. Francesco pur nudo , si rivolgieva l'inverno nella neve: e
S. Bernardo entrava fino alla gola negli stagni di acqua ge-
lata , e vi stava benchè sentisse essere estinto quel molesto
ardore ; e pochi sono stati i Santi , i quali per favore di celeste grazia ordinaria sieno arrivati ad una perfetta , e totale insensibilità . E se pure alcuno v' è giunto , con molte
orazioni , e lagrime ha tal dono da Dio impetrato , come di
S. Equizio Abbate racconta S. Gregorio ne' Dialoghi (*lib.* 1.
nel 4. *cap.*) il quale sentendosi nella sua giovanezza molestato
da tali incentivi , con lunghe e continue orazioni impetrò ,
che Dio gli mandasse un Angelo, il quale lo rese così libero
da ogni tentazione , e movimento , come se già fosse uscito
dal corpo . E dell'Abbate *Sereno* narra Cassiano (*nella* 7. *coll.*
al cap. 1. *&* 2.) che avendo con molti digiuni , orazioni ,
e lagrime sparse ottenuto prima la purità del cuore , e della
mente , con altrettante fatiche , che fece giorno e notte ,
ricevè da Dio per ministerio pur di un Angelo sì perfetto
dono di castità corporale, che nè vegliando , nè dormendo ,
nè sognando ebbe giammai movimento veruno nel corpo suo.
E più vicino a' tempi nostri l'Angelico Dottore S. Tommaso per mano di Angeli cinto , ricevè questo dono veramente Angelico , dopo di aver scacciata col tizzone quella lasciva Donzella : Onde non si potendo questa tanta insensibilità del corpo , e purità della mente attribuire in S. Luigi a frigidità , o stupidità di natura , essendo che era di
complessione sanguigno e spiritoso , e molto accorto e sve-
gliato , come sanno quelli , che l' hanno conosciuto e praticato , e forza dire che sia stata in lui cagionata da straordinaria grazia divina , e da favore singolare della Beatissima Vergine , alla quale egli ebbe sempre una riverenza , e
divozione grande , con filiale affetto , e fiducia congiunta .

Ben

Ben è vero ch'egli cooperò alla conservazione di questo
dono colla cura grande, che aveva dei suoi sentimenti:
perciocchè sebbene non sentiva fastidio veruno in questo genere: nondimeno per l'amor grande, che portava alla virtù della verginità, e purità, fin da quel tempo si pose sulle guardie: e con una continua, e straordinaria diligenza
custodì sempre se stesso, ed i suoi sentimenti; specialmente gli occhi, i quali teneva a freno, acciocchè non trascor-
ressero mai a mirare oggetto, che gli potesse recare alcuna
forte di molestia: e questa è una delle cagioni, per le quali
andava per le strade cogli occhi bassi. Ma sopra tutto abborì
sempre in tutta la vita sua, ed in tutti i luoghi, ove abitò,
il parlare, e trattare con donne: la presenza delle quali fuggiva di modo, che chi l'avesse veduto, averebbe detto, ch'egli
avesse con loro antipatia naturale. Se per caso fosse avvenuto, mentre era in Castiglione, che la Sig. Marchesa sua Madre gli avesse mandata alla camera alcuna delle Dame, che la
servivano, a fargli qualche ambasciata; egli si affacciava alla
porta senza lasciarla entrare; e subito fissava gli occhi in terra, e senza mirarla le dava la risposta, e la spediva. Anzi
di più neppure colla Marchesa sua Madre gustava di ragionare
da solo a sola. Onde, se fosse accaduto che mentre stava ragionando con essa; o in sala, o in camera, gli altri che v'erano presenti, si fossero partiti; o cercava ancor egli occasione
d'andarsene, o non potendo ciò fare, si ricopriva subito nel
volto d'un onesto rossore; tanto era in estremo cauto, e circospetto. Essendogli domandato un giorno da un Dottore, il
quale di ciò s'era avveduto, per qual cagione fuggisse tanto le
donne, ed anche la Sig. sua Madre; egli, per non iscoprire la
sua virtù, mostrò che questa fosse come una avversione naturale, più che virtuosa. Uno dei patti ancora, che fece col Sig.
Marchese suo Padre, fu questo; che in ogni altra cosa l'adoperasse, che egli (come era dovere) l'avrebbe ubbidito prontamente; eccetto che nel trattare con donne. Ed il Marchese,
vedendolo in ciò tanto risoluto, per non disgustarlo gliel'osservò. Ed egli stesso raccontò di non avere mai vedute alcune
Signore, le quali erano sue parenti strette. E perchè questo suo
stile era già noto a tutti; solevano quei di casa per giuoco chiamarlo l'inimico delle donne. In Firenze parimenti cominciò a confessarsi più spesso, che non aveva fatto in Castiglione, e per Confessore gli fu assegnato dall'Ajo il P. Francesco
della Torre Rettore del Collegio della Compagnia di Gesù in
quel tempo. E la prima volta, che ebbe a confessarsi, si ap-
parrecchiò in casa con gran diligenza: e poi si presentò avanti
al Confessore con tanta riverenza, e rispetto, e con tanta

con-

confufione, e vergogna di fe ftello, come fe foffe ftato il maggior peccatore del mondo? E fubito pofto a piedi del Confeffore venne meno, e fu neceffario che l'Ajo lo foccorreffe, e rimenaffe a cafa. Ritornando poi al Confeffore volle fare una ricerca generale di tutti i fuoi peccati, della quale più volte abbiamo udito dire in Religione, che ftando in Firenze aveva fatta una Confeffione generale di tutta la vita con gran confolazione dell'anima fua. Con quefta occafione entrò maggiormente in fe fteffo, e diede principio ad una più ftretta vita fpirituale; efaminando ogni fua azione con gran diligenza, per vedere di trovar l'origine dei fuoi diffetti, e poterfene emendare. E prima trovò, che per effere di natura fanguigna, facilmente gli venivano certi fdegnucci, ed entrava in collera: la quale febbene non era tanta, che prorompeffe nell'efteriore; nondimeno gli cagionava qualche moleftia e cruccio nell'animo; onde per vincerla fi pofe a confiderare, quanto brutta cofa foffe l'adirarfi; il che diceva di fcorgere chiaramente, quando ritornato alla quiete di prima, s'avvedeva, che in tutto il tempo della collera non è l'uomo affoluto padrone di fe. Da quefta confiderazione moffo deliberò di far refiftenza per l'avvenire a tal vizio, ed affatto fradicarlo dall'anima fua; e coll'ajuto della divina Grazia, e per fua diligenza in breve ne riportò perfetta vittoria; talchè non pareva che aveffe più paffione veruna di collera. Di più accorgendofi, che ne' ragionamenti fpeffo gli ufcivano parole di bocca, le quali in qualche modo toccavano la fama di altri: ancorchè, come egli fteffo diceva, appena giungeffero a peccato veniale: venuto nondimeno a fe fteffo ciò rincrefcevole, per non aver più da confeffarfi di fimili cofe, fi fottraffe dalla converfazione, e da' ragionamenti non folamente degli Amici di fuori, ma anche di quei di cafa: ficchè fe ne ftava per lo più folo e ritirato; per non dire, o udire cofa, la qual poteffe in alcun modo macchiare la purità della fua cofcienza. E quantunque foffe per ciò tenuto da alcuni per ifcrupolofo, e malinconico, non fi curava. Divenne di più tanto ubbidiente a'fuoi Maggiori, che come afferma l'Ajo, neppur in cofe minime preterì mai i loro comandamenti: anzi fe vedeva Ridolfo fuo Fratello minore rifentirfi per le riprenfioni dell'Ajo, o del fuo Maeftro, egli amorevolmente l'ammoniva, ed efortava ad ubbidire. Comandava a quei, che lo fervivano con tanto rifpetto, e modeftia, che effi fteffi ne reftavano confufi, e mi hanno detto che non ufava mai ìmpeto nel comandare; ma i fuoi modi di dire erano quefti: *Potrefte fare un poco la tal cofa, fe vi foffe comodo:* e,

fe

se non vi fosse scomodo, desiderarei questo: e simili. E diceva queste parole con tanta piacevolezza, e con dimostrazione di tanta compassione verso i servidori, che obbligava gli animi loro. Era tanto verecondo, che la mattina, mentre il Cameriere lo vestiva, s'arrossiva, e sempre stava cogli occhi bassi, ed appena cavava fuor dal letto la punta del piede, quando l'avea da calzare; tanto gli dispiaceva l'essere veduto scoperto. Udiva ogni dì la Messa, e nelle Feste ancora i Vesperi. Non aveva in questo tempo cognizione veruna dell'orazione mentale, ma s'applicava alla vocale: ed ogni dì recitava mattina, e sera l'esercizio cotidiano, ed altre cose dette di sopra, sempre inginocchione, e con grande attenzione. E sebbene non ebbe per allora pensiero fermo di lasciare il mondo, ebbe però risoluzione ferma, se stava nel mondo, di menare una vita la più santa e più perfetta, che fosse possibile. A questa maturità di costumi, e grado di perfezione, in età così tenera, era giunto San Luigi, alla quale molti appena giungono dopo molti anni di Religione.

Come San Luigi fu richiamato a Mantova, ove fece risoluzione di essere Ecclesiastico.

CAP. IV.

ERa già stato in Firenze S. Luigi più di due anni; quando essendo stato fatto Governatore di Monferrato dal Sereniss. Don Guglielmo Duca di Mantova, il Principe Marchese suo Padre, volle che egli con Ridolfo suo Fratello andasse ad abitare in Mantova: ove con buona grazia dell'Altezza di Toscana si trasferì nel mese di Nov. del 1579. essendo Luigi allora di undici anni, ed otto mesi. E seguitando gli esercizj, e modo di vivere, che in Firenze avea cominciato, fece un'altra risoluzione di non minore importanza: e fu di lasciar godere a Ridolfo suo Fratello minore il Marchesato di Castiglione, del quale egli come primogenito, fin d'allora era stato nominatamente investito dall'Imperadore. A questa risoluzione l'ajutò non poco una infermità, che gli sopravvenne: sebbene prima avea determinato di non voler moglie, come s'è detto. L'infermità fu, che cominciò a patire difficoltà di orina: onde temendo che col tempo il male andasse crescendo, si determinò, non senza parere dei Medici, di volere con la dieta consumare quei mali umori, da' quali si credeva esser cagionata quella molesta infermità: e con tanto rigore si pose a fare quell'astinenza, che meraviglia fu, che egli non morisse: avvenga che, se in un pasto avesse mangiato un novo intero (il che però era molto di rado) stimava di aver fatto un lauto banchetto. E in que-

questo sì rigoroso digiuno perſeverò non ſolo mentre fu à Mantova quell'inverno; ma anche poi tutta l'eſtate in Caſtiglione contro il parere dei Medici, e di tutti gli altri: non più per ſanità, come altri credevano; ma per divozione, come confeſsò in Religione al P. Girolamo Piatti. Perchè ſebbene al principio ſi era poſto a fare quell'aſtinenza così ſevera per ricuperare la ſanità, tuttavia s'era a poco a poco affezionato a quella maniera di vita; ed aveva già cominciato a dilettarſene per divozione. Ma quanto gli giovò queſto modo di fare, per liberarſi da quel male, che non patì mai più per tutta la vita; tanto gli nuoque per lo reſtante: poichè, dal poco cibarſi, venne a indebolirſegli lo ſtomaco in modo, che, ancorcchè aveſſe voluto, non poteva poi prendere il cibo, nè ritenerlo: onde dove fin a quel tempo era ſtato pieno, e ſuccoſo, anzi che nò: reſtò poi per ſempre macilento, ed aſciuto: e mancandogli le forze, e la robuſtezza, che naturalmente aveva, per eſſer ben compleſſionato, gli ſopravvenne una languidezza sì grande, e sì lunga, che tutta la compleſſione gli ſi guaſtò. Ne cavò però queſto utile per l'anima, mentre quel male gli ſervì per iſcuſa di fuggire molti ſpaſſi, i quali ſarebbe ſtato coſtretto a prenderſi in compagnia del Principe di Mantova, ſe foſſe ſtato ſano. Così uſciva rare volte di caſa: e quando uſciva, ſe n'andava per lo più a viſitare qualche Chieſa, e luogo di Religioſi, coi quali diſcorreva di coſe ſpirituali: ovvero andava in caſa del Signor Proſpero Gonzaga ſuo Zio: ove ſubito giunto entrava nella Cappella di caſa a far orazione: e poi ſi poneva a ragionare con detto Signore, e con altri di caſa delle coſe di Dio, con tanto ſpirito, e con tanta altezza, che faceva ſtupire chiunque l'aſcoltava; e tutti lo tenevano per Santo fin d'allora; e l'ammiravano. Nel reſto del tempo ſe ne ſtava ſolo, e ritirato in caſa: ora leggendo le vite dei Santi ſcritte dal Surio, delle quali molto guſtava: ora occupandoſi in dire l'uffizio, ed in altri eſercizj ſpirituali: i quali tanto accrebbe, che venendogli ogni dì più a noja ogni ſorte di converſazione, ed affezionandoſi ſempre più a quella vita ritirata, finalmente ſi determinò di cedere il Marcheſato a Ridolfo, e farſi di Chieſa; non già per avere Dignità eccleſiaſtiche (poichè queſte, per molte, che da diverſi gli foſſero in varie occaſioni propoſte, ſempre le ricuſò coſtantemente) ma ſolamente per potere in quello ſtato con maggior quiete, e libertà impiegarſi tutto nel ſervizio divino. Fatta queſta ferma riſoluzione, cominciò a ſtimolare il Marcheſe ſuo

Pa-

Padre, che lo liberaffe dalle occupazioni delle Corti, per potere più comodamente attendere agli ftudj; ma non gli manifeftò la rifoluzione, che aveva fatta.

CAP. V.

Ritorna a Caftiglione, ed ivi riceve da Dio il dono dell' Orazione, e comincia la frequenza de Ss. Sacramenti.

PAffato l'inverno; ficcome quei Principi Gonzaghi foglio- no per ordinario ogni anno ritirarfi fuori di Mantova a varj luoghi loro di diporto, per paffare il caldo dell' eftate; così il Marchefe fcriffe, che Luigi col Fratello mi- nore fi ritiraffe a Caftiglione, per provare fe quell' aria nati- va, e per sè molto buona, gli foffe più propizia alla fani- tà, che non gli era ftata quella di Mantova. E fenza dub- bio fi ha da credere, che come gli giovò affai, per l'ame- nità del luogo pofto in un aprico colle di belliffima vi- fta; così l'avrebbe perfettamente rifanato, s'egli aveffe vo- luto rimettere alquanto di quel rigore di vita, che in Man- tova aveva incominciato: aggiuntavi maffime la cura, che ne avrebbe la Signora Marchefa fua Madre. Ma egli cu- randofi più della fantità dell'anima, che di quella del cor- po, non rallentò punto i fuoi efercizj fpirituali; anzi piuttofto gli accrebbe. Ed oltre le medefime eftreme afti- nenze, che faceva, fe ne ftava per lo più ritirato, fug- gendo ogni forte di converfazione, per poter attendere alle fue divozioni. E ogni dì più s'andava ftaccando ed al- lontanando dal mondo per unirfi con Dio, così Iddio, be- nigno riconofcitore di chi fedelmente lo ferve, non tardò a dimoftrare quanto gli piaceffe il pio e divoto affetto, con cui quefto Santo Giovanetto di dodici anni fe gli dedica- va. E non avendo egli fin allora avuto indrizzo, e prati- ca veruna di orare mentalmente, e di contemplare, vol- le Iddio immediatamente effere il fuo Maeftro, ed Iftrut- tore. E trovando quell'anima pura ben difpofta, gli aprì il feno de'fuoi divini fegreti, e l'introduffe nella più in- tima ftanza de' fuoi divini tefori; ficchè illuminandogli l'intelletto con celefte lume foprannaturale, gl' infegnò il modo di meditare, e contemplare, le grandezze e mera- viglie di Dio, più altamente affai di quello, che induftria umana aveffe faputo fare. Egli poi, vedendofi mifericor- diofamente aperta quefta porta, e dato largo tempo da po- ter pafcere l'affetto dell'anima fua, fe ne ftava quafi tut- to il dì meditando e contemplando, ora i Mifterj Sacra- tif-

B

tiſſimi della noſtra Redenzione, ora la grandezza degli Attributi divini, con tanto guſto e contento interno, che per la dolcezza grande, che ſentiva nell'anima ſua, era forzato a verſare quaſi continuamente dagli occhi abbondanti lagrime, delle quali non ſolamente reſtavano bagnati i drappi, che portava indoſſo, ma la camera ſteſſa. Per queſta cagione ſe ne ſtava la maggior parte del giorno rinchiuſo, temendo ſe uſciva, o di perdere quel tenero affetto di divozione, o di eſſer veduto piangere, e diſturbato. E perchè quelli, che lo ſervivano alla camera, ſe n'erano accorti, bene ſpeſſo ſi ponevano alle fiſſure delle porte, e ſtavano oſſervandolo con meraviglia; mentre lo vedevano ſtare più ore continue proſtato innanzi ad un Crociſiſſo colle braccia, ora aperte, ora incrociate ſopra il petto, cogli occhi fiſſi nel Crociſiſſo, piangendo tanto dirottamente, che di fuori ſentivano i ſinghiozzi ed i ſoſpiri. Dopo queſto, bene ſpeſſo lo vedevano acchettarſi, o ſtare come rapito in eſtaſi quieto ed immobile ſenza batter occhio, come ſe foſſe ſtato una ſtatua. Nel qual tempo era tanto aſtratto dai ſenſi, che ſe l'Ajo, o altri Camerieri, i quali me l'hanno raccontato, foſſero paſſati per la camera ſua, e aveſſero fatto rumore, egli nè ſentiva, nè ſe ne avvedeva. Ma perchè queſte coſe cominciavano già a divolgarſi, altri ancora, che non erano di Corte, più volte furono ammeſſi alle medeſime fiſſure a rimirarlo, e ne reſtavano ſtupefatti. Sovente ancora l'udirono i ſuoi, che nel ſalire le ſcale era ſolito dire per ogni ſcalino un' Ave Maria. Per caſa poi, e per le ſtrade, ed in carozza, ed a piedi ſempre andava a ruminando qualche miſtero celeſte, e non ebbe S. Luigi in queſto eſercizio dell'Orazione altro Maeſtro, come s'è detto, che l'unzione dello Spirito Santo. Ma perchè, ancorchè ſapeſſe già meditare, non ſapeva però, che ordine, o materia doveſſe pigliare s'incontrò a caſo un giorno in un libricciuolo del Padre Pietro Caniſio della Compagnia di Geſù, nel quale v'erano alcuni punti da meditare, poſti per ordine. Da queſto libretto non ſolamente fu confortato a fare orazione, ma anche avviſato qual modo doveſſe tenere, ed in che tempo doveſſe farla. Sebbene egli non aveva tempo determinato per allora: ma ſecondo che ſe gli porgeva commodità, e ſi fervore lo traſportava, ora ne faceva più, ed ora meno: ritraendone ſempre gran lume nell'intelletto, e gran movimento e ſoavità nell'affetto. Queſto medeſimo libretto, ed anche le lettere dell'Indie, come ogni altro poi, l'affezionarono non poco alla Compagnia di Geſù; il libro, perchè

gli

gli piaceva grandemente, il metodo, e molto più lo spirito, col quale era scritto; e gli pareva fosse molto proporzionato al genio suo; le lettere, perchè da esse intendeva l'opere che Iddio per mezzo dei Padri della Compagnia faceva in quelle parti intorno alla conversione dei Gentili, si accendeva ancor egli a desiderare di spendere la vita sua in somiglianti opere per la salute dell'anime, che, per quanto poteva, s'ingegnava in quella età puerile di andar ajutando. Però se ne andava tutte le feste alle Scuole della Dottrina Cristiana, e s'infervorava nell'insegnar la Dottrina ad altri fanciulli, nell'ammaestrarli nelle cose della Fede, e buoni costumi. Questo faceva con tanta modestia ed umiltà, degnandosi con tutti quei suoi vassalli, e coi poverelli in particolare, che eccitava ogni uno, che lo vedeva, a divozione. In oltre, se vedeva, che fra servidori di Corte fosse qualche discordia, cercava di rappacificarli: se udiva alcuno bestemmiare, o dire altra parola sconcia, lo riprendeva; se sapeva che per la terra vi fossero persone di mala vita, benignamente le ammoniva, e proccurava, che si emendassero, e non poteva tollerare, che si offendesse Dio. I suoi ragionamenti tutti erano di cose di Dio, ne parlava con tanta autorità, che essendo in questo tempo andato con la Marchesa sua Madre a Tortona a visitare la Signora Duchessa di Lorena, che di là passava con la Duchessa di Brunsvvich sua figliuola; i Cortigiani di quella Principessa sentendolo ragionare, si stupivano, e dicevano, che chi l'avesse udito, e non veduto, avrebbe detto, che fosse un vecchio ben sensato, e non un fanciullo, quello, che sì bene, ed altamente di Dio parlava.

Mentre queste cose accadevano, correva l'anno 1580. nel quale il Santo Cardinale Carlo Borromeo Arcivescovo di Milano, essendo stato fatto dalla Santità di Papa Gregorio XIII. di fel. mem. Visitatore Appostolico dei Vescovadi nella sua Provincia, stava attualmente visitando la Diocesi di Brescia, e giunse in Castiglione nel mese di Luglio con sette sole persone, le quali seco menava, non volendo condurre maggior numero di Cortigiani, per non dar aggravio di spese agli Ecclesiastici, che visitava. Ed oltre molte altre opere appostoliche, nelle quali si occupò in Castiglione volle anco alli 22. di Luglio nel giorno di S. M. Maddalena predicare al popolo in abito Pontificale, e fece una predica molto fruttuosa nella Chiesa di S. Nazaro, che è la principale di quella Terra, e per molto che fosse pregato per parte di questi Principi, che volesse andare ad abitare nella Fortezza, ove essi abitavano, non volle mai, ma

eles-

elesse di state in casa dell' Arciprete, vicino alla Chiesa, dove essendo visitato da S. Luigi, il quale in quel tempo era di dodici anni, e quattro mesi, ebbe un gusto grande di vedere quest' Angelino tanto favorito da Dio, e lo trattenne in camera a ragionare da solo a solo di cose di Dio tanto lungamente, che ognuno di quei, che aspettavano fuori, se ne stupiva. Si consolava il buon Cardinale in vedere quella pianta così tenera, in mezzo alle spine delle Corti del mondo, senza industria di umano lavoratore, per solo ajuto di celesti influssi, esser cresciuta così vigorosa e bella, e già pervenuta a tanta altezza di perfezione cristiana. Dall'altra parte il Santo Giovanetto godeva di aver trovato a chi potere confidentemente aprire il cuore, e chiedere la risoluzione dei dubbj, che gli occorrevano nella vita spirituale, e siccome aveva udito comunemente celebrare il Cardinale per Santo, prendeva le sue parole, e gli avvertimenti, che gli dava per camminare innanzi nella vita cominciata, come se venissero da divino oracolo. L'interrogò il Santo Cardinale, se si comunicasse ancora, e rispondendo egli di nò, il Cardinale, che di già aveva scorto la sua purità di vita, e maturità di giudizio, e inteso il molto lume, che Iddio gli dava delle cose celesti, non solamente l'esortò a comunicarsi, ma di più volle egli stesso per la prima volta comunicarlo, e poi l'animò a farlo spesso, e gli diede a bocca una breve instruzione del modo, che poteva tenere, in prepararsi, ed in andare a questo fonte di grazia. In oltre lo configliò a leggere spesso il Catechismo Romano, fatto stampare da S. Pio Quinto, per osservazione del Decreto del Sacro Concilio di Trento. Del qual libro il Santo Cardinale, e per la Dottrina Cattolica che contiene, e per la pulitezza della lingua Latina, con che è scritto, faceva tanta stima, che giudicava doversi leggere ai giovani nelle Scuole in luogo di Cicerone, e di altri profani Autori, acciocchè insieme con la latinità si istillasse loro ancora la pietà. Ed attualmente introdusse questa usanza nel Seminario suo di Milano, sebbene poi avvedutosi per pratica, che la cosa non riusciva, mutò parere, ed ordinò si ritornasse agli Autori di prima. Al fine licenziò Luigi con molte benedizioni, e con segni di particolare affetto. Tenne a mente il Beato Giovane i ricordi di quel Santo Cardinale, e da indi innanzi si diede a leggere il Catechismo con gusto grande, sì perchè lo trovava pieno di santa dottrina, e di cristiani ammaestramenti, come anche per essere stato consigliato a così fare da quel Sant'Uomo, il quale teneva, e con ragione, in grande venerazione. Consigliava ancora a

leg-

leggere il medesimo libro, con allegare l'autorità di chi tanto glie l'avea commendato. Cominciò poi a frequentare la *Santa Comunione*, e non si può facilmente credere, quanto grande apparecchio egli facesse, per ricevere degnamente questo divino Sacramento. Prima con istraordinaria diligenza, e sottigliezza ogni sua passata vita esaminava, per vedere, se trovava in se cosa, che potesse offendere gli occhi del Divino Ospite, che aspettava. Poi andava a confessarsi, e faceva la confessione con tanta umiltà, sentimento di dolore e lagrime, che il Confessore stesso aveva che imparare, massime che i suoi peccati non tanto erano di commissione, quanto di omissione, poichè non gli pareva mai di pareggiare con l'opera, e coi fatti il lume che Iddio gli dava, per camminare innanzi a maggior perfezione. Di più per tutti quei giorni alla Comunione precedenti, tutti i suoi ragionamenti e pensieri erano di questo Santo Sacramento, di questo leggeva, ed a questo dirizzava tutte le sue meditazioni, ed orazioni, le quali erano sì frequenti, che solevano dire quei di casa, che pareva volesse parlare con le mura, tanto spesso s'inginocchiava, ora in un cantone, ed ora nell'altro di casa. Quali fossero la prima volta, e le seguenti gli atti di divozione interna, quali gli affetti amorosi, che passarono nell'anima sua, nell'andare alla Sacra Mensa, lo sa solo Dio, che vide il suo cuore, perchè io non ho trovato, chi me n'abbia saputo dar conto. Solo questo leggo nei processi, ch'egli nel comunicarsi stava attentissimo, e riceveva una consolazione interna, e nell'esteriore mostrava grandissima divozione, e dopo di essersi comunicato, stava lungamente nelle Chiese inginocchiato a vista di tutto il popolo, e da questo tempo in poi frequentò sempre la Santissima Comunione. Aggiunge a questo la Signora Marchesa sua Madre un'altra cosa degna di considerazione, da altri ancora in diversi tempi avvertita, ed è, che d'allora in poi restò sempre Luigi con tanto grande affetto di divozione verso il Venerabilissimo Sacramento dell'Altare, che ogni mattina udendo Messa, subito, che il *Sacerdote* finiva di consecrare l'Ostia, s'inteneriva talmente, che cominciava a piangere dirottamente, e si vedevano scorrere le lagrime sino in terra. E questo affetto gli durò poi per tutta la vita sua e molto più abbondantemente piangeva nei giorni festivi, quando riceveva la santa Comunione.

C A P. VI.

Come andò in Monferrato, e passò in viaggio un gran pericolo della vita, e deliberò di farsi Religioso.

MEntre il Marchese Don Ferante seguitava di stare in Casale di Monferrato, luogo ove i Governatori fanno la loro residenza, gli fu scritto da Castiglione, che, sebbene il Signor Don Luigi era guarito, come si credea, di quella sua prima indisposizione, si era però coll'eccessive astinenze, che facea tanto infiacchito, e talmente guasto lo stomaco, che appena poteva prendere, e ritenere il cibo, non che digerirlo, e che in ciò non si vedeva in lui miglioramento alcuno, perchè da se stesso non s'ajutava. Il Marchese, a cui premeva la vita e sanità di questo figliuolo, sperando, se l'avesse presso di se, di poter meglio rimediare alla sua indisposizione, o almeno impedire, che non passasse più oltre, ordinò che Luigi insieme con la Marchesa, e Ridolfo l'andassero a trovare; onde verso il fine della state del medesimo anno 1580. si partirono di Castiglione alla volta del Monferrato. In questo viaggio corse Luigi un pericolo grande della vita, e fu, che nel passare a guazzo un braccio del fiume Ticino, che s'incontra per quella strada (il quale in quei giorni era per le pioggie assai cresciuto) la carozza, nella quale andava Luigi con Ridolfo, e con l'Ajo, in mezzo dell'acque si ruppe; e divise in due parti. La parte dinanzi, nella quale si ritrovò Ridolfo, restando attaccato ai cavalli, non senza fatica, e pericolo, fu da essi tirata fuori dell'acque a quella riva, ove di già l'altre carozze erano passate, ma l'altra parte di dietro, ove sedeva Luigi con l'Ajo, fu dall'impeto dell'acque menata giù per la corrente per buono spazio, con pericolo manifesto della vita di amendue, perchè, se si fosse rivolta sossopra, o affondata, senza dubbio almeno Luigi si sarebbe annegato; ma la divina provvidenza, la quale con particolar cura custodiva questo Santo Giovinetto, volle, che quel pezzo di carozza s'incontrasse in un grosso tronco di albero, che l'impeto dell'acque avea portato in mezzo al fiume, e quivi fosse ritenuto sin tanto, che gli altri, di già passati all'altra riva, chiamassero un uomo pratico di quel paese e del fiume, il quale montato sopra un cavallo, entrò nel fiume, e preso Luigi, se lo recò in groppa, e lo condusse salvo alla riva, e poi ritornò similmente per l'Ajo, e tutti di compagnia s'avviarono ad una Chiesa, indi non

mol-

molto lontana, per ringraziare divotamente Iddio, che da sì gran pericolo gli avea liberati. In tanto corse voce, che s'erano annegati, e la Marchesa, ch'era passata innanzi nella prima carozza, sentendo questa nuova, tornò un pezzo addietro, con grandissima ansietà e dolore. Di più volò tal fama fino alle orecchie del Marchese, il quale spedì uno in diligenza, per chiarirsi del vero, finchè si certificasse, non riposò mai, ma fu presto ristorato il suo disgusto dall'arrivo della moglie, e de' figliuoli.

Stette S. Luigi in Casale di Monferrato più di mezzo anno, dove, oltre all'attendere agli studj della lingua latina, nella quale era di già assai bene introdotto, fece profitto maggiore nello spirito, ajutato a ciò nella buona e santa conversazione dei Padri di S. Paolo decollato, i quali dalla Chiesa di S. Barnaba, dove in Milano ebbero origine volgarmente son detti Barnabiti. Con questi conversando egli spesso e frequentando nella Chiesa loro i SS. Sacramenti della Confessione, e Comunione, acquistò in breve lume molto maggiore per camminare innanzi nella via di Dio. E come egli con virtuose azioni s'andava ogni dì più disponendo a ricevere nuove grazie dal Cielo, così Dio, insinuandosi sempre più nell'anima sua con nuovi lumi, e con nuove ispirazioni, l'andava sollevando a desiderj di più alta perfezione; staccandolo vieppiù da ogni cosa terrena. E sebbene il Marchese, in quel principio ch'ei giunse, proccurò di farlo distrarre, e gli presentò varie occasioni di spassi e ricreazione, egli però non si lasciò punto distorre da' suoi soliti esercizj spirituali. I suoi spassi erano l'andare spesso a visitare una Madonna vicina, assai celebre e di gran concorso, detta la Madonna di Crea, e quivi fare le sue divozioni, il ritirarsi ora nel Convento dei Padri Cappuccini, ed ora nel luogo dei Padri Barnabiti, e ragionare con loro di cose spirituali. E trovando negli uni, e negli altri corrispondenza di spirito, non pareva se ne sapesse dipartire. Ammirava in particolare quella allegrezza esterna, che vedeva comunemente in loro, quel non istimare le cose temporali, quell' aver i suoi tempi determinati per orare e salmeggiare, quella quiete senza strepito, che si truova nei luoghi loro, quel non curarsi più di vivere, che di morire. Queste cose gli facevano venir voglia d'eleggere per se uno stato simile. Ed un giorno in particolare, entrato nel luogo dei Padri Barnabiti, e postosi di proposito a considerare la felicità degli uomini Religiosi, e come per avere rinunziato al mondo, e deposta ogni sollecitudine di cose temporali, per servire più speditamente a Dio, hanno perciò obbligato lo stesso Dio ad aver cura di loro, andava interiormente da se stesso a se stesso dicendo, siccome egli e a me, ed altri raccontò poi in Roma. *Vedi Luigi, quanto gran bene sia la vita religiosa? Questi Padri sono uomini liberi da tutti i lacci del mondo, e lontani da ogni occasione di peccare. Quel tempo, che i mondani inutilmente spendono in andare dietro ai beni transitorj, ed ai piaceri vani, essi l'impiegano tutto, e con gran merito nell'acquisto dei veri beni del Cielo, e sono sicuri, che le loro sante fatiche non possono perire. I Religiosi veramente sono quelli, che vivono secondo la ragione, e non si lasciano tiranneggiare dal senso e dalle passioni. Essi non ambiscono onori, non pregiano beni terreni, e transitorj, non sentono stimolo d'emulazione, non hanno invidia degli altrui beni, si contentano solamente di servire a Dio, Cui* servire regnare est. *Che meraviglia poi, se stiano sempre allegri, e contenti, e non temano nè morte, nè giudizio, nè inferno; poichè vivono colla coscienza netta dai peccati; anzi giorno e notte van facendo nuovi acquisti, e s'impiegano sempre in opere sante, o con Dio, o per Dio. Il testimonio della buona coscienza li conserva in quella pace, e tranquillità interiore, da cui deriva quella serenità, che si scorge nella faccia esteriore. Quella speranza ben fondata, che hanno dei celesti beni, quel ricordarsi a chi servono, ed in corte di chi stanno, chi non consolerebbe? E tu che fai? che pensi? perchè non potresti eleggere per te uno stato tale? Mira le promesse grandi, che loro ha fatte Iddio: vedi quanta comodità avresti d'attendere alle tue divozioni, senza disturbo. Se cedendo il tuo Marchesato a Ridolfo tuo fratello minore, come già hai risoluto di fare, vorrai con tutto ciò restare con lui, vedrai forse molte cose, che non ti piaceranno; se tacerai, eccoti il rimorso della coscienza; se vorrai parlare, o sarai molesto, o non sarai ascoltato. E ancorchè tu diventi Prete, e sia Ecclesiastico, non per questo averai l'intento tuo, anzi addossandoti maggior obbligo di perfettamente vivere, che i mondani non hanno, resterai nei medesimi pericoli degli stessi mondani, ed in qualche parte esposto anche a maggiori tentazioni dei maritati stessi. Per ogni modo non sarai fuori dei rispetti mondani, ma ti converrà stando nel mondo, farne conto, ed ora complimentare con questo, ora con quel Signore. Se tu non tratti con donne e Signore tue parenti, sarai notato; se converserai e tratti, eccoti rotto il tuo primo proponimento. Se vorrai accettare Prelature di Chiesa, sarai negli affari del mondo immerso più, che ora non sei, se le ricuserai, i tuoi stessi ti terranno per dappoco, e diranno che tu sei disonore al casato, e ti stimoleranno per mille vie ad accettarle. Dove, se ti fai Religioso, in un colpo tronchi tutti que-*

fti impedimenti, ferri la porta a tutti i pericoli, ti liberi da tutti i rifpetti mondani, e ti poni in iftato di potere per fempre godere perfetta quiete, e fervire a Dio con ogni perfezione.

Quefti, e fomiglianti difcorfi paffavano per la mente di Luigi in quel tempo, come egli raccontava, e per più giorni lo tennero come aftratto e fofpefo in modo, che quei di cafa s'avvidero, che qualche gran cofa dovea covare nell'animo, poichè tanto, e così di continuo ftava fopra penfiero, ma niuno ardiva domandargli, che cofa aveffe. Finalmente dopo d'aver offerte a Dio molte orazioni, acciocchè l'illuminaffe in cofa di tanto momento, e dopo molte comunioni fatte con quefta intenzione, ftimando, che Iddio lo chiamaffe a tale ftato di vita, fi deliberò di lafciare affatto il mondo, e d'entrare in qualche Religione, nella quale, oltre il voto fatto di virginità, poteffe ancora offervare quello dell'ubbidienza, e della povertà evangelica. Ma perchè allora era di tredici anni non ancora finiti, e non poteva efeguire quefto penfiero, non volle far rifoluzione di Religione veruna in particolare, nè fcoprire a veruno la rifoluzione fatta, febbene quei Padri quafi fe ne avvidero, e penfarono, che doveffe un giorno entrare fra di loro, ma cominciò a ftringere più il fuo modo di vivere, e a menar nel fecolo, e nella Corte vita da Religiofo. Laonde molto più del folito fe ne ftava ritirato in camera, nella quale avendo ufato l'inverno di tenere fempre fuoco, perchè, per la fua delicatezza pativa molto freddo, e fe gli gonfiavano e aprivano le mani, da quel tempo in poi ordinò, che non fi faceffe più fuoco nelle fue ftanze, nè vi fi portaffe, nè egli vi fi accoftava mai. E fe pur tal volta in compagnia d'altri era aftretto ad accoftarvifi, fi poneva in tal fito, che non fi fcaldava, e portandogli i fuoi di cafa rimedj per la gonfiezza delle mani, egli moftrava d'accettargli volontieri, e li ringraziava, ma poi li lafciava ftare fenza adoperarli, per patire in quel modo qualche cofa per amor di Dio. Fuggiva d'andare in luogo, ove foffe concorfo di gente, e molto più fchivava le commedie, i banchetti, ed i feftini, ai quali ancorchè il Marchefe fuo Padre l'invitaffe per diftrarlo, e talvolta moftraffe d'alterarfi di tanto fuo ritiramento, egli però non volle mai andarvi, ma mentre tutti gli altri fuoi invitati vi andavano, egli fe ne reftava folo in cafa, ora meditando, ed ora paffando il tempo con uno, o due uomini gravi e dotti, ragionando con effi o di cofe di lettere, o di divozione, ovvero fe n'andava ai Padri Cappuccini, o Barnabiti, e ftava con loro in fanta converfazione, non avendo più gufto veruno dei paffatempi del mondo. Una volta fu dal Marchefe fuo

Padre condotto a Milano a vedere la moſtra, che ſi faceva della Cavalleria di quello Stato, alla quale il Marcheſe per lo grado, che aveva, inſieme con tanti altri Signori dovea trovarſi preſente. Or eſſendovi concorſo un infinito popolo per vederla, sì perchè ſi fa molto di rado, come anco per chè è coſa di beliſſima viſta: Luigi, non avendo potuto sfuggire di andarvi, per non far alterare il Marcheſe, che riſolutamente così volle, trovò un'altro rimedio, e fu, che non volle in conto veruno ſtare nei primi luoghi, d'onde più comodamente avrebbe potuto veder la moſtra, e di più, per quanto potè, s'ingegnò di tenere ſempre gli occhj chiuſi, o volti in altra parte. In ſomma ſi può dire, ch'ei paſſaſſe la ſua fanciullezza, ſenza eſſere fanciullo, poichè mai in tal età non fu notato in lui un minimo atto di leggrezza. Non leſſe mai libro nè diſoneſto, nè vano. I libri, dei quali ſi dilettava, erano le vite dei Santi ſcritte dal Surio, e dal Lippamano. Dei profani ſolea leggere quelli, che trattano di coſe morali, come Seneca, Plutarco, e Valerio Maſſimo. E degli eſempj, che cavava, ſi ſerviva nelle occaſioni, per eſortare altri alla vita criſtiana, o morale, facendo talvolta diſcorſi così giudizioſi delle virtù, e delle coſe di Dio, alla preſenza di più perſone inſieme, ed ora da ſolo a ſolo, che ſi ſtupivano tutti della ſua molta eloquenza e fervore, dicendo, che la ſcienza di queſto Giovinetto foſſe infuſa, poichè trapaſſava i termini della capacità fanciulleſca. Quindi ancora procedeva, che i ſuoi di caſa, ſebbene avvertivano i ſuoi andamenti, e non avrebbero voluto in lui tanta auſterità di vita e ritiramento, nè tanto abborimento alle coſe del mondo, nondimeno ammirando in lui una ſingolar prudenza e virtù, non ardivano dirgli, perchè fai queſto, o quello? ma lo laſciavano fare.

CAP. VII.

Come San Luigi ritornò col Padre a Caſtiglione, e menando una vita auſteriſſima, fu liberata quaſi miracoloſamente da un'incendio.

Finito ch'ebbe il Marcheſe il ſuo governo di Monferrato, ritornò colla famiglia a Caſtiglione, dove S. Luigi non ſolamente perſeverò nei ſuoi ſoliti eſercizj d'auſtere penitenze, e divozioni, ma di più tanto gli accrebbe, che meraviglia grande è, che non cadeſſe in qualche grave infermità, colla quale finiſſe di rovinare affatto la compleſſione,

ne, e che i parenti, i quali ciò vedevano, con risoluto volere non l'impedissero. Imperocchè, oltre quella rigorosa
astinenza, che in Mantova cominciata aveva, come s'è detto di sopra, e da poi sempre continuò, si diede a fare molti digiuni formali fra settimana, e per ordinario digiunava
almeno tre dì della settimana, cioè ogni Sabbato ad onore
della Beatissima Vergine, i Venerdì sempre in pane ed acqua, in memoria della Passione del Salvatore, ed in questo digiuno la mattina prendeva solo tre fette di pane in-
fuse nell'acqua, e nient'altro, e la sera per collazione
una sola fetta di pan bruscato pur bagnato nell'acqua; i
Mercoledì li digiunava or in pane, ed acqua, ed ora secondo l'ordinario uso della Chiesa. Oltre questi tre digiuni,
ne faceva degli altri straordinarj, secondo che o l'occasione si porgeva, o la divozione e fervore lo trasportavano.
Ma per ordinario mangiava tanto poco, che stupite alcune
persone della Corte, come potesse vivere, risolvettero un
giorno, senza ch'egli lo sapesse, di pesare il cibo, ch'era
solito di prendere in un pasto, le quali hanno deposto con
giuramento, che fatto il bilancio, trovarono, che fra pane e companatico non arrivava al peso d'un'oncia per volta, la qual cosa trascende tanto di gran lunga l'ordinario
bisogno della natura, che è forza dire, che Dio miracolosamente concorresse a mantenerlo in vita, come si legge aver fatto con altri Santi, poichè non par possibile, che
uno possa, senza concorso di straordinaria grazia, conser-
varsi vivo con sì poco cibo. Soleva ancora a tavola appigliarsi sempre a quella vivanda, che gli sembrava peggiore, e dopo di averne assaggiato un poco, la lasciava stare
senza toccar altro. Verso gli ultimi anni, egli stesso voleva, che quel poco cibo, che mangiava, quando non digiunava, fosse bilanciato: affermando, che bastava sosten-
tar la vita, e che il resto doveva essere schivato come su-
perfluo: tanto per sottile andava misurando le cose sue.
Di queste cose toccanti al vitto in particolare ne fanno testimonianza giurata, oltre molti altri il suo Coppiero, ed
il Credenziero, ed altre persone, che a tavola servivano,
e per mano delle quali sono passate.

Accompagnava queste così rigorose astinenze con altre asprezze corporali; e si dava la disciplina a sangue, almeno tre volte la settimana. Anzi verso gli ultimi anni, che
stette nel secolo, si disciplinava ogni dì: ed al fine ancora
tre volte fra dì, e notte fino a sangue. E non avendo al principio disciplina, si batteva, ora con l'asse dei cani, che a
caso aveva trovate per casa, ora con pezzi di fune, e come

altri

altri affermano, con una catena di ferro; e spesso quei, che
gli servivano alla camera, lo ritrovavano inginocchioni,
che stava disciplinandosi, e nel rifargli il letto trovavano
nascosti sotto del capezzale i flagelli di fune, coi quali si
batteva. Più volte ancora avvenne, che le sue camicie furono mostrate alla Marchesa, per le discipline fatte, tutte
insanguinate. Talchè risapendolo il Marchese, una volta
tra l'altre, dopo di averlo sgridato, disse con dolore alla
Marchesa *: questo figliuolo si vuol dar la morte da se stesso*.
Bene spesso pigliava un pezzo di asse, o altro legno, e lo
poneva nascostamente nel letto, sotto i lenzuoli, per dormir
male. Ed acciocchè nemmeno di giorno mancasse al corpo
la sua continua afflizione, non avendo ciliccio da porsi addosso (cosa nuova, ed inaudita!) in vece di ciliccio, portava cinti a carne nuda i speroni da cavalcare: onde, ficcan-
dosi le punte di quelle stellette di ferro nelle sue delicate
carni, acerbamente lo tormentavano. Dal che si può raccogliere, quanto da dovvero si fosse applicato alla vita spirituale, poichè senza indrizzo umano, di età di tredici anni
e mezzo, tra le delizie, così aspramente trattava il corpo suo.
   Aggiungeva il Santo Giovinetto a questi digiuni e penitenze corporali, esercizj mentali, e specialmente l'orazione,
nella quale era tanto assiduo, che alcuni Uffiziali di Corte
nei processi depongono di non essere mai andati alle sue
camere, che non l'abbiano trovato attualmente in orazione, e che bene spesso era loro necessario aspettare fuor di
camera buona pezza, prima che la finisse. Egli ogni mattina, subito levato, faceva un'ora d'orazione mentale, mi-
surandola più col fervore e colla divozione, che coll'oriuolo, e poi recitava l'altre sue solite orazioni vocali. Udiva
ogni mattina una, o più Messe, e spesso ancora le serviva con gusto particolare. Di più interveniva a' divini Uffizj co' Religiosi della Terra, con grand'esempio, ed edificazione loro. Nel resto del tempo per lo più stava rinchiuso, ora leggendo libri spirituali, ora meditando e contemplando. La sera poi soleva stare una e due ore per
volta in orazione, prima di andare a letto, e pareva, che
non sapesse finire; ed i Camerieri, che stavano fuori aspettando per porlo in letto, in luogo di attediarsi, si edifi-
cavano; ed ora stavano guardando gli atti divoti, che faceva, per le fissure; ora mossi dall'esempio del Padrone,
si ponevano ancor essi a fare orazione. In somma stava
tanto ritirato, e sì spesso meditava, che si può dire con
verità, ch' egli faceva una continua orazione. Ed il Signor
Marchese suo padre più volte si lamentò di non poterlo cavar

var di camera, e raccontò al P. Profpero Malavolta, di avere fpeffo trovata la camera di quefto figliuolo bagnata di lagrime, nel luogo ove fi poneva a far orazione. E quando per qualche occorrente negozio era coftretto ad ufcir di camera ; non però fi diftraeva dalle fue meditazioni : perciocchè tutto quello, che meditava la mattina, o della Paffione del Signore, o di altro, talmente fe egli imprimeva nella immaginazione, che qualunque altra cofa ei fi faceffe, fempre ftava col penfiero attento alle cofe meditate. Nè fi contentava dell'orazione, che faceva la fera e fra il giorno, ma voleva ancora orare e contemplare la notte. Laonde fi levava di letto, per ordinario, a mezza notte, fenza che alcuno dei fuoi fentiffe, e mentre gli altri ftavano ripofando, egli all'ofcuro in quel filenzio della notte, fi poneva inginocchioni in mezzo della camera, colla fola camicia in doffo, fenza mai appoggiarfi, e fe ne ftava buona parte della notte in fanta contemplazione. E perchè ciò faceva non folamente di eftate, ma anco di mezzo inverno, quando fanno quei gran freddi di Lombardia ; il freddo grande lo faceva tremare tutto da capo a piedi ; ficchè il tremore veniva ad impedirgli alquanto l'attenzione della mente : egli ftimando ciò effere imperfezione, determinò di volerla vincere : e tanta forza fi fe, per ftare colla mente attento alle cofe che meditava, che alienato quafi dai fenfi, non fentiva più la moleftia del freddo. Ben è vero, che nel corpo reftava tanto abbandonato degli fpiriti vitali, e tanto debilitato, che non potendo per la fiacchezza grande foftenerfi più inginocchioni, e non volendo nè federe, nè appoggiarfi, fi lafciava cofì in camicia cadere fopra il nudo, e freddo pavimento ; ed in quel modo diftefo in terra, profeguiva le fue meditazioni. Onde è meraviglia, ch'egli non contraeffe qualche grave infermità, o non reftaffe una volta gelato di freddo, ed affatto eftinto ; e maffime, ch'egli fteffo diffe ad alcuni fuoi familiari, ai quali in Religione raccontò confidentemente quefte fue paffate indifcrizioni (che cofì le chiamava) che alle volte, mentre ftava cofì diftefo in terra, fi riduceva a tanta fiacchezza, che neppur aveva forza da poter fputare. Da quefta forza e violenza, che San Luigi fi faceva, per iftare col penfiero raccolto nelle fue orazioni, fe ne cagionò una doglia di capo, che per tutta la vita fua grandemente l'affliffe : ed egli per defiderio di patire, e di conformarfi in parte con Crifto noftro Signore nella incoronazione di fpine, non folamente non cercò rimedio per liberarfene ; ma di più proccurava in varj modi di confervarla, ed accreferla: come cofa che gli ferviva per un memoriale della Paffione; e gli era occafione di merito, fenza impedirgli per ordinario le fue operazioni.

Accadde però in quefto tempo una volta fra l'altre, che effendo più gravemente del folito affalito dal detto dolore, fu coftretto a porfi la fera in letto più prefto dell'ordinario. E fovvenendogli in letto di non avere, fecondo il fuo coftume, recitati in quel dì i fette Salmi Penitenziali, fi deliberò di non chiudere gli occhi, fe prima non li diceffe, e fattofi da un Cameriere porre vicino al letto una candella, lo licenziò. Finito che ebbe di dire i fette Salmi, vinto dal dolor di capo, e dal fonno, fi addormentò, fenza ricordarfi di fpegnere la candela, la quale fi confumò tutta; ed al fine attaccò il fuoco al letto: il quale a poco a poco ferpendo andò dilatandofi d'ogni intorno fenza fiamma; ficchè bruciò il cortinaggio, ed un paglioriccio, e tre materaffi. Ora mentre fi bruciavano, Luigi fi deftò, e fentendofi tutto avvampare di caldo, penfò di aver febbre, e tanto più facilmente fe lo perfuadeva, quanto che s'era coricato con quel dolore intenfo di capo; ma ftendendo le mani, ed i piedi per altre parti del letto, ritrovandole tutte al medefimo modo calde, reftava grandemente meravigliato, non fapendo immaginarfi la cagione di quel caldo ftraordinario. Procurò di addormentarfi di bel nuovo, e non potè. E crefcendo tuttavia più il caldo ed il fumo, che quafi l'affogavano, deliberò di levarfi, ed ufcito di letto aprì la porta della camera per chiamare alcuno dei fervidori. Appena aveva pofto il piede fulla porta, che alzandofi la fiamma bruciò tutto il rimanente del letto: il quale fu dai Soldati della Rocca, che corfero, gittato per la fineftra nel foffo, acciocchè non bruciaffe ancora la cafa. Nè v'è dubbio alcuno, che fe niente più foffe tardato ad ufcire di letto, quivi farebbe reftato, o abbruciato dal fuoco, o affogato dal fumo, maffime che la camera, la quale io ho veduta, era molto picciola, ed allora ftava chiufa. Ma Iddio, che l'aveva eletto per la Religione, e fapeva per qual cagione egli fi trovaffe in quel pericolo, lo volle con fingolar provvidenza liberare; ficchè tutti tennero, che per particolar miracolo di Dio egli ne foffe fcappato. E fino all'orecchie dell' Altezze di Mantova arrivò la voce, che foffe fucceffo un miracolo nel primogenito del Marchefe, e Madonna Leonora di Auftria, dopo non fo che tempo, ne domandò informazione dalla bocca di

lui

lui medesimo: il quale s'arrossì non poco, che si fosse risaputo. Luigi poi, consapevole già per molte esperienze di questa provvidenza, e protezione di Dio verso di se, prima di ogni altra cosa, in tutti gli accidenti, ed anche nei negozj del Marchese suo Padre, e suoi, ricorreva all'orazione, e si poneva nelle mani di Dio: pregando sua Divina Maestà, la quale sapeva il tutto, che gli indirizzasse in quel modo, che fosse per lo meglio, che tali appunto erano le formate parole, che egli soleva usare in raccomandare i negozj a Dio. Nè restò mai punto ingannato da questa fiducia e speranza, che in Dio aveva. Imperocchè raccontò egli stesso una cosa in vero maravigliosa; ed è, che niuna cosa nè grande, nè picciola raccomandava mai a Dio, la quale non avesse quel fine, che desiderava; quantunque le cose fossero bene spesso intricate con molte difficoltà, ed al giudizio di altri quasi del tutto disperate; tanto aveva Dio l'orecchie pronte ad esaudire le sue orazioni.

Da questo trattare sì frequentemente con Dio, pare che egli acquistasse quel dono, che più di ogni altro diceva di stimare; cioè un'altezza e grandezza di animo, colla quale dispregiava, e teneva per nulla quanto nel mondo si ritruova. Onde quando ne' Palazzi de' Principi, e nelle Corti vedeva gli argenti, gli ori, gli addobbamenti, gli ossequj de' Cortigiani, e cose simili; appena poteva contenersi di non ridere, tanto gli sembravano tutte le cose vili, e affatto indegne, che dagli uomini ne sia fatta alcuna stima. Più volte ragionando colla Marchesa sua Madre, confidentemente le disse, di non finire di maravigliarsi, e di non saper trovare la cagione, perchè tutti gli uomini non si facciano Religiosi, essendo pur troppo chiaro, quanti beni seco apporti la Religione, non solamente per la vita futura, ma ancora per la presente; dove le cose del mondo arrecano danno e presente, e futuro, e presto si lasciano. Da' quali discorsi quella Signora inferiva quello, che vide seguire poi intorno alla risoluzione sua; ma non gli diceva niente per allora.

Quel poco, che conversava in questo tempo, era con persone Ecclesiastiche, e co' Religiosi abitanti in Castiglione. E perchè di quella Terra sono in varie Religioni onoratissime persone, le quali sebbene non abitano in Castiglione, tornano nondimeno talvolta alla Patria, egli risapendolo, subito andava a trovare, per ragionare con loro delle cose di Dio. In particolare gustava, quando vi andavano alcuni Reverendi Monaci Benedettini della Congregazione Cassinese, i quali nel processo fatto in Modena si sono esaminati, ed han-

hanno depoſte varie coſe della ſua divozione, e ſantità. Nè minore inclinazione aveva ad alcuni Reverendi Padri dell'Ordine di S. Domenico; i quali di eſtate andavano colà a ricrearſi, co'quali trattava familiarmente delle coſe ſpirituali. Uno di queſti fu il Reverendo Padre Fra Claudio Fini Modaneſe Dottore e Lettore di Teologia, e celebre Predicatore in Lombardia: il quale eſſendoſi ſopra di ciò eſaminato con giuramento al Tribunale del Veſcovo di Modena, fra l'altre coſe ad un'interrogatorio fattogli poco prima, che moriſſe, depone le ſeguenti parole, le quali mi è piaciuto riferire quì per eſſere della perſona, che ſono. Dice dunque coſì.

Io ho conoſciuto di viſta, e con replicato ragionamento familiare, l'Illuſtriſſimo Signor Don Luigi Gonzaga, a cui perveniva il Marcheſato di Caſtiglione, in occaſione di eſſer io col miei compagni a diporto in Caſtiglione; ed altri luoghi feudi dalla ſua caſa, e la Signora Marcheſa ſua Madre ſi compiaceva di farlo diſcorrere con noi, e meco in particolare; perchè reſtava rapito, ed edificato con guſto ſpirituale degli andamenti, diſcorſi, modi, e motivi di detto Signor Don Luigi, da' quali traluceva una Santità eſemplariſſima, ed ogni ſuo motivo nel domeſtico parlare piegava ad una umiltà ſegnalata, con lodare fervenemente lo ſpiccarſi dalle grandezze, e dignità mondane. Ed una volta tra le altre mi diſſe in Caſtiglione; Non biſogna che per naſcimento la vogliamo grandeggiare, perchè ad ogni modo le ceneri di un Principe non ſi diſcernono da quelle di un poverino; ſe non forſe nell'eſſere più puzzolenti. *Non dimoſtrava in quella tenera età coſa di fanciullezza, ed aveva una modeſtia ſingolare, un ritiramento tal volta di taciturnità penſoſa, grave, e divota, e ſpeſſo aveva in bocca queſte parole:* O Dio! vorrei pur ſapere amar Iddio con quel fervore, che merita una tanta Maeſtà, e mi piange il cuore, che i Criſtiani gli moſtrino tanta ingratitudine. *Circa la modeſtia, ed oneſtà, aveva una purità tanto ſemplice, e ſchietta, che nulla più; a ſegno tale, che quando anche per facezia, e traſtullo ſentiva qualche moto declinante a poca modeſtia, s'arroſſiva, e ſe ne doleva con garbo modeſtiſſimo, dimoſtrando compaſſione di cuore all'altrui fallo, e quando ſe gli parlava di coſe ſpirituali, e di qualcheduno, che aveſſe fatto paſſaggio alla Religione, dimoſtrava giubilo grande, raſſerenandoſi in volto, quaſi cambiando ſembiante: dicendo talora con interpoſti ſoſpiri:* Oimè quanto devono eſſer grandi i contenti del Cielo nel godimento reale; poichè al trattarne quaggiù tra noi, tanto contento ſi prova! *Talvolta ſono andato con lui in Chieſa, e per giovinetto che foſſe, avanzava i più vecchi e Religio-*

gliofi, fon atti di umiliſſima divozione, e con modi quaſi di lagrimare, e talvolta ſi fiſſava a mirare una Immagine di Santo, o Santa con tanta attenzione, che pareva quaſi uſcito di ſe; tanto che in ſimile caſo o chiamato, o dettagli qualche coſa, non ſentiva, e non riſpondeva coſì alla prima; e mi diſſe più volte, che egli aveva ſingolariſſima divozione alla Beatiſſima Vergine, e che ſolo in ſentirla nominare, tutto s'inteneriva: Io non lo conobbi mai Religioſo; ma bene m'avvidi negli andamenti, ch' egli avea interno diſegno di laſciare il mondo. Ho però inteſo da perſone graviſſime, in Milano, in Breſcia, in Cremona, in Ferrara, in Genova in Mantova, ed in altri luoghi, che egli ſi fece Geſuita, ove viſſe con grido, ed applauſo, e concetto di Santo, ed in particolare molti Religioſi di autorità m'hanno trattato della morte ſua con opinione di molta ſantità, e molti m'hanno detto, che fanno per coſa più ſicura il porgere ſacre preci all' Anima di lui, che per l' Anima dell' iſteſſo. Corre anco fama de' miracoli ſuoi, o grazie, e ſegni, e dell'eſſere tenuto divotiſſimo conto delle ſue reliquie. Queſte ſono parole del ſopradetto Reverendo Padre Domenico.

CAP. VIII.

Va col Marcheſe in Iſpagna, e della vita, che menò in quella Corte.

NELl' autunno dell' anno mille cinquecento ottant' uno, paſſando da Boemia in Iſpagna la Sereniſſima D. Maria di Auſtria figliuola di Carlo Quinto Imperadore, Nuora dell' Imperadore Ferdinando Primo, Moglie del Imperatore Maſſimiliano Secondo, Madre dell' Imperadore Ridolfo Secondo, e Sorella di Filippo Secondo Re Cattolico, detto Rè volle, che per onorevolezza ella foſſe accompagnata dall' Italia in Iſpagna da' Principi, e Signori Italiani dipendenti da quella Corona; tra'quali fu invitato il Marcheſe Don Ferrante Padre di San Luigi, e la ſteſſa Imperadrice ricercò ancora la Marcheſa Donna Marta, che andaſſe ſeco. Andando dunque amendue menarono ſeco tre figliuoli; una figliuola per nome detta Iſabella, la quale reſtò ivi, e dopo alcuni anni morì in quella Corte Dama della Sereniſſima infante Donna Iſabella Clara Eugenia, Luigi loro primogenito, che era già di tredici anni e mezzo, e Ridolfo, di età alquanto minore.

In queſto viaggio d'Italia in Iſpagna non tralaſciò Luigi le ſolite ſue meditazioni, nè rallentò punto del ſuo fervore, ma e per terra, e per mare fempre ftava colla mente ben occupata. Sentendo dire un giorno in Galea, che vi era pericolo di effere affaliti da' Turchi, egli in un fubito con fervore diffe; *Piaceffe a Dio, che noi aveffimo occafione di effere Martiri*. Mi diffe di più la Marchefa, ch' egli trovò a forte iu una di quegli fcogli una picciola pietra, la quale era formata in modo, che pareva aveffe in fe intagliate al vivo le piaghe facratiffime del Salvatore; ed egli che andava fempre colla mente intenta a cofe divote, penfò, che Dio con fingolar provvidenza gli l'aveffe fatta vedere, e raccogliere, e che foffe un fignificarli, che doveva imitare la Paffione di Crifto Noftro Signore; ed accoftandofi alla Madre, diffe: *Vedete, Signora, che cofa m' ha fatto trovare Iddio ? E poi il Signor Padre mi vorrà, che io mi faccia Religiofo*, e confervò molto tempo appreffo di fè quella pietra con molta divozione. Giunti in Corte, il Marchefe ftette col fuo folito uffizio di Ciamberlano; Luigi, e Ridolfo furono fatti Menini, cioè Paggi d'onore del Principe Don Diego figliuolo del Cattolico Don Filippo Secondo, e Fratello maggiore del Re Filippo Terzo.

Mentre ftette S. Luigi in Ifpagna, che fu per ifpazio di più di due anni, oltre al corteggiare, attefe con diligenza grande agli ftudj delle lettere. Gli leffe Logica un Prete molto letterato; udì la Sfera dal Dimas Matematico del Re; ed ogni dì dopo pranfo andava ad una lezione di Filofofia, e Teologia naturale; e fece tanto profitto, che ritrovandofi di paffaggio in Alcalà, mentre uno Studente difendeva alcune Conclufioni di Teologia, alle quali prefiedeva il Padre Gabriel Vafquez, che fu poi fuo Maeftro in Teologia nel Collegio di Roma, fu invitato Luigi ad argomentare in quella età così tenera; ed argomentò con molta grazia, e maraviglia de' circoftanti, pigliando a provare per modo di difputa, che il Miftero della Santiffima Trinità fi poteva conofcere con ragioni del lume naturale.

Fra le occupazioni della Corte, e degli ftudj, s'avvide Luigi, che non aveva quella facilità, e comodità di attendere alla vita fpirituale, che avrebbe defiderato; anzi talvolta in quel principio non aveva tempo di fare le fue folite orazioni e di frequentare i Santiffimi Sacramenti, come era folito a fare; onde pareva, che quel primo fervore, e defiderio d'abbandonare quanto prima il mondo, s'andaffe raffreddando, e non fentiffe più in fe quei vivi, ed accefi defideri, che aveva prima fperimentati. Però ajutato dalla divina grazia, fi deliberò di dar bando ai rifpetti mondani, e vivere nella Corte fteffa una vita fanta, e religiofa. Per ciò fare, prima prefe per fuo Confeffore il Padre Ferdinando Paternò Siciliano

della

della Compagnia di Gesù, che in quel tempo era in Madrid, e seguitò a confessarsi, e comunicarsi spesso. E con quanta candidezza, e purità egli vivesse in quella Corte, piena di tante distrazioni, si può raccogliere da una lettera testimoniale del medesimo Padre scritta l'anno 1594. ove dice nel bel principio queste parole precise. *Dirò brevemente alla proposta di V. R. che da che connobbi in Ispagna il Fratello Luigi, che fu sin da quando era ancora fanciullo, notai in lui gran candidezza, e purità di coscienza; e tanta, che in tutto quel tempo, che fu d'alcuni anni, non solamente non trovai peccato mortale in lui, che l'abboriva in sommo grado, e non l'aveva commesso mai; ma spesse volte neppur vi scorsi materia d'assoluzione: Nè si può dire, che ciò avvenisse per melensaggine, ò mancamento di giudizio; perchè sin da quell'età si scorgeva in lui una prudenza, e costumi maturi da vecchio, e giudizio più assai, che da giovane. Fu sempre nimicissimo dell'ozio: onde sempre stava occupato in qualche buono esercizio, e particolarmente in istudiare la Sacra Scrittura, della quale si dilettava grandemente. Avvertì ancora in lui una gran modestia nel parlare, non toccando, nè notando mai niuno in cosa, ancor che minima.* Da queste parole del Confessore, e da altre che porremo poi, si può facilmente raccogliere, ch'egli in mezzo delle occupazioni cortigianesche menava una vita celeste, ed angelica: perchè egli è un gran dire, che stando in Corte, non se gli trovasse addosso materia d'assoluzione, neppur di peccati veniali. Andava per le strade con tanta composizion e modestia, che non alzava mai gli occhi da terra; ond'ebbe a dire ad un proposito in Religione, che nè in Madrid, dov'era stato alcuni anni, nè in Castiglione, dov'era nato ed allevato, avrebbe saputo andare da sè per le strade, se non avesse menato seco alcuno, che lo guidasse; com'era stato solito a fare, per non avere occasione di distraersi, e per potere, com'egli diceva, stare in quel tempo occupato nelle sue meditazioni. Dirò cosa veramente straordinaria della sua modestia, e continenza degli occhi, deposta in un processo del P. Muzio Vitelleschi, mentre era Provinciale di Napoli della Compagnia di Gesù, il quale fu suo molto intrinseco, ed è, che Luigi fece questo viaggio da Italia in Ispagna in compagnia della Imperadrice, come s'è detto, e di più mentre dimorò nella Corte di Spagna, andò quasi ogni dì col Principe Don Diego a visitare detta Imperadrice, ed ebbe mille altre occasioni di vederla, e mirarla da lontano, e da vicino; e nondimeno fu tanto grande la modestia, e continenza degli occhi, che egli confessò al sopradetto Padre di non averla mai pure una volta veduta, nè mirata in faccia, e che se l'avesse di nuovo veduta, non

l'avel'averebbe conosciuta, se non gli fosse stato detto, questa è l'Imperadrice. Eppure, ciascuno sa quanto sia ordinario il desiderio di conoscere, e nelle occasioni di mirare fissamente somiglianti gran Personaggi; e come corrano le genti a furia per vederli, quando passano per alcun luogo.

Si dilettava fin d'allora di portare vestiti logori, e stracciati, e le calze rappezzate sopra il ginocchio; cosa della quale gli uomini ancora di bassa fortuna sogliono vergognarsi. Ma egli, che spregiava il mondo, non si curava di quello, che il mondo dicesse di lui; anzi quando per ordine del Marchese suo Padre gli era fatto qualche vestito nuovo, differiva il porselo indosso più, che poteva: e poi avendolo portato una, ò due volte, destramente lo lasciava; e ritornava ai suoi panni vecchj; nè voleva portare collane d'oro, nè altro ornamento secondo lo stile di quella Corte; perchè diceva, che le pompe sono del mondo, e ch'egli aveva servire a Dio, e non al mondo. Per simili cagioni ebbe molti contrasti col Marchese, il quale dapprincipio non poteva ciò soffrire; stimando, che ciò fosse disonore grande, ed a se, ed alla casa sua: ma al fine vinto dalla costanza del figliuolo: cominciò ad ammirare in lui quello, che per altri rispetti non poteva approvare: e quantunque Luigi amasse tanto la povertà nella sua propria persona, permetteva nondimeno, che gli uomini, che lo servivano, ed accompagnavano, andassero ben vestiti conforme al grado, e condizione loro.

La sua conversazione con quei Signori della Corte era tanto grave, e religiosa, che al suo arrivo, e presenza tutti si componevano: e perchè non udirono mai alla sua bocca parola, nè videro mai in lui azione, che non fosse più che onesta: e per altra parte sapevano, che nè da vero, nè da burla tollerava, che in presenza sua si dicesse cosa men che decente: solevano quasi per proverbio dire di lui quei Baroni della Corte: *Il Marchesino di Castiglione non è composto di carne.* Non lasciava passar occasione veruna di poter giovare ad altri, ch'egli non l'abbracciasse. Stava un giorno il Principino Don Diego ad una finestra, mentre soffiava un gagliardo vento; e perchè gli dava fastidio, rivolto con sdegno puerile al vento disse: *Vento, io ti comando, che tu non mi dia molestia:* e Luigi, ch'era vicino, prendendo l'occasione, con dolce maniera ridendo disse; *Può ben Vostra Altezza comandare agli uomini, che l'ubbidiranno; ma non può già comandare agli elementi; perchè questo appartiene solo a Dio, al quale anco Vostra Altezza è tenuto ubbidire.* E come tutte le cose del Principino erano riferite al Re: quando fu raccontato questo comandamento fatto al vento, gli fu insieme riferita la risposta datagli

tagli

tagli da Luigi, ed il Re ſe ne compiacque, come di coſa detta a tempo, e giudizioſamente.

Gli capitò in mano in Iſpagna un libretto del Padre Fra Luigi di Granata, che inſegna il modo di orare mentalmente, e come s'abbia a proccurare l'attenzione; Con tale occaſione ſi determinò di volere ogni dì fare almeno un'ora d'orazione ſenza diſtrazione alcuna. Onde ſi poneva inginocchioni al ſuo ſolito, ſenza appoggiarſi mai, e cominciava la meditazione; e ſe dopo mezz'ora, o tre quarti, per eſempio, gli foſſe venuto nella mente qualche penſiero di minima diſtrazioncella, non metteva a conto dell'ora quanto già aveva fatto, ma da quel punto di nuovo ricominciava un'altra ora: e coſì perſeverava, finchè gli foſſe riuſcito il farne un'ora intiera ſenza ſvagamento veruno. Ed in tal guiſa durò per un pezzo a fare cinque ore, e talvolta più, di orazione mentale per giorno. Ma per non eſſere o da ſuoi, o da altri interrotto, ſi naſcondeva in alcune ſtanze oſcure, nelle quali ſi ſollevano tener le legna da bruciare; ed ivi ſebbene con molto ſcomodo, con guſto però grande attendeva alle ſue divozioni, e meditazioni: Nè poterono mai quei di caſa ritrovarlo, tutto che ſpeſſo, e con diligenza lo cercaſſero: ſpecialmente quando altri Signori ſuoi amici venivano per viſitarlo: onde più volte fu per ciò ripreſo dai Parenti. Ma egli, che più ſtimava le viſite celeſti, che in tal tempo riceveva, che l'umane; chiudendo gli occhi ai mondani riſpetti, non volle mai nè tralaſciare, nè interrompere i ſuoi eſercizj ſpirituali, per dar ſoddisfazione agli uomini; contentandoſi piuttoſto di eſſer tenuto poco civile e compito dagli uomini, che men divoto da Dio. Del che eſſendoſi avveduti gl'iſteſſi amici ſuoi, ceſſarono dal far ſeco ſimili complimenti; ed egli reſtò libero da' trattenimenti inutili, e con maggior ſicurezza atteſe alle ſue divozioni. Ed è da notare, che in progreſſo di tempo, dopo che è ſtato Beatificato, quella camera, nella quale egli abitò in Madrid, fu convertita in Capella; come ſi trova ſcritto da altri Autori.

CAP. IX.

Come ſi riſolvè di entrare nella Compagnia di Gesù, e ſcoprì la vocazione ai Parenti.

Aveva di già S. Luigi dimorato in Iſpagna circa un anno e mezzo; quando, ſpinto da Spirito Divino, che in lui ogni dì vieppiù operava, giudicò eſſere giunto il tempo da poter entrare in qualche Religione, conforme alla determina-

minazione fatta in Italia . E volendo rifolvere a qual Religione in particolare fi doveffe appiagliare , fi diede più che
mai all'orazione , ed a pregare Dio , che in negozio di tanta importanza ; fi degnaffe d' illuminarlo . E intorno a ciò
fece molti difcorfi ; alcuni dei quali riferì poi alla Marchefa fua Madre , dalla quale io gli ho uditi raccontare ; ed altri egli fteffo narrò a me , e ad altri nella Religione : ed in
tutti ebbe fempre la mira alla maggior gloria di Dio .

E prima , ficcome era molto dedito alla vita auftera , ed
alle penitenze corporali , fi fentì inclinare ad entrare ne' Padri Scalzi di S. Faancefco di Spagna , i quali corrifpondono
quafi a' noftri Padri Cappucini d'Italia ; e fono per l'afprez-
za del vitto , e per la rigidità dell'abito molto riguardevoli . Ed in vero qualfivoglia abito vile , ed afpro , che nell'e-
fteriore apparifca ; quando è congiunto , come per lo più effer fuole , o con folitario ritiramento ne' bofchi , o con vita
fanta , ed efemplare nella Città ; edifica grandemente , ed al-
letta gli animi defiderofi di far bene . Ma poi , o che fi conofceffe di compleffione delicata , e per molte penitenze fatte , fconcertata ed infiacchita ; e temeffe , quando non aveffe
potuto refiftere all'abito di efporfi a pericolo di effere tratto
fuori della Religione ; oppure perchè effendo avvezzo fra le
Corti fteffe , a fare digiuni , difcipline , ed altre penitenze
corporali , fperaffe ftando fano di poterle in ogni Religione
continuare , ed accrefcere fenza pericolo veruno ; venendo
maffime fconfigliato dalla Signora Marchefa fua Madre , a cui
lo comunicò , la quale gli diffe , che attefa la fua delicata
natura , non era poffibile che poteffe lungamente vivere , fe
egli o feguitava di tenere così afpra vita nel fecolo , o entrava in Religione rigida per afprezze corporali ; lafciò quefto primo penfiero ; e cominciò a trattare fra fe fteffo , che
forfe farebbe bene ftato entrare in qualche Religione , ove
foffe fcaduta l'offervanza regolare ; perchè gli pareva , che
in tal modo avrebbe potuto ajutare non folamente quel Mo-
naftero , nel quale egli foffe entrato ; ma di più effer cagione , che a poco a poco tutta la Religione fi andaffe rifor-
mando ; Ed in questo modo giudicava di poter fare gran fervizio alla Chiefa di Dio . Ma dall'altro canto ftimando di
non aver tal virtù , che fi poteffe promettere tanto di fe fteffo ; dubitava , quando ciò non gli foffe riufcito , di non pro-
cacciarfi il fuo danno : come farebbe ftato , fe in luogo di
ajutar altri , egli foffe reftato difajutato ; e però fi determinò di eleggere una Religione , nella quale fteffe in piedi il
fuo primo Iftituto , e fi viveffe con offervanza regolare . E
fra le molte , che ve ne fono nella Chiefa di Dio , lafciando
di

di applicare l'animo a quelle, che sono puramente occupate nella vita attiva, ed intorno alle opere della misericordia corporale, perchè non gli parevano alla sua inclinazione conformi, se gli offerivano alcune Religioni, le quali ritirate totalmente dalla conversazione degli uomini, si godono una santa quiete nei boschi, e nelle selve, o nelle stesse Città a se sole attendendo, s'impiegano tutte nel salmeggiare, e nella lezione, e contemplazione di Dio, e delle cose celesti in carità perfetta, e santo silenzio: come per lo più fanno le Religioni Monastiche. A queste non solo avrebbe avuto ripugnanza alcuna, ma inclinazione grande, e facilità, perchè se in mezzo delle Corti, e degli strepiti del mondo sapeva così bene trovate la solitudine del cuore, e la pace della mente: molto maggiormente si ha da credere, che l'averebbe trovata nei Chiostri, sequestrato dal mondo, e lontano da ogni commercio umano.

Ma come egli aveva l'occhio non solamente alla propria quiete sua, ed alla gloria di Dio: ma alla maggior gloria di Dio, e vedeva, che nella solitudine avrebbe tenuto sepolto qualche talento da Dio ricevuto, il quale altrove avrebbe potuto adoperare per benefizio dell'anime, e perchè, come alcuni affermano e si dirà poi, aveva letto nella Somma dell'Angelico Dottore S. Tommaso (2. 2. qu. 188. art. 6.) che il sommo grado fra le Religioni tengono quelle, le quali sono ordinate a insegnare, e predicare, e ad attendere alla salute dell'anime, come quelle, che non solamente contemplano, ma le cose contemplate agli altri comunicano, e sono più simili alla vita, che in terra menò il Figliuol di Dio, vera via e regola di ogni perfezione, il quale non sempre stava ritirato nei deserti, e nella solitudine ad orare, e contemplare, nè sempre si occupava in insegnare e predicare, ma ora si ritirava in luoghi solitarj, e nei monti ad orare, ora tornava a conversare, ed ammaestrare gli ignoranti, e predicava loro cose appartenenti alla salute; deliberò di staccarsi per amor di Dio da quel gusto e quiete spirituale, che nel silenzio e nella solitudine delle Religioni Monastiche si poteva promettere, e di entrare in una Religione di vita mista, nella quale si facesse professione di lettere, ed oltre l'ajuto proprio s'avesse per fine l'ajuto, e perfezione dei prossimi.

E perchè molte sono le Religioni nella Santa Chiesa, che a questo fine sono istituite, e ad esso santamente attendono, ciascuna secondo il suo Istituto; si pose a conferire l'una coll'altra, ed a considerare i mezzi, e gli ajuti, e gli esercizj, che ciascuna adopera per conseguire il suo fine: ed al-

l'ull'ultimo dopo lunga, e matura deliberazione, accompagnata con molte orazioni, fi compiacque di fcegliere quefta minima Compagnia di Gesù, più novamente dell'altre al mondo nata, ed in effa dedicarfi al divino fervizio: ftimando d'effer da Dio ad effa chiamato, e riputando l'Iftituto di lei molto adeguato al propofito fuo.

E fra le altre cagioni, che lo fpinfero ad eleggere la Compagnia, più che altra Religione, quattro ne apportava le quali, come egli diceva, gli davano molta confolazione. La prima, perchè in effa l'offervanza era nel fuo primo vigore, e fi confervava intatta la purità del fuo Iftituto fenza avere ancora patita alterazione veruna. La feconda, perchè nella Compagnia fi fa voto particolare di non proccurare mai dignità Ecclefiaftiche, e non accetarle quando fono offerte, fe non vien comandato dal Papa: Imperocchè temeva, s'ei foffe entrato in altra Religione, di efferne un giorno cavato fuori, a richiefta dei Parenti, e promoffo contra fua voglia a qualche Prelatura; il che non era così facile, che poteffero fare, ftando egli nella Compagnia. La terza, perchè vedeva, che la Compagnia ha tanti mezzi di Scuole, e di Congregazioni per ajutare la gioventù, acciò fi allevi col timore di Dio, e viva caftamente; e teneva, che fi faceffe un gran fervizio alla Chiefa di Dio, e fi deffe gufto particolare a Sua Divina Maeftà in coltivare quefte tenere piante, e in difenderle dal freddo dei peccati, e dal caldo delle concupifcenze coi ripari delle efortazioni, e dei SS. Sacramenti. La quarta, perchè la Compagnia di propofito abbraccia la riduzione degli Eretici al grembo della Chiefa Cattolica, e la converfione de' Gentili nell'Indie, nel Giappone, e nel mondo nuovo: onde fperava, che un giorno farebbe forfe toccata ancor a lui quefta ventura di effer mandato in quelle parti a convertire le anime alla Santa Fede.

Fatta già quefta elezione, cercò il Santo Giovane d'afficurarfi quanta più foffe più poffibile, che quefta foffe volontà di Dio; e determinò di comunicarfi con quefta intenzione in un giorno dedicato alla B. Vergine, e per intetceffione di quefta Regina chiedere a Dio iftantemente, che gli deffe ad intendere, fe quefta foffe fua volontà: ed effendo vicina la fefta dell'Affunzione di effa Vergine dell'anno mille cinquecento ottanta tre, effendo egli già di quindici anni e mezzo, prima fi difpofe con molte orazioni, e con iftraordinario apparecchio, e poi in detta mattina fi comunicò: e mentre ftava divotamente pregando Dio per interceffione della Madonna, che egli fignificaffe la fua volontà intorno all'elezione dello ftato; ecco che fentì quafi una voce chiara e manifefta, sesta, che gli disse, che si facesse Riligioso nella Compagnia di Gesù; e di più gli aggiunse come egli stesso riferì ed alla Madre, ed in Religione ad altri, che quanto prima scoprisse il tutto al suo Confessore.

Certificato già del divino volere, tornò a casa tutto allegro, e desideroso quanto prima di porre in esecuzione la volontà di Dio già conosciuta, lo stesso dì andò a trovare il suo Confessore, e gli raccontò quanto era passato, pregandolo, che volesse ajutarlo appresso i Superiori, acciocchè fosse ricevuto quanto prima. Il Padre Confessore dopo di aver esaminati bene i principj, ed i progressi di questa risoluzione, gli rispose, che la vocazione gli pareva buona, e da Dio; ma che a porla in esecuzione vi voleva il consenso del Marchese suo Padre, senza del quale i Padri della Compagnia non l'avrebbero mai ricevuto, e però che toccava a lui di scoprire al Marchese l'animo suo, e il procurare con preghi, e con ragioni, che gli desse licenza. Nè egli per lo desiderio grande, che aveva di consecrarsi a Dio, vi pose molto tempo. Quel giorno stesso lo scoprì alla Marchesa sua Madre, la quale ebbe tant'allegrezza di questa risoluzione del figliuolo, che ne ringraziò Dio, e a guisa d'un'altra Anna, di buona voglia l'offerì, e donò a sua Divina Maestà; e fu la prima che lo dicesse al Marchese, e reprimesse le prime furie, su le quali egli si pose in udire questa inaspettata risoluzione: e da poi sempre in questo negozio tanto l'ajutò, e favorì, che non avendo mai il Marchese avuta notizia dell'ardente desiderio, ch'ella sempre aveva avuto di vedere un figliuolo servire a Dio nella Religione, cominciò a sospettare, ch'ella fosse mossa da amore particolare verso Ridolfo, e che bramasse, che quello, e non questo, succedesse allo Stato, e però bramasse, che quello fosse Religioso.

Poco dopo Luigi con la maggior umiltà, e riverenza possibile, per se stesso espose al Marchese l'animo suo, ed insieme con fiducia, ed efficacia grande gli significò, che era risoluto di fare il rimanente di sua vita in Religione. Il Marchese si fè tutto un fuoco, e con parole dure, ed aspre lo scacciò via da se, minacciandolo di farlo spogliare nudo, e dare delle staffilate: a cui Luigi umilmente così rispose: *Piacesse a Dio, ch'io avessi grazia di patire tal cosa per amor suo;* e ciò detto si partì, ed il Marchese percosso da grave dolore, rivoltando la collera contra il Confessore assente, fece, e disse quello, che la passione, e l'affetto gli suggeriva: e per alcuni giorni non trovò mai quiete; tanto gli sembrava grave

la

le perdite, e notabile il danno, che per tal risoluzione del figliuolo riceveva.

Dopo alcuni giorni fattosi venire il Confessore di Luigi in casa, si lamentò grandemente di lui, come gli avesse posto simil pensiero in testa al suo Primogenito, sopra del quale erano appoggiate tutte le speranze di casa sua: Il Padre rispose, che solo pochi dì prima Luigi gli aveva communicata quella sua deliberazione, come egli stesso poteva far fede; sebbene dalla vita, ch'egli menava, facilmente aveva raccolto, che avesse un dì a fare somigliante risoluzione. Allora il Marchese mitigato alquanto si rivolse a Luigi, ch'era presente, e gli mostrò, che manco male sarebbe stato, quando avesse eletta altra Religione: e Luigi seppe così ben rispondere, che il Marchese non ebbe più, che replicare: come si può intendere dalla sopraddetta lettera del Confessore, nella quale soggiunge le seguenti parole, parlando di Luigi.

Intorno alla sua vocazione occorsero due cose degne di considerazione. Io non gli dissi mai nulla intorno a ciò, benchè dai suoi andamenti sempre fui presago di quello, che seguì. Un dì poi dell' Assunzione della Madona, essendosi confessato e comunicato, il che faceva spesso, venne dopo pranzo a dirmi, che avendo pregato Dio instantemente in quell' atto del comunicarsi per mezzo della B. Vergine, che gli desse ad intendere la sua santissima volontà intorno al pigliare dello stato, sentì quasi una voce chiara e manifesta, che gli disse, che si facesse Religioso della Compagnia di Gesù. Di più intendendo poi il Sig. Marchese suo Padre questa risoluzione, e ragionando si furono in quella, gli disse in mia presenza: Avrei voluto, figliuol mio, che almeno avessi eletto altra Religione, che questa; perchè non ti sarebbe mancata qualche Dignità, per la quale avresti esaltata la casa nostra; la quale non avrai mai nella Compagnia, che le rifiuta. Rispose allora il giovane: Anzi, Signor Padre, una delle ragioni, per le quali io ho eletta più la Compagnia, che altra Religione, è questa; per serrare affatto la porta all'ambizione. Se io volessi Dignità, mi goderei il mio Marchesato, che Iddio, come a Primogenito, mi ha dato; e non lascierei il certo per l' incerto. Queste sono parole della lettera.

Partito poi il Confessore, e ripensando il Marchese continuamente a questo fatto, venne in sospetto, che Luigi forse a bello studio avesse fatto quella risoluzione, per ritirarlo dal giuoco, al quale egli fuor di modo era inclinato: ed alcuni giorni prima aveva perduto molte migliaia di scudi: anzi quella stessa sera, che Luigi gli scoprì la sua intenzione, se ne aveva giuocato altri sei mila. Ed in vero a Luigi dispiacea tanto quel giuoco, che bene spesso, mentre il Marche-

se

se giuocava, si ritirava in camera a piangere, e diceva a'suoi Camerieri, *non tanto dispiacergli il danno, che ne riceveva, quanto l'offesa che in ciò si faceva a Dio*: sicchè il sospetto del Padre non fu senza apparente fondamento. Nè fu solo il Màrchese di questo parere; ma anche la Corte quasi tutta; nella quale essendosi sparso quello, ch'era passato tra il Marchese, e Luigi; lodavano grandemente la prudenza di lui, che con la paura di maggior perdita, avesse proccurato di ritirare il Marchese dal giuoco. Ma stando egli tuttavia saldo, e fermo nel suo proponimento, e sollecitando ogni giorno per aver licenza di eseguire la divina ispirazione; protestandosi di non avere in ciò altro fine, che di servire a Dio nostro Signore; venne finalmente il Marchese a credere, ch'egli dicesse da vero, e che quella fosse ispirazione divina; riducendosi massimamente a memoria l'Angelica vita, che fin da fanciullino egli aveva sempre tenuta, e quanto fosse stato dedito alla divozione. Ed in questa credenza molto più si confermò per lo lo testimonio, che ne diede l'Illustr., e Reverendissimo Padre Fra Francesco Gonzaga Generale dei Padri Osservanti di S. Francesco, parente ed amico stretto del Marchese, il quale si trovava allora in vita nella Spagna, ed avendo per ordine del Marchese, esaminato Luigi per ben due ore con ogni diligenza, restò tanto soddisfatto, che riferì al Marchese non doversi in modo veruno dubitare, che quella fosse vocazione divina.

Ma sebbene il Marchese restava appieno capace, ch'egli era chiamato da Dio, con tutto ciò non potendosi indurre a dargli licenza, lo tratteneva in parole. Dal che avvedutosi Luigi, e non volendo più tardare, massimamente, che già era morto di febbre il Principe Don Diego (il quale egli con tutta la Corte avea accompagnato alla sepoltura alle Scuriale, e perciò era restato libero dal corteggiare) si risolvè di fare un bel tiro, per provare, se gli riusciva; e fu, che andatosene un giorno al luogo dei Padri della Compagnia, si voltò al Signor Ridolfo suo fratello minore, che seco era, ed agli altri della sua famiglia, e disse loro, che tornassero a casa, perchè egli voleva restare lì, e non tornare più; questi, dopo di averlo pregato un pezzo, vedendolo risoluto e costante, se ne tornarono a casa, e riferirono tutto al Marchese, che stava in letto con la podagra; il quale, udita tal novità, mandò subito il Dottore Salustio Petroceni da Castiglione suo Auditore, a dirgli che ritornasse a casa. Luigi rispose: *che quello, che s'aveva da far domani, ben si poteva far oggi, e che avendo egli gusto di restare in quel luogo, lo supplicava che non lo volesse privare.* Avuta il Marchese la risposta, disse, essere trop-

troppo difonor fuo, che la cofa fi finiffe in quel modo, e che tutta la Corte n'avrebbe avuto che dire, e però di nuovo gli mandò a dire per lo fteffo, che tornaffe in ogni modo a cafa; ed egli ubbidì.

Un altro giorno abboccandofi il Marchefe col P. Generale Gonzaga fopradetto, lo pregò e per la parentela, e per l'amicizia; che, poichè vedeva di quanto gran danno foffe a fe, ed al fuo Stato di reftar privo di quefto figliuolo di tanto fenno, e che così bene, e religiofamente avrebbe governati i fuoi popoli, voleffe diffuaderlo dall'entrare in Religione, e perfuadergli, che anco nel fuo grado avrebbe potuto fervire a Dio reftando al fecolo: al che rifpofe il Padre Generale, che gli perdonaffe, perchè nè per la profeffione, ch'egli faceva, gli conveniva fare tal uffizio; nè per la cofcienza lo poteva fare. Inftò il Marchefe, che almeno lo pregaffe a non veftirfi in Ifpagna; ma a tornare feco in Italia, il che doveva effere prefto; e gli diede parola, che in Italia gli averebbe data licenza di fare ciò, che voleva. Il P. Generale, ricordandofi, che quando ancor egli ftava nella medefima Corte del Re Cattolico, e volle farfi Frate di S. Francefco, i parenti dopo molte diffuafioni, tentarono di rimenarlo in Italia, con animo di fa... oi ogni sforzo, per levarlo da quel penfiero; ed egli non aveva voluto acconfentire, ma s'era veftito in Ifpagna: diffe al Marchefe, che nè anche era buono a fare queft'uffizio per la detta ragione; ed aggiunfe, che ne avea un poco di fcrupolo: pure non negò di volerlo fare: e parlando con Luigi, gli raccontò le richiefte fattegli dal Marchefe, e le rifpofte dategli, con dirgli, ch'egli veramente avrebbe avuto fcrupolo di fare tal uffizio, ancorchè il Sig. Marchefe prometteffe di dare in Italia ogni licenza. Il buon Giovane, fperando, che il Padre fuo doveffe mantenergli la promeffa, fubito che foffe giunto in Italia, diffe al P. Generale, ch'egli era contentiffimo di dare al Marchefe quefta foddisfazione, e che non aveva in ciò veruna difficoltà, perchè già aveva previfto tutto ciò, che poteffe accadere; e ch'era tanto fermo e ftabile nella rifoluzione fatta, che per la grazia di Dio gli pareva d'effere immutabile; e però non temeva cofa veruna. Il P. Generale diede la rifpofta al Marchefe, e fi ftette in quefto appuntamento di confenfo d'ambe le parti.

Come

*Come tornò in Italia: e dei contrasti ch'ebbe per cagione
della sua vocazione.*

NEll'anno 1584., dovendo passare della Spagna in Italia
con le Galee il Sig. Gio: Andrea d'Ora, che appunto
allora era stato creato Generale di Mare dal Re Cattolico;
il Marchese Don Ferrante determinò di tornare in Italia colle medesime Galee, e di rimenare seco la Marchesa, ed i figliuoli; e quando fu per imbarcarsi, il P. General Gonzaga,
avendo spedita la sua Visita, ed i suoi negozj in Ispagna,
volle imbarcarsi insieme con loro. Non si potria facilmente
narrare, quanto gran ventura sua riputasse Luigi l'essere in
compagnia d'un tanto Padre, in cui ogni volta che lo mirava
gli pareva di vedere un vero e vivo ritratto della vita religiosa,
e dell'osservanza regolare, ed a me stesso raccontò poi, come
egli era stato osservando con diligenza tutte le sue azioni per
profittarsene, e l'aveva trovato per la sua molta virtù e vita esemplare, meritevole del nome, e dell'uffizio di Generale dell'Osservanza. E quanto ben fondato e vero fosse questo concetto, che Luigi formò di lui in quel viaggio, più
chiaramente s'è veduto, da che il detto Padre è stato fatto
Vescovo, prima di Cefalù in Sicilia, ed ultimamente di Mantova; perchè in tal grado ha sempre menata vita tanto religiosa e santa, e che per comune sentimento di quanti l'hanno conosciuto e praticato, ha seguito l'orme dei Santi Vescovi antichi, e merita d'essere proposto per esempio da essere imitato a tutti quelli, che dalle Religioni sono promossi a
Prelature Ecclesiastiche. Con sì buona e religiosa conversazione passò Luigi assai allegramente quella navigazione; ora di-
scorrendo di varj passi della Sacra Scrittura; ora ragionando
di altre cose spirituali, e proponendo i dubbj, che nella vita spirituale gli occorrevano e giunsero in Italia nel mese di
Luglio del medesimo anno, quando di già aveva Luigi compito sedeci anni, e quattro mesi.

Aspettava egli, che il Marchese suo Padre gli desse subito
licenza di adempire il suo desiderio, e cominciò con ogni diligenza a sollecitare questo negozio; ma il Marchese gli disse, di voler prima mandarlo insieme con Ridolfo suo fratello
a congedare con tutti i Principi, e Duchi d'Italia a nome
suo, e che però si apparecchiasse a far viaggio, e ciò faceva
il Marchese con isperanza, che egli a poco a poco dovesse
distorsi dal pensiero di farsi Religioso. Si pose Luigi in viaggio

gio col fratello, e con numerosa familia, e visitò tutti questi Serenissimi d'Italia. Andava il Signor Ridolfo, che era più
giovinetto, pomposamente vestito, come al grado suo si conveniva; ma il buon Luigi portava in dosso un semplice vestito di sajetta, nera, nè volle cosa alcuna attorno, che avesse
del vano. Anzi avendogli il Marchese fatto fare certi superbi vestiti tanto guarniti, che quasi si potevano dire ricoperti
d'oro; acciocchè con quelli andasse a visitare la Serenissima
Infanta di Spagna Duchessa di Savoja, quando venne in Italia, non fu mai possibile ottener da lui, che pur una volta se li ponesse indosso. Ed in Castiglione occorse una volta
fra l'altre, che portava le calze tutte stracciate, e le ricopriva, acciocchè non gli fossero da' suoi vedute e cangiate: ed
un dì salendo per le scale, essendogli caduto di mano la co-
corona, mentre s'abbassò per raccoglierla, l'Ajo suo, che
gli andava dietro, vide le calze tanto rotte, che mostrava le
carni, e lo riprese, e gli ordinò che subito se le cavasse, e
ne pigliasse un altro pajo; ed egli non ebbe ardire di con-
traddirgli, per tema che lo riferisce al Marchese suo Padre.
Per viaggio andava sempre o recitando orazioni vocali, o meditando, nè tralasciava i suoi digiuni ordinarj, nè le orazioni della sera. Giunto alle Osterie, si ritirava in qualche camera, e mirava se vi fosse qualche immagine del Crocifisso,
e non vi essendo, o col carbone, o con l'inchiostro faceva
una croce in un foglio di carta, ed avanti di quella s'inginocchiava, e stava una, o più ore orando, e facendo le sue
divozioni. Quando arrivava a Città, nella quale fosse Casa,
o Collegiodella Compagnia, dopo di aver complimentato co' Principi, sempre andava a visitare i Padri, e la prima cosa,
che faceva entrando ne' Collegj, era andare a drittura in
Chiesa a salutare il Santissimo Sacramento, e poi si tratteneva co' Padri conforme alla comodità, che aveva del
tempo.

Nella visita che fece al Serenissimo di Genova, occorsero
due cose degne di esser notate. Una fu, che essendo in Torino alloggiato in Palazzo dell' Illustrissimo Sig. Girolamo della Rovere suo parente, che fu poi Cardinale, mentre si tratteneva in una stanza, ove erano molti Gentiluomini giovani,
e fra questi un Gentiluomo vecchio di settant'anni, questo
vecchio cominciò ad introdurre alcuni ragionamenti poco one-
sti; onde Luigi alterato contro di lui, gli disse liberamente
queste formate parole; *Non si vergogna un uomo vecchio della
qualità di V. S. di ragionare di simili cose a questi Gentiluomini
giovani, questo è un dare scandalo, e mal esempio: perchè, cor-
rumpunt bonos mores colloquia prava, dice S. Paolo.* Ciò detto,

to, prese un libro spirituale da leggere, e si ritirò in un'altra stanza lontana da quel commercio, mostrando di restare offeso, e quel vecchio restò molto mortificato, e gli altri molto edificati. L'altra cosa fu, che avendo avuto notizia della sua venuta a Torino il Signor Ercole Dana suo Zio, e fratello della Signora Marchesa sua Madre, andò a trovarlo, e lo pregò, che insieme col fratello volesse trasferirsi fino a Chieri, a vedere e favorire tutti i parenti massimamente che non vi era mai stato. Accettò Luigi l'invito, e vi andò col Signor Ridolfo suo fratello; ed avendo il Sig. Ercole, per onorare questi Signori suoi Nipoti, preparato un festino, nel quale si doveva ballare; Luigi prima fece ogni sforzo per non intervenirvi: poi supplicato da molti, che gli dicevano, che la festa si faceva da quei Signori solo a contemplazione sua, e per allegrezza della sua venuta, si lasciò condurre dentro la stanza, ove già stavano radunati molti Signori, e Signore, con aver prima protestato, ch'egli voleva solamente star presente, ma non ballare, nè fare altro, e così erano restati d'accordo: ma appena s'era posto a sedere, quando levandosi una di quelle Signore, andò ad invitarlo a ballare; ed egli vedendo questo senza dire parola, se ne uscì subito di quella stanza, e non tornò più, e partendo poco dopo di sala il Signor Ercole per cercarlo, non lo poteva ritrovare: al fine passando per altro affare per una Stanza de servidori, vide, ch'egli si era nascosto in un cantone fra'l letto, ed il muro, e quivi inginocchiato se ne stava facendo orazione, e restando di ciò ammirato, ed edificato, non ebbe ardire d'interromperlo.

C A P. X I.

De' nuovi assalti, che Luigi ebbe in Castiglione, e come al fine impetrò dal Padre di poter entrare in Religione.

Finite le visite, ritornò a Castiglione, pensando di certo, che il Marchese gli avesse d'attendere la promessa, e dare buona licenza; ma restò molto ingannato; perchè non ne voleva sentir parola, ed usava ogn'industria per rimuoverlo dal suo primo pensiere, non si potendo indurre a credere, che fosse matura vocazione, ma più tosto un fervore giovanile, che col tempo avesse da svanire; ed altri Personaggi grandi, e per la parentela, e per l'amore, che gli portavano, gli diedero diversi assalti, da lui non aspettati. E prima il Serenissimo Guglielmo Duca di Mantova, il quale aveva sempre amato Luigi con singolare affetto, mandò a

Ca-

Castiglione un Vescovo di molta eloquenza, che da sua parte gli dicesse, che se per sorte gli fosse venuta a noja la vita secolare de' Laici, si facesse di Chiesa; perchè in quello stato si sarebbe potuto impiegare in cose di maggior gloria di Dio, ed utilità de' prossimi, che nella Religione stessa, e che di ciò non mancavano esempj di uomini Santi, tanto a' tempi antichi, quanto a' nostri, come dell'Illustrissimo Cardinale Carlo Borromeo, e di altri, quali posti in Dignità avevano fatto più utile alla Chiesa, che molti Religiosi; ed al fine prometteva, ed offeriva ogni sua opera, a favore per farlo promuovere a tali Dignità. Fece il Vescovo l'uffizio con molta efficacia, e con belle ragioni, alle quali tutte Lui prudentemente rispose; ed in fine disse, che ringraziava molto Sua Altezza dell'amore, che gli aveva sempre mostrato, dal quale nascevano quelle offerte; ma che, come di già aveva rinunziato a tutti gli ajuti, che per ciò poteva avere da casa sua, così anco rinunziava a questi favori, che sì liberalmente gli venivano offerti da sua Altezza. Anzi che per questa particolare cagione aveva fatta elezione della Compagnia, per non accettare ella sorte alcuna di Dignità; perciocchè aveva deliberato di non volere in questa vita altro, che Dio.

Il secondo assalto fu dell'Illustr. Sig. Alfonso Gonzaga suo Zio, a cui doveva egli succedere nello Stato di Castel Giuffredo. Questi avendo fatto a Luigi molte proposte simili a quelle del Duca: ne riebbe anche somiglianti risposte. Un'altra Persona di grande autorità pure di casa Gonzaga, dopo di aver dette molte cose per levarlo via dal suo proposito; al fine si pose anco a dire male della Compagnia; e l'esortava, che poichè aveva risoluto di lasciare il mondo, almeno non entrasse nella Compagnia, che stava in mezzo del mondo; ma piuttosto eleggesse una Religione ritirata da simili occupazioni, come quella de' Cappuccini, o Certosini, e simili. Le quali cose può essere, che quel Signore dicesse con animo, se Luigi avesse mutata l'elezione fatta, di pigliare occasione dalla sua incostanza di riprendere, e condannare affatto quella sua vocazione: ovvero perchè averebbe avuta più facilità di dissuadergli quelle altre Religioni, come sproporzionate alle sue forze, ed alla sua delicata complessione; oppure, perchè da altre Religioni averebbono più facilmente potuto cavarlo, e farlo promuovere a Dignità di Chiesa. Ma Lui brevemente rispose, ch'egli non vedeva in qual modo potesse più allontanarsi dal mondo, che entrando nella Compagnia. Imperocchè, se per mondo intendeva le ricchezze, nella Compagnia s'osserva la povertà perfettamente, non te-

nendo, nè potendo tenere veruno cofa alcuna di propria : fe
per mondo intendeva gli onori, e dignità, a quefti ancora
v'era ferrata la porta col voto, che fi fa, di non proccurare
fimili dignità, e di non accettarle, febben foffero loro offerte, come molte volte fono, da Re, e da Principi, fe non
viene loro comandato dal Papa, che le accettino. Con quefte rifpofte fece allora tacere quel Signore, e diede ad intendere ad altri, che le rifeppero, che la fua era falda vocazione,

Operò ancora il Marchefe, che altre perfone lo tentaffero, ed in particolare, che Monfignor Gio: Giacomo Paftorio
Arciprete di Caftiglione, a cui aveva S. Luigi non poco credito, operaffe feco, che fi contentaffe di reftare al governo
del Marchefato. Ma Luigi con vive ragioni feppe tanto ben
convincerlo, che fu aftretto a rivolgere la legazione verfo il
Padre a favor del figliuolo: onde cercò di perfuadere al Marchefe, quefta effere vocazione di Dio, e dappoi fempre predicò a tutti Luigi per Santo. Il Marchefe non contento ancora delle diligenze, ufate, pregò iftantemente un Religiofo
fuo amico grande (il quale in quel tempo era famofiffimo
Predicatore in Italia, e morì poi Prelato di una Chiefa) che
voleffe per amor fuo dare un gagliardo affalto a Luigi, e
tentare in ogni modo di rimoverlo dalla vocazione. Quel Padre, febbene mal volentieri, pure non fapendo dire di nò al
Marchefe, fi riduffe a fare l'uffizio, e lo fece con tutta la
fua induftria, ed eloquenza; ma non riufcì. Onde volendo
egli poi lodare la coftanza del Giovane appreffo un Cardinale
principaliffimo, diffe quefte parole: *Mi hanno pofto a fare
l'uffizio del Diavolo con quefto Giovane; e poichè l'aveva a fare, l'ho fatto con tutta l'induftria, e faper mio: e nondimeno non ho fatto niente: perchè fta tanto faldo, ed immobile,
che non fi può abbattere.* Il Marchefe con tutto ciò, fperando,
che egli per tanti affalti fi foffe in qualche modo piegato;
per chiarirfene, mentre ftava un giorno in letto con la po-
draga, fe lo fe chiamare, e gli dimandò, che penfiero foffe il fuo. Rifpofe Luigi con riverenza, ma chiaramente,
che il fuo penfiero era, e fempre era ftato di fervire a Dio
nella Religione già detta. Per la quale rifpofta entrando
grandemente in collera il Marchefe, con brufca cera, e con
pungenti parole lo cacciò via da fe, e gli diffe, che fe gli
levaffe dinanzi agli occhi. Luigi pigliando quefte parole per
comandamento, fi ritirò fubito nel Convento de'Frati Zoc-
colanti, per nome detto Santa Maria, circa un miglio difco-
fto da Caftiglione. E' quefto Convento pofto dietro un vago, e dilettevole Lago, che per artifiziofi ritegni formano

D   le

le acque cadenti da quelle amene colline, fabbricato in un sito tenuto per i passati tempi in qualche pregio, come fanno fede sin ora, una quasi sotterranea stanza ornata di antichi Mosaici, che quivi si vede, ed un chiaro gorgo di salutifere acque, le quali per sotterranei, ed antichi canali là condotte, sotto alcune stanze del Marchese Don Ferrante per ritiramento suo, e de' figliuoli fabbricate, s'ingorgano, e formano una limpidissima fontana di molta ricreazione. In queste stanze si ritirò S. Luigi, e fatto portare letto, libri, ed altri fornimenti della camera, quivi si diede a fare una vita ritiratissima, disciplinandosi più volte il dì, ed occupando tutto il tempo in orazione: nè v'era alcuno, che ardisse di parlarne al Marchese, per non farlo alterare.

Passati alcuni giorni, il Marchese, che pur continuava a star in letto, dimandò, che cosa fosse di Luigi, ed intendendo, che stava nel detto Monastero, comandò fosse subito richiamato, e fattoselo venire in camera, con parole acerbe, e con collera grande lo riprese, come avesse avuto ardire di andare fuori di casa, per fargli, 'come egli diceva, maggior dispetto. Luigi con gran pace, e riverenza rispose, che egli v'era andato, perchè pensava di fare in quel modo l'ubbidienza sua; perchè gli aveva comandato, se gli levasse dinanzi. Il Marchese aggiunse molte parole, e minacce, e poi gli comandò, che se ne andasse alle sue stanze, e Luigi, chinando il capo, vi vo, disse, *per ubbidienza*. Giunto, che fu in camera chiuse l'uscio, e si pose inginocchioni avanti un Crocifisso, e cominciò a piangere dirottamente, chiedendo a Dio costanza, e fortezza in tanti travagli, e poi spogliandosi fece una lunga disciplina. In questo mentre il Marchese, in cui combattevano insieme l'affetto naturale verso questo figliuolo, e la coscienza: perchè da un canto non avrebbe voluto offender Dio; e dall'altro non poteva pensare, d'aversi a privare di un figliuolo tanto da se amato, e d'ogni parte compito, temendo, che Luigi per così aspra riprensione si fosse turbato, intenerito alquanto, fece chiamare il Governatore della Terra, che era quivi nell'anticamera, e gli ordinò, che andasse a vedere ciò, che Luigi facesse. Questi andando verso le sue stanze, trovò un suo Cameriere fuori della porta, il quale gli disse, che il Sig. Luigi s'era serrato, e non voleva se gli desse fastidio; e dicendo il Governatore di aver ordine dal Marchese, di vedere ciò, che faceva, si accostò alla porta, e non potendo entrare, fece col pugnale tra le fissure della porta un picciol buco, e da quello vide, che Luigi spogliato, colle ginocchia nude in terra, avanti un Crocifisso, stava piangendo, e disciplinandosi, e da que-

quello fpettacolo reftò tanto commoffo, ed intenerito, che
fe ne ritornò al Marchefe colle lagrime agli occhi, e gli diffe: *Signore, fe V. Eccellenza vedeffe quello, che fa il fuo Signore*
Luigi, certo non cercherebbe di levarlo dal fuo buon penſiero di
farfi Religiofo, e domandato dal Marchefe, che cofa avea veduto, e perchè in quel modo piangeffe, rifpofe, *Signore ho*
veduto cofa in fuo figliuolo, che moverebbe ognuno a piangere, e
narrò quanto veduto avea, con tanta maraviglia del Marchefe, che appena pareva fi poteffe indurre a crederlo. Il giorno feguente, afpettando il Marchefe la medefima ora, e tenendo chi l'avvifaffe di quanto paffava, fi portare in fedia
alla porta della camera di Luigi, che era all'iftefso piano della fua, e per lo ftefso buco già fatto vide, ch'egli ftava pure di nuovo piangendo, e difciplinandofi, e da quefta vifta
talmente fi commofe, che rimafe quivi per un pezzo attonito, e come fuori di fe; e poi diffimulando la cofa, fece fare alquanto di ftrepito, e picchiare all'ufcio della camera,
ed entrato dentro con la Marchefa, ritrovò il pavimento af-
perfo di varie goccie di fangue, per la difciplina da lui fatta, ed il luogo, dove era ftato inginocchioni, bagnato di lagrime, come fe vi foffe ftata fparfa dell'acqua.

Per quefto fpettacolo, e per la molta iftanza, ch'egli del
continuo faceva, finalmente fi induffe il Marchefe a dargli
licenza, e fcriffe a Roma all'Illuftriffimo Sig. Scipione Gonzaga fuo Cugino, che in quel tempo era Patriarca di Gerufalemme, e poi fu fatto Cardinale di S. Chiefa, che foffe
contento di offerire da parte fua al Reverendiffimo Padre
Generale della Compagnia di Gesù: che in quel tempo era
il Padre Claudio Acquaviva, figliuolo del Duca d'Atri, il
fuo figlio Primogenito, cioè, come egli fcriveva, *la cofa*
più cara, e di maggior fperanza, che aveffe in quefto mondo,
ed infieme gli domandaffe, dove comandava fua Paternità,
ch'egli adaffe a fare il fuo Noviziato. Il Padre Generale rifpofe come fi conveniva in tal negozio. E quanto al Noviziato, prima fi reftò in appuntamento, che lo doveffe fare
in Novellaria, e poi per più ragioni fi determinò, che veniffe a farlo in Roma, e così rifpofe il Patriarca al Marchefe.

Avuta Luigi quefta felice nuova, ne ricevette incredibile
allegrezza, e non fi potè contenere, che non ifcriveffe fubito una lettera al Padre Generale, ringraziandolo quanto più
poteva di un tanto benefizio, e come le parole non corrif-
pondeffero alla grandezza dell'affetto, gli offeriva, e donava
tutto fe fteffo. Della quale affettuofa lettera prefe il Padre
Generale gufto particolare, e gli rifpofe, che l'accettava, e
l'ac-

l'afpettava. Dopo quefto fi cominciò a trattare della rinunzia del Marchefato, del quale, come fi è detto altrove, già era ftato Luigi nominatamente inveftito dall'Imperadore, e volendo il Marchefe, ch'egli lo cedeffe al Signor Ridolfo fuo fecondogenito, Luigi molto di buona voglia fi accordava, e dava licenza, ch'eglino fteffi componeffero la formola, colla quale defideravano fi faceffe detta rinunzia, che quanto a fe, era contentiffimo di tutto quello, che il Marchefe aveffe voluto, purchè fi deffe quanto prima fine al negozio, acciocchè sbrigato, fe ne poteffe volare alla Religione. Si compofe dunque la formola in quefto modo, che Luigi rinunziaffe affatto ad ogni forte di giurifdizione, che poteffe avere, nel fuo Marchefato, e ad ogni fucceffione di altri Feudi, che gli pervenivano, e che della roba tutta, aveffe per allora due milla fcudi in contanti, per farne ciò, che voleva, e poi per fin, che viveva, fe gli deffero quattrocento fcudi l'anno. Fatta quefta formola fu moftrata a varj Dottori di Legge, ed anche al Senato di Milano, per vedere fe in effa vi poteffe nafcere dubbio alcuno, ovvero attacco di lite, e finalmente fu mandata alla Corte dell'Imperadore, acciocchè foffe confermata dalla Maeftà Cefarea, fenza il cui confenfo non fi poteva trasferire quefta giurifdizione, per effere lo Stato di tutti quefti Signori feudo Imperiale. Ajutò grandemente alla fpedizione della rinunzia in Corte di Cefare la Sereniffima Donna di Auftria, Duchefa di Mantova, alla quale S. Luigi molto fi raccomandò, come a quella, che poteva ajutarlo, e foleva in fimili affari fpendere volentieri il fuo favore. E che in quefto fi adoperaffe, fi legge nella vita di lei, nella terza parte, al quinto capo, ove fono pofte le feguenti parole: *Avvenne da un Giovane Illuftriffimo; e Primogenito, e Marchefe, che effendo toccato da Dio di lafciare il Mondo, nè potendolo altri diftogliere da quefto fanto propofito, e nondimeno reftandovi anche neceffità di ottenere dall'Imperadore la conceffione di trasferire il Feudo in un fuo Fratello, Eleonora, alla quale fi era fatto ricorfo, dopo di avere ben ponderato il negozio, ed efferfi informata delle qualità di chi defiderava sbrigarfi dal mondo, fi diede non folo ad animarlo, acciocchè corrifpondeffe alla divina vocazione, ma con ogni caldezza avendone fcritto a Ridolfo Imperadore fuo Nipote, ottenne quanto voleva, dal che feguì poi, ed il compimento di quel fanto defiderio, e dopo pochi anni la morte del Giovane già Religiofo, il quale col corfo della vita, che fantamente menò, andò al Cielo a ricevere la gloria.*

CAP.

CAP. XII.

Come S. Luigi fu mandato per negozj a Milano, e di quello, che ivi fece.

MEntre si stava aspettando il consenso dell'Imperadore per la rinunzia, occorsero al Marchese in Milano alcuni negozj di grande importanza, per la spedizione dei quali, non potendo egli per allora andare in persona, perchè si trovava aggravato dalla gotta, determinò di mandare Luigi, nella cui prudenza, e giudizio molto confidava, e con ragione, imperocchè avendolo più volte posto a trattare negozj con varj Principi, sempre gli aveva maneggiati, e conclusi con sua molta soddisfazione. Andò dunque Luigi a compire l'ubbidienza dal Padre impostagli, e fu necessitato a dimorare in Milano circa otto, o nove mesi, nei quali maneggiò quei negozj con tanta destrezza, e prudenza, che sebbene erano molto difficili, ed intrigati, li condusse al fine, che il Marchese desiderava. Nè fu per lui questo tempo affatto perduto, imperocchè avendo studiato in Ispagna tutta la Logica come si è già detto, seguitò in Milano la Fisica nel Collegio di Brera nella Compagnia di Gesù, e come egli era di bell' ingegno, e di eminente giudizio, fece in quello studio non mediocre profitto. Si trovava presente ogni giorno, mattina, e sera alle lezioni, e quando per negozj era impedito, si faceva scrivere la lezione, per poterla studiare in casa. Quando si facevano dispute, non solo voleva trovarsi presente, ma argomentava, e difendeva, come tutti gli altri Scolari, non volendo in ciò esenzione veruna, e sebbene nell'argomentare, e difendere mostrava l'acutezza dell'ingegno suo, nondimeno lo faceva con tanta modestia, che mai non gli uscì una parola inconsiderata di bocca, nè diede segno di alcuna leggerezza giovanile, nè in gesti, nè in parole, come testifica il suo Maestro stesso, e questa singolare modestia nell'argomentare, e nel resto, lo rendeva a tutti amabilissimo. Di più udiva ogni dì nel medesimo Collegio una lezione di Matematica, e perchè questa il Lettore non la dettava, egli per non dimenticarsene, subito tornato a casa, la dettava ad un suo Cameriere, con tanta facilità, e chiarezza, e con tanta felicità di memoria, che qando dal Cameriere, che scriveva quelle lezioni, e le conservava tutte, come per sua reliquia, mi furono mostrate in Castiglione, restai meravigliato di vedere, che mai non si era scordata la dimostrazione, nè aveva variati i numeri, le misure, i computi, i punti, le linee, de i nomi proprj di quella professione, delle quali cose sono ripieni quegli scritti. Soleva egli andare al Collegio con molta modestia, vestito tutto di nero di rascia Fiorentina, senza spada, e senza dire mai per istrada una parola ad alcuno della famiglia, che lo seguitava per ordinario a piedi, quantunque in casa tenesse comodità di cavalli.

Tutta la sua ricreazione mentre si fermò in Milano, fu il conversare coi Padri della Compagnia, e buona parte del tempo, che gli avanzava dalle occupazioni, si tratteneva nel Collegio, ragionando ora con questo, ed ora con quel Padre, o di cose di lettere, o di spirito. E avvertì il suo Maestro di Filosofia, che nel ragionare, che faceva con persone Religiose, ed anche con secolari di qualche autorità, portava loro tanta riverenza, e rispetto, che teneva sempre gli occhi bassi, non mirandoli in viso, se non rare volte. Nè conversava solo coi Sacerdoti, o Studenti, ma ancora si tratteneva coi Fratelli nostri coadiutori, e specialmente col Portinajo di quel Collegio, e si riputava a favor grande, ch'ei gli lasciasse talvolta le chiavi della porta in mano, mentre andava a chiamare alcuno dei Padri, ingannando in quella maniera se stesso, come se già fosse della Compagnia. E perchè sapeva, che ogni Giovedì, quando fra la settimana non vi corre Festa, si vacava dalle lezioni, e soleano quei Padri del Collegio andare a fare esercizio fino ad una villa, detta la Chisolfa, circa un miglio e mezzo fuori di Porta Comasina. Luigi la mattina per tempo s'incamminava a quella volta, e facendo restare alquanto indietro i suoi servitori, se n'andava solo, ora leggendo libri spirituali, e meditando, ora trattenendosi in cogliere viole in tempo di primavera, finchè vedesse venire per quella strada alcuno dei Padri, ai quali, mentre passavano, faceva cortesemente riverenza, e poi pian piano andava loro dietro, rimirandoli fissamente, e seguitandoli, finchè cogli occhi li poteva per diritta strada accompagnare, e prendeva tanto gusto, e diletto della sola vista di essi, come se avesse veduto tanti Angeli di Paradiso, e fra se stesso li riputava beati, perchè non avevano impedimento alcuno di servire a Dio, come egli aveva, ed aspirava ancor egli a quello stato. E quando essi stavano per entrare nella villa, voltava il cammino in dietro, per incontrarne degli altri, ed al fine se ne tornava a casa tutto consolato. In tempo di Carnovale ogni dì se ne andava al Collegio, per isfuggire gli spettacoli mondani, e per ragionare di cose di Dio, e soleva dire, che i suoi spettacoli erano i Padri della Compagnia, della conversazione dei quali aveva maggior gusto; che

di

di niun'altra cofa del mondo, e parlava degli fpaffi vani del
mondo con tanto difpregio, che ben fi vedeva quanto poco fe
ne curaffe.

Un giorno di Carnovale facendofi in Milano un famofo Tor-
neo, al quale concorfe tutta la Città, e fpezialmente tutti i
Cavalieri, più giovani, fopra cavalli di pezzo, più riccamente guarniti, che ognuno poteva, egli per calpeftrare più il
mondo, e per fare una pubblica mortificazione, deliberò di
andárvi, e tutto che aveffe comodità di cavalli, come fi è
detto, e per lo più foleffe efferne menato uno dietro a lui
con gualdrappa di velluto, nondimeno comparve quel dì fuor
dell'ufato fopra un muletto affai piccolo, e vecchio, accompagnato da due foli fervidori, e pafsò per le ftrade, ove erano quei Cavalieri, e così bene egli fi rideva del mondo, come il mondo fi poteva rider di lui. E quefta azione fù offer-
vata da più Religiofi, che lo videro con molta loro confolazione, ed edificazione.

Quanto alla divozione, feguitò lo ftile ordinario, e non
tralafciò mai le fue folite meditazioni. Vifitava fpeffo, e volentieri i luoghi di divozione, ed in particolare la Madonna di S. Celfo, alla quale in quel tempo, per i molti miracoli, che faceva, concorreva gran gente. Si comunicava in
S. Fedele, Chiefa della Compagnia di Gesù, tutte le Domeniche, e Fefte, e lo faceva con tanta umiltà, e divozione,
che tutti quelli, che lo miravano, ne reftavano edificati, e
pareva loro, che fpiraffe divozione, e fantità. Affermava il
P. Carlo Regio, che in quel tempo predicava in detta Chiefa, che ogni volta che voleva muoverfi a fervore, e divozione, nell'atto di predicare, fi voltava a mirare Luigi, il quale fi trovava fempre prefente alle fue prediche, e fi poneva
innanzi al pulpito, e colla fola vifta di lui fi fentiva interiormente tutto commuovere, ed intenerire, come quando fi vede una cofa facra, tanto era grande il concetto di fantità,
nel quale fin d'allora era tenuto.

C A P. XIII.

Ottenuto il confenfo dell'Imperadore per la rinuncia, è di nuovo
tentato dal Padre, e refta vittoriofo.

ERa di già venuta la rifpofta, ed il confenfo dell'Imperadore intorno alla rinunzia, ed effendo Luigi di 17.
anni compiti, ftava afpettando di giorno in giorno d'effere
richiamato al Padre in Caftiglione, e di potere libero, e
fciolto volare alla Religione, quando ecco in un fubito le-

vvoffi

voffi contra di lui un'altra tempefta, che dal porto vicino lo
ributtò in alto mare. Imperocchè il Marchefe, o perchè penfaffe, che Luigi già ftanco di tanto afpettare, fi foffe alquanto raffreddato da quel fuo primo proponimento, oppure
fpinto da affetto paterno, che non gli permetteva di dargli
licenza, o per altri rifpetti umani, un dì rifolvette di andare in perfona a Milano, per tentare di nuovo la volontà fua,
e fare, che altri ancora lo tentaffero, e così chiarirfi una
volta affatto, s'era, o no, volere di Dio, che quefto Giovane faceffe così importante rifoluzione. Giunto improvvifamente colà, domandò a Luigi, che cofa penfaffe di fare, e
trovandolo più faldo, e più coftante che mai, ne prefe un'afflizione grandiffima, e dopo di averne moftrato fdegno, e ri-
fentimento, cominciò feco a difcorrere amorevolmente, ed a
moftrargli, ch'egli non era tanto mal Criftiano, che voleffe
l'offefa di Dio, nè contraddire al divino volere, ma che la
ragione gli dettava, quefto effere piuttofto un umor fuo, che
vocazione divina, perchè e la pietà verfo il Padre, che Dio
comanda, e molti altri rifpetti, di fervizio di Dio dettavano
tutto il contrario di quello, ch'egli aveva in animo di fare,
e con quante ragioni feppe dettargli l'affetto, cominciò a difcorrere, come egli coll'entrare in Religione farebbe ftato la
rovina di cafa fua, e l'avrebbe mandata in fondo. Gli pro-
pofe la buona natura, che Dio gli avea dato, e non pericolofa d'effere facilmente diftolta dal ben vivere; onde perciò
non aveva occafione di temere di rimanere nel fecolo avrebbe avuta comodità di vivere una vita religiofa, e di mantenere i fudditi, che Dio gli aveva dati, nell'offervanza della
legge di Dio, e coll'efempio fuo tirarli alla pietà criftiana,
e che anche per quefta via aveva le porte aperte per entrare
in Cielo. Gli ricordò la riverenza, il credito, e l'affezione,
che già gli avevano prefa i fuoi vaffalli; e come defideravano, ed afpettavano colle mani giunte, d'effere governati da
lui. Gli moftrò, come di già egli colle buone maniere s'aveva acquiftata la grazia dei Principi, coi quali aveva converfato, e trattato, ed era da loro tenuto in molta ftima. Gli
dichiarò la natura del Sig. Don Ridolfo fuo fratello minore,
a cui rentrando, era per rinunziare lo Stato: perchè, febben egli era Principe di grande ingegno, e dava di fe buone fperanze, come poi in fatti riufcì tale nel fuo governo,
per teftimonio degli fteffi fuoi Vaffalli, che ancora oggidì
vivono; nondimeno per effere di natura molto vivace, e di
poca età, non pareva al governo tanto atto, come lui. Al
fine: *Vedi*, diffe, *me fteffo infermo, che per effere da continuo
male di gotta aggravato, e macerato, appena poffo movermi, ed ho
bifo-*

bisogno d' essere sgravato dai fastidj del governo : ciò che tu sia d' adesso potresti fare : deve se tu entri in Religione, e mi lasci : occorreranno dei negozj, a' quali non potrò attendere , e resterò oppresso e dai fastidj, e dal male ; e tu sarai cagione della mia morte. E in così dire proruppe in un pianto grande ; ed aggiunse altre parole piene di dolore, e di affetto.

Luigi dopo di averlo ascoltato , e con umili parole ringraziato dell'amore, e cura paterna, che gli mostrava , rispose : ch' egli aveva ben considerate tutte quelle cose, o buona parte di esse, e che conosceva l' obbligo suo : e che quando non fosse stato da Dio chiamato ad altra sorte di vita , avrebbe avuto il torto a non avere l'occhio a tutte quelle considerazioni, che gli venivano proposte ; ed in particolare ad ubbidire, e servire il Padre, a cui , dopo Dio, sommamente era obbligato : ma che, come egli si moveva ad entrare in Religione, non per capriccio, ma per ubbidire a Dio , che lo chiamava al suo servizio ; così doveva sperare , che Iddio, che fa il tutto, e tutto vede, avrebbe ogni cosa ordinata secondo il beneplacito di Sua Divina Maestà , ed a benefizio della Casa, e dello Stato ; e che non poteva aspettare altro dalla divina Bontà. Udendo il Marchese ch' egli stava saldo in credere d' essere chiamato da Dio, e che solo per questo si moveva a fare così gran risoluzione : conobbe, che bisognava rimoverlo da questa credenza, se si voleva ritirarlo dal suo disegno : e però proccurò, che diverse persone tanto secolari, quanto religiose di nuovo lo esaminassero, e tentassero l'animo, e vocazione sua . Fecero quest'uffizio diversi : e tutti dopo di averlo esaminato, e avergli poste avanti gli occhi, per ispaventarlo, le difficoltà della vita religiosa, quanto più eloquentemente seppero, restarono talmente soddisfatti , ed ammirati della fermezza del Giovane ; che fecero fede al Marchese, che la vocazione era da Dio ; ed aggiunsero molte altre cose in lode di lui.

Sentendo il Marchese tante relazioni contro il suo gusto, e tutte conformi ; per finirsi di chiarire, se fosse, o nò questa volontà di Dio, si fece un giorno portare in sedia a S. Fedele, luogo dei Padri della Compagnia di Gesù, non potendo per la gotta andare in altro modo ; e fattosi chiamare in una stanza il P. Achille Gagliardi, che era in quella Città di molto nome, disse : come in un negozio a se tanto importante, quanto era il perdere il suo figliuolo Primogenito, e figliuolo tale ; s'era risoluto di fidarsi del giudizio suo, ed appigliarsi al suo consiglio : ma che desiderava prima, che alla sua presenza lo esaminasse sopra la vocazione : e lo pregava volesse proporgli in contrario tutte quelle vive ragioni,

che

che il suo valore, e sapere gli averebbe dettate; e prometteva di volersi poi, per quanto gli sarebbe stato possibile,
quietare. Il Padre, per soddisfare alla dimanda di questo
Principe, accettò il partito: e fatto venire alla presenza loro Luigi, l'esaminò per un'ora intera con molta serietà, e
gli mise le maggiori difficoltà, che si possono muovere, per
provare lo spirito d'uno, e conoscere se la vocazione sia buona, o no; ed intorno alla elezione fatta della Compagnia in
particolare, gli disse tante cose, e propose tante difficoltà,
quanto mai possano attraversarsi innanzi ad un uomo, che
entri in detta Religione. Dimostrò di fare questo esame tanto di proposito, come se così sentisse; in tanto, che Luigi
cominciò a sospettare, che detto Padre dicesse da vero, e
così sentisse, per quanto egli stesso mi raccontò in Religione; e per lo rispetto, e credito, che aveva a detto Padre,
stette un poco sopra pensiero; perchè niun altro mai gli aveva toccati così i tasti, nè parlato contra tanto *ex propriis*, come diceva, quanto il Padre. Con tutto ciò egli rispose sempre con tanta franchezza a tutti i quesiti; e talmente sciol-
se tutti i dubbj, non solo con ragioni, ma con autorità, e
della Sacra Scrittura, e dei Dottori, che il Padre restò non
solo edificato, ma molto maravigliato di vederlo tanto ben
fondato nella vocazione, e tanto versato nella Scrittura, e
nei Dottori; e venne in pensiero, ch'egli avesse letto ciò,
che delle Religioni scrive S. Tommaso nella sua Somma di
Teologia: tanto proprie, e quadranti erano le risposte, e ri-
soluzioni, che apportava; onde all'ultimo il detto Padre proruppe con maraviglia in queste parole: *Signor Luigi, avete ragione: certamente così è, come avete detto, non se ne può dubitare, ed io resto edificato, e soddisfatto*. La quali parole consola-
rono il Giovane; e gli fecero conoscere, che il detto Padre
era d'altro sentire di quello, che per provarlo avea mostrato. Il Marchese stesso fatto assentare Luigi, confessò di restare convinto, che quella fosse vocazione grande di Dio; e
si pose a raccontare la vita santa, che Luigi avea menata fin
da fanciullino; e disse di voler permettere, ch'entrasse in
Religione.

Pochi giorni dopo si partì il Marchese per Castiglione;
e lasciò che Luigi ancora, finito che avesse di spedire un
negozio, se ne ritornasse per dare compimento alla rinunzia: e Luigi sollecitò, quanto potè, la spedizione: parendogli ogni ora mille anni di vedersi fuori del mondo, e dei
pericoli.

CAP.

Come S. Luigi andò prima a Mantova a fare gli Esercizj Spirituali, e poi a Castiglione.

AVvicinandosi il tempo di ritornare a Castiglione, e da quello, ch'era passato in Milano, argomentando Luigi d'avere a passare qualche altra brusca; prima di partire da Milano scrisse una lettera al P. Generale della Compagnia, tutta piena di fervore; nella quale dopo di aver narrati i suoi travagli, chiedeva consiglio di quello dovesse fare: e caso che il Marchese avesse di nuovo cercato d'impedire, o prolungare la sua andata alla Religione, domandava se sua Paternità si contentava, che senz'altra licenza del Marchese suo Padre, se ne fuggisse a qualche luogo della Compagnia; giacchè potevano tutti essere chiariti abbastanza, che la sua vocazione era da Dio. Il P. Generale, quantunque avesse gran compassione al Giovane, e gli premesse molto il suo pericolo; non però giudicò, che ciò dovesse fare senza buona grazia del Marchese. Onde rispose a Luigi, che in ogni modo procurasse d'avere il consenso di suo Padre; perchè senza dubbio questo era di maggior gloria di Dio, e suo maggior bene, e di tutta la Compagnia. Alla quale risposta, e consiglio Luigi si appigliò; e partendosi di Milano, prima di giungere a Castiglione, andò a Mantova; e quivi parte per sua consolazione, parte per più confermarsi nella vocazione, e fortificarsi contra gli assalti, che temeva, volle fare gli Esercizj Spirituali di Sant'Ignazio nel Collegio della Compagnia.

Correva allora il mese di Luglio del mille cinquecento ottantacinque, nel qual tempo s'aspettavano in Mantova di giorno in giorno i Sig. Ambasciatori Giapponesi, venuti da quelle parti lontane a Roma a riconoscere la Sedia di S. Pietro, ed a sottoporsi, e rendere ubbidienza al Sommo Pontefice Vicario di Cristo in terra, a nome dei loro Re, e del Popolo fedele di quei paesi: e dopo di aver compita la loro Ambascieria, prima con Papa Gregorio XII. che regnava quando essi giunsero in Roma, e poi con Papa Sisto V. successore di Gregorio, il quale fu eletto, mentre essi dimoravano in Roma; se ne ritornavano alle patrie loro: e avendo fatto il viaggio per la Santa Casa di Loretto, e dappoi scorsa buona parte della Lombardia; nel mese di Luglio giunsero a Mantova, ove e dal Duca Guglielmo, e dal Principe Don Vincenzo suo figliuolo furono accolti con regia magnificenficenza, e con superbiffimi onori. Or mentre da tutte le parti concorrevano le genti, ed i popoli per vedere gli apparecchi, e le fefte, e molto più i Signori Ambafciadori fteffi, della vifta fola de' quali, come di cofa infolita, reftavano per un pezzo come fuori di sè, e mandavano al Cielo mille benedizioni; Luigi non curandofi d'altre fefte, e d'altri fpettavoli, eleffe di ftarfene ritirato, e folo; e andatofene in Collegio in quei gran caldi della ftate, fe ne ftette per due, o tre fettimane rinchiufo in un camerino ben piccolo; fpendendo tutto il tempo in orazione, ed in fante meditazioni con tanto fervore, che non lafciava paffare pure un momento di tempo, che non oraffe vocalmente, o mentalmente; o non legeffe qualche libro fpirituale: ed in quel tempo fi cibò tanto parcamente, che quafi fi può dire non mangiaffe niente, onde quei, che gli portavano in camera da pranfo, ftupivano, ch'egli poteffe in quel modo foftentare la vita. Cominciò a dargli gli Efercizj Spirituali il Padre Antonio Valentino, perfona molto pratica in quefte cofe, e ben intendente della vita fpirituale, per effere ftato venticinque anni Rettore, e Maeftro de' Novizj della Provincia di Venezia: e col medefimo fece allora Luigi una Confeffione di tutta la vita paffata con gran fentimento, e divozione; e con effa lafciò detto Padre molto meravigliato, ed edificato delle fue rare virtù: come egli fcriffe in una lettera, e di più depofe con giuramento, quando in Novellaria fu efaminato dal Vicario del Vefcovo di Reggio: nel qual efame effendo interrogato, fe fapeva, che San Luigi foffe ftato giovane di vita perfetta, ed ornato di virtù, e doni fpirituali, rifpofe le feguenti parole: *Signor sì, che lo so, non folo per quello, che ne fentii dire da' noftri Padri: ma molto più da un Giovane di molta virtù, fuo Cameriero fegreto, che gli fcriveva le lezioni, ed era come fuo compagno di ftudio; dal quale intefi cofe grandi delle penitenze, ritiramento, atti fegnalatiffimi di virtù, e fanta vita, che quefto Giovane faceva. Lo fo poi da molto migliore banda; perchè ebbi occafione nello fteffo tempo di trattare con lui, e di adoperarmi in dargli gli Efercizj Spirituali della noftra Compagnia, a fine di conofcere più chiaramente la fua vocazione alla Religione; come egli mi diceva, ch'Eccellentiffimo Signor Marchefe fuo Padre defiderava, fi conofceffe. Colla qual occafione udii una fua Confeffione generale, della quale per molto, che io ci abbia penfato, non mi può occorrere cofa, nella quale io poffa condannarlo di peccato mortale; ma sì bene cofe di meraviglia per la fanta, e molto virtuofa vitù di lui. Quefto sì bene affermo, che dalla Confeffione di lui mi reftò impreffo un concetto di fantità, d'innocenza, e di purità grande, e per tale fempre l'ho predicato. Partendo* do poi detto Padre da quel Collegio per non so che occorrenza, seguitò a dargli gli Esercizj un altro, col quale più volte si confessò, ed ancor egli depone con giuramento, che ammirò in lui una singolar bontà, purità, divozione, umiltà, mortificazione, ed altre virtù. Quivi ancora gli furono mostrate le Costituzioni, e Regole della Compagnia, le quali avendo lette con diligenza: disse di non trovar difficoltà in alcuna di esse. Stando poi per partire, chiese copia delle meditazioni della Passione, par poterle frequentare fuori di là, ed al fine ritornò a Castiglione.

Subito giunto, era d'animo di sollecitare il suo negozio; ma per non esasperare il Marchese, stette per alcuni giorni aspettando, se da se stesso avesse mosso di ciò ragionamento; ed in tanto si diede a fare una strettissima, e santissima vita, con ammirazione di tutta la Corte, e del popolo. Impehocchè, se usciva di Rocca, andava sempre cogli occhj bassi, alzandoli solo alquanto per salutare i Vassalli, che gli facevano riverenza: nel che era cortesissimo, portando quasi sempre il capo scoperto. Quando andava nelle Chiese per udir Messa, sebbene si preparava sempre un inginocchiatojo con tappetti, e cuscini di velluto per lui, e per suo fratello minore: ed il fratello conforme al suo grado vi si poneva: egli però non volle mai nè in Chiesa, nè in casa cuscino, nè tappetto; ma s'inginocchiava con ambedue le ginocchia in terra, e stava così immobile le ore cogli occhi bassi; prima udendo Messa, e poi recitando l'uffizio, o facendo orazione mentale. E ne' giorni di Festa, e Domeniche specialmente, nelle quali sempre si comunicava, stava tanto lungamente rendendo le grazie, che il Signor Ridolfo suo Fratello usciva a far esercizio, e poi tornando a pigliarlo, lo ritrovava ancor in orazione. A' Vesperi, a' quali andava sempre, non voleva mai sedere; ma stava inginocchioni con edificazione grande di quelli, che lo vedevano. In casa faceva le sue solite astinenze, ed orazioni; per lo più stava ritirato in camera solo, e senza parlare: e passavano spesso più giorni, ne' quali avrebbe appena detto una parola: e quando parlava era o di cose necessarie, o spirituali: Ond'egli stesso solleva dire a noi, che più parlava nella Religione in uno giorno, che nel secolo in molti mesi: e che se per forte gli fosse occorso mai di avere a ritornare al mondo, gli sarebbe stato necessario mutare modo di vivere, e stare molto più sopra di se, per non iscandalizzare quelli, che l'avevano conosciuto al secolo, a' quali avrebbe potuto parere, che nella Religione si fosse più presto allargato, che altro, Eppurre noi sappiamo, che in

Re-

Religioso fu sempre esattissimo osservatore del silenzio: e non lo rompeva mai, se non quando i Superiori, per distraerlo dagli esercizj mentali, gli comandavano, che parlasse. Accrebbe anco in modo le penitenze corporali, che per l'estenuazione non pareva si potesse reggere in piedi: e non è dubbio, che in ciò fece eccesso, e passò i termini, trasportato dal fervore; ma egli pensava di poterlo fare, e non avendo guida spirituale, si guidava secondo, che il fervore gli dettava. Onde la Signora Marchesa sua Madre fra le altre ragioni, che apportava dl Marchese, per indurlo a dargli licenza di farsi Religioso, una era questa, che ad ogni modo se restava in casa, l'avrebbero presto perduto; poichè non era possibile, che con quel modo di fare gli vivesse lungamente: ma che dandolo alla Religione i Superiori n'averebbero avuto miglior cura, moderando que' suoi indiscreti fervori: ed egli avrebbe loro ubbidito, come avvenne. Onde egli stesso confessa, che la Religione, non solo gli era stata salutifera per l'anima, ma anche per la santità del corpo, mercè la carità de' Superiori, che posero freno, come egli solea dire, alle sue indiscrezioni.

In questo tempo medesimo si affaticò più di prima d'indirizzare nella divozione i suoi fratellini più piccioli, e di insegnar loro a fare orazione: e per avvezzarli ad orare volentieri, dopo l'orazione dava loro delle confezioni; e gli accarezzava. Fra tutti i fratelli suoi, mostrò sempre di compiacersi molto in Francesco (che succese poi al Marchese Ridolfo, a i tre di Gennajo del mille cinquecento novantatrè (o fosse perchè già per l'età cominciava ad essere capace di disciplina, e dava segni di posato giudizio; oppure perchè prevedesse, come alcuni vogliono, la riuscita, che doveva fare a benefizio di casa sua, e del suo Stato. Imperocchè solea raccontare la Signora Marchesa sua Madre, che stando un giorno Francesco ancora fanciullino scherzando coi paggi di casa; ella udendolo gridare si affacciò sulla porta della camera, e disse a Luigi, che seco era; *ho paura, che non facciano qualche male a questo figliuolo;* e Luigi rispose; *non dubitate Signora, che Francesco si saprà ben difendere, anzi notate quello che vi dico: Francesco sarà quello, che sosterrà la Casa nostra;* le quali parole furono dalla Marchesa notate: e che sieno poi riuscite vere, lo sanno tutti quelli, che sono informati, come si sia governato nelle tragedie seguite in Casa sua; e vedono lo stato, in che l'ha ridotta. E quanto al predire le cose, il Signor Pier Francesco del Turco suo Ajo ha raccontato, che Luigi, stando ancora nel secolo, a diversi suoi

Vas-

Vaſſalli prediſſe molte coſe; le quali ſi adempiroae poi nel modo appunto, ch' egli aveva predetto.

CAP. XV.

De' nuovi contraſti, che Luigi ebbe col Padre.

ERano già paſſati più giorni, ne' quali il Marcheſe non aveva tocco parola del negozio di Luigi: onde egli bramoſo di ſpedirſi, riſolvette di ſollecitarle: ed un dì gli ricordò con bella maniera, che già pareva foſſe giunto il tempo di poter eſeguire il ſuo penſiero. Allora il Marcheſe, vedendoſi aſtretto al ſì, o al nò; percoſſo interiormente da queſta iſtanza, riſpoſe, ch' egli non ſapeva di aver dato mai tal licenza, nè era per darla, finchè la vocazione foſſe più matura, ed egli in età, nella quale aveſſe forze baſtanti ad eſeguirla; coſa ſarebbero venticinque anni in circa. Del reſto, che ſe voleva andarſene, andaſſe pure in buon'ora; ma che ſapeſſe, ch' egli non vi acconſentirebbe mai; nè lo terrebbe più per figliuolo.

Quando il povero Luigi udì queſta tanto inaſpettata riſpoſta, reſtò mezzo morto; e cominciò con lamenti, e con preghiere a ſupplicare il Padre per amor di Dio a non volergli fare queſto torto. Ma ſtando ſempre il Marcheſe più ſaldo, e negando aſſolutamente di volergli acconſentire; Luigi vedendo la coſa ſì diſperata, preſe tempo a penſarvi; e ſi ritirò in camera tutto ſconſolato a piangere. E queſto tempo egli pigliò con animo di raccomandare la coſa a Dio, e con diſegno di ſcriverne al Padre Generale, e chiedere il ſuo conſiglio. Ma il Marcheſe tanto lo ſtimolò, e gli fece tanta fretta, che non poſendo avere il parere del Padre Generale, per meno male elleſſe di riſpondere al Marcheſe coſì, che ſebbene in queſta vita non gli poteva avvenire coſa di maggiore diſpiacere, e che più gl'impediſſe la quiete dell'anima ſua, quanto il vederſi differire l'entrare in Religione a ſervire a Dio; nondimeno per contentare ſua Eccellenza, a cui dopo Dio deſiderava in ogni coſa poſſibile dare ſoddisfazione (maſſime avendo avuto ordine dal Padre Generale di cercare in tutti i modi di far queſto paſſo con ſua buona grazia; per quanto ſi poteva con buona coſcienza, e ſenza offeſa di Dio) egli era contento, quando ſe gli oſſervaſſero due condizioni, che la coſa ſi differiſce ancora per due, o tre anni, ma che, ſe alcuna delle ſue condizioni gli foſſe negata, egli non poteva con buona coſcienza diſpiacere a Dio, per compiacere a ſuo Padre: e che più toſto ſe ne ſarebbe contra la volontà di lui andato difperfo per il mondo, fe i Padri della Compagnia non l'aveffero voluto ricevere, che rimmetterci punto di fua cofcienza. Le condizioni erano quefte: la prima, che in quefto tempo, nel quale fi dovea differire la fua entrata in Religione, egli fteffe in Roma, ove poteffe meglio confervare la fua vocazione, e con più comodità attendere a' fuoi ftudj; la feconda, che il Marchefe fin d'allora deffe il confenfo per quel tempo, e lo fcriveffe al Padre Generale della Compagnia: acciocchè non vi naceffe poi qualche altra difficoltà.

Si alterò il Marchefe nell'udire quefte condizioni, come in tutto contrarie a fuoi difegni, e per due giorni ftette faldo, non volendofi obbligare a tempo veruno determinato, nè ad altra cofa. Ma al fine, vinto dalla coftanza di Luigi, e dalla giuftizia della cofa, e temendo di non efafperarlo troppo, e di non dargli occafione di fare qualche altra rifoluzione di fuo maggior difgufto, fi lafciò piegare, e promife quanto egli chiedeva. E Luigi ne diede fubito per lettere ragguaglio al Padre Generale, fcrivendogli le ragioni, per le quali s'era indotto a far quel partito a fuo Padre, aggiungendo al fine molte parole, le quali moftravano il dolore grande, ch'egli fentiva in vederfi differita cofa da fe tanto defiderata.

Se ne ftava in quei giorni il Santo Giovinetto tutto fconfolato, e con molte lacrime deplorava la fua, diceva egli, difavventura d'effere nato sì nobile, e Primogenito, ed invidiava fantamente quelli, i quali per efer nati meno nobili, non avevano tanti impedimenti, che li ritiraffero dal poter entrare in Religione. Ma Iddio, che è confolatore degli afflitti, ed efaudifce prontamente le preghiere de' tribolati; quando meno altri fe lo penfava, trovò modo di confolarlo, troncando in un tratto tutti gl'impedimenti, acciocchè il fuo amato Luigi ottenefe quanto defiderava. Imperocchè, quando fi cominciò a trattare, come egli doveffe ftare in Roma, il Marchefe voleva, che abitaffe in cafa del Cardinale Vincenzo Gonzaga, e trattò col Duca Guglielmo, che voleffe fcriverne a Sua Signoria Illuftriffima, che era in Roma, ed il Duca per l'affezione particolare, che portava a Luigi, promife di fare l'uffizio volentieri; ma poi effendo nata differenza fra 'l Duca, e il Marchefe, chi di loro aveffe ad effere il primo a fcriverne (non volendo per alcuni rifpetti particolari veruno di loro effere il primo) la cofa reftò così, e non fe ne fece altro. E pare, che ciò foffe fpeciale Provvidenza di Dio, e per tale Luigi la riconobbe, perchè fe il Duca per compiacere al Marchefe aveffe rifoluto di fcrivere

al

al Cardinale, Luigi, come esso stesso diceva, sarebbe entrato in una servitù, dalla quale per molti anni non si sarebbe potuto sbrigare.

Rotto questo disegno venne al Marchese pensiero, che Luigi se ne stesse in Seminario Romano, con un appartamento libero per se, e per alcuni servidori suoi, come conveniva alla qualità della sua persona; dove sotto la disciplina della Compagnia averebbe potuto attendere agli studj fino al tempo determinato: ma perchè questo era contro gli ordini di quel luogo, e fin a quell'ora non era mai stato concesso a veruno, per poterlo più facilmente ottenere, mandò un uomo apposta a Roma con lettere all'Illustrissimo Signor Scipione Gonzaga; acciocchè ne trattasse col Padre Generale, e vedesse in ogni modo di avere la grazia. Fece quel Signore caldamente l'uffizio: ma udendo le ragioni, per le quali ciò non conveniva, restò persuaso, e lo scrisse al Marchese: il quale con tutto ciò, non diffidandosi poterlo ottenere, si voltò ad esortare Luigi, ch'egli stesso volesse pregare Madama Eleonora d'Austria Duchessa di Mantova, alla quale la Compagnia era tanto obbligata, che ella impetrasse questa grazia dal Padre Generale. A cui Luigi saggiamente rispose: che a lui meno, che ad ogni altro conveniva il procurare tal cosa; per essere contra l'utilità sua spirituale, e contra la riputazione; mentre averebbe potuto alcuno sospettare, ch'egli, o si fosse già mutato di parere, o almeno raffredato: massimamente che non molti mesi prima aveva richiesta Madama, che l'ajutasse a fare spedire quanto prima la rinunzia in Corte dell'Imperadore; sicchè ne anche questo disegno si potè effettuare.

Mentre si stava pensando a qualche altro partito. Luigi prendendo animo, si diede con nuovo fervore alle penitenze, ai digiuni, ed alle orazioni, e sempre si comunicava con quella intenzione, pregando Dio si degnasse torre via una volta tutti gl'impedimenti. E un giorno in particolare essendo stato a questo effetto ben quattro, o cinque ore in orazione, si sentì interiormente fare una forza grande, e spingere ad andare al Marchese, ch'era in letto per la podagra, e fargli di nuovo istanza, che gli desse licenza: e stimando, che questa forza fosse da Dio, e per istinto particolare dello Spirito Santo, prese animo, e levatosi dall'orazione, se n'andò a dirittura alla camera del Marchese, e con grande efficacia e serietà gli disse queste precise parole. *Signor Padre, io mi pongo tutto nelle vostre mani: fate di me quello, che vi piace. Ben io vi protesto, che son chiamato da Dio alla Compagnia di Gesù, e facendo voi resistenza a questo, la fate alla*

E

alla volontà di Dio. E dette queste parole, senza fermarsi punto ad aspettare la risposta, se ne uscì di camera. Restò il Marchese tanto ferito, che non potè pure dire una parola; ma cominciando a ripensare, quanta resistenza aveva fatta sin allora al figliuolo, entrò in iscrupolo di aver forse in ciò offeso Dio: e dall'altro canto sentendo acerbamente l'avere a restar privo di un figliuolo tale, si intenerì, e commosse in guisa, che rivoltandosi verso il muro, cominciò a versare dagli occhi un profluvio di lagrime: e per un gran pezzo se ne stette dirottamente piangendo, con lamenti, e singulti, e gridi tali, che tutti della Corte stavano attendendo, cosa gli fosse di nuovo sopraggiunta, dopo un pezzo, fattosi chiamare Luigi in camera, gli disse queste parole. *Figliuolo, m'hai data una ferita al cuore, perchè ti amo, e ti ho sempre amato, come tu meriti; e in te io aveva poste tutte le speranze mie, e della Casa nostra; Ma poichè Dio ti chiama, tu dici; io non ti voglio impedire. Va figliuol mio, dove ti piace, che io ti dò la mia benedizione.* E questo disse con tanto affetto di tenerezza, e sentimento, che prorruppe di nuovo in gran pianti, e non lo potevano racconsolare. Luigi dopo di averlo brevemente ringraziato, se ne uscì di quella camera per non lo contristare più: e ritornato alle sue stanze si rinchiuse solo; e quivi prostrato in terra colle braccia aperte, e cogli occhi alzati al Cielo, cominciò con molte lagrime a ringraziare Dio, e della ispirazione poco prima mandatagli, e dell'effetto seguitone: e si offerì tutto in olocausto a Sua Divina Maestà, con tanta dolcezza interiore, che non potea saziarsi di lodare, e benedire Dio.

C A P. XVI.

Rinunzia finalmente al Marchesato, e si veste dell'abito Clericale.

NOn sì tosto il Marchese ebbe dato la tanto bramata licenza a Luigi, che si sparse di ciò la voce per tutto Castiglione: e fu sentita la cosa da tutti i Vassalli con tanto dolore, quanto ben dimostravano le lagrime, che molti di loro abbondantemente spargevano. Imperocchè in quei pochi giorni, che gli convenne fermarsi in Castiglione prima di partire, ogni volta, che andava per la Terra correvano e gli uomini, e le donne alle finestre, ed alle porte, per vederlo, e fargli riverenza: e poi si ponevano a piangere con tanto affetto, ch'egli stesso era sforzato ad intenerirsi; e tutti lo predicavano per santo, e si dolevano di non essere stati de-

gni

goi di aver così Santo Padrone, che gli governasse. E alcuni, i quali avevano in Corte più entratura, e seco più sicurtà, accostandosegli una volta colle lagrime agli occhi, gli dissero queste parole: *Signor Luigi, e perche ci lasciate? voi un sì bello Stato, così amorevoli Vassalli, i quali oltre l'amore ordinario, che si ha al suo Principe naturale, hanno ancora divozione particolare verso la persona vostra: e tutti noi avevamo posto in voi il nostro amore, e le nostre speranze: e quando stavamo già aspettando, che prendeste il governo, voi ci abbandonate?* Al che Luigi rispose: *Io vi dico, che voglio andare ad acquistarmi una Corona in Cielo, e che ha troppo gran difficoltà un Signore di Stato a salvarsi. Non si può servire a due Signori, al Mondo, ed a Dio; io voglio cercare di assicurare la mia salute: e così fate anche voi.*

Bramava egli di uscire quanto prima dalla casa paterna, per andarsene alla Casa di Dio: ma fu costretto a trattenersi alcune altre settimane: parte per aspettare, che la Signora Marchesa sua Madre ritornasse da Torino, ove era andata a visitare la Serenissima Infante Duchessa di Savoja; parte in accomodare, e spedire il negozio della rinunzia, alla cui stipulazione per ordine espresso dell'Imperadore, dovevano trovarsi presenti i più prossimi parenti di Casa Gonzaga; i quali in evento, che fosse un dì mancata la linea del Marchese, avessero potuto in qualsivoglia modo succedere a quel Dominio. E perchè detti Signori abitavano in Mantova, il Marchese per maggior comodità loro, ancorchè si trovasse infermo, volle colà trasferirsi. Nel partire, che fece di Castiglione con Luigi, non solo piangevano tutti quei di Corte, a' quali toccò restare, tanto uomini, quanto donne, ma si levò un pianto, si può dire, universale per la Terra, in vederlo passare in carrozza; sapendo che partiva per non più tornare; e pensando di non averlo mai più a rivedere. E per quei primi giorni di altro non si ragionava per le case, e per le strade, che della sua bontà, e santità, raccontando chi una, e chi un'altra virtù, che aveva notato in lui, e tutti lo predicavano per Santo, restando stupiti, che per servire a Dio, così volentieri lasciasse lo Stato, e che per arrivare a questo, avesse sì fortemente, e costantemente sostenuto, e vinto tanti assalti, quanti il Marchese suo Padre, ed altri Personaggi gli avevano dato.

Si fermò Luigi in Mantova circa due mesi, nel qual tempo per lo più se ne stava nel Collegio della Compagnia a ragionare con quei Padri, confessandosi, e comunicandosi spesso con edificazione di tutta quella Città, nella quale, perchè si era già sparso, per la nobiltà massimamente, per qual cagione foffe venuto, tutti lo miravano con venerazione, e confeffavano, che fpirava divozione. La cagione, per la quale fi trattenne tanti giorni in Mantova, fu perchè, come fi è detto di fopra, la rinunzia era ftata fatta con quefta cóndizione, ch'egli fi rifervaffe in vita fua quattrocento fcudi l'anno, per ifpenderli in ciò, che più gli aggradiffe. Ma poi effendo il Marchefe ftato informato dal Rettore della Compagnia in quella Città, che nella Religione non fi permetteva, che veruno teneffe cofa particolare nè da diftribuire a fuo arbitrio, nè per ufo proprio, ma che il tutto era a difpofizione del Superiore, e che quefto fi offervava inviolabilmente, per mantener pura la povertà, e che folo i Collegj poffedevano entrate in comune, ed in comune a tutti provvedevano del neceffario, cominciò a non volere, che Luigi fi rifervaffe cofa veruna, con dire, che quando gli ordinò fi poneffe quella condizione, fua intenzione era ftata, che quei danari reftaffero in potere di Luigi, ma dopo che aveva intefo, che la Compagnia ciò non permetteva, voleva, che tal condizione fi toglieffe via. E quanto alla parte di Luigi non vi era dificoltà alcuna, non curandofi egli in qual modo fi faceffe la rinunzia, purchè quanto prima la fpediffero. Ma alcuni Dottori avvertirono il Marchefe, che effendo la rinunzia ftata confermata dall'Imperadore con quella condizione, fe fi toglieva via, correva pericolo, che fi rivocaffe in dubbio tutta. E mentre quefta cofa fi trattò, e confultò con diverfi Dottori, vi paffarono più giorni di quello, che al principio fi penfava, con infinito difpiacere di Luigi, il quale tanto importunò, che al fine ottenne, fi levaffe queft'altro impedimento, e fi formaffe la rinunzia con tutte quelle cautele, che fi defideravano.

Dopo che fu accomodata, la mattina delli due di Novembre dell'anno 1585. in Mantova, nel Palazzo detto di San Sebaftiano, nel quale il Marchefe abitava, fi congregarono il Principe Don Vincenzo, l'Illuftriffimo Sig. Profpero Gonzaga come più proffimo, ed altri Signori, che vi doveano intervenire, e quivi alla prefenza dei neceffarj teftimonj, e di altre perfone, fi ftipulò la rinunzia. E riferifcono detti Signori, che mentre il Notajo ftette leggendo quella lunga fcrittura, il Marchefe per lo dolore, che ne fentiva, non fece mai altro, che piangere dirottamente, e per lo contrario Luigi, che fi vedeva giunto a quello, che defiderava, era tanto pieno di giubilo, che il Signor Profpero teftificò di non averlo mai veduto tanto allegro, quanto in quel giorno, con tutto che in quella mattina fteffa, poco prima che fi ftipulaffe detta fcrittura, alcuni principaliffimi Signori, ch'erano venu-

venuti in compagnia del Principe Don Vincenzo, che vi intervenne come Parente, mentre Sua Altezza ſi tratteneva
col Marcheſe, aveſſero data a Luigi molta noja, burlandoſi
di lui, che voleſſe farſi Religioſo, e facendo ogni sforzo,
perchè non ſi veniſſe al compimento della rinunzia.

Subito autenticata quella ſcrittura, sbrigato già Luigi dai
penſieri di roba, e dello Stato, ſi ritirò in camera ſolo, e
per più di un'ora groſſa ſe ne ſtette inginocchioni, ringraziando Dio, che l'aveſſe fatto degno di poſſedere una volta
il teſoro della ſanta povertà, tanto da lui deſiderata. E ſi
ſentì riempire di tanta dolcezza, e conſolazione ſpirituale,
ch'egli ſolea numerare queſta tra le ſegnalate viſite, e grazie, che aveſſe mai ricevute da Dio. E in vero fu coſa di
gran meraviglia, che il Marcheſe Don Ferrante, Principe
tanto ſplendido, e liberale, che meritava nome di prodigo
anzi, che no, ſi moſtraſſe in queſto caſo sì ſtretto verſo d'
un ſuo figliuolo Primogenito, così teneramente da lui amato,
maſſimamente ch'egli, e non altri era ſtato l'inventore della
riſerva di quattrocento ſcudi l'anno. Ed è da credere, che
Dio permetteſſe, ch'egli deſſe poi in quell'altro eſtremo, per
far compita l'allegrezza di Luigi, il quale, mentre era ſtato
nelle prime Corti di Europa, s'era moſtrato ſempre ſtudioſo
amatore della ſanta povertà.

Finito ch'ebbe Luigi di ringraziare Dio, levatoſi dall'
orazione ſi fece venire in camera un Sacerdote venerabile,
per nome detto Don Lodovico Cattaneo, che ſi avea menato da Caſtiglione, e da lui fattoſi benedire un veſtito di
panno da Geſuita, che quivi in Mantova s'aveva ſegretamen-
te fatto tagliare, da ſe ſteſſo ſi ſpogliò di tutte le veſti ſe-
colari, anche della camicia, e delle calzette di ſeta, e ſi ve-
ſtì di queſto abito Clericale, e con eſſo comparve ſubito in
ſala, dove erano reſtati tutti quei Signori a deſinar. I quali veggendo queſta novità, ſi commoſſero tutti a lagrime, e
ſopra tutti il Marcheſe ſuo Padre, il quale per molta forza,
che ſi faceſſe per non piangere, non potè mai contenerſi in
tutto il tempo della tavola: E Luigi con modeſta giovialità,
prendendo occaſione dal fatto preſente, cominciò a diſcorrere con molta maniera delle molte occaſioni, e pericoli di offendere Dio, che nel mondo ſono, delle vanità dei beni tran-
ſitorj di queſta vita, delle difficoltà grandi, che hanno i Principi, e Signori a ſalvarſi, e quanto di propoſito doverebbe
ogn'uno attendere a procurare la propria ſalute. E parlò
con tanto ſpirito, ed autorità, che tutti quei Signori l'aſ-
coltarono con divozione, e venerazione, e fin al dì d'oggi ſi
va raccontando queſto ſuo ragionamento.

C A P. XVII.

Si licenzia da tutti; ed andando a Roma entra nella Compagnia.

IL giorno feguente, che fu il terzo di Novembre, fi licenziò dal Serenifs. Duca Guglielmo, da Madama Eleonora, e dal Principe Don Vincenzo, e la fera in cafa inginocchiato in terra con molta umiltà chiefe la benedizione dal Principe fuo Padre, e dalla Madre, che di già era ritornata dal Piemonte, e con quante lagrime gliela deffero, maffimamente il Marchefe fuo Padre, ciafcuno fe lo può facilmente immaginare. La mattina feguente fi pofe in viaggio per Roma colla fervitù, che il Marchefe gli diede, della quale erano il Rev. Don Lodovico Cattaneo, da lui menato per fuo Padre Spirituale nel viaggio, il Sig. Pier Francefco del Turco Ajo fuo, il Sig. Dottore Gio; Battifta Bono, un Cameriere, ed altri fervidori. E in quefta dipartenza, ch'egli fece dai fuoi, per non mai ritornarvi, non fi può credere quanto poco fentimento moftraffe verfo la carne, ed il fangue, tutto che vedeffe con quante lagrime gli altri piangeffero la fua partenza, ed al Signor Ridolfo fuo fratello minore, a cui aveva rinunziato il Marchefato, e da cui fu accompagnato in carrozza fino al Pò, dove s'imbarcò per Ferrara, appena per iftrada, e nella feparazione diffe due parole. E dicendogli poco dopo uno di quei Signori in barca: *Credo, che il Signor Don Ridolfo averà fentita grande allegrezza in fuccedere al voftro Stato*, egli rifpofe: *Non è ftato tanto grande la fua allegrezza in fuccedermi, quanta è ftata la mia in rinonziarlo.*

Giunto in Ferrara, vifitò il Sereniffimo Duca Alfonfo d' Efte, e la Sereniffima Ducheffa Margherita Gonzaga fua parente, e poi partì fubito per Bologna. Voleva egli in quefto viaggio vifitare in ogni modo la Santa Cafa di Loreto, parte per la divozione, che aveva a quel fanto luogo, al quale non era mai ftato, parte per foddisfare al voto, che per lui la Marchefa fua Madre aveva fatto nel fuo nafcimento, perchè febbene con l'occafione d'un Giubileo per caufe ragionevoli ad ambedue era ftato commutato, e di già avevano adempito quanto fi ricercava, con tutto ciò egli defiderava foddisfare alla prima intenzione della Madre, ed alla fua divozione particolare, onde difegnava andare prima a Firenze a vifitare il Sereniffimo Gran Duca Francefco, e poi di là partire verfo Loreto. Ma quando giunfe a Pietra Mala, luogo dei confini del Gran Duca verfo Bologna, trovò che fi facevano tanto ftrette guardie per fofpetto di pefte, che per metto, che quei suoi dicessero, che Personaggio egli fosse, o dove andasse, non vollero mai lasciarlo passare, sicchè fu necessitato a tornarsene a Bologna d' onde scrisse a quell' Altezza, scusandosi di non aver potuto in persona compire a quanto desiderava. Da Bologna per Romagna se ne andò diritto a Loreto, dove giunto non si può dire quanta consolazione Iddio, e la Beatissima Vergine gli comunicassero. Udì la prima mattina nella Santa Cappella cinque, o sei Messe, una dopo l'altra immediatamente, e poi si comunicò con grandissima divozione; e considerando il benefizio grande, che in quel luogo aveva ricevuto il Genere Umano, e quanta maestà, e santità fosse quivi stata nascosta, si risolveva tutto in lagrime, e pareva, che quindi non si sapesse dipartire. E per potere con maggior libertà stare tutto il giorno orando e meditando in quel santo luogo, non volle accettare l'invito, che gli fece il Padre Rettore della Compagnia in Loreto, di andare ad alloggiare nel Collegio, ma elesse di stare co' tutti i suoi all'osteria. Dopo disinare tornò di nuovo alla Santa Casa, e perchè s'era sparso, chi egli fosse, e per qual cagione andasse a Roma, era da tutti mostrato a dito, restando ognuno edificato di vedere, che un Giovane di quella nobiltà, e ricchezza, avesse fatta tanta istanza per arrivare ad uno stato umile, e povero, quanta appena sogliono fare altri per acquistare ricchezze, e dignità. La mattina seguente prima di partire volle di nuovo udir Messa, e comunicarsi nella Santa Cappella, e starvi un altro pezzo in orazione, e poi cavalcò alla volta di Roma.

Il modo di vivere, che tenne in quel viaggio, fu questo. La mattina subito levato faceva un quarto d' ora d' orazione mentale, e poi recitava l'ore Canoniche, Prima, Terza, Sesta, e Nona in compagnia di Don Lodovico, da cui si fece insegnare il modo di dire quest' Uffizio, non avendone fin a quel tempo avuta pratica veruna. Finite l'ore recitava l'Itinerario, e poi montava a cavallo, e per molte miglia cavalcava solo, e lontano da tutti i suoi, ora recitando l' esercizio cotidiano, ed altre orazioni vocali, ora facendo le sue meditazioni, e contemplazioni, e così cavalcando non meno attendeva alle sue divozioni, di quello, che altri si facciano ritirati nelle camere, e quei che seco erano, sapendo quanto egli si dilettasse di quel silenzio, e ritiramento, non ardivano d'interromperlo, ma apposta andavano alquanto discosti da lui. Quando voleva parlare, si faceva venire appresso Don Lodovico, e con lui si poneva a ragionare delle cose di Dio. Venuta l'ora di rinfrescare i cavalli, faceva un poco di collazione, la quale finita recitava col sopraddetto Sacerdote

E 4   Ves-

Vespero, e Compieta, e poi ritornava a cavalcare, e parte del viaggio spendeva in pensare alle penitenze, alle quali come era molto inclinato, così sperava di potere in Religione attendere con ogni libertà, parte in discorsi, che fra se stesso faceva, ora delle cose dell'Indie, e conversione dei Gentili, con isperanza di poter un giorno essere colà mandato dai Superiori in compagnia d'altri Padri, che quasi ogni anno da Europa vi vanno, ora d'altre cose somiglianti. La sera giunto all'alloggiamento, ancorchè per essere nel cuore dell'Inverno si sentisse tutto agghiacciato, non però si scaldava mai, ma subito si rinchiudeva solo in una camera, e cavando fuori un Crocifisso, che seco portava, si poneva innanzi a quello a fare orazione mentale, e per due ore continue ogni sera stava orando con tante lagrime, singulti, e sospiri, e con tanta veemenza di affetto, che udendolo i suoi di fuori, si rimiravano l'un l'altro con istupore, e compunzione insieme. Al fine di questa orazione si dava ogni sera una lunga disciplina, e poi fatto chiamare Don Lodovico, recitava seco il Matutino, e le Laudi, le quali finite andava a tavola, e cenava sobriamente. Voleva egli seguire a fare i suoi soliti digiuni del Mercoledì, Venerdì, e Sabbato; ma questo Sacerdote, vedendolo sì fiacco, e tanto patire per viaggio, non volle, e gli ordinò, che gli lasciasse, ed egli ubbidì nel viaggio, ma subito giunto a Roma li ripigliò. La sera quando andava a dormire, non voleva se gli scaldasse il letto, nè che l'ajutassero a spogliare, e non avendo mai portato in vita sua calzette di panno, se non dopo, che in Mantova si aveva posto le vesti da Gesuita, stentava la sera a cavarsele da se: ed una volta in particolare mosso di ciò a compassione quel Sacerdote, corse per ajutarlo, e toccandolo, trovò che aveva i piedi, e le gambe tutte agghiacciate, ne volle con tutto ciò a sua istanza scaldarsi. In Roma smontò in casa dell'Illustrissimo Signor Patriarca Gonzaga, e dopo di essersi alquanto riposato, andò a trovare al Gesù il P. Claudio Acquaviva Generale della Compagnia, il quale discese ad incontrarlo in giardino, e Luigi prostratosi a suoi piedi, se gli offerì per figliuolo, e per suddito, con tanta umiltà, e divozione, che non lo potevano far rizzare da terra. Presentò Luigi al Padre Generale una lettera del Signor Principe suo Padre, che mi piace di registrare in questo luogo, e dice così.

Illustriss., e Reverendiss. Signor mio osservandissimo.

Siccome per lo passato ho giudicato conveniente ritardare la licenza a Don Luigi mio figliuolo di entrare in cotesta Santa Religione, per timore di qualche incostanza per la sua poca età, così ora parendomi di potermi assicurare, ch'egli sia chiamato da Nostro Signore, non solo non ho avuto ardire di disturbarlo, o differirgli più lungamente la licenza, che con tanta istanza, mi ha sempre domandata, ma al contrario, per soddisfarlo, con l'animo molto quieto, e consolato lo mando a V. S. Reverendissima, come a quella, che gli sarà Padre più utile di me. Io non la richiedo di cosa particolare intorno alla sua persona. Solo certifico V. S. Reverendissima, ch'ella diviene padrona del più caro pegno, che io abbia al mondo, e della più principale speranza, che io avessi alla conservazione di questa mia Casa, la quale per l'avvenire averà gran confidenza nelle orazioni di questo figliuolo, e di V. S. Reverendissima, nella cui buona grazia mi raccomando, pregandole dal Nostro Signore quella felicità, che desidera.

Di Mantova li 3. di Novembre 1585.

Di V. Signoria Illustriss., e Reverendiss.

Affezionatissimo servitore
Il Principe Marchese di Castiglione.

Partito dal Gesù, cominciò a visitare alcuni Cardinali, ed in particolare gl'Illustrissimi Farnese, Alessandrino, Este, e Medici, che fu poi Gran Duca di Toscana, e fu da tutti loro accolto con molta amorevolezza, e cortesia, specialmente dal Farnese, e dal Medici i quali fecero ogni sforzo, acciocchè restasse ne' loro Palazzi. Dopo le visite necessarie, che gli convenne fare a' Cardinali, andò alle sette Chiese, ed altri luoghi più principali, e di maggior divozione di Roma, e non si potria credere quanto santamente egli facesse quel viaggio da una Chiesa all'altra, sempre meditando, e salmeggiando, e nelle Chiese facendo mille atti di esterna adorazione, che dimostravano l'interna sua divozione, e pietà. Visitate le Chiese andò a prendere la benedizione dal Papa Sisto Quinto, ed a presentargli alcune lettere del Marchese suo Padre, e subito, che fu giunto alle anticamere di Sua Santità, essendosi divolgato il suo intento per la Corte, se gli fecero cerchj attorno di alcuni di Corte, i quali lo miravano come un miracolo. Entrato a Sua Santità, dopo aver

averle baciato il piede, le presentò le lettere. Gli fece il
Papa varj quesiti intorno alla vocazione, ed in particolare l'
interrogò, se avesse ben pensato alle fatiche della Religione.
Al che rispondendo egli, che già da molto tempo avea ben
considerato, ed esaminato il tutto; Sua Santità approvando la
sua risoluzione, e fervore, gli diede la benedizione, e lo
licenziò con molte dimostrazioni d'amore. Fu questo un Sabato, nel quale o perchè avesse digiunato il giorno precedente in pane, ed acqua, e tardato quel dì a cibarsi alle ventidue ore, per avere udienza dal Papa, o per altro, tornato a
casa cominciò, a sentirsi male, e temette di qualche impedimento nuovo, ma non vi fu poi altro.

La mattina seguente di Domenica andò al Gesù, ed ascol-
tò la Messa, e si comunicò nella Capella de' Santi Abondio,
ed Abondanzio sotto l'Altar maggiore, e poi ascese a' Cori
per udire la Predica, e col Signor Patriarca Gonzaga restò a
desinare co' Padri in Refettorio invitato dal Padre Generale,
che a tavola fece apposta predicare in luogo della lezione.
Stupiva il Patriarca della modestia, e composizione esterna di
questo Giovane; ma sopra tutto delle sue parole, e risposte,
e diceva: *Gran cosa! che questo figliuolo non dica, mai una parola in fallo; ma tutte tanto pesate, aggiustate.* I Cortigiani anche restavano molto edificati di lui, ed in particolare nota-
vano quello, che di sopra si disse, che ogni mattina udendo
la Messa nella Capella di casa di questo Signore, quando il
Sacerdote giungeva alla elevazione, egli cominciava a versare
in terra un profluvio di lagrime, e volendole nascondere,
non poteva. Finalmente il Lunedì mattina, che era Festa di
Santa Catterina Vergine, e Martire alli 25. di Novembre del
1585. Essendo egli di età di diecisette anni, otto mesi, e
sedici giorni, tutto allegro e contento se ne ascese a Monte
Cavallo, ed entrò nel Noviziato dalla Compagnia di Gesù
detto Sant'Andrea, accompagnato da tutti i suoi, ed in particolare dal Signor Scipione Gonzaga, che gli disse la Messa,
e lo comunicò di sua mano, e restò ivi a desinare col Padre
Generale, che apposta era andato là, essendo allora Rettore
di quel luogo, e Maestro de' Novizj il Padre Gio: Battista
Pescatore uomo santo, come altrove si dirà. Nell'entrare in
quella Casa si rivolto a quei, che seco erano venuti da Mantova, e ricordò loro, che procurassero di salvarsi, ringraziò
il Dottor Bono della compagnia fattagli: ordinò al Maggiordomo, che con sue lettere andasse a Livorno a complimentare in suo nome il Gran Duca di Toscana: al Cameriero impose, che salutasse la Signora Marchesa sua Madre, ed al fine disse a Don Ludovico; *Direte al Signor Marchese mio Padre*

questo

queste parole da mia parte: *Obliviscere populum tuum, & domum Patris tui*: volendo con ciò dare ad intendere, che da quel punto egli voleva scordarsi e della casa paterna, e del popolo, da lui lasciato, e domandando quegli se doveva dire altro al Signor Don Ridolfo suo fratello, rispose: *Ditegli: Qui timet Deum, faciet bona*. E con questo li lasciò, ed essi si partirono piangendo la perdita di così buon Signore, e Padrone. Per ultimo, ringraziando con molto affetto il Signor Patriarca Gonzaga, come quello, che s'era adoperato per trattare il negozio della sua vocazione, s'offerì a pregar Dio per Sua Signoria Illustrissima, e quel buon Signore intenerito dalle sue parole, non potè tener le lagrime, e confessò d'avergli una santa invidia, che avesse saputo eleggere l'ottima parte, e partendo disse a' Padri, che avevano in quel dì ricevuto un Angelo di Paradiso.

Licenziato Luigi da tutte le persone, e cose del mondo, fu dal Maestro de' Novizj condotto in una camera, ove doveva stare per alcuni giorni ritirato solo, senza conversare con altri, e quivi fare la sua propria probazione, conforme al costume della Compagnia, ed entrando in essa, gli parve di entrare in un Paradiso, e disse: *Hæc requies mea in sæculum sæculi, hic habitabo, quoniam elegi eam*. E poi essendo lasciato solo, s'inginocchiò, e pieno di dolcezza con amorose lagrime ringraziò Dio, che l'avesse cavato dall'Egitto e condotto alla Terra di promissione, abbondante di latte, e di mele di celesti consolazioni; s'offerì, e dedicò tutto in sacrifizio, e perfetto olocausto alla Divina Maestà, e chiese grazia di potere degnamente abitare nella casa di Dio, e perseverare, e morire nel suo santo servizio. E dappoi mentre visse, celelebrò sempre con particolar divozione il giorno anniversario del suo ingresso in Religione, e prese per sua Avvocata Santa Catterina, di cui quel giorno si celebrava la Festa.

Fine della Prima Parte.

SE-

SECONDA PARTE

DELLA VITA RELIGIOSA

DI S. LUIGI

GONZAGA.

Con quanta perfezione egli cominciasse il suo Noviziato.

CAP. I.

Vendo fin ora descritta la vita, che S. Luigi menò, mentre stette nel secolo, e le virtù, delle quali fu ornato prima, che entrasse in Religione, è tempo, che cominciamo a narrare la vita santa, che fece dopo di essere ammesso nella Compagnia: nella quale si può dire, che fosse a guisa di lucerna, accesa sì, ma tenuta nascosta sotto il moggio della domestica disciplina, senza essere più che tanto esposto alla vista del mondo, ed a conversare co' prossimi, e la cagione fu, perchè morì assai giovane, quando non aveva del tutto compiti i suoi studj di Teologia, nè poteva per l'età essere ordinato Sacerdote. A questo s'aggiunse, che in quei pochi anni, che visse, gli furono da' Superiori con paterna provvidenza legate talmente le mani, e col volere dell'ubbidienza fu raffrenato in guisa quell'eccessivo fervore, che nel secolo trasportato l'aveva, che gli convenne moderare il soverchio rigore, con che era solito maltrattare se stesso, e ridursi ad un vivere più regolato, e discreto. Onde, a chi misurasse l'opere sue da una certa apparenza esterna solamente, potrebbe agevolmente parere, che egli col sottoporsi all'ubbidienza altrui, avesse posto fine alle più pregiate azioni, che prima far soleffe nella paterna casa. Ma se dalle persone bene esercitate nella via di Dio, con occhio purgato, ed illuminato si considera la vita sua religiosa, si vedrà chiaramente, quanto notabile accrescimento di perfezione egli faceffe sotto l'indrizzo della santa ubbidienza, e quanto più preziose sieno le opere da lui fatte in Religione, che quelle, nelle quali si esercitava nel secolo. Operava nella Religione con maggior lume, e cognizione: e con accompagnamento di molte virtù, spogliato affatto di ogni proprio volere, e vestito del divi-

divino, e per minime, che foffero le azioni, che faceva, le nobilitava, ed innalzava a gran pregio colla intenzione fempre della maggior gloria di Dio, e con intenfo affetto di perfetta carità. E fra molte eroiche virtù fue, due cofe particolarmente fi potranno avvertire di lui in quefta feconda Parte. L'una è, che effendo egli nato, ed allevato Principe, e di compleffione affai delicata, e fiacca; nondimeno s'accomodò in guifa tale al vivere comune, ed alla domeftica difciplina, che non fembrava in cofa veruna differente dagli altri: nè volle mai ammettere carezze, o particolarità alcuna, che da' Superiori fpontaneamente, in quel principio maffimamente, gli foffe offerta, e con tanto gufto fi applicava a tutti gli efercizj domeftici, per vili e baffi che foffero, come fe egli foffe avvezzo a fervire fempre, e non ad effere in ogni cofa fervito. L'altra è, che egli fi perfuafe, quello effer vero, e perfetto Religiofo, il quale offerva a puntino tutte le Regole del fuo fanto Iftituto, e pone ogni diligenza in fare perfettamente quegli efercizj, eziandio minimi, che la Religione alla giornata a tutti prefcrive: onde fi diede con ogni ftudio alla perfetta offervanza di tutte le regole, e con grande applicazione di animo, ed efattezza faceva i cotidiani, e comuni efercizj della Religione, e per quefta via camminando, giunfe a tanta altezza di perfezione, che merita di effere propofto per idea di perfetta fantità a tutti i Religiofi, che defiderano fantamente vivere, e fpecialmente a quelli della Compagnia, a benefizio de' quali principalmente quefta feconda Parte della vita fua con minute particolarità a bello ftudio fi fcrive; acciocchè in ogni piccola azione domeftica abbiano l'efempio fuo da poter imitare.

Nel Noviziato cominciò a gettare alti fondamenti di ogni virtù; imperocchè entrato in prima probazione nel modo fopraddetto, fe ne ftette per tutti quei giorni tutto raccolto, e ritirato con grandiffima quiete, e contentezza di animo, ora meditando, ed ora leggendo; febbene la fua lezione fi poteva chiamare meditazione, tanto ftava fempre colla mente elevata in Dio. Gli fopravvenne in quefto tempo, non fo che indifpofizione, forfe cagionata o dalla mutazione dell'aria, e del modo di vivere, o dalle penitenze, che feguitava a fare, o pure perchè con maggior ardore, ed intenzione di mente fi applicava tutto agli efercizj mentali: onde furono coftretti i Superiori a cavarlo di camera un poco più prefto di quello, che comunemente fi fuole. E tanto più volentieri lo recero, quanto che egli veniva già bene iftrutto, avendo pochi mefi prima fatti gli Efercizj Spirituali in Mantova, e vedute tutte le Regole, e Coftituzioni, e quanto alla vocazione,

non

non aveva bifogno di prova, effendo ftato provato con tante contraddizioni.

Ufcito di probazione, lo pofero nelle mani del Medico, finchè fi riebbe alquanto dalla nuova indifpofizione. Effendo dati al bucato i panni lini, chè nel venire a Roma aveva ufati, furono trovate tutte le fue camicie piene di fangue, per le continue difcipline, che ogni giorno faceva. Quando fu ammeffo a converfare cogli altri, fi avvide il Maeftro de' Novizj, che egli camminava col capo troppo chino, e parte per divezzarlo, parte per mortificarlo, gli fece fare un collaro di cartone coperto di tela, e glielo fe portare per molti giorni legato alla gola; in modo che non poteva chinare il capo, ma era sforzato a tenerlo alto, ed egli con allegrezza grande lo portava, forridendo di più, quando fi trovava cogli altri in converfazione. Portava a tutti i Novizj tanta riverenza, e rifpetto come fe egli foffe ftato il minimo di quella Cafa, e cominciò a chiedere fubito digiuni, difcipline, cilicej, ed altre penitenze, e mortificazioni. E perchè fi avvide, che i Novizj non portavano berretta quadrata, e clericale, come egli aveva portata; nè meno ufavano veftiti di panno così fino, come era quello, che egli fi avea fatto fare nel fecolo, pregò con molta iftanza il Superiore, che gli faceffe dare berretta, e vefte delle ordinarie de' Novizj, e gli fu conceduto, Nè contento di quefto; perchè il fuo Breviario aveva le carte, e coperte dorate, dimandò di cambiarlo con un'altro ufato degli ordinarj di cafa, ed a poco à poco fi privò, e fpogliò di quanto feco portato aveva, non volendo appreffo di fe cofa, che gli puzzaffe di Egitto.

E' dottrina de' Santi Padri, confermata dalle Scritture, che Dio noftro Signore con alto configlio, e con particolar provvidenza efercita quelli, che fi dedicano al fuo fervizio, e fedelmente lo fervono, non per mezzo di Satana, nè per colpa veruna de' Servi fuoi, ma immediatamente da fe fteffo, per fola prova, e ciò fa con perfone illuminate fpecialmente, con privarle di quella confolazione di fpirito, che ordinariamente è folito comunicar nella via del fuo divino fervizio. Anzi di più dice S. Bernardo (*Serm. de Cant. Ezech.*) che non folamente è coftume ordinario di Dio ciò fare, ma che è neceffario, che così fia per le ragioni, ch'egli apporta. Di quefto favore non volle S. D. M. privare il fuo Servo Luigi; anzi in quefto principio ebbe una defolazione d'animo ftraordinaria, la quale febbene non gli cagionava inquietudine, e turbazione veruna, nè meno l'incitava a male di veruna forte; nondimeno lo privava di quella dolcezza, ed allegrezza fpirituale, la quale era ftato folito avere quafi

conti-

continuamente nel secolo, e si doleva di averla perduta. Gli restò però questo refrigerio, che ogni volta, che si poneva in orazione, si sentiva tutto alleggerire, e poco dopo svanì anche tutta quella nebbia di tristezza; e Dio, che si era nascosto da lui per provarlo, e per farsi desiderare, tornò a manifestarsegli, ed a consolarlo con nuove visite, ed egli ritornò alla pace, e tranquillità di prima. Un' altra volta il Demonio gli pose in capo questo pensiero, per farlo cadere in pusillanimità. *Che cosa farà di te la Compagnia?* Ma conoscendola egli per tentazione, subito se le oppose, ed in mezz' ora ne restò perfettamente vittorioso. Queste due sole tentazioni confessò di aver, avute nel tempo del suo Noviziato; e nel restante gode continua pace, e quiete. Nè ciò è meraviglia, perchè sovrastava già coll'affetto ad ogni umano accidente, e tutte le cose riduceva al divino beneplacito, per lo che era quasi fatto imperturbabile.

CAP. II.

Come si diportasse Luigi nella morte del Principe Marchese suo Padre.

Dimostrò chiaramente questo dominio sopra gli umani avvenimenti nella nuova, ch'ebbe della morte del Marchese suo Padre, successa due mesi, e mezzo dopo, che egli era entrato nella Compagnia, per la quale non si mosse più, che se a lui toccata non fosse. E lo stesso dì, essendo consigliato a scrivere alla Signora Marchesa sua Madre, per consolarla, scrivendo cominciò la lettera con questo esordio: *Che ringraziava Dio, poichè da lì innanzi averebbe potuto più liberamente dire; Pater noster, qui es in calis;* la quale cosa diede meraviglia a tutti, ed in particolare a quelli, che conoscevano intrinsecamente Luigi, e sapevano l'amor grande, che egli aveva sempre portato a suo Padre; il quale era sì grande, che, tolto via quello, che appartiene al Cielo, quaggiù in Terra soleva dire di non aver cosa più cara di lui. Ed egli stesso confessò ad uno, che, *se avesse considerata la morte di suo Padre per se stessa, senza dubbio gli averebbe recato grandissimo dolore; ma quando pensava, che veniva dalla mano di Dio, non poteva ricevere molestia di quello, che sapeva piacere a Sua Divina Maestà:* che è quello, che dicevamo, ch' egli sovrastava agli umani accidenti, perchè tutto prendeva dal divino beneplacito. Questa medesima morte successa così presto, gli diede occasione di conoscere l'amore particolare, che Dio gli portava, e la provvidenza singolare, che teneva di lui;

impe-

Imperocchè se il Marchese fosse morto solo due, o tre mesi prima, quando non aveva Luigi ancora fatta la rinuncia; ovvero se si fosse differita la sua entrata in Religione per tre mesi più, portava gran pericolo, che o il Padre Generale non lo volesse più ricevere, per non privare quella Casa di una guida così atta al governo, o che i Popoli stessi, che molto lo amavano, non facessero forza per ritenerlo, o che egli per non lasciare lo Stato in mano del Fratello minore, giovinetto per allora inesperto, si fosse per lo meglio indotto a restare almeno per alcun tempo al governo dei Vassalli: e Dio sa ciò, che sarebbe seguito dappoi; ma Dio, che l'amava, volle prima fargli la grazia della Religione, e lasciarlo totalmente sbrigare dal mondo, e poi chiamare a se il Marchese.

Nè minor provvidenza si scorse verso quel Principe, il quale essendo stato sempre Cavaliere onoratissimo, ed intento tutto a procacciare onori, e grandezze mondane a se, ai figliuoli, ed alla sua Casa; coll'occasione dell'entrata in Religione di Luigi, fece tal mutazione di vita, e si applicò tanto alla divozione, che dava meraviglia ad ogni uno, che lo vedeva. Lasciò affatto il giuoco, al quale per l'addietro era stato non poco inclinato; ed ogni sera, fattosi portare innanzi al letto, ove per la gotta giaceva, un Crocifisso, da Luigi lasciato, recitava i sette Salmi Penitenziali colle Litanie, facendosi ajutare dal Ghisoni Cameriero di Luigi, il quale l'aveva il Marchese ritenuto per sè; ed alle Litanie faceva venire a rispondere la Marchesa, e gli altri Figliuoli; ed in questa orazione spargeva tanta copia di lagrime con sospiri, e singulti tali, che ben mostrava quanto fosse interiormente commosso, e compunto; ed in fine prendendo in mano quel Crocifisso, e battendosi il petto, con molte lagrime diceva queste parole: *Miserere Domine, Domine peccavi, miserere mei*; e meravigliato egli stesso di quella insolita prontezza in piangere, diceva: *So ben io donde procedono queste lagrime, tutto questo è effetto di Luigi; Luigi mi ha impetrato da Dio benedetto questa compunzione*. Di più fatto venire a se Don Lodovico Cattaneo, già ritornato da Roma, lo menò seco alla Madonna di Mantova, ed ivi fece con lui una Confessione generale di tutta la vita sua con molta esattezza, e dolore, per quanto mi ha raccontato lo stesso Don Lodovico, e seguitò sempre nel medesimo fervore, che cominciato aveva. Essendo poi ogni dì più travagliato dal male; fattosi condurre a Milano per provare, se ivi i Medici sapevano trovar modo di guarirlo, in pochi dì si condusse in termine di morte: Onde il Padre Fra Francesco Gonzaga (il quale ancora durava

rava ad essere Generale dell'Ordine suo, e si ritrovava in
Milano) andò una sera tardi per annunziargli la morte; egli
da se stesso immaginandosi ciò, che il Padre a quell'ora voleva, gli chiese, che gli mandasse un Confessore dei suoi,
quale più gli piacesse, per confessarsi: lo mandò: si confessò
quella sera stessa: il giorno seguente fece testamento; e dopo di aver disposto di quanto doveva, consolando i suoi, che
piangevano, con dir loro, che dovevano rallegrarsi, che Dio
lo chiamasse a se in quella buona disposizione, si morì alli 13.
di Febraro 1586. ed il corpo per ordine suo fu portato a Man-
rova, e sepolto nella Chiesa di S. Francesco. E Luigi avendo intese le circostanze di quella morte dal Padre Generale
sopraddetto, e dai suoi di casa, ne prese gran contento, e
ne ringraziò Dio.

CAP. III.

Quanto San Luigi fosse dedito alla mortificazione, mentre era Novizio.

SOleva dire Luigi aver imparato dal Marchese suo Padre
questo documento: *Che quando la persona elegge uno stato,
o piglia a fare qualche cosa, deve sforzarsi di farla quanto più si
può con perfezione, e che avendo suo Padre avuto questo sentimento nelle cose del mondo, era molto ben di dovere, ch'egli lo avesse nelle cose di Dio*. E coi fatti mostrò quanto daddovero avesse appreso questo principio; poichè con grandissimo ardore di
animo attese sempre alla mortificazione, ed all'acquisto di
ogni virtù, e perfezione. E per dire alcune cose, le quali
fin in quel tempo si raccontavano di lui con meraviglia, egli
fin d'allora lasciò talmente ogni pensiero dei suoi Parenti,
che pareva se ne fosse affatto dimenticato. Onde dimandato
una volta, quanti Fratelli avesse nel secolo, non potè rispondere, prima di averli fra se stesso numerati: interrogato un
altro giorno da un Padre, se mai gli dava fastidio il pensiero
dei Parenti, rispose di nò, perchè egli non vi pensava, se
non quando voleva in comune raccomandarli a Dio, e che
per grazia di Dio era tanto padrone dei suoi pensieri, che
non pensava mai, se non a ciò, che voleva.

Custodiva con gran diligenza tutti i suoi sentimenti, ed
in ogni occasione li mortificava. Non si vide mai nelle sue
mani in Religione cosa odorifera; nè si mostrò vago di odo-
ri, e quando andava agli Spedali a servire gl'infermi, e dimandava di andarvi spesso, per lo più si accostava a' più schifosi, e tollerava quella puzza senza dare un minimo segno,

F   che

che gli difpiacefte. Mortificava la carne, e corpo fuo con difcipline, cilicci, digiuni in pane, ed acqua; ed altre penitenze, ed afprezze corporali, delle quali ne faceva affai; ma
non tante, quante averebbe voluto: perchè attefa la fua fiacca compleffione, non gli erano fempre concedute: ed egli di
niun'altra cofa più fi doleva, che di non poter fare in quefta parte quanto defiderava. E un dì diffe confidentemente ad
un Padre, *che egli nella Religione non faceva veruna penitenza,
o mortificazione, rifpetto a quelle che aveva fatte nel fecolo, ma
che fi confolava fapendo, che la Religione è come una nave, nella quale non meno fanno progreffo nel viaggio quei, che per ubbidienza ftanno oziofi, che gli altri, che fi affaticano in remare.* Un
giorno di Vigilia chiefe licenza al Maeftro dei Novizj di digiunare in pane, ed acqua, e gli fu conceffa. Effendo poi
andato a tavola, vide il Maeftro, ch'egli non avea mangiato quafi niente; e per dargli un'altra mortificazione, lo
chiamò, ed ordinogli, che tornaffe alla feconda menfa, e
mangiaffe quanto gli farebbe dato. Tornò egli per ubbidienza, e fece quanto gli era ftato impofto. Finita la menfa,
uno, che fi era accorto di ciò, per ifcherzare feco gli diffe:
*Addio fratello Luigi; buon arte di digiunare è quefta; mangiar po-
co una volta, per tornare a mangiar due,* ed egli mezzo forridendo rifpofe, *Che volete, che io faccia? Ut jumentum factus
fum apud te,* dice il Profeta.

Circa l'udito non dava mai orecchio a perfone, che rac-
contaffero novelle, o altre cofe inutili, ma fe poteva, voltava ragionamento: fe erano perfone di rifpetto, fi poneva
in una compofizione, e filenzio tale, che da quello fi potevano accorgere, ch'egli non udiva volentieri. La cuftodia
degli occhi l'ebbe grandiffima fin nel Secolo, come fi è detto, e maggiore fi conobbe in Religione. Solevano i Novizj
per loro ricreazione andare alcune volte fra l'anno ad una
certa Vigna, e già Luigi vi era ftato cogli altri più volte;
Occorfe, che per non fo che accidente, furono mandati ad
un'altra. Effendo poi ritornati a cafa, fu interrogato, quale
delle due Vigne gli piaceffe più: della quale dimanda reftò
egli maravigliato non poco, perchè fino allora aveva creduto, che quella foffe ftata la Vigna ordinaria, dove era andato altre volte; tuttoche, e la via, e le ftanze, ed ogni altra cofa foffe affai differente; ma facendo poi rifleffione, fi
ricordò, di avere in quest'ultima ritrovata una Cappella,
quale non aveva mai veduta nell'altra. Aveva già mangiato
tre mefi nel Refettorio del Noviziato, e non fapeva ancora con qual ordine fteffero le tavole; ed effendo un giorno
mandato dal Miniftro a pigliare in Refettorio non fo che libro,

bro, che aveva lasciato al luogo del Padre Rettore, bisognò che si facesse insegnare qual fosse detto luogo. Un' altra volta, essendo pure stato già alcuni mesi nel Noviziato, riferì al suo Maestro dei Novizj come scrupolo grande, che molto lo travagliava, che a caso, e non volendo, gli erano due, o tre volte trascorsi gli occhi a mirare ciò, che facesse uno, che gli sedeva vicino; e temeva che fosse stata curiosità: e quello, che è più, aggiunse *quello essere il primo scrupolo, che in materia di guardare gli fosse occorso nella Compagnia.* Il sentimento del gusto pareva, che l' avesse affatto perduto, perchè non trovava sapor alcuno nei cibi; nè si curava, che il cibo fosse buono, o cattivo, saporito, o sciocco. Aveva sempre questa mira di appigliarsi al peggio di quello, che gli toccava; e mentre mangiava, stava sempre colla mente occupata in qualche pia meditazione; ed oltre allo stare attento alla lezione di tavola, la mattina pensava al fiele, dal quale fu abbeverato il Salvatore in Croce, e la sera all' ultima Sacratissima Cena, piena di tanti misteri, che il Signor fece coi suoi Discepoli.

Sopra tutto ebbe sempre custodia sì grande della lingua, che, chi non considerasse quanti mali da essa nascono, e quanto facilmente con essa si sdruccioli, potrebbe pensare, ch'egli in ciò fosse stato soverchiamente scrupoloso. Aveva frequente per orazione giaculatoria quel verso del Salmo. *Pone Domine custodiam ori meo, & ostium circumstantiæ labiis meis:* e nelle conversazioni soleva dire spesso. *Qui non offendit in verbo, hic perfectus est vir, & si quis putat se Religiosum esse, non refrænans linguam suam, hujus vana est Religio:* Ed egli si dilettava molto più di tacere, che di parlare; onde non si può dire quanto esattamente osservasse sempre la regola del silenzio, in casa, e fuori. Fu mandato un giorno a camminare in Compagnia di un Sacerdote: e perchè aveva udito dire, che non sempre, che si dava licenza di uscire di casa, si dava di parlare; egli portò seco un libretto spirituale, ed uscito di casa cominciò a leggerlo; e passò quel viaggio parte leggendo, e parte meditando, senza dir mai una parola al suo compagno, il quale gustando di quell'atto, lo lasciò fare, ed ancor egli si andò occupando in altre meditazioni. La cagione, per la quale egli amava il silenzio, si era, parte perchè temeva di offender Dio col parlare, parte anche perchè i gusti interni spirituali, dei quali continuamente godeva, gli toglievano ogni gusto, che potesse avere in ragionare. Quando poi era necessitato a parlare, era consideratissimo nelle parole, e pensava ogni sillaba, per così dire. Costumano quelli della Compagnia, quando escono di casa, avvisare il

Por-

Portinajo, dove abbiano ad andare, e perchè i Novizj di Roma sono spesso mandati alla Casa Professa per servire alle Messe, e per udire, o la predica, o la lezione nei giorni di festa, domandò Luigi al suo Superiore, se era parola oziosa il dire, *vo alla Casa Professa*, potendo bastare a sufficienza, per essere inteso, il dire solo, *vo alla Casa*. Nell' ora della conversazione (che è quella, che immediatamente siegue mattina, e sera dopo la refezione corporale, e si chiama ricreazione, perchè è lecito ricrearsi un poco col parlare) sempre ragionava di cose di Dio; e talvolta cominciava a dire una cosa; e occorrendogli in quell'atto qualche ragione, per la quale giudicava essere meglio il tacerla, troncava le parole in mezzo, e non finiva; e per molto, che fosse stimolato a seguitare, non però la diceva, ma se ne stava un pezzo così in silenzio senza parlare.

Circa il vestire chiedeva con grande istanza, che se gli dessero le più logore, ed usate vesti di casa. E perchè una volta il Superiore ordinò, se gli facesse una veste nuova, nel porsela sentì tanto fastidio, che il Sartor, ed altri, che vi erano presenti, se ne avvidero; e raccontando egli dappoi al Superiore la mortificazione, perciò sentita, gli fu risposto, *che anche quel fastidio poteva nascere da amor proprio, e da desiderio di ritenere appresso gli altri buon nome, e concetto*. Le quali parole gli diedero occasione di esaminare per molti giorni tutti i suoi pensieri, per vedere, se poteva ritrovare l'origine di quel risentimento: e per molto, che si esaminasse, non seppe mai ritrovarvi colpa: anzi di più trovò, che se ben nel principio del Noviziato gli erano venuti alcuni pensieri di propria compiacenza; nondimeno era stato per grazia di Dio tanto sopra di se, che non sapeva nè pure una volta di avervi acconsentito. E per essere più sicuro in questa parte, tutte le meditazioni della Passione del Salvatore, che fece per alcuni mesi, l'indirizzò a questo fine di estirpare da se ogni principio di compiacenza propria, e di acquistare il disprezzo, ed odio santo di se stesso. Nelle mortificazioni toccanti all'onore, era tanto più sollecito, quanto che giudicava queste essere agli uomini di giudizio più giovevoli, e necessarie, che l'afflizioni del corpo; ed egli con l'uso continuo di tali mortificazioni era giunto a tale stato, che non sentiva più niente di ripugnanza in farle, e in casa, e fuori.

Chiedeva di andare spesso per la Città di Roma con vesti stracciate, e colle saccoccie in spalla cercando la limosina; e domandato se sentiva in ciò vergogna, o ripugnanza, rispose di no, perchè si poneva innanzi l'imitazione di Cristo

ed

ed il merito, e premio eterno, che si acquistava; e che quello bastava a farglielo fare volentieri, e con allegrezza: anzi che umanamente parlando nè anco vedeva donde potesse nascere in ciò la mortificazione *perciocchè*, *diceva egli, o quelli, che mi vedono, mi conoscono, o nò: se non mi conoscono, non devo curarmi del giudizio loro; nè posso sentire mortificazione, non essendo conosciuto: se mi conoscono, oltre che essi si edificano, io non perdo niente appresso di loro; anzi più presto fanno tale concetto di me, che vi è pericolo più di vanagloria, che di mortificazione; perchè il non essere per condizione povero, ma fatto tale per amor di Dio, anco appresso i Mondani è tenuto per cosa onorata.* Così parimente quando per le pubbliche strade, e piazze di Roma era mandato le Feste ad insegnare la Dottrina Cristiana, e a catechizzare i Poveri, e Contadini; lo faceva con tanta allegrezza, e carità, che ogni uno, che lo vedeva, si edificava: e Prelati grandi si fermarono alcune volte in cocchio per vederlo, ed udirlo. Una volta tra le altre trovando uno, che era stato sei anni senza mai confessarsi, gli stette tanto intorno, e gli parlò con tanto spirito, che lo ridusse alla Confessione: e lo menò ad un Padre al Gesù, perchè lo confessasse; come ancora altri altre volte. In una sola cosa affermava egli di sentire qualche poco di mortificazione; ed era, quando pubblicamente, o in Refettorio, o in sala era ripreso dei suoi difetti; non già per lo concetto, che altri potessero formare di lui, come di poco virtuoso, perchè di ciò non faceva verun conto; ma solo perchè gli dispiacevano quei difetti per se stessi: onde nsuna cosa più spesso domandava, quanto d'essere in pubblico ripreso: e diceva di cavarne grande utilità. E quantunque per la potestà, che si aveva acquistata sopra la sua immaginativa, averebbe potuto facilmente divertire il pensiero altrove, in modo che non udisse niente di quello, di che lo riprendevano; nondimeno non lo facea, per non defraudare, come egli diceva, la santa ubbidienza, e per avere ancora maggior merito. E mentre era in quel modo pubblicamente ripreso, proccurava d'eccitarsi ad allegrezza col pensare, che pativa qualche cosa; onde veniva ad assomigliarsi in alcun modo a Cristo Nostro Signore: il che bene spesso gli porgeva materia d'una lunga meditazione. Veggendolo il Maestro de' Novizj tanto circospetto in tutte le cose, volle una volta provarlo in cosa, ch'egli non sapesse; e perciò lo fece compagno del Refettoriere per alcuni giorni, dandogli cura di scopare, nettare, ed apparecchiare il Refettorio comune; ed al Refettoriere ordinò, che a bello studio in ogni cosa se gli dimostrasse strano, e contrario, e con varie riprensioni tutto dì l'esercitasse; ed an-

corchè

corchè quello faceſſe quanto gli era ſtato impoſto eſattamente; non perciò potè far sì, che Luigi ſi ſcuſaſſe giammai; o rendeſſe ragione, di quel, che fatto avea; di modo che quel tale ripieno di meraviglia di tanta umiltà, e pazienza, appena poteva credere ciò; che cogli occhi proprj vedeva. Fu un giorno viſitato nel Noviziato dal Patriarca Gonzaga; il quale nel partire ritirando da banda il Padre Rettore, gli domandò, come ſi portaſſe Luigi; ed il Rettore riſpoſe: *Signore non poſſo dire altro a Voſtra Signoria Illuſtriſſima, ſe non che noi tutti abbiamo molto, che imparare dal ſuo eſempio.* In ſomma ſin dai primi meſi del ſuo Noviziato era nell'apparenza eſteriore tanto ben compoſto, e modeſto, nel mangiare così parco, ai digiuni così dedito, sì rigido domatore del ſuo corpo, alle mortificazioni dell'animo, e maſſimamente a quelle, che toccano l'onore, tanto inclinato, tanto perfetto oſſervatore di tutte le Regole, ancorchè minime, così umile in ſe ſteſſo, così affabile cogli altri, verſo i Superiori tanto riverente, ed a' loro ordini tanto ubbidiente, tanto divoto verſo Dio, tanto ſpiccato coll'affetto da ogni coſa del mondo, tanto infiammato di carità, e perfetto in ogni virtù; che i Novizj tutti lo predicavano per un Santo, e baciavano per divozione le coſe, che egli avea toccate, e adoperate; e trattavano con lui, con gran venerazione, come con perſona ſanta. Altri ancora non Novizj cercavano di avere coſe da lui, uſate, come reliquie di Santo; e fu pigliato in quel tempo ſteſſo l'Uffizio della Madonna, ch'egli aveva portato dal ſecolo, per tenerlo per divozione; come è tenuto ſin ora in Sicilia: ed un Padre Predicatore conſerva il Breviario, ch'egli portò dal ſecolo come reliquia; e per tale da altri è ſtato tenuto da quel tempo in quà: tanto fu preſto conoſciuta la ſua ſantità, e perfezione.

C A P. IV.

Si rallegra d'eſſer mandato alla Caſa Profeſſa a ſervire alle Meſſe.

Dopo che i Novizj della Compagnia in Roma ſono ſtati per qualche meſe nel Noviziato di S. Andrea; e hanno cominciato a pigliare buona piega, e non ſono del tutto nuovi della diſciplina Religioſa; ſi coſtuma mandarli per qualche ſettimana, o meſe ad abitare nella Caſa Profeſſa della Compagnia, detta di Gesù; ove hanno i Novizj un appartamento diſtinto dagli altri, e ſi occupan in ſervire alle Meſſe, in leggere a tavola, ed in altri ſomiglianti eſercizj; che farebbe=

rebbono nel Noviziato. Ed oltre un Novizio di loro stessi, a cui il Superiore dà il pensiero di distribuire gli esercizj, che a ciascuno tocca a fare, e di tenere conto delle ore deputate per ciascuna cosa, e da loro vien nomato Prefetto, si dà la cura ordinaria ad un Padre grave, e spirituale di confessarli, e governarli, e di fare con loro in quel luogo l'uffizio da Maestro de' Novizj. Era di già stato nel Noviziato S. Luigi circa tre mesi, quando gli fu dal suo Padre Rettore ordinato, che andasse alla Casa Professa; e ricevè di quest' ordine contento grande per due cagioni, ed amendue spirituali. La prima perchè sperava di aver in quel luogo comodità di approfittarsi degli esempj santi di quei Padri antichi, i quali per lo più avendo consumata l'età loro ne'governi, ed in altri ministerj della Religione, quivi se ne stanno, altri occupati negli esercizj di quella Chiesa, e Casa, altri ajutando al governo universale della Religione il Capo di essa, che ivi risiede; e possono essere agli altri regola di religiosamente vivere. L'altra causa fu per la divozione grande, che egli aveva verso il Santissimo Sacramento dell'Altare; per la quale fin dal secolo, mentre era in casa di suo Padre, s'era dilettato di servire alle Messe; e vedendosi ora mandato ad esercitare di proposito un tale uffizio, ne sentì grandissima consolazione.

Ch'egli avesse particolar affetto verso questo Venerabilissimo Sacramento, è tanto noto a tutti, che l'hanno trattato, che alcuni in Roma dovendo far dipingere la sua effigie, erano per ciò venuti in pensiero, che convenisse dipingerlo in atto di adorazione avanti un'Ostia consecrata. E questa sua gran divozione nasceva da' gusti, e sentimenti notabili, che riceveva, mentre si comunicava: il che, attesa la purità di quell'anima, e la diligente preparazione, con cui si disponeva per comunicarsi, non parerà meraviglia. Si valeva egli d' una Comunione per apparecchio dell'altra; ed oltre varie divozioni, che faceva, aveva talmente distribuita la settimana tutta, che i primi giorni, cioè il Lunedì, Martedì, e Mercoledì assegnava alle tre Persone della Santissima Trinità; ringraziando ciascuna in particolare del benefizio ricevuto in essere stato fatto degno di comunicarsi; e gli altri tre giorni seguenti, cioè il Giovedì, Venerdì, e Sabato offeriva alle medesime tre Divine Persone con chiedere a ciascuna di esse in particolare grazia di potere degnamente accostarsi la Domenica seguente a questa divina Mensa. Fra la settimana ogni dì più volte a certe sue ore determinate se ne andava o in Chiesa, o in Coro a visitare il Santissimo Sacramento, ed a fare un poco di orazione; e nel giorno, che precedeva alla

Comu-

Comunione, tutti i suoi ragionamenti nella conversazione erano di questo santo Misterio; del quale ragionava con tanto sentimento, e fervore, che alcuni anco Sacerdoti, avendo ciò osservato, proccuravano il Sabato di passare il tempo della ricreazione con esso lui, per sentirlo discorrere con elevati pensieri di questo ineffabile Mistero: ed affermavano poi di non celebrare mai con maggior divozione la Santa Messa, che in Domenica: tanto restavano commossi, ed accesi dalle sue parole. E questo era già tanto noto, che ogni volta che alcuni desideravano comunicarsi, o dir Messa fra settimana con qualche sentimento, s'ingegnavano il dì precedente trovarsi con lui; e destramente farlo cadere in ragionamento di questa materia. Il Sabato sera con questi pensieri andava a letto: la Domenica mattina subito desto s'attuava in questo; e poi faceva un'ora di meditazione sopra la Comunione; qual finita, andava cogli altri in Chiesa ad udir Messa, alla quale stava inginocchiato sempre immobile. Comunicato che si era, si ritirava in un cantone, per buona pezza si vedeva stare come astratto da' sensi, e pareva, che al fine avesse difficoltà a levarsi in piedi, e partirsi di Chiesa; e si sentiva riempire il cuore, e l'anima d'amorosi affetti divini, e di celeste dolcezza. Tutto il rimanente della mattina passava in santo silenzio orando, o vocalmente, o mentalmente; e talvolta ancora leggendo qualche cosa divota, o di S. Agostino, o di S. Bernardo.

C A P. V.

Testimonianza, che di Luigi dava il Padre Girolamo Piatti.

ANdò S. Luigi alla Casa Professa per questi rispetti allegramente, e trovò, che in quel luogo aveva cura de' Novizj il Padre Girolamo Piatti, uomo molto virtuoso, e spirituale, e ben intendente della Perfezione religiosa, come chiaramente dimostrano il suo libro stampato, ed altri suoi scritti lasciati di questa materia, i quali, per la sua morte troppo presto succesa, non avendo potuto essere da lui compiti, sono restati di andar in luce con danno delle Persone religiose; alle quali in essi insegnava con mirabile facilità il modo di staccare ogni affetto dal mondo, di mortificare e riformare il corpo, di raffrenare, e regolare le passioni dell'animo, di estirpare i vizj e mali abiti, di fare acquisto di tutte le virtù necessarie al Religioso, e in se stesso, e per trattare co' Prossimi, e per unirsi in carità perfetta con Dio: Ed aveva già composti due libri e mezzo di queste materie, quando
morì

morì, e lasciò l'opera imperfetta. Questo divoto e giudizio-
so Padre si rallegrò grandemente, quando vide Luigi sotto
la sua cura; perchè fin dai primi giorni, che lo conobbe,
ne formò un singolar concetto, come si può raccogliere da
una lettera, scritta di suo pugno al Padre Muzio Vitteleschi,
il quale, essendo stato per la sanità mandato a Napoli, finiva allora i suoi studj di Teologia in quel Collegio. In questa
lettera gli da nuova di molte cose appartenenti alla vocazione di Luigi, le quali, sebbene in parte si sono dette di sopra, nondimeno acciocchè sieno confermate dal testimonio di
un tanto Padre, mi è paruto bene porle quì distesamente.
Dice dunque così.

Carissimo Fratello in Cristo, Pax Christi.

» ALla lettera, che questi dì da voi ho ricevuta, carissimo
» Vitteleschi, non so che migliore, e più grata risposta
» io possa dare, che dandovi ragguaglio di un gran Novizio,
» che cinque dì sono, cioè il giorno di S. Caterina, entrò
» in S. Andrea. Questi è un Giovane per nome detto Lui-
» gi Gonzaga, figliuolo d'un Marchese principale vicino allo
» Stato di Mantova, del cui Duca è stretto Parente; ed egli
» è Primogenito, e dovea succedere nel Marchesato. Ma
» piacendo a Dio Nostro Signore eleggerlo per sè, stando
» egli nella Corte del Re Filippo in Ispagna, si risolvè due
» anni sono in circa farsi della Compagnia, ed essendo il Mar-
» chese suo Padre in Corte, glielo scoprì chiaramente, il
» quale dopo varie prove, che ne fece, finalmente si con-
» tentò; e tornando poco di poi di Spagna, scrisse al Signor
» Scipione Gonzaga, che adesso è Patriarca di Gerusalemme,
» suo Parente, che parlasse col Nostro Padre Generale, e
» e gliel'offerisse da sua parte. Ma per essere egli, come ho
» detto, Primogenito, al quale toccava la successione dello
» Stato, bisognò che prima trasferisse le sue ragioni in un'
» altro Fratello; al che, perchè era necessario il consenso
» dell'Imperadore, passarono in questo trattato alquanti mesi.
» Finalmente pure, finito questo negozio, quando il buon
» Giovane pensava entrare subito nel porto, fu ritenuto un
» pezzo da suo Padre, il quale o per l'amore grande, che
» gli portava, e speranza, che n'aveva, oppure, come egli
» ha scritto al Padre Generale, parendogli l'età ancor im-
» matura, si rendeva difficile a dargli l'ultima licenza, e lo
» voleva trattenere anni ed anni. Quì si vide la gran co-
» stanza, e fervore del Giovane; perchè tuttochè portasse al
» Padre un rispetto indicibile, nondimeno non lasciò mai d'

» impor-

,, importunarlo, e tentare con lui tutti i mezzi poſſibili, e
,, vedendolo pur duro, ſcriſſe piu volte al Padre Generale
,, lettere di fuoco, dimandandogli di poterſene venire ſenza
,, fargli motto: il che non permettendo il Padre Generale,
,, s'è la coſa prolungata ſin adeſſo, quando (non ſo come
,, s'abbia fatto) finalmente ottenuta la licenza, ſe n'è ve-
,, nuto a Roma in abito da Prete, con dieci cavalli in cir-
,, ca. Fu queſta ſua venuta tanto nota, che per ogni luogo,
,, dove paſſava, ſi ſapeva, che egli veniva per entrare nella
,, Compagnia, ed il medeſimo avvenne anco quì in Roma,
,, ſtando alloggiato alcuni pochi giorni in Caſa del Signor
,, Scipione Gonzaga, Nel qual tempo, eſſendo andato dal
,, Papa per chiedergli la benedizione a queſto effetto, ſi di-
,, vulgò in Palazzo il ſuo intento. Per il che gli ſi facevano
,, i cerchi intorno di quella gente, che, come aveva diſe-
,, gni, e penſieri aſſai differenti, lo riguardava come un mi-
,, racolo. Alla fine Lunedì paſſato, che, come ho detto, fu
,, giorno di S. Catterina, egli andò a S. Andrea accompagna-
,, to dal medeſimo Patriarca, il quale reſtò ivi a pranzo col
,, Padre Generale. Le parti ſue poi, ſiate certo che ſono
,, tali, che la Nobiltà sì grande, che avete inteſo, è la mi-
,, nor coſa, che abbia. Perchè quanto all'ingegno l'ha tale,
,, che non arrivando ancora alli diciotto anni, e con eſſere
,, ſtato in Corte tanto tempo, ſa molto bene Logica, e Fi-
,, ſica. Nella prudenza poi ed accortezza delle parole, dico
,, da vero, che ci fa tutti ſtupire; e non vogliate di queſto
,, altro argomento, ſe non che il Marcheſe ſuo Padre già ſe
,, ne ſerviva in molte coſe della ſua Caſa, ed in una lette-
,, ra con che l'offeriſce al Padre Generale, dice che gli dà
,, la più cara coſa, e di maggior ſperanza, che egli aveſſe
,, in queſto mondo. Ma tutto queſto poi è niente, riſpetto
,, alla Virtù, e Santità: Perciocchè ſin da otto anni in cir-
,, ca, egli ſteſſo confeſſa, che cominciò a temere Dio, e ben
,, lo moſtrano i grandi ſentimenti, che egli ha; perchè nell'
,, orazione ha continue lagrime, e tiene un raccoglimento
,, quaſi perpetuo: il che ben ſi vede nella faccia, e nel ſuo
,, modo di trattare. I ſuoi di Caſa dicono che faceva ogni
,, giorno quattro, o cinque ore di orazione mentale, oltre
,, quella che faceva la notte, che eſſi non potevano ſapere,
,, perchè da molto tempo in quà non voleva, che alcuno lo
,, ſcalzaſſe; ma ſi chiudeva in camera, ed attendeva alle ſue
,, divozioni ſenza altra miſura, che della ſua divozione e fer-
,, vore. Ed acciocchè non penſiate, che io amplifichi queſte
,, coſe, vi dico ſolo queſto, che il Padre Andrea Spinola
,, parlando con lui, gli è reſtato tanto affezionato, e tanto
,, ammi-

„ ammirato delle sue parti, che trattandone poi meco, mi
„ disse che gli pareva, che io lo lodassi freddamente; tutto
„ che voi vedete, come io ne parlo. Il medesimo giudizio
„ pure hanno fatto di lui il Padre Generale, e tutti i No-
„ stri quì in Roma, in Milano, ed in Mantova, dove è sta-
„ to un pezzo. Quel che segue non so, se lo debba dire;
„ perchè ho paura, che scemi la vostra allegrezza, come in
„ parte ha scemata la nostra; ma non lo voglio tacere, ac-
„ ciò vi sproni a fare orazione per lui. Sappiate certo che
„ de' beni di natura, e di grazia non gli mancava altro, che
„ la sanità; perchè è così fiacco, che solo a vederlo ci em-
„ pie di timore, e già uno, o due giorni avanti, che en-
„ trasse, ha cominciato a sentire dolore di petto, del che
„ egli assegna questa causa, che bene scopre insieme la sua
„ divozione; perchè dice che egli aveva per usanza di di-
„ giunare il Venerdì in pane, ed acqua: onde questo ultimo
„ Venerdì avendo fatto il medesimo, ed essendo di più il
„ giorno, che seguiva, andato a Palazzo per baciare il pie-
„ de, come dissi al Papa, gli fu forza aspettare digiuno l'
„ udienza sino alle ventidue ore: onde ne restò molto infiac-
„ chito. Comunque sia, certo è che se la buona cura potrà
„ rimediargli, non gli mancarà tutta la diligenza, e prov-
„ videnza possibile, che così l'ha ordinato il Padre Genera-
„ le, e già si è cominciato ad eseguire: E forse, e senza
„ forse starà meglio sotto la cura discreta dei Superiori del-
„ la Compagnia, che guidato, o trasportato dal suo proprio
„ fervore senza freno. Sicchè pregate il Signore per lui, e
„ non dubitate, che se il Signore gli dà vita e sanità, ave-
„ te a vedere da lui gran cose per il divino servizio, e del-
„ la Compagnia nostra. Ho voluto narrarvi tutto questo di-
„ stesamente, sebbene ho lasciate molte cose di edificazione,
„ per comunicare con voi l'allegrezza, che veramente questi
„ giorni è stata molto grande fra tutti i Nostri, tanto che
„ quasi non si è parlato di altro; ma con questo patto, che
„ voi paghiate questa consolazione, che vi ho dato, con pre-
„ gare da vero il Signore, che mi dia grazia d'essere vero
„ Fratello, ed Imitatore di sì preziose gioje, che ogni dì
„ Sua Divina Maestà chiama a questa Santa Compagnia; e
„ Dio vi benedica.

Di Roma alli 29. di Novembre 1585.

Vostro in Cristo Fratello, e servo
Jeronimo Piatti.

Non lo aveva ancora praticato intrinſecamente queſto Padre, quando ſcriſſe queſta lettera, e pure ognun vede, quanto altamente ne parli. Cominciando a confeſſarlo, ed a trattare ſeco delle coſe di Dio, e dell'anima, ſi fece da lui minutamente raccontare tutti quei particolari, che poſe in iſcritto, come s'è detto nel proemio dell'opera, e ſcorgette in queſto Giovane tanta innocenza, tanto lume delle coſe di Dio, e tant'alta perfezione, che da quel tempo in poi, lo tenne per un gran Santo, e per tale lo predicava a tutti, ogni volta che gli avveniva di ragionare di lui. Una volta fra le altre diſcorrendo della Celeſte Patria con un Padre, e dicendo che i Santi del Paradiſo ſi trasformano in guiſa nel divino volere, quale conoſcono e vedono, che niente altro amano, o vogliono di quel, che ama e vuole Iddio. *Parmi (diſſe) di vedere chiaro eſempio di queſto nel noſtro Luigi, nella cui anima veggendo i Santi del Cielo, che ſi compiace ſommamente Dio, ancor eſſi trasformati in queſta volontà di Dio, ſono tutti poſti in adornarlo di celeſti doni, e grazie, ed in fargli benefizj, e pregare per lui, e mi par, che facciano a gara, a chi gli può far meglio, tanto lo vedo favorito da Dio, e da loro, e ſì pieno di virtù, e di grazie ſoprannaturali.* Il medeſimo Padre paſſando per Siena, e celebrando le virtù eroiche di queſto Giovane, diſſe ad un Padre, *che ſi ſtupiva, che per tanta Santità, quanta vedeva riſplendere in lui, egli non faceſſe in vita molti, e manifeſti miracoli.* E lo ſteſſo mi ricordo aver udito dire dal Cardinale Bellarmino, il quale, atteſa la ſtraordinaria Santità, che in lui vedeva, diceva *meravigliarſi, che non faceſſe evidenti miracoli, che pubblicamente ſi ſapeſſero.*

C A P. VI.

Come ſi diportaſſe San Luigi, mentre ſtette nella Caſa.

STette Luigi in quella Caſa più tempo, che gli altri Novizj non ſogliono, ed ogni mattina finita la ſua ora di orazione mentale, andava in Sacriſtia, e prima di partire di là ſerviva cinque, o ſei Meſſe con grandiſſima divozione, e guſto ſpirituale, ed era tanto compaſſionevole verſo i ſuoi Compagni Connovizj, e maſſimamente verſo due, che gli parevano debolucci, che andava ad avviſare il Superiore, che eſſi non avevano cura della loro ſanità, e che ſervivano troppe Meſſe. Nel tempo, che ſi tratteneva in Sacriſtia fra una Meſſa, e l'altra, ſervava ſempre ſilenzio ſenza dir parola, e ſe ne ſtava in un cantone ora meditando, e dicendo l'Uffizio della Madonna; ora leggendo qualche libro ſpirituale. Quando do era necessario, o avvisare, o interrogare di qualche cosa il Sagrestano, gli andava innanzi con la berretta in mano, e con le mani avanti al petto, e gli parlava con tanta riverenza, e sommissione, che il Sagrestano stesso si confondeva, ed ubbidiva agli ordini di esso, e de'suoi Compagni con tanta prontezza, e perfezione, come se gli avesse comandato Cristo Nostro Signore. Avendogli il Sagrestano ordinato nel Giovedì Santo, che stesse al Sepolcro ad avere cura de'lumi, che vi ardevano, se ne stette ivi per più ore, e non alzò mai gli occhi a rimirare l'ornamento, ed apparato del luogo, che era assai bello, e molta gente vi concorreva a vederlo. Ed essendo poi interrogato da uno de'suoi Compagni, come gli fosse piaciuto il Sepolcro, rispose che non l'aveva veduto; perchè non pensava che gli fosse lecito il mirarlo, avendo avuto altro uffizio dal Sagrestano.

Portava parimente tanta riverenza, e rispetto a quel Novizio, che aveva quella poca sopraintendenza degli altri, che maggiore non averebbe potuto avere verso lo stesso Generale; perchè sempre che lo vedeva passare, si levava in piedi, si cavava la beretta di capo, e gli faceva ogni sorte di riverenza: di modo che confuso quel Novizio di vedersi tanto onorato, se ne dolse col Superiore; il quale ordinò a Luigi, che in ciò si moderasse, come fece. Nè è meraviglia, che egli portasse a questi tanta riverenza, ed ubbidisse ai loro detti con tanta prontezza, perchè non rimirava mai la Persona, a cui ubbidiva, come uomo, ma come quello, che teneva il luogo di Dio, e pigliava la voce di chi gli comandava, non come voce di uomo, ma come voce di Cristo nostro Signore. E questo diceva egli di fare, non tanto per lo merito maggiore, che vi è in tal modo di ubbidire, quanto perchè sentiva una certa dolcezza particolare in pensare che Cristo gli comandava, e che egli aveva alcuna occasione di servire a Sua Divina Maestà. Aggiungeva di più, che con maggiore dilettazione ubbidiva ai Superiori subordinati, ed inferiori, che gli assoluti, e supremi, e questo non tanto per umiltà, quanto per una certa superbia, che così la chiamava. Imperocchè se la cosa si avesse da stimare umanamente, con difficoltà si potrebbe addurre un uomo ad ubbidire ad un altro uomo; spezialmente se quel tal fosse inferiore di sapere, o di nobiltà, o di altri doni, e talenti; ma il sottoporsi a Dio, oppure ad un uomo in vece di Dio, che è il medesimo, è di somma gloria: il che tanto più si viene a scorgere, quanto vi è meno dell'umano, e quello, che comanda, ha in sè parti meno riguardevoli.

Passata la mattina, e finite le Messe, vanno i Novizj di

quel-

quella Cafa a leggere, chi alla prima, chi alla feconda menfa, ed altri a fervire in cucina a vicenda. Toccò anco a lui
il fervire, e con tanto fuo diletto fi occupava in quegli uf-
fj baffi, come fe foffero ftati connaturali alla qualità della
fua perfona. Fu pofto a leggere a menfa, e leggeva adagio,
e confideratamente. Occorfe una volta fra le altre mentre
egli leggeva, che facendofi non fo che rumore vicino al Refettorio, non potè così bene effer intefo dagli altri: dal che
prendendo occafione quel Novizio, che fopraintendeva, cominciò a riprenderlo, come che per fua colpa quel dì i Padri, e Fratelli aveffero perduta la lezione di tavola, ed ag-
gerava molto quefto danno fpirituale, che così lo chiamava,
per vedere, che cofa gli rifpondeffe. Ed il buon Luigi non
ifcufandofi punto gli dimandò perdono, promettendo di emen-
darfi per l'avvenire, e di propofito fi pofe a ripetere ciò,
che aveva letto, per rifare il danno fpirituale di quel Fratello.

Vedendolo il Padre Girolamo Piatti tanto intento all'orazione, ed agli efercizj mentali, per tenerlo diftratto, gli ordinò che mattina e fera dopo la menfa reftaffe in ricreazione
con quelli, che avevano mangiato alla feconda, ancorchè egli
aveffe mangiato alla prima, ed egli ubbidì. Il Miniftro non
fapendo niente di queft'ordine, trovandolo alla feconda ricreazione, gli diede una penitenza pubblica in Refettorio, facendo che diceffe fua colpa, per aver contravvenuto ad una
Regola, la quale comanda che fuor di quell'ora di ricreazione, a tutti comunemente affegnata, ciafcuno fia tenuto a
fervare filenzio. Fece egli la penitenza impoftagli fenza fcufarfi, e fenza manifeftare l'ordine avuto, e dappoi immediatamente feguitò a reftare alla feconda, come prima. Il Miniftro di nuovo accorgendofene, fi maravigliò, e gli diede
un'altra fimile penitenza, la quale egli accettò, e fece fenza dir altro. Dopo la menfa chiamandolo il Padre Piatti gli
diffe, che egli avea dato fcandalo, perchè effendo Novizio
due volte immediatamente aveva fatta la penitenza per la
medefima colpa, e gli domandò, per qual cagione non aveffe
manifeftato al Miniftro di aver licenza. Rifpofe egli che ancora a lui era venuto in mente, che col tacere poteva dare
fcandalo, ma perchè, fe fcopriva la licenza, e l'ordine avuto, temeva di qualche occulto inganno dell'amor proprio, il
quale colla fcufa cercaffe di fuggire la penitenza; aveva determinato di tacere, e fare la penitenza anco la feconda volta, e poi, fe il Miniftro foffe tornato a dirgli altro, fignifi-
cargli l'ordine avuto, per non dare fcandalo col più tacere.
Era poi edificazione grande il vedere con quanta pazienza, e

pron-

prontezza accettasse le penitenze impostegli, con quanta allegrezza le facesse; ancorchè non avesse nè colpa, nè negligenza in quella cosa, per la quale era penitenziato (imperocchè queste due cose colpa, negligenza, o non si trovavano mai in lui, o molto di raro) anzi bene spesso, essendo i difetti altrui per errore imputati a lui, non si scusava, e faceva la penitenza, come se l'errore fosse stato il suo; il che veniva poi a risaperli; perchè quelli, che avevano commesso il mancamento, vedendo lui fare la penitenza da loro stessi per gara di umiltà andavano a manifestarsi.

Fra il giorno soleva andare per Compagno di qualche Padre, ora alle Prigioni, ed ora agli Spedali, come costumano di fare i Padri Confessori di quella Casa più volte la settimana, e mentre i Padri confessavano gl'Infermi, o i Prigioni, egli catechizzava altri, e li disponeva alla Confessione; Quando restava in casa si occupava, o in iscopare, o in altri simili uffizj bassi. Una volta fra le altre stando in una Solana cogli altri Novizj a piegare i panni lini, dopo un pezzo, si ricordò di non avere in quel dì letto S. Bernardo, come era suo costume di fare ogni giorno, ed avendo perciò desiderio di partirsi, ed andare a compire la sua divozione, e potendolo fare, come anco gli altri Novizj, dopo che per qualche tempo fossero stati ivi faticando, non volle, ed al suo pensiero rispose in questa guisa: *Se tu leggessi S. Bernardo, che altro t'insegnerebbe, se non che tu ubbidissi ? Fa dunque conto di averlo letto, ed attendi a fare l'ubbidienza.* Era tanto osservatore delle Regole, che per rispetto di qualsivoglia Persona non si lasciò mai indurre a trasgredirne veruna, ancorchè minima, ed accadè un giorno, che essendo andato in Sacristia per parlargli l'Illustrissimo Signor Cardinale della Rovere suo Parente, egli si scusò con dire di non aver licenza di parlare, e quel Signore restò grandemente edificato, e non volle parlargli, se prima non ebbe chiesta licenza al Padre Generale. In somma in tutte le cose si mostrò tanto compito, e diede tanto buon esempio ed edificazione, che tutti di quella Casa l'amavano con particolare affetto, e lo commendavano per un Giovine Santo, e dopo che fu stato ivi circa due mesi, fu richiamato al Noviziato di S. Andrea.

CAP.

C A P   VII.

Con quanta perfezione passasse il restante del Noviziato.

Ritornato Luigi al Noviziato di S. Andrea, tutto edificato dei virtuosi esempj, che nella Casa Professa avea veduti, prima di ogni altra cosa diede conto al Maestro dei Novizj, di tutto ciò, che era passato nell'anima sua nel tempo, ch'era stato assente, e poi con maggior fervore e diligenza che mai, seguitò a fare i soliti esercizj del Noviziato. E viveva con tanta osservanza, e perfezione, che non solo non poteva esser notato da altri di difetto alcuno, ma egli stesso, ch'era solito di fare tanta riflessione sopra le cose sue, che per così dire faceva anotomia dei suoi pensieri, non che delle azioni, non trovava in se cosa da riprendere. Il che venne a risaperti in questo modo: un giorno andò al Maestro dei Novizj a conferire questo dubbio, che non poco l'affliggeva, che esaminandosi egli colla diligenza possibile, non trovava in se cosa, la quale arrivasse a peccato veniale: il che gli dava noja grande, perchè temeva, che ciò procedesse dal non conoscere se stesso, e dubitava di essere incorso in quelle tenebre spirituali, delle quali alle volte aveva udito dire, e letto ancora, che pongono l'anima in gran pericolo; dal che si può raccogliere quanto grande fosse la purità dell'anima sua. Nè è meraviglia, ch'egli mantenesse la coscienza tanto pura e netta, perchè aveva in se varie grazie, che a ciò molto l'ajutavano. E prima per lo lungo studio posto fin da fanciullo in mortificare le passioni dell'animo, e per l'abito in ciò acquistato, pareva che fosse giunto a tanta insensibilità, ed impassibilità, che nè anche sentisse i primi moti delle passioni verso qualsivoglia oggetto umano. Onde molti, che l'hanno in Religione praticato, con giuramento depongono, *che non solo non hanno mai notata in lui cosa, che arrivasse a peccato veniale, ma che nè anche vi hanno scorto pur un minimo segno, o atto di collera, o di impazienza, o qualsivoglia altro primo moto delle passioni.* E questa insensibilità tanto è più degna di meraviglia, quanto che non nasceva in lui da stupidità di natura, come altre volte si è detto, perchè oltre l'essere giovane, e sanguigno di complessione, era molto accorto, e perspicace, e più ancora di quello, che pareva portasse l'età sua, ma procedeva da singolar grazia di Dio, e da virtuosi abiti acquistati per mezzo del continuo esercizio della mortificazione.

A questo si aggiungeva, che nelle cose sue non si lasciava

mai guidare dall'affetto, che bene speffo trafporta gli uomini oltre i confini della ragione, ma dal lume, e dalla cognizione. E folea dire *effere pericolo di incorrere spesso in errori; quando la perfona fi governa per affetto;* Nè fi lafciava mai imbarcare a voler vincere pugne leggieri nelle converfazioni e ricreazioni, ma diceva femplicemente ciò, che fentiva, e fe gli era contraddetto, non contraftava, ma folo per difefa del vero averebbe foggiunta una femplice rifpofta con piacevoli parole, e con animo fedato; e poi, ancorchè altri inftaffero, fi quietava, come fe le cofe non toccaffero a lui. Di più con grandiffima diligenza fcacciava da fe ogni defiderio non folo indifferente, ma quello che è più, ancora buono, e fanto, quando fi accorgeva che poteffe in alcun modo turbare la pace e quiete del cuor fuo, ed arrecargli foverchia follecitudine, e perciò godeva una tranquillità e pace di animo grande, la quale per l'ufo continuo fe gli era fatta in un certo modo connaturale. Ma quello che fopra ogni altra cofa l'ajutava, fi era, che non folo aveva la prefenza continua di Dio in tutte le azioni, per la quale cercava farle colla maggiore perfezione, che foffe poffibile, ma di più ftava fempre unito con Dio per mezzo dell'orazione, nella quale poneva tanto ftudio, come fe in quella confifteffe l'acquifto d'ogni perfezione, e foleva dire, che *chi è uomo d'orazione, e di raccoglimento, è quafi impoffibile che non arrivi a perfetta vittoria di fe medefimo, ed a grado eminente di fantità, e di perfezione, come l'efperienza fteffa dimoftra.* E tutta quella immortificazione, e perturbazione d'animo, inquietudine, e fcontentezza, che talora fi vede in Perfone Religiofe, diceva nafcere da quefto, *che non fi danno all'efercizio della meditazione, ed orazione, quale egli chiamava la via compendiofa, ed accorciatoja della perfezione.* Ed averebbe voluto potere ciò perfuadere a tutti, perchè ftimava che, chi una volta la cominciaffe a guftare, non poteffe poi indurfi a lafciarla. Si maravigliava, e doleva infieme di alcuni, i quali, fe qualche volta per urgente neceffità non avevano tempo di fare la loro ordinaria meditazione, a poco a poco venivano a diftoglierfi in modo dall'efercizio del meditare, che ancora quando avevano commodità e tempo, per efferfi così avvezzi, la trálafciavano.

C A P. VIII.

Del fegnalato dono d'Orazione di San Luigi.

ERa tanto dedito Luigi a quefto efercizio, che le fue delizie erano il tempo affegnato per orare e meditare. E dalla pratica in fe fteffo raccolfe belliffimi documenti intorno a ciò, tanto che quando il Padre Roberto Bellarmino, poi Cardinale, dava in Collegio Romano gli Efercizj Spirituali a varj Studenti della Compagnia, nel dare loro qualche bell' avvertimento intorno al far bene la meditazione, foleva dire: *Quefto l'ho imparato dal noftro Luigi*. Ufava egli ogni diligenza per apparecchiarfi all'orazione, ed ogni fera prima di andare a letto, fpendeva un mezzo quarto d'ora, fe non più, in provedere ed ordinare la meditazione, che aveva da fare la mattina feguente. La mattina proccurava di trovarfi fpedito un buon pezzo innanzi che fi deffe il fegno per cominciarla, ed in quel tempo fi raccoglieva, e cercava di tener l'animo tranquillo, e privo d'ogni follecitudine e defiderio; Perchè diceva, *non effere poffibile, che un' unima, la quale nel tempo della Meditazione, e Contemplazione, ha in fe qualche follecitudine, affetto, o defiderio d'altra cofa, poffa ftare attenta in ciò, che medita, e ricevere in fe fteffa l'immagine di Dio, nel quale meditando cerca di trasformarfi.* Mi ricordo avergli udito dire quèfta fimilitudine in tal propofito, *che ficcome un' acqua, la quale è agitata da' venti, o non rapprefenta l'immagine d'un uomo, che fe le accofti, per effere ella torbida, o fe pure refta chiara, non rapprefenta le membra unite al bufto, ma difparate, e quafi tagliate, e difgiunto un membro dall'altro, così l'Anima, la quale nella Contemplazione è da' venti delle paffioni combattuta, o dagli affetti, e defiderj agitata, e commoffa, non è atta, nè difpofta a ricevere in fe l'immagine di Dio, nè a trasformarfi nella fimilitudine di quella Divina Maeftà, la quale contempla.*

Dato il fegno dell'orazione, fi poneva inginocchioni colla maggiore riverenza, che poteva, innanzi al fuo femplice Oratorio, ed ufava ogni induftria per iftare colla mente attento alla Meditazione, in tanto che, fe gli foffe venuto bifogno di fputare, fe ne afteneva per paura di diftraerfi. S'internava col penfiero nelle cofe, che meditava, e per la grande intenfione della mente, concorrendo gli fpiriti vitali alle parti fuperiori, reftavano le membra inferiori tanto deboli, ed abbandonate, che finita l'orazione, non poteva levarfi in piedi. Speffo ancora gli avveniva che, levatofi dall' orazione, per qualche fpazio di tempo reftava talmente fuori di fe, che non fapeva dove fi foffe, nè riconofceva il luogo, dove ftava, il che fpecialmente gli accadeva, quando contemplava gli Attributi Divini, come la Bontà, Provvidenza verfo gli uomini, ed in particolare la loro Infinità, la quale quando fi poneva a contemplare, molto più fi aftraeva da' fenfi. Nell'orare aveva così gran dono di lagrime, e per ordinario ne fpargeva in tanta copia, che fu bifogno che i Supe-

periori gli deffero ragioni, e mezzi per temperarle, per tema, che il tanto piangere non gli nuoceffe ogni dì più alla
tefta, ed agli occhi, febbene non giovò mai rimedio veruno.
Quello che pare di maggior meraviglia, fi è: che nelle fue
orazioni per ordinario non aveva diftrazione veruna, del che
ne rendono teftimonianza i fuoi Confeffori, ed in particolare
il Signor Cardinale Bellarmino. Il che quanto fegnalato dono
di Dio fia, ciafcuno lo può argomentare da quello, che fpe-
rimenta in fe fteffo nell' orazione. Quefta ferma e ftabile attenzione nafceva in lui non folo dal concorfo grande della
grazia di Dio, ma ancora perchè col lungo ufo di meditare
s'avea refa la fua immaginativa, ed apprenfiva totalmente
ubbidiente, onde niun altro penfiero gli veniva mai, fe non
quello, ch'egli voleva, ed in quello, fe voleva talmente fif-
fava la fua attenzione, che poi non fentiva niente di quello, che altri diceffero, o faceffero, nè v'era pericolo, che
fi diftraeffe più. In tutto il tempo, che viffe in Religione,
non fi accorfe mai di effere vifitato, mentre faceva orazione. E pure in Noviziato ogni mattina, e nei Collegj quafi
ogni mattina fi fa la vifita per le camere, per vedere fe tutti fanno l'orazione alle ore determinate. Dal che fi può raccogliere quanto egli in quel tempo fteffe aftratto dai fenfi,
ed intento alla meditazione.

Son tenuti per obbligo di Regola tutti quelli della Compagnia, nel principio del Noviziato, e poi per tutta la vita
ogni fei mefi, a dar conto al Superiore di tutto l'interno
della loro cofcienza, ed a manifeftargli non folo i difetti,
ma ancora i doni, le grazie, e virtù tutte, che da Dio noftro Signore hanno ricevute, e quefto fi fa, acciò il Superiore, che governa, effendo bene informato, poffa con paterna
provvidenza moderare gli eccessi, difendere dagl' inganni, che
nella vita fpirituale occorrono, ed indrizzare i fuoi Sudditi
a maggiore perfezione. E per quefta via fi feppero molte
Virtù di San Luigi, il quale per offervar la Regola, e per
defiderio d'effere indrizzato, con ifchietezza e fincerità grande fcopriva ai fuoi Superiori, e Padri Spirituali tutto ciò,
che Dio operava nell'Anima fua, il che è ben da notare,
acciò niuno fi meravigli, ch'egli manifeftaffe varie Virtù fue,
perchè aftretto dall' Ubbidienza, e dalla Regola ciò faceva,
che del refto non mai fi udiva comunemente parlare di fe
fteffo. Or rendendo egli una volta conto della fua cofcienza,
e domandato dal Superiore, fe pativa diftrazione nell' orazione, rifpofe ingenuamente, *che fe tutte le diftrazioni, che ave-*
va avute in quei fei mefi in tutte le meditazioni, orazioni, ed
efami, fi foffero raccolte infieme, non avrebbero fra tutto empito

lo spazio di recitare un'Ave Maria. Nelle orazioni vocali aveva un poco maggiore difficoltà, non già che in quelle si distraesse colla mente, ma perchè non poteva così prestamente, e comodamente penetrare il senso dei Salmi, o d'altra cosa, che recitasse, onde diceva, *che avveniva a lui quello, che accader suole a chi sta tra una porta chiusa, o poco meno che chiusa, il quale nè entrar può, nè va altrove.* Del resto anche nelle orazioni vocali aveva grandissimi sentimenti, e gusti spirituali, spezialmente in dire i Salmi, trasformando l'animo suo in quegli affetti, dei quali essi sono ripieni. E quelli affetti erano alle volte tanto veementi, che non poteva, senza gran difficoltà e forza, proferire le parole, e per questa cagione, avendo egli in costume di dire nel Noviziato per sua divozione l'Uffizio grande, che dicono i Sacerdoti, spendeva almeno un'ora in recitare solo il Mattutino.

Circa la materia delle Meditazioni aveva gran divozione, e riceveva singolari sentimenti da Dio nostro Signore nel meditare la sua Santissima Passione, la cui memoria soleva rinovare sul mezzo dì, recitando una certa breve Antifona, e proponendosi avanti gli occhi di Cristo Crocifisso, e questo faceva con tanto sentimento, e raccoglimento interno, che, per quanto egli diceva, sempre vivamente se gli rappresentava in quel punto il sacrato tempo di Venerdì Santo. De' gusti, e sentimenti, che riceveva nel meditare il Mistero della Santissima Eucaristia, già s'è detto di sopra. Agli Santi, e spezialmente al suo Custode aveva particolare divozione, e con gusto di essi meditava, e di quelle Intellettuali Creature riceveva da Dio molti belli sentimenti, come si può vedere da quella sua lunga, e bella Meditazione degli Angeli, posta nella seconda parte delle Meditazioni del Padre Vincenzo Bruno, citata con molta lode dal Dottore Andrea Vittoreli ne' suoi eruditi libri *De Custodia Angelorum*, la quale, e quanto alle parole, e quanto alle cose è tutta composizione di Luigi, ed apposta il Padre Vincenzo la fece comporre a lui; perchè sapeva la particolar divozione, che egli aveva a' Santi Angeli, e desiderava di fargli porre in iscritto i sentimenti, che ne aveva, come l'istesso Padre Vincenzo raccontò. In uno scritto di pugno di San Luigi ultimamente fra varie scritture ritrovato, v'è una nota appartenente agli Angeli Santi, e dice così.

Divozione per gli Angeli in comune.

T'immaginerai di stare fra i nove Cori degli Angeli, che stanno facendo orazione a Dio, e cantando quell' Inno Sanctus Deus,

Deus, Sanctus Fortis, Sanctus & Immortalis, miserere nobis: *Però ripetendolo tu ancora nove volte, farai con esso loro orazione.*

All'Angelo tuo Custode ti raccomanderai particolarmente tre volte il giorno, la mattina coll'Orazione Angele Dei, la sera coll'istessa orazione, ed il giorno quando vai in Chiesa a visitare gli Altari.

Fa conto, che dal tuo Angelo devi essere guidato come un cieco, che non vedendo i pericoli della strada, del tutto si mette nella provvidenza di quello, che per mezzo del bastone lo guida. Queste sono le sue parole.

Finalmente si può dire con ogni verità, che la vita sua religiosa tutta era una continua orazione, perchè per l'uso di tanti anni in orare, ed in astraersi dalle cose sensibili, aveva acquistato tale abito, che in ogni luogo, ove egli si trovava, ed in ogni cosa, che faceva, sempre era più intento alle cose interiori, che all'esteriori: anzi era arrivato a tale stato, che appena si serviva degli stessi sensi, come degli occhi per vedere, e dell'orecchie per udire: tanto era attento all'interno; ed in questo solo trovava il suo riposo, e la sua dilettazione. E se avveniva, che per alcuna cagione, benchè utile, fosse da questo impedito, tutto che eseguisse quanto era necessario, sentiva però una certa molestia interiore, come se un membro fosse uscito dal suo luogo. Onde niuna cosa era a lui di maggior facilità, che lo starsene tutto dì unito colla mente in Dio Nostro Signore, anco tra l'istesse occupazioni esteriori; nel mezzo delle quali facilmente conservava il suo raccoglimento, ed attenzione interna; e difficile assai gli sarebbe stato il distraersi. Una volta confessò egli, *che quanta difficoltà gli dicevano di sentire alcuni in raccogliere la mente in Dio, tanta nè sentiva egli in volerla distraere da Dio;* Imperocchè tutto quel tempo, nel quale cercava di non pensare a Dio, pativa gran violenza, ed era sempre forzato a far resistenza a se medesimo; dalla qual forza, e violenza ridondava poi al corpo suo maggior nocumento, che dalla stessa continua attenzione in Dio. Tra il giorno, ed in mezzo delle occasioni, era visitato da Dio con grandissime consolazioni, le quali non erano solamente di passaggio, ma duravano alle volte un'ora, e più: e gli riempivano l'Anima in modo, che ridondando nel corpo pareva che tutto avvampasse di celeste ardore, e mostrava nel rossore della faccia il fuoco, che di dentro aveva. Altre volte se gli accendeva in sì fatto modo il cuore di questa divina fiamma, che coll'assiduo, ed importuno palpitare, pareva gli volesse saltare fuori dal petto.

Per

Per tanti gufti interni, che godeva l'anima, fi prendeva tanta poca cura del corpo, che veniva ogni dì più a mancare di forze, e ad eftenuarfi; ed il dolore continuo di capo, in luogo di fcemarfi, fe gli accrefceva: onde i Superiori vedendo non effer poffibile, che viveffe lungamente con tanta intenfione di mente, attefa maffimamente la fua fiacca compleffione, per le paffate penitenze fconcertata, gli proibirono il fare digiuni, aftinenze, difcipline, ed altre penitenze corporali, e cominciarono ad accrefcergli il tempo del dormire, ed a fcemargli quello dell'orazione: togliendogliene prima mezz'ora, e poi anco tutta; vietandogli anco che delle orazioni giaculatorie, quali fin a quel tempo era ftato folito fare fpeffiffimo, non fi ferviffe, fe non molto di raro. In fomma gli differo, che quanto manco orazione egli aveffe fatta, tanto più fi farebbe avvicinato al volere dell'ubbidienza. Oltre ciò gli diedero varie occupazioni manuali per diftraerlo quanto più potevano dagli efercizj mentali, e per non dargli tempo d'attendere alle fue divozioni; e con avvifi fpeffi procuravano di perfuadergli, che per gloria di Dio era tenuto a moderarfi, e confervare la fanità. Nè avevano difficoltà veruna in perfuaderlo, e maneggiarlo, come volevano; perchè era ubbidientiffimo, ed indifferentiffimo, come lo dimoftrò in quefta occafione. Gli diede un Padre fperanza d'impetrargli dal Padre Generale licenza di poter far ogni dì un'ora di orazione mentale, la quale dal Maeftro de' Novizj gli era, come s'è detto, ftata vietata; ed egli perchè fi fentiva troppo inclinato ad avere tal licenza, con pericolo di qualche turbazione, quando gli foffe ftata negata; giudicando ciò effere contra l'indifferenza, che deve avere un vero Suddito, e contro l'ubbidienza impoftagli; procurò con ogn'induftria di levar via da fe quella inclinazione, e di ridurfi alla fua indifferenza ordinaria.

Il fuo faftidio era, che non fapeva che farfi per ubbidire in ciò al volere de' Superiori: perchè febbene egli fi sforzava di divertire il penfiero dalle cofe di Dio, nondimeno pian piano fenza avvederfene fi ritrovava di nuovo in quelle rapito ed immerfo, e come la pietra corre al centro, così pareva che l'anima fua naturalmente fe ne fteffe in Dio: e quando con violenza era di là cavata, da fe fteffa, come a fuo centro, vi ritornaffe. Onde un giorno, avendo pena di non poter foddisfare in ciò a' Superiori, diffe confidentemente ad un Padre, col quale aveva intrinfichezza, quefte parole: *Veramente io non fo che farmi. Il Padre Rettore mi proibifce il fare orazione; acciocchè coll'attenzione io non faccia violenza alla tefta: ed io maggior forza, e violenza mi fo, mentre cerco di di-*

ftrar-

ſtraer la mente da Dio, che in tenerla ſempre raccolta in Dio:
perchè queſto già per l'uſo mi è quaſi diventato connaturale, e vi
trovo quiete, e ripoſo, e non pena: Con tutto ciò io mi sforzerò di
fare quanto mi comandano al meglio, che potrò. Vedendoſi vie-
tato il fare ogni ſorte di orazione, in ricompenſa ſe ne andava ſpeſſo in Coro per fare riverenza ſolamente al Santiſſimo Sacramento; e quando vi andava, appena era inginocchiato, che ſi rizzava, e fuggiva via, per non eſſere ivi rapito
in qualche buon penſiero di Dio, che lo aſtraeſſe da' ſenſi,
e l'occupaſſe: ma poco gli giovava queſta diligenza; perchè
quanto più egli proccurava di fuggire per fare l'ubbidienza,
tanto più pareva che Dio gli andaſſe dietro, e ſe gli comu-
nicaſſe, e ſpeſſo lo viſitava fra il giorno con celeſti lumi,
e divine conſolazioni, le quali gli riempivano l'anima: ed
egli ſentendole, e non volendole accettare, per non contrav-
venire all'ordine de' Superiori, con umiltà grande diceva a
Dio? *Recede a me*, cioè *partiti da me*, *Signore*; *partiti da me*;
e proccurava di diſtrarſi. Aveva ancora grande difficoltà in applicare i ſenſi eſteriori, che faceſſero l'uffizio loro; perchè
quando ſi ſentiva rapito interiormente, non pareva che poteſſe nè vedere, nè udire coſa veruna. Con queſta ſantità,
e perfezione paſsò tutto il tempo, che ſtette nel Noviziato
di S. Andrea, che fu ſin al fine di Ottobre del mille cinquecento ottantaſei, con ammirazione grande de' Superiori, che
governavano l'anima ſua, e con molta utilità, ed edificazione de' ſuoi Connovizj, i quali facevano a gara di trattar ſeco per approfittare delle ſue parole, ed eſempj.

C A P. IX.

Della Santità grande del ſuo Maeſtro de' Novizj, quale egli cer-
cava d'imitare: e come andò ſeco a Napoli, e vi ſtette più
meſi.

NEl tempo, che S. Luigi fece in Roma il ſuo Noviziato
in Sant'Andrea di Monte Cavallo, era Rettore di
quella Caſa, e Maeſtro de' Novizj inſieme, il Padre Gio:
Battiſta Peſcatore Novareſe, uomo di maravillioſa ſantità,
e perfezione; delle cui rare virtù, e bontà rendono vera teſtimonianza molti ſuoi Allievi, e Figliuoli ſpirituali, i quali ſi gloriano d'avere avuto un tanto uomo per Maeſtro, e
guida nella vita ſpirituale. Era queſto benedetto Padre in
macerare il corpo ſuo molto rigido; e l'affliggeva con aſſi-
due aſtinenze, con frequenti digiuni, con aſpri cilicj, e di-
ſcipline, e con lunghe vigilie; e queſte coſe faceva più

naſco-

nafcoftamente, che poteva: febbene non poteva tanto celar-
le, che a notizia di tanti Figliuoli fuoi, che ftavano cogli
occhi aperti per notarle ed imitarle, non perveniffero. Nel
federe, nello ftare, nell'andare teneva le vefti, la perfona,
e tutto l'efterno tanto ben compofto, che pareva un vero
ritratto della Modeftia. Riluceva fempre nel fuo volto una
gioconda ferenità, ed un rifo in bocca modefto, e piacevo-
le; tanto che rafferenava chi lo mirava. Nè per qualfivoglia
grande accidente, o buono, o trifto, fu veduto giammai can-
giare fembiante, nè perdere la ferenità del volto, nè divenire malinconico, o prorompere in foverchia allegrezza; ma
fempre manteneva lo fteffo tenore, dimoftrando d'avere le
paffioni dell'animo fedate, e di godere una pace interna, e
tranquillità imperturbabile; fenza che fi poteffe fcorgere in
lui un minimo fegno d'impazienza, o di collera.

Era gran difpreggiatore di fe fteffo; e come aveva di fe
baffiffimo concetto, così in tutte le fue azioni moftrava una
profonda umiltà. Non fi può facilmente fpiegare quanto egli
foffe dato all'orazione, e di giorno, e di notte; e quanto
gran dono di Dio aveffe confeguito in ciò, fi può raccogliere da quefto, che una notte, mentre gli altri erano già andati a ripofare, fu ritrovato in mezzo della fala del Noviziato, che fe ne ftava orando, rapito in aria, alcuni palmi fol-
levato da terra; come ha teftificato a me il Padre, che gli
fucceffe nell'uffizio, e fi legge ftampato negli Annali della
Compagnia del 1591, ne' quali fi raccontano varie fue virtù,
trattandofi del Collegio di Napoli. Era grande offervatore de'
precetti della vita Religiofa fcritti da S. Bafilio, ed amantif-
fimo delle Collazioni di Caffiano Abate, quali fi può dire che
fapeffe a mente, e proccurava di porre in efecuzione con
minuta efquifitezza, quanto leggeva effere ftato infegnato, e
praticato da quegli antichi Santi Padri. Nel parlare era fopra modo confiderato e parco; nè diceva mai cofa, che poteffe offendere, ò che non foffe d'edificazione. Nella converfazione fi dimoftrava dolciffimo; ed a tempo, e luogo condiva
il fuo parlare con alcuni detti arguti, e graziofi dentro i
termini della religiofa modeftia, che lo rendevano amabile a
tutti. Verfo i poveri, che vanno mendicando, e fpecialmente verfo i vergognofi, era tanto compaffionevole, che fi legge averfi cavato fin de' veftiti, che aveva indoffo, per rico-
prirli. Nel governare i Sudditi moderava la feverità con una
gran piacevolezza; e fapeva congiungere la gravità coll'affa-
bilità, ed umiltà infieme; onde fi rendeva reverendo, e non
molefto. Amava tutti con molta carità: e de' Novizj in particolare aveva tanta cura, e provvidenza, come fe foffe fta-

to Padre, Madre, e Ballia di ciascuno, e tollerava le imperfezioni loro con pazienza, e longanimità grande; finchè a poco a poco introducesse in essi la forma, che desiderava. Nè per qualsivoglia imperfezione, o difetto loro mostrava mai amarezza, o disgusto con alterazione d'animo, nè di sminuire del buon concetto, o di restare con mala impressione di loro; ma piuttosto con carità compativa, ammoniva dolcemente con amorevolezza; e talvolta con un poco di riso, per alleggerire la vergogna di chi era ammonito; e per dare ad istendere che non faceva gran conto di quei difetti. Dava lor animo, li consolava, e non li lasciava partire da sè, se non contenti ed animati. Si accomodava alle varie nature loro con caritativa condiscendenza, tanto che dir poteva: *Omnibus omnia factus sum, ut omnes Christo lucrifaciam*: e conforme alla diversità delle complessioni, ed inclinazioni, così gli incamminava alla perfezione, sapendo che malamente si possono tutti guidare per una strada. Non voleva che i suoi Novizj ponessero tutto lo studio in una certa soverchia composizione esterna, quale poi in quattro dì lasciano, lasciando il Noviziato, ma che si avvezzassero fin d'allora ad osservare esattamente quella modestia, che sempre nella Religione hanno da ritenere; e che lo studio principale ponessero in gettare fondamenti di sode virtù, e di vera annegazione di loro stessi. Desiderava, che i Novizj riverissero i più provetti di loro nella Religione: e che ne avessero quel buon concetto, che meritamente devono: e solea dir loro, *che doveano persuadersi essere tale differenza nelle cose di Virtù, e di Spirito fra i Novizj, e quei, che studiano già ne' Collegj, quale è fra quei, che stanno imparando l'Alfabetto, e quei che già sono provetti nelle scienze*. Ho praticato centinaja di quei, che sono stati suoi Novizj, e Sudditi; e tutti ho trovato che lo tenevano in concetto di santità: e che si lodavano della maniera del suo governo. Il che può essere, perchè con ognuno si mostrava pieno di carità, di piacevolezza, e d'umiltà. E quello, che più importa, nel governare era tanto uguale con tutti, che ciascuno si persuadeva d'essere unicamente amato da lui: e non poteva sospettare, che altri gli fosse preferito, o fosse da lui più di se amato: e per questo ancora egli era da tutti i suoi teneramente riamato; ed ognuno ricorreva a lui ne' suoi bisogni con ogni confidenza. Insegnava il vivere Religioso non meno coll'esempio della vita sua, che colle parole, ed esortazioni, nelle quali era tanto più efficace in persuadere, quanto che coi fatti adempiva ciò, che insegnava agli altri, e non v'era chi lo potesse appuntare in cosa, ancorchè minima.

Si

Si raccontano, e scrivono di lui cose, che hanno del miracoloso; come che alla sua presenza si smorzasse una fiamma di fuoco, che molti insieme con acqua, e con industria non avevano potuto estinguere: ch'egli avesse dono di vedere le cose assenti, che facevano i suoi Sudditi: e di penetrare l'interno dell'animo, e gli occulti pensieri loro; del che Padri gravissimi fino al dì d'oggi ne apportano varj esempj avvenuti in Roma, ed in Napoli. E fin dall'anno 1582. correva fama, che, essendosi trovato il Noviziato in gran necessità temporale per conto del vitto, mentre egli si era rinchiuso in camera a far per ciò orazione, fosse venuto alla porta di Casa un Angiolo in forma di un Giovane; e fattolo dimandare, dopo di avergli posto in mano non so che somma di denari per sovvenire a' presenti bisogni, subito fosse sparito. Per le cose dette era da tutti tenuto in tal concetto di santità, ch'egli stesso quando morì Rettore del Collegio di Napoli, dopo di aver preso il Viatico, cercò di toglier questa opinione dalle menti de' circostanti, che ogni sua azione in quell'ultimo passo, come di Santo, stavano attendendo. Ma quanto più s'ingegnò di ricoprire la sua santità, tanto più venne a scoprire la sua modestia, ed umiltà, lasciando di esse quest'ultimo esempio, quando se ne volò dalla Terra al Cielo.

A questo benedetto Padre provata San Luigi gran riverenza, ed amore; non solo perchè era suo Superiore, qual teneva in luogo di Dio, ma ancora, perchè vedendolo ripieno di tante virtù, e sì compito, e perfetto Religioso, se l'avea proposto come per idea, ed esemplare da imitar; e per quanto poteva, ogni suo fatto, e detto, stava osservando; e tutto l'interno dell'anima sua gli conferiva per essere da lui indirizzato, ed istrutto. All'incontro il Padre aveva gusto grande in trattare con quest'Anima pura di Luigi, vedendola molto capace di ammaestramenti spirituali, e piena di doni di Dio, e di virtù, delle quali se prima di morire ci avesse potuto dare ragguaglio, senza dubbio molte più cose sapremmo di S. Luigi, che non sappiamo.

C A P. X.

Come San Luigi andò a Napoli, e ciò che ivi fece.

OCcorse che questo Padre verso l'autunno del 1585. si ammalò, e sputò sangue; e per ciò il Padre Generale determinò di mandarlo a Napoli con isperanza, che colla mutazione dell'aria si sarebbe riavuto: dopo della quale risoluziolazione dimandando egli un giorno a Luigi, come si suole, se sarebbe andato volentieri seco a Napoli; Luigi senza badare ad altro, rispose di sì. Quando poi il Padre fu per partire da Roma, il Padre Generale volle che egli menasse seco tre Novizj, che erano i più debolucci nel Noviziato, per provare se la mutazione potesse loro giovare, ed uno di questi fu il nostro Luigi, al cui grave dolore di testa si cercava rimedio. Quando Luigi seppe di dovere andare, ne prese un' afflizione grande; perchè dubitava d'aver posto qualche cosa del suo in quella risoluzione, per aver detto assolutamente al Padre, *che sì, che sarebbe andato volentieri*, avendo, come egli diceva, a rispondere, *che si rimetteva alla volontà de' Superiori, e non mostrare nè inclinazione, nè avversione*; sebbene il Padre Generale non si era mosso per lo detto suo; ma solo perchè così giudicava il meglio, attesa la sua indisposizione. Per questo scrupolo deliberò nell'avvenire non solo di mostrarsi in ogni cosa indifferente; ma ancora di consigliare gli altri a non dire mai sì, o no, ma in ogni cosa a mostrarsi indifferenti, ed a rimettersi alla santa ubbidienza; ed a varj raccontò lo scrupolo avuto; e disse *che nel fare la sua volontà egli ritrovava grandissima afflizione di spirito*. Supposto poi che bisognava andare, ebbe carissima una tal compagnia; e disse ad uno de' Compagni, che gli era molto grato quel viaggio; perchè dai fatti, e detti del Padre Pescatore desiderava imparare il modo, che deve tener un Religioso della Compagnia in far viaggi.

Partirono da Roma alli 27. di Ottobre del medesimo anno: e giunti che furono ad un luogo, ove si cominciava a perder Roma di vista, si rivoltò Luigi verso la Città, e con grande effetto, e divozione recitò l'Antifona, *Petrus Apostolus, & Paulus Doctor gentium*, coll'orazione de' Santi Appostoli Pietro, e Paolo, *Deus cujus dextera*. Andava il P. Pescatore in lettica d'infermi, che così avevano ordinato i Medici per lo sputo di sangue: e dovendo uno dei tre Novizj andar seco in essa, e gli altri due a cavallo, Luigi per quanto potè, proccurò di cedere la lettica ad uno de' Compagni, volendo privarsi della continua conversazione spirituale del suo Maestro, la quale sopra modo gli era cara, solo per desiderio di cedere agli altri quella comodità; ma come egli era fra tutti il più debole, e bisognoso; così vollero che esso, e non altri entrasse in lettica. Nella stessa comodità seppe egli trovare un'altra scomodità; imperocchè pigliando la sua zimarra, o veste soprana, ei fece un gruppo piegandola in forma d'un pallone, e vi si pose sopra a sedere; e così stava in lettica con maggior incomodo assai, che non sarebbe stato

a caa cavallo. Per viaggio recitò sempre l'Uffizio insieme col Padre, fece seco lunghi discorsi spirituali, e cercò di arricchirsi di avvertimenti spirituali, e di assiomi, che gli cavò di bocca; ed il Padre, che si accorgeva di seminare in buona terra, volentieri gli svelava, e comunicava i segreti della vita spirituale, e la pratica imparata in tanti anni, ne' quali era stato Rettore, e Maestro de' Novizj. Negli alloggiamenti s'ingegnava destramente Luigi, che a' Compagni toccassero le cose più comode, appigliandosi egli sempre al peggio, ed usando verso gli altri molta carità, e benignità. Al fine del viaggio disse ai Compagni di avere imparato più in quei pochi giorni dalla conversazione continua, e ragionamenti lunghi fatti col Padre, e dalle sue azioni, e modo di trattare co' Secolari, che in molti mesi nel Noviziato. Giunsero a Napoli il primo di Novembre; nel qual tempo, perchè si ripigliavano gli Studi, i Superiori giudicarono esser bene, che Luigi, dopo un poco di riposo, udisse Metafisica; perchè il resto nella Filosofia già l'aveva studiata al Secolo, come s'è detto; ed egli si applicò a quanto gli fu ordinato. Era allora Rettore di quel Collegio un Padre, il quale, come in se stesso era molto dato alle mortificazioni, e penitenza; così vegendo questo Giovane molto inclinato ad esse, se ne rallegrò, ed allargò la mano in concedergli simili cose, un poco più, che in Roma non avevano fatto; e Luigi godeva di ciò, stimando di aver trovata una sua ventura.

In Napoli fu scorta in lui singolare modestia, prudenza, umiltà, ubbidienza, e santità: e quanti ragionavano di lui, mostravano di avere gran concetto della virtù sua. Il P. Gio: Camerota suo Maestro di Metafisica, in un processo ultimamente fatto nell'Arcivescovado di Napoli, fra le altre cose depone le seguenti parole. *Io conobbi il Beato Luigi per persona molto umile, dispregiatore di se stesso: Cedeva a tutti, e cercava ogni occasione d'essere dispregiato; dato sopra modo alla mortificazione di se stesso, era divoto assai dell'orazione e comunicazione con Dio Nostro Signore, osservantissimo delle Regole, e di molta buona conscienza; ed insieme colla bontà della vita aveva un'ingegno molto acuto e perspicace, congiunto con una gran modestia, ed umiltà; e queste cose le so, perchè io ho conosciuto, e veduto in questi particolari molte, e continue azioni sue per quel tempo, che stette in Napoli, e fu mio Scolare: E per le sue sante azioni lo teneva in concetto di molta virtù, e santità; ed in tale opinione era tenuto comunemente nel Collegio di Napoli, ed in particolare il P. Gio: Battista Pescatore, persona di gran virtù, e santità, che è morto, ed era stato suo Maestro di Novizj, e Confessore. per tale lo teneva; e me ne parlò alcune volte, come di persona*

di

Di più che ordinaria santità. Queste sono parole del suo Maestro. Altri, che in quel tempo erano in quel Collegio, in altre scritture depongono, ch' egli s' ingegnò in Napoli di stare nascosto, di trattare spesso co' Fratelli Coadjutori, e d' occultare, per quanto potè, la sua nobiltà. Onde essendogli data nuova che il Patriarca Gonzaga era stato fatto Cardinale, non si mosse punto, come se a lui non fosse appartenuto; eppure oltre la parentella, si sa che portava a questo Signore particolare affezione, per essere da lui stato ajutato nel negozio della Vocazione. Per desiderio che i Superiori avevano, che altri Novizj si approfittassero degli esempj di Luigi, lo posero nell' appartamento de' Novizj nella maggior camera, che vi fosse, con più Compagni; e perchè egli pativa di sonno, e non potendo dormire la notte, aveva bisogno di riposare la mattina, levandosi tutti i Compagni per tempo, impedivano che non potesse nè anco la mattina riposare, ed in questa guisa patì qualche detrimento nella sanità: del che avvedutisi i Superiori, e desiderando dargli maggiore comodità, levatolo di quella camera, lo posero solo in un' altra sotto una sala grande: ma perchè questa sala era passaggio a molte camere abitate, il continuo andare innanzi, e indietro, ora di questi, ora di quelli, rendeva la stanza di Luigi più strepitosa, e meno atta al fine, che si pretendeva, della prima stessa: ed egli accorgendosene ne ringraziava Dio, e stimava queste occasioni favore particolare di Sua Divina Maestà.

Ed in vero così pare che debba stimarsi; poichè con tutta la vigilanza, e cura de' Superiori furono con meraviglia da alcuni notate cose molto stravaganti, che gli occorsero in quel Collegio, senza dubbio per provvidenza di Dio, il quale conforme al desiderio suo gli somministrava materia di merito, e di corona: come fu, avere, per andare fuori di casa, una sopraveste corta fuori dell' ordinario, e non solo spelata e rotta, ma che quasi per la vecchiezza aveva cangiato colore, ed in ogni altro i Superiori per decenza l' avrebbono fatta mutare, ed in lui pareva non s' accorgessero: sebben può essere che egli stesso l' avesse chiesta, e che per soddisfarlo gli fosse lasciata. Più volte ancora avvenne quell' inverno, che dopo desinare ne' giorni di Festa, e per pioggia, e per mali tempi se ne andava cogli altri a cantare il Vespero alla Casa Professa: e dove in tale occasione di mali tempi, il Ministro non permetteva che altri men delicati di lui vi andassero; e stando alla porta, quando uscivano, li faceva ritornare in camera; di lui, che senza dubbio l' avrebbe ritenuto, pareva parimente non s' avvedesse, e lo lasciava andare.

dare. Di più, se in luogo veruno della Compagnia si ha cura grande di quei, che s'infermano, si ha in Napoli con molta carità: e nondimeno ammalandosi Luigi d'una risipola con febbre, che lo tenne in letto più d'un mese con gran pericolo di lasciarvi la vita, con tutta la diligenza degl'Infermieri stette una notte senza lenzuola: il che credo non sia avvenuto ne' Collegj della Compagnia a verun altro Infermo; ed in lui penso che Dio lo permettesse per dargli gusto. In quella infermità mostrò sempre una pazienza grande; e tutto che patisse gravissimi, e continui dolori, stava nondimeno col volto sempre sereno, ragionando con quei, che lo visitavano, con molta umiltà, e sommissione. E perchè dopo d'essere guarito di questa infermità, si conobbe che quell'aria non gli conferiva, anzi ogni dì vieppiù se gli aggravava il dolore di testa; fu dal Padre Generale richiamato a Roma, verso dove si partì col Padre Gregorio Mastrilli alli 8. di Maggio del mille cinquecento ottanta sette, essendo stato in Napoli solo mezz'anno.

C A P. X I.

Della vita che menò studiando nel Collegio Romano: e delle Virtù, delle quali fu ornato.

GRande allegrezza, e contento apportò il ritorno di San Luigi in Roma a tutti i Giovani del Collegio Romano, e specialmente a quelli, i quali avendolo prima conosciuto, e praticato nel Noviziato di S. Andrea, speravano di poter cavare non picciolo frutto da' suoi virtuosi esempj, e religiosa conversazione: ed egli non meno si rallegrò, che gli toccasse a fare il corso de' suoi studj in Roma, ove risiede il Capo della Religione, e nella prima Università, e Collegio della Compagnia. Da questo tempo fino alla sua santa Morte, per averlo io insieme con molti altri di quel Collegio praticato famigliarmente, posso essere testimonio di vista della maggior parte delle cose, che sono per dire; massimamente che fin d'allora io le notava per iscriverle, come s'è detto nel prologo di questa Istoria. Seguitò Luigi in Roma gli studi della Metafisica, ed in breve fu conosciuto tanto bene introdotto nella Logica, e Fisica, e fece tanto profitto nella Metafisica, che dal Padre Paolo Valle suo Maestro, e dai Superiori fu giudicato attissimo a poter difendere tutta la Filosofia, ed a sostentare pubblicamente, come si suole: e fattegli stampare Conclusioni sopra tutte le materie Filosofiche, che si sogliono leggere, dopo d'essere stato sei mesi nel

Col-

Collegio Romano, pubblicamente le difefe. E perchè a queſt' atto vollero trovarſi preſenti gl'Illuſtriſſimi Signori Cardinali della Rovere, di Mondovì, e Gonzaga, con altri Prelati, e Signori ove l'altre Diſpute de' Padri ſi ſogliono fare nella Scuola della Teologia, queſte ſi fecero nella Sala grande di quelle Scuole. Difefe con applauſo univerſale di tutti, che l'udirono, e con particolare approvazione di quegl'Illuſtriſſimi, i quali reſtavano meravigliati, ch'egli aveſſe potuto fare tanto profitto in sì breve tempo, e con sì gravi indiſpoſizioni.

E già che ſiamo entrati a dire di queſte Diſpute: due coſe in particolare ſi poſſono di eſſe aggiungere. Una ſi è, che prima di difendere ſtette un pezzo in dubbio, ſe aveſſe a riſpondere male appoſta per ſua umiliazione, e mortificazione, o no: e non volendo in ciò da ſe ſteſſo riſolverſi, ſe ne conſigliò col Padre Muzio d'Angeli, che era uno dei Profeſſori di Filoſofia di quel Collegio, uomo non ſolo molto letterato; ma inſieme molto ſpirituale, e virtuoſo, col quale aveva Luigi gran comunicazione in coſe ſpirituali. Ed ancorchè foſſe da lui ſconſigliato con prudenti ragioni, nondimeno nell'atto ſteſſo di difendere, tornandogli di nuovo il deſiderio di fare quella mortificazione, ſtette alquanto ſoſpeſo: ma prevalſero al fine appreſſo di lui le ragioni apportate dal detto Padre per diſſuaderlo, e ſi determinò di riſpondere al meglio, che ſapeva, come fece. L'altra coſa fù, che non potendo egli per ſua umiltà ſoffrire d'eſſere lodato, un Dottore, che fra gli altri argomentò, fece non ſo che proemio in lode ſua, e della Famiglia Gonzaga, e diſcendenza ſua, del che il povero Luigi ſi arroſsì in guiſa, che quanti erano preſenti, e ſapevano il diſpiacere, che ne ſentiva, lo compativano, ed il Signor Cardinale di Mondovì in particolare notò quel ſuo ingenuo roſſore, e modeſta vergogna, e moſtrò di guſtarne aſſai: e Luigi riſpoſe ſempre agli argomenti di quel Dottore in modo, che pareva mezzo adirato ſeco.

Finita la Filoſofia, fu immediatamente poſto agli ſtudj della Teologia, ne' quali per quei quattro anni, che ſtudiò, ebbe ſucceſſivamente varj Precettori, cioè il P. Agoſtino Giuſtiniani, e P. Benedetto Giuſtiniani Genoveſi, ed il P. Gabriel Vaſquez, e P. Giovanni Azor Spagnuoli, tutti Lettori di molti anni, e perſone di molta dottrina, e ſapere, come chiaramente dimoſtrano l'opere da loro ſcritte, e date alle ſtampe. A queſti portava Luigi gran riverenza, e riſpetto, e ne parlava con molta lode, nè mai s'udì, ch'egli, o diſſenciſſe dalle loro opinioni, e ſentenze, o cenſuraſſe il modo di leggere, e di dettare, o la brevità, o la lunghezza nel trat-

tare

tare le questioni, o altra cosa simile, ma con tutti procedeva riverentemente. S'ingegnava di fare sua l'opinione del
Maestro, e cercava ragioni per difenderla, e provarla, non si
lasciando mai offuscare l'intelletto dall'affetto; Nè si mostrò
mai amatore d'opinioni stravaganti, ma tutto l'affetto suo
aveva posto negli scritti di San Tommaso d'Acquino, de' quali sopra modo gustava per l'ordine, chiarezza, e sicurezza
della dottrina, oltre che aveva particolar divozione alla santità della Persona. Era S. Luigi di bell'ingegno, e d'intelletto chiaro, congiunti con maturo giudizio, come noi ve-
demmo, e gl'istessi suoi Maestri confessavano, dei quali uno
ebbe a dire una volta, che niuno Secolare gli aveva dato mai
da pensare alla risposta, se non una volta Luigi Gonzaga con
una difficoltà, che gli aveva proposta. Aggiungeva all'ingegno la diligenza nello studiare, per quanto la sanità, e le
sue deboli forze comportavano. Avanti di cominciare a studiare sempre s'inginocchiava a fare un poco d'orazione, e poi
lo studio suo era posto, non in leggere varietà d'Autori, o
scritti di verun altro, ma solo nello speculare le lezioni dei
suoi Maestri. Se gli occorreva qualche dubbio difficile, quale
da se stesso non potesse sciogliere, lo notava; e poi o lo proponeva prima del fine della ripetizione al Maestro, dopo che
gli altri avevano proposte le difficoltà loro, ovvero dopo di
averne raccolti più insieme, appostava un'ora, qual credeva
essere meno incomoda ai Maestri, e andava in camera loro a
chiederne la risoluzione. Nel proporli parlava sempre latino,
e stava colla berretta in mano, se non era sforzato a coprirsi,
e dopo di avere avuta la risoluzione, subito se ne ritornava
in camera sua. Non averebbe letto libro veruno in materia di
studio senza licenza, e consiglio de' suoi Precettori. E quanto esattamente egli ubbidisse loro, si può conoscere da questo, che stando una volta in camera del Padre Agostino Giustiniani per non so che dubbio nella materia della Predesti-
nazione, il Padre, dopo di avergli data la risposta, gli aprì il
settimo Tomo di Sant'Agostino, e col dito gli segnò che
leggesse ciò, che di quella materia scriveva il Santo nel libro *De Bono perseverantia*, verso il fine. Lesse egli tutta quella facciata disegnatagli, e non volle voltar carta a leggere
dieci linee in circa, che vi restavano del fine del libro, solo perchè il Padre non gli aveva significato, che leggesse più
oltre, delle quali linee però il Padre non si era avveduto,
per essere dall'altra parte della facciata. Argomentava, e difendeva nella Scuola, ed in Casa sempre ciò, che dal Bidel-
lo gli era ordinato, a cui ancora si offeriva a suo beneplacito, per supplire ogni volta, che non trovasse altri, che ar-
gomen-

gomentaſſero. Nelle propoſte, e riſpoſte ſue ſi vedeva beniſſimo il ſuo ingegno, perchè in una, o due iſtanze toccava il
punto della difficoltà, ancorchè non deſſe mai pur un minimo ſegno di oſtentazione d'ingegno, e ſapere ſuo, o di volere ſopraffare gli altri. Diſputava con modeſta efficacia ſenza pungere con parole, ſenza alterarſi nell'animo, ſenza prorompere in gridi, dava tempo all'altro di riſpondere, e di
ſpiegare il ſuo concetto ſenza interromperlo, e quando vedeva ſciolto il dubbio, e ſoddisfatto alla difficoltà, con ingenuità grande ſi acquietava.

Prima che ſi deſſe il ſegno di entrare in Scuola, era ſolito andare alla Chieſa, a viſitare il Santiſſimo Sacramento,
e lo ſteſſo faceva ritornando in Caſa, tanto la mattina,
quanto la ſera. Nell'andare, e ritornare a Scuola riluceva in
lui una modeſtia, e compoſizione ſingolariſſima, tanto che
molti Scolari foreſtieri ſi fermavano nel Cortile del Collegio
per vederlo paſſare, e reſtavano di lui molto edificati. Un
Abate foreſtiero in particolare, che in quelle Scuole aveva
finito il corſo di Teologia, tirato dalla ſua modeſtia andava
alla Scuola ſolamente per mirarlo, e mentre ſi leggeva, non
gli levava mai gli occhi da doſſo. Nè deve ciò parere meraviglia, perchè come depoſe il P. Bernardino Roſignoli Provinciale di Venezia in un proceſſo fatto al Tribunale del Patriarca Veneto, pareva ſi verificaſſero di lui quelle parole,
che dice Sant'Ambrogio ſopra quel verſo del Salmo: *Qui ti-*
ment te, videbunt me, & lætabuntur: cioè: Quelli che ti temono, o Dio mio, mi vedranno camminare per li tuoi comandamenti, e ſe ne rallegreranno, e ſono queſte: *Pretioſum*
eſt videre virum juſtum. Pleriſque enim juſti aſpectus admonitio
correctionis eſt, perfectioribus vero lætitia eſt; cioè, Coſa prezioſa è il vedere un uomo giuſto, imperocchè la viſta del Giuſto alla maggior parte delle perſone ſerve per avviſo di correzione, ed ai più perfetti apporta allegrezza, che tali affetti appunto cagionava la viſta di queſto benedetto Giovane
nelle perſone, che lo miravano, di modo che ſi verificava
ancora dell'iſteſſo quel, che ſoggiunge: *Juſti ſanat aſpectus, &*
ipſi oculorum radii virtutem quamdam videntur infundere iis, qui
fideliter eum videre deſiderant; cioè, L'aſpetto dell'uomo giuſto riſana, e gl'iſteſſi raggi degli occhi del Giuſto pare che
infondano una certa virtù in quelli, che fedelmente deſide-
rano di vederlo. Il che tutto avveniva, perchè l'eſteriore
apparenza ſua era tanto ben compoſta, che moveva a divozione, e compunzione quei; che lo miravano. Anzi di più
faceva ſtare ſopra di ſe quelli, che con lui trattavano, non
ſolo Secolari, e Giovani Religioſi ſuoi Compagni, ma anco-

H ra

ra Padri gravissimi, i quali alla sua presenza pareva si componessero, e niuno nel suo cospetto avrebbe avuto ardire di fare, o di dire veruna leggerezza. Nell'andare e tornare da
Scuola, nella lezione, e nelle disputa non fu mai veduto, nè
udito dire una minima parola a veruno, nè Secolare, nè di
Casa, ma osservava perfettamente il silenzio.

Considerando i Superiori la sua continua fiacchezza, ed
indisposizione, non vollero ch'egli scrivesse in Scuola le lezioni, massimamente che non essendo avvezzo, non avrebbe
potuto mai arrivare la prestezza dei Lettori nel dettare, e
però ordinarono, che si facesse scrivere, ed egli ubbidì. E
perchè giudicava non convenire che quei, che per essere indisposti, si facevano scrivere, maneggiassero danari, e si pigliassero pensiero di pagare lo Scrittore, e diceva *essere pericolo, che da questo nascano varie imperfezioni contra la purità della povertà, e dell'Istituto*, perciò egli mandava lo Scrittore a
farsi pagare dal Depositario del Collegio a ciò disegnato, senza impacciarsi egli in altro. E questi suoi scritti gli prestava di buona voglia a chiunque glieli avesse chiesti, nè li ridomandava mai, finchè da loro stessi glieli rendessero. Accadè un anno che il Padre Gabriel Vasquez non potè finire
dettare in Scuola il Trattato *De Trinitate*, ma dettò le cose
più necessarie, ed il resto lo diede agli Scolari, che se lo rescrivessero. I superiori dissero a Luigi, che se lo facesse rescrivere, ed egli rivide prima quegli scritti del Maestro, e
poi lasciando alcune cose più facili fece solo rescrivere le più
difficili, e necessarie, e domandato da uno, perchè ciò facesse, rispose: *Perchè son povero, e per servare la povertà lo fo,
perchè i poveri non devono spendere, se non per le cose necessarie.*
Verso gli ultimi anni de' suoi studj, temendo che il farsi scrivere in Scuola, potesse esser preso più per una certa vana riputazione, o soverchia, che per bisogno, fece istanza a' Superiori di poter scrivere in Scuola da se stesso, e seppe così
ben dire le ragioni di tal domanda, che l'impetrò. E perchè
non poteva arrivare la celerità del Maestro nel dettare, attendeva per un pezzo a ciò, ch'egli diceva, e poi in breve
se lo notava, ed in fine della lezione vedendo gli scritti dei
Condiscepoli, da essi cavava ciò, che avea tralasciato del necessario, e gustava di stentare in questo modo, solo per dare
agli altri buon esempio, ed edificazione.

Non voleva tenere in camera libri, quali non gli fossero
necessarj frequentemente, stimando non esser cosa da Religioso amatore delle povertà il tenere appresso di se libri,
dei quali non si servisse se non rare volte, potendo quelli
con un poco discomodo andare a vedere nella Libreria comune

mune, e verso il fine si era ridotto a tale, che non teneva
se non la Biblia colla Somma di San Tommaso, e quando gli
era necessario vedere o Santi Padri, o altri libri, se ne andava alla Libreria comune. Di più risapendo un giorno che
uno delli Scolari giunto di fresco in Collegio non aveva la
Somma di S. Tommaso (perchè essendo in quel Collegio oltre i Padri, e Maestri, più di quaranta Studenti di Teologia, non vi erano tante Summe del comune, che se ne potesse assegnare una per uno, e di particolare non si permet-
te, che niuno possa tenere libri, nè provvedersi da se stesso)
Luigi andò a pregare il Padre Rettore, che gli concedesse
licenza di potergli dare quella ch' era stata assegnata a lui,
allegando per ragione, che in caso di bisogno, egli avrebbe
potuto valersi di una Somma, che teneva il suo Compagno
di camera, e tanto seppe dire, che il Rettore permise, che
glie la desse. Del che egli sentì grandissima allegrezza, sì
perchè faceva la carità a quel Fratello, come anco perchè
gli pareva di restare più povero di prima, poichè del proprio
non aveva cosa veruna, e del comune gli era restata solamente la Biblia. Questo è quanto io posso dire intorno agli studj di S. Luigi. Molto più ci resta a dire delle virtù Cristiane, che in questo tempo rilucevano in lui, nelle quali tutte
era segnalato, e vivo esempio di ogni perfezione interiore,
ed esteriore come possiamo essere testimonj di vista più di dugento Religiosi della Compagnia, che in quel tempo abitava-
mo nel medesimo Collegio, e seco del continuo conversa-
vamo.

C A P. XII.

Fa i Voti, e prende gli Ordini Minori.

ERa di già stato Luigi due anni interi nella Compagnia,
e restando egli soddisfatissimo della Religione, e la Religione di lui, dopo di aver fatto per alcuni giorni un poco
di ritiramento, e gli Esercizj Spirituali, alli 25. di Novembre del 1587. nel giorno di Santa Catterina Vergine, e Martire, nel quale anco due anni prima era entrato in Noviziato, fece i suoi voti di Povertà, Castità, ed Ubbidienza alla presenza di più persone nella Capella della nuova abitazione, sopra le Scuole del Collegio Romano, ove disse la Messa il P. Vincenzo Bruno allora Rettore, e lo comunicò, e
ricevè i suoi voti. Nella quale azione Luigi si riempì tutto
di giubilo spirituale per vedersi già vero Religioso, e con
più stretti legami unito con Dio. Alli 25. di Febbrajo dell'

anno 1588. pigliò la prima Tonfura in S. Giovanni Laterano infieme con molti altri della Compagnia, tra' quali uno fu il P. Abramo Giorgi Maronita, il quale nell'andare dall'Indie in Etiopia fu martirizzato per la Santa Fede. Nell'ifteffo luogo, e cogl'ifteffi Compagni fu ordinato Oftiario alli 28. del detto mefe, Lettore alli 6. di Marzo, Eforcifta alli 13. di Marzo, ed Accolito alli 20. del medefimo, come fta notato in un libro del Collegio Romano, a quefto effetto deputato, e poi feguitò fempre a menare una vita piena di tutte le virtù, che in un Chierico Religiofo fi poffano defiderare, delle quali mi piace trattare adeffo, che fi ragiona del Collegio Romano, perchè quefto Collegio fi può dire, che foffe la fua ftanza permanente, ed in effo più, che in altro luogo le virtù fue furono ben conofciute, ed ammirate.

C A P. XIII.

Della fua Umiltà.

E Prima comincierò dall'Umiltà, fondamento della Religiofa perfezione, e fantità, e cuftode d'ogni virtù, nella quale Luigi fu tanto fegnalato, che ancorchè aveffe ricevuto tanti favori, e doni da Dio noftro Signore, non fi levò però mai in fuperbia, ma fempre fi confervò in fanta umiltà. Nè in altra virtù poneva egli maggiore ftudio, che in quefta. Ritrovammo dopo la fua fanta morte alcuni fcritti fpirituali di fuo pugno, e fra quefti uno ve n'era, che s' aveva compofto come per indirizzo delle fue azioni, e nel fine di effo pone alcuni mottivi per acquiftare l'umiltà, e perchè è breve affai, e può giovare ad ogni ufo, lo portò colle fue proprie parole. Dice dunque così

Primo principio, che fei fatto per Dio, ed obbligato a camminare a lui per titolo di Creazione, Redenzione, e Vocazione, dal che ne dedurrai che ti devi aftenere non folo da qualfivoglia opera mala, ma eziandio da qualunque indifferente, ed oziofa, ed all'incontro porre ftudio, he ogni tua operazione, e fia interiore, o efteriora fia operazione, e virtuofa, a fine che fempre cammini a Dio.

Dopo per regolarti più in particolare in iftrada di camminare a Dio, ftabilirai appreffo di te quefti altri tre principj.

Il primo fia, che per vocazione comune a quelli della Compagnia di Gesù, e tua in particolare, fei chiamato a feguitare la bandiera di Crifto, e de' fuoi Santi; onde fegue, che qualfivoglia carico, uffizio, ed efercizio in tanto devi penfare che fia conforme alla vo-

cazione tua, ed in tanto devi dal canto tuo seguire, o fuggire, in quanto ciò sia conforme dll'esempio di Cristo, e de' suoi Santi, e per questo effetto proccurerai renderti familiare la vita, ed azioni di Cristo col meditarle, e quelle dei Santi leggendole con attenzione, e riflessione.

Il secondo per regolare, i tuoi affetti, sia, che in tanto tu viverai vita religiosa, e spirituale, in quanto nell'interiore tu proccurerai di guidarti secundum rationes æternas, & non secundum temporales, in modo che tutto quello, che tu ami, e desideri, o di che ti rallegri, sia per motivo spirituale, e così ciò, che odii, e ti dispiace, persuadendoti che in questo consista l'essere persona spirituale.

Il terzo principio, che come il Demonio ti dà più continuo assalto per l'effetto di vanità, e propria stima, per essere questa la parte più fiacca dell'anima tua, così tu all'incontro devi porre il maggiore, e più continuo studio in resistere a questo con umiltà e dispregio, così interiore, come esteriore di te stesso, e per questo ti comporrai alcune, come regole d'uffizio particolare, per attendere allo studio di questa virtù, le quali sieno state insegnate da Dio Nostro Signore, e confermate dalla sperienza.

Per attendere allo studio dell'Umiltà.

Il primo mezzo sia intendere che, con tutto che questa virtù principalmente convenga agli uomini per la bassezza loro, tuttavia non oritur in terra nostra, ma bisogna dimandarla dal Cielo, ab illo, a quo est omne datum optimum, & omne donum perfectum. Però, benchè non sii superbo, sforzati con ogni maggior umiltà che puoi, di addimandare l'istessa virtù dell'umiltà dalla infinita Maestà di Dio, come da primo, e principal Autore di essa, e ciò per intercessione, e merito della profonda umiltà di Cristo Gesù. il quale, cum in forma Dei esset, exinanivit semetipsum formam servi accipiens.

Secondo mezzo, ricorri alla intercessione de' Santi, che particolarmente sono stati segnalati in questa virtù.

Prima pensando che, siccome quaggiù in Terra essi furono degni di ottenere particolarmente in alto grado questa virtù, così lassù in Cielo, dove sono più grati a Dio, che non erano in terra, ne saranno altrettanto particolarmente degni, e meritevoli, e poichè non hanno più bisogno di umiliarsi per loro stessi, essendo già per questa via saliti all'altezza del Cielo, pregali che ora la vogliano da Dio impetrare per te.

Secondo, pensa ancora che, siccome quaggiù nella Terra ognuno naturalmente proccura di promovere quelli che aspirano alla professione, nella quale egli è segnalato, come per esempio un gran Capitano nella Corte di un Re proccura di promover particolarmente appresso il Principe nella milizia quelli, che ad essa aspirano, un gran

gran Lettorato procura di promuovere quelli, che attendono alle lettere; similmente un grande Architetto, e Matematico quelli, che aspirano e mirano a riuscire nell'Architettura, e Matematica: così anco nel Cielo quei, che sono stati segnalati in una virtù più che in un'altra, particolarmente promuovono, ed ajutano all'acquisto di essa virtù quelli, che più s'ingegnano di ottenerla, e molto all'intercessione loro si raccomandano. Per questo ti ricorderai di ricorrere particolarmente alla Beatissima Vergine Madre di Dio, come alla più segnalata di quante sono state pure creature eccellenti in questa virtù. Dopo tra gli Appostoli ricorrerai a San Pietro, che di se diceva; Exi a me Domine, quia homo peccator sum, ed a S. Paolo, che coll'essere rapito fino al terzo Cielo, aveva tanto basso sentimento di se stesso; che diceva; Venit Iesus peccatores salvos facere, quorum primus ego sum. Il primo di questi due pensieri ti servirà per intendere quanto questi Santi possano appresso Dio, per impetrarti questa virtù. Il secondo quanto non solo possano; ma siano anco pronti a farlo. Fin qui sono parole dello scritto di Luigi, dalle quali si può raccogliere, quanto da dovvero egli si dilettasse della santa umiltà.

In un altro scritto di suo pugno, a cui egli pose per titolo, Affetti di divozione, mette le seguenti parole. I desiderj, che hai, devi raccomandare a Dio; non come sono in te; ma come sono nel petto di Cristo, poichè essendo buoni, in Gesù prima saranno, che in te, e da lui saranno incomparabilmente con maggior affetto esposti al Padre eterno ec. Avendo desiderio di queste virtù, devi ricorrere a' Santi, che più segnalati sono stati in quella, verbi grazia, per l'umiltà a S. Francesco, a Sant'Alessio, ec. per la carità a Santi Pietro, e Paolo, a Santa Maria Maddalena, ec. perchè siccome chi vuole da un Principe terreno ottenere una grazia interno alla malizia, ciò più facilmente conseguisce, se ricorre al Generale della Milizia, ed a' suoi Colonelli, che non faria, se facesse ricorso al Maggiordomo di quel Principe, o ad altri Uffiziali di Casa; così volendo ottenere da Dio la Fortezza, dobbiamo ricorrere a Martiri, volendo la Penitenza a Confessori, & sic de singulis. Nelle quali parole si scorge il medesimo sentimento, che nello scritto posto di sopra. Aveva egli bassissimo concetto di se stesso, e lo dimostrava sì nelle parole, come anco ne' fatti. Non fece mai cosa, nè disse parola, che ridondasse, nè anche di lontano in propria lode; anzi occultava con mirabile silenzio ogni sua grandezza tanto del secolo, cioè del sangue, e del Casato, quanto della propria Persona, come dell'ingegno, che aveva, del molto, che sapeva, e di ogni altra cosa, che gli potesse apportare lode, al sospetto solo della quale lode si arrossiva subito, come una verginella, e chi voleva vederlo arrossire, non poteva trovar miglior

modo,

modo, che lodarlo, del che ne apporterò solo due esempj, lasciandone molti altri. Uno fu, che stando egli indisposto, un Medico, che venne a visitarlo, cominciò a lodarlo per la nobiltà del sangue Gonzaga, e come stretto Parente, e del medesimo ceppo de'Duchi di Mantova, ed egli, che non voleva esser tenuto per quel, che era, se ne prese fastidio grande, e diede segno al Medico stesso del disgusto, che ne sentiva. E perchè di queste occasioni spesso glie ne occorrevano, aveva dispiacere di esser nato tanto nobile; nè se gli poteva dare il maggior disgusto, che ricordarglielo, o mostrare di stimarlo per alcuna qualità sua naturale del secolo, e tutte le altre passioni pareva che avesse affatto da se sradicate; fuorchè un certo risentimento, che egli veniva, quando era rispettato, o lodato per tali cose. Un' altra volta avendo fatta nel Refettorio una predica della Purificazione della Beatissima Vergine, molto giudiziosa, e spirituale, la quale fu da tutti meritamente lodata; perchè il Padre Girolamo Piatti si pose a lodarla in sua presenza, divenne tanto rosso, e mostrò di sentire quelle lodi con tanto dispiacere, ed umiltà, come non dovute a lui, che gli altri ne presero diletto, e questo stesso lo rendeva grato, ed amabile a chiunque lo rimirava.

Cedeva a tutti in Casa, e fuori il luogo più degno, e se occorreva che fosse mandato fuori di casa con Fratelli Coadjutori, dava a quelli la precedenza, come più volte la diede al Cuoco del Collegio Romano, ed ancorchè questi si mortificassero in accettarla; tuttavia egli sapeva addurre tante ragioni, che quelli, per non lo contristare, erano sforzati ad accettarla: del che fu poi Luigi ripreso da' Superiori, i quali gli vietarono il farlo più per la decenza della Tonsura Clericale, alla quale conveniva, che avesse più l'occhio, che alla propria umiliazione. In Casa conversava spesso, e volentieri co' Fratelli Coadjutori, e quando si dava il segno per andare a Mensa, egli quasi per ordinario andava a porsi ad una tavola nel fine del Refettorio in un cantone, dove soleano per lo più andare i Fratelli nostri, che si occupano nella Cucina, ed in altre vicine Officine. I Superiori, che lo vedevano di fiacca complessione, ed infermuccio, gli ordinarono, che egli si ponesse alla tavola de' Convalescenti, e che non si levasse con gli altri alla prima ora, e lo sgravarono di altre fatiche, ed egli dubitando, che si avesse quel rispetto per essere chi era, seppe in diverse volte tanto bene, e con sì efficaci ragioni rappresentare a' Superiori, che non aveva bisogno di quel riguardo, che ottenne di vivere in ogni cosa conforme al comune. E perchè alcuni suoi più famigliari lo prega-

pregavano a volerſi quietare a ciò, che gli era ſtato ordinato, dicendo che, ſe faceva altrimenti, ſi ſarebbe ammalato: riſpondeva, *che eſſendo egli Religioſo, doveva fare ogn'iſtanza per vivere come gli altri Religioſi, e che quanto all'ammalarſi per fare quello, a che l'Iſtituto l'obbligava, ogni volta che non faceſſe contra l'ubbidienza, non gli dava penſiero alcuno.* Stanno per ordinario nel Collegio Romano più di dugento perſone; onde non è poſſibile trovare una camera per ciaſcuno degli Scolari, e però i Superiori ſolamente a' Sacerdoti, a' Maeſtri, e ad alcuni altri, o biſognoſi, o Uffiziali ſogliono dare la camera, e gli altri ſtanno accompagnati con più tavolini da ſtudiare, e più letti per ſtanza a diſpoſizione de' Superiori, e perchè vedevano Luigi, biſognoſo, vollero dargli una camera, libera per ſe ſolo, ed egli andò al Rettore a dire, che per eſempio di altri era conveniente, che ſteſſe accompagnato in camera, e l'impetrò, e per compagnia non ſi curava di aver un Teologo, parendogli, che ciò aveſſe del grande, ma una perſona non tanto riguardevole; ſebbene poi ſi accomodava a quel, che gli era dato. Deſiderava di eſſere mandato per Perfetto di camera nel Seminario, ove oltre a quella umiliazione, che per amor di Dio ſi piglia volentieri, patiſcono i Prefetti molte incomodità, ed hanno una grande, e continua ſoggezione; ma perchè i Superiori diffidavano che egli aveſſe ſanità da potervi durare, non glielo concedettero. Aveva ancora deſiderio, finita che aveſſe la Teologia, di eſſere poſto a leggere nell'infima ſcuola di Gramatica; sì per potere in quel modo ammaeſtrare quella età tenera nella virtù, e pietà Criſtiana, onde perciò aveva una ſanta invidia ai Maeſtri di Gramatica, e parlando con loro li ſoleva chiamare beati; sì anco per ſentimento grande di umiltà, e per non eſſere in coſa veruna ſingolare, e fece più volte iſtanza d'eſſere in ciò adoperato. Ed acciò non pareſſe, che chiedeſſe queſto per ſua umiliazione, e per virtù, diſſe al Padre Rettore di non ſaper bene la Gramatica, e di non aver buona lingua Latina, e che per ſervire la Compagnia era neceſſario, che l'imparaſſe. L'iſteſſa pratica faceva col Prefetto delle Scuole inferiori, a cui portava alle volte a moſtrare certi latinucci, che componeva per gli Scolari di quella claſſe; acciocchè detto Padre reſtando capace del ſuo deſiderio, e dell'attitudine, l'ajutaſſe ad impetrare ciò, che deſiderava. Il Padre Rettore a ſua iſtanza, e per provare s'era vero, che non ſapeſſe la lingua Latina gli diede un Compagno di camera, col quale poteſſe conferire, e ſi trovò, che veramente ſapeva bene. Con tutto ciò tornò al Padre Rettore, e gli diſſe, che in fatti vedeva, che non averebbe imparato

a para parlare bene latino e secondo la Gramatica in quel modo, ma che era necessario l'imparasse leggendo ad altri.

Andava spesso per Roma con una veste stracciata in dosso, e con una sporta, o sacche in spalla, chiedendo la limosina con molta allegrezza. Ed in Casa non vi era esercizio vile e basso, ch'egli non lo desiderasse con maggior affetto, che gli ambiziosi non bramano le dignità, e gli onori. Per ordinario il Lunedì, e Martedì di ogni settimana, mattina, e sera, serviva in Cucina, e l'uffizio suo era il lavare i piatti di tavola, e nettandogli raccogliere gli avanzi per darli a' Poveri per limosina, e quando gli toccava per uffizio (e gli toccava bene spesso, perchè lo dimandava da' Superiori) andava a portare a' Poveri alla porta nelle sporte quella limosina con molta umiltà, e carità. Ogni giorno feriale dopo la lezione si occupava in altri esercizj vili, ora scopando la camera, o altri luoghi assegnatigli, ora levando con una canna, o con altro le tele de' ragni da' luoghi, e stanze pubbliche. Ebbe ancora per più anni uffizio ordinario di nettare, ed acconciare le lucerne pubbliche de' Corridori, e delle Sale, e di porvi olio, e lucignolo secondo che bisognava, e sentiva in fare questi vili esercizj tanto gusto, che non potendo contenere il giubilo interno, era sforzato a mostrarlo di fuora: tanto che alcuni quando lo vedevano in tali occupazioni, solevano dirgli, che egli trionfava, ed era arrivato a ciò, che desiderava, ed egli affermava, che quella dilettazione se gli era fatta connaturale, senza che vi ponesse studio, o vi facesse riflessione; le quali cose tutte, sebbene in quei della Compagnia, che comunemente le fanno, e veggono fare nella Religione, non cagionano per l'uso gran meraviglia, non è però, che e per se stesse, e per le persone, dalle quali si vedono fare, non siano di grande edificazione. In somma si può dire di lui che era un vero dispreggiatore di se stesso, e che in tutte le cose cercava la sua umiliazione.

C A P. XIV.

Della sua Ubbidienza.

A Questa sì profonda Umiltà si aggiungeva una perfetta Ubbidienza, della quale basta dire questo, che egli non si ricordava di avere trasgredito mai la volontà de' suoi Superiori, nè alcun ordine loro: anzi che neppure aveva avuto volontà, nè inclinazione, nè meno un primo moto contrario a quelli; se non fosse stato per sorte, quando lo distoglievano dalle sue divozioni: nel che però di ordinario non udiva

moto

moto alcuno, e se pure alcuno gliene veniva; il che era molto di raro, con incredibile diligenza, e prestezza lo reprimeva. Onde in tutte le cose aveva non solo il volere, ma anco il sentire, e giudicare conforme a voleri del Superiore: nè cercava mai per qual ragione fosse fatto questo, o quell'ordine ma gli bastava solo sapere, che era ordine de' suoi Superiori, per giudicarlo ben fatto. Questa perfezione di ubbidienza nasceva in lui da questo, che teneva ogni suo Superiore in luogo di Dio, e diceva *che dovendo noi ubbidire a Dio, che è invisibile; e non potendo immediatamente da lui avere gli ordini, e sapere il suo volere; Dio pone in Terra i suoi Vicarj, e gl' Interpreti della sua volontà, che sono i Superiori, per mezzo de' quali ci fa sapere ciò, che ricerca da noi: e ad essi vuole che ubbidiamo, come à Nunzj della volontà sua, e che questo intendeva dire S. Paolo agli Efesj,* Obedite Dominis carnalibus sicut Christo, & ut servi Christi facientes voluntatem Dei ex animo; *ed a' Colossensi, quando nel medesimo proposito di ubbidire dice:* Quodcumque facitis ex animo operamini, sicut Domino, & non hominibus: *perchè il comandamento si ha da tenere, che venga da Dio, e che il Superiore sia Nunzio, che porta l'ordine di Dio; perchè siccome quando un Re, o altro Principe manda per un suo Maestro di camera, o per altro 'Uffiziale qualche ordine o ambasciata ad un suo Vassallo, quell'ordine non si dice esser di quell'Uffiziale; ma del Re o del Principe, ed il Vassallo, che lo riceve, lo piglia come ordine del Principe, e per tale l'eseguisce; così il Religioso deve pigliare gli ordini de' Superiori, come ordini di Dio mandategli per mezzo di un uomo, e come tali eseguirli con ogni prontezza, e riverenza.*

Da questa sua persuasione nasceva il rispetto, e riverenza che egli portava a' Superiori tutti, e la divozione, che aveva loro; perchè li mirava come Uffiziali di Dio, ed Interpreti del volere di sua Divina Maestà; perciò anco riceveva gusto grande da' loro comandamenti, e tanto era in lui, che il Superiore fosse infimo, o supremo, o dotto, o indotto, santo, o imperfetto, qualificato, o no, che ugualmente a tutti ubbidiva, in quanto essi tenevano il luogo di Dio. Aggiungeva che *chi si avvezza ad ubbidire per questo motivo, fa due acquisti. Uno si è, che non solo non ha difficoltà, nè pena; ma trova gusto grande, ed ha grandissima facilità in ubbidire: perchè fa la volontà di Dio, a cui stima favore, e grazia di poter servire. L'altro è, che diventa vero, e formale ubbidiente, ed è sicuro di dover ricevere il premio promesso a' veri ubbidienti. Per lo contrario chi ubbidisce, o perchè le cose ordinategli sono conformi al suo gusto, e desiderio, o per le qualità, e talenti, ed affezione del Superiore, che gli comanda: prima non pare che sia* degno del merito dell'ubbidienza, nè si può chiamare formalmente ubbidire, non operando per lo motivo di questa virtù, e poi questo tale cangiando Superiori, o non tanto qualificati, o non tanto suoi affezionati, e ricevendo da essi varj ordini non conformi al genio suo, è forza che senta molta pena, e che sia soggetto a molti pericoli.

Stimava egli viltà di animo, che un' uomo si soggettasse ad ubbidire ad un' altro uomo per qualsivoglia rispetto umano, e non per li motivi spirituali sopraddetti. Dubitava ancora che quei Superiori i quali talvolta accomodandosi all'infermità, e poca perfezione de' sudditi, si servono nel comandare, ed ordinare le cose, di motivi umani, ed apportano ragioni solo umane per persuadere ciò, che dal suddito desiderano, non venissero a cagionare danno allo stesso suddito, e però avrebbe desiderato, che i Superiori e seco, e con altri procedessero con sicurtà, e che nel mutare i soggetti da un luogo all'altro, e nel levarli da un' uffizio, e porli nell'altro, ed in tutte le disposizioni avessero apportati motivi di servizio di Dio, e di maggior gloria di Dio, e che per quelli avessero ordinato: come per esempio: *Giudichiamo servizio divino, e maggior gloria di Dio, che andiate in tal luogo, o che facciate il tale uffizio; però andate, e fate colla benedizione del Signore*. Ed in questa guisa diceva che i Superiori dimostrano fiducia nel suddito, danno segno di tenerlo per buono, ed ubbidiente Religioso, l'avvezzano ad ubbidire formalmente, e gli danno occasione di merito tanto maggiore, quanto vi è meno dell'umano. Dove che, se si pigliano altri motivi, o pretesti, non si esercitano i sudditi nell'ubbidienza formalmente, si privano de' sopradetti beni, e si dà loro tal volta occasione di scuse, massimamente se facilmente possono o sapere, o sospettare, altri essere i motivi, e le cagioni, per le quali sono rimossi da un' uffizio, o da un luogo, che quelli, che a loro vengono o scritti, o detti. Soleva anco dire, *d'essersi affezionato alle cose dell'ubbidienza per avere provata ne' comandamenti de' Superiori una provvidenza di Dio molto particolare verso di se*; e che bene spesso senza chiedere niente gli era stato, o conceduto, o ordinato da' Superiori spontaneamente ciò, che egli per sua divozione, o per ispirazione di Dio aveva in desiderio. Come accadè una volta, che meditando i varj luoghi a' quali fu condotto Nostro Signore nel tempo della Passione, gli venne gran desiderio di visitare in quel giorno le sette Chiese di Roma, e senza che egli lo dimandasse, ecco che fuori d'ogni speranza, ed anche fuor dell'usato in quella stessa ora il Superiore lo fece chiamare, e lo mandò a visitare le sette Chiese: il che gli fu doppiamente grato, e per

la

la cosa in sè, e per vedere quanto Dio, ancora in cose picciole tenesse provvidenza di lui: e di questi esempj moltissimi se ne potrebbono addurre, che per brevità si tralasciano. Quando era dal Superiore ripreso di qualche cosa, si componeva nell'esteriore, stando col capo scoperto, e cogli occhi bassi in terra; ed umilmente ascoltava ciò, che gli era detto; non repugnando, nè scusandosi. Una volta occorse, che essendo ripreso da un Superiore di non so che trascuraggine, nella quale spesso incorreva per andare astratto da' sensi, talmente si mosse, che venne meno; ed appena ritornato in sè si gittò inginocchioni, e colle lagrime agli occhi cominciò a dimandar perdono di quello, di che era stato ripreso, con tanta umiltà, che non lo potevano far levare su da terra.

A questa medesima virtù dell'ubbidienza appartiene ancora l'osservanza delle Regole della Religione, le quali Luigi osservò con tanta esattezza, che ad altri avrebbe potuto parere forse troppa. Imperocchè egli non si ricordava di avere trasgredita mai Regola alcuna volontariamente, per minima che fosse, e con tanto rigore le osservava tutte a puntino, come se nella trasgressione di quelle si ritrovasse grandissimo pericolo e danno: ed in questo procedeva con ogni libertà con qual si voglia persona, non solo della Religione, ma ancora del Secolo. Fu mandato un giorno dal Superiore a visitare il Signor Cardinale della Rovere suo Parente, ed invitandolo il Cardinale a restar seco a desinare, Luigi rispose; *Illustrissimo Signore, non si può, perchè è contra una nostra Regola*. Restò il Cardinale edificato della risposta, nè mai più gli propose, o domandò cosa alcuna, che non aggiungesse sempre la condizione: *Se non è contra la vostra Regola*. E riferì il medesimo Cardinale al P. Rettore del Collegio Romano, ch'egli usava quest'avvertenza, ed aggiungeva sempre quella condizione, per non offendere la delicata coscienza di Luigi, e per cooperare alla grazia del Signore in lui. Stava una volta in camera in compagnia di un'altro, il quale volendo scrivere una lettera, ed essendogli mancata la carta, ne chiese a Luigi mezzo foglio; ed egli per osservanza di una Regola, che vieta il dare, o prestare le cose l'un l'altro, non rispose, come se non avesse inteso: ma uscendo subito di camera andò a domandare licenza al Superiore di poterla dare; e poi ritornando in camera con bel garbo disse al Compagno: *Mi pare, che dianzi mi chiedeste della carta*, e gliela offerì: e questo caso gli occorse con più persone. In fine non so come meglio si possa dare ad intendere la sua vigilantissima osservanza regolare, che col dire, che in tutti gli anni, che stette in Religione non trasgredì mai la Regola

gola del filenzio, nè quella del parlare Latino, mentre ftudiò
e pure è tanto facile il mancare in quefta parte.

CAP. XV.

Della Povertà Religiofa di San Luigi.

DElla Povertà religiofa era foprammodo ftudiofo, e tanto
fe ne dilettava e compiaceva, quanto non fi compiacio-
no gli avari delle ricchezze; e fe fin quando ftava nel fecolo tanto l'amava, che voleva veftire male, come fi è detto;
ciafcuno può penfare, quanto ftudio vi poneffe nella Compagnia, la quale egli foleva chiamare Cafa propria della fanta
povertà. Laonde abborrì femper ogni cofa, che poteffe avere
alcuna fpecie di proprietà. Non ebbe mai veftito, fe non del
comune, non libro per ufo proprio da poter portare feco,
non oriuolo, nè ftuccio di veruna forte: e di cofe di divozione nè egli ne teneva per donare ad altri, nè guftava, che
foffero donate a lui. Non volle mai tenere reliquiario di niuna forte, nè Corona di materia preziofa, o curiofa; nè pittura,
o quadretto particolare, ma o fi ferviva in camera delle Immagini comuni, che vi trovava, o al più teneva un'Immagine di carta di S. Caterina Vergine, e Martire, per effere entrato in Religione nella fua Fefta, ed una di San Tommafo
d'Acquino, pure di carta, perchè ftudiava la fua dottrina: e
quefte gli erano ftate fatte pigliare con iftanza, e forza da
altri con licenza dei Superiori: anzi di più, nè nel Breviario
in Noviziato, nè nell'Officiuolo della Madonna in Collegio,
volle mai tenere Immaginetta veruna di carta in luogo de'
fegnacoli, come molti fogliono ufare. E perchè non mancavano perfone, le quali per la divozione, che gli avevano, non
folo gli offerivano varie cofe divote, ma per così dire, lo
sforzavano ad accettarle, e dimandavano effi fteffi licenza ai
Superiori di potergliene dare; egli fe poteva con deftrezza ri-
cufarle, lo faceva: fe era ftretto ad accettarle, per non dif-
guftare chi gliele offeriva, le pigliava; e poi o le portava a
confegnare al Superiore, o chiedeva licenza di fropriarfene;
e colla prima occafione le dava via. Tutto il fuo gufto era non
avere niente al mondo, e non defiderare niente, e lo ftare
diftaccato da ogni cofa.

Quando fe gli davano veftiti di eftate, o d'inverno, non
diceva mai: *Quefto è lungo, o corto, o ftretto, o largo*: ma interrogato dal Sartore, fe ftava bene, fempre folea rifpondere:
A me pare che ftia bene. Si rallegrava fuor di modo di aver le
cofe peggiori, e per quanto toccava a lui, in ogni cofa fempre

pre fi appigliava al peggio. E quella noftra Regola, la quale infegna, e vuole che *ciafcuno fi perfuada che delle cofe, che faranno in Cafa, e gli daranno le peggiori, per fua maggior mortificazione, e profitto,* così foleva interpretarla, che ficcome un povero mendico, quando va chiedendo limofina, fi perfuade di aver a ricevere non i migliori veftiti, che fiano in cafa, ma sì bene i più laceri e logori, ed il peggio anco in altre cofe, allo fteffo modo ancora noi, fe fiamo veri poveri, ci dobbiamo perfuadere, che in Cafa ci debba effer dato fempre il peggio; e quella parola, *fi perfuada,* ha tal forza, diceva egli, che vuole che noi teniamo per certo, che così divenga. Più volte anco narrò al fuo Confeffore, come beneficio, e privilegio grande, che Dio Noftro Signore gli aveva fatto, che nella diftribuzione delle cofe fpeffo gli erano toccate le peggiori; e per l'affetto, che aveva alla Povertà ftimava quefto per un particolariffimo favore di Dio. Ed in Religione egli viveva con tanto rifpetto, come foffe ftato veramente un Poverello pezzente, raccolto in Cafa per mifericordia; ed ogni cofa, che fe gli dava, ftimava gran carità. Quando era a tavola, fe fi avvedeva, che una vivanda gli poteffe apportar danno alla fanità, lafciava di mangiarla: e perchè non avrebbe mai voluto che gli foffe cambiata, con deftrezza cercava che quei, che fervivano, non fe ne avvedeffero.

C A P. XVI.

Della fua Purità, e Sincerità, Penitenze, e Mortificazioni.

DElla Caftità fua non accade dire altro, fe non che confervò fempre quel preziofo dono di Verginità del corpo, e della mente con tanta eccellenza, e prerogative, quante fi fono raccontate nel fecondo capo della prima Parte.

Nel fuo parlare, e converfare era in fommo verace e fincero, e pieno di fchiettezza e di lealtà, tanto che ognuno poteva effer ficuro, che il fuo sì, era sì, il fuo nò, era nò, fenza pericolo di equivocazione, o fimulazione veruna: e folea dire che *gli artifizj, le doppiezze, le fimulazioni, finzioni, ed equivocazioni ufate, o in parole, o in fatti, nel fecolo toglievano il commerzio umano, e nella Religione erano il proprio veleno della femplicità religiofa, e l'unica pefte della Gioventù, e che malamente quefte cofe fi poffono accordare col vero fpirito religiofo.*

Quanto alla Mortificazione, era tanto inclinato a fare penitenze corporali, che, fe i Superiori non l'aveffero tenuto in freno, fi avrebbe facilmente abbreviata la vita; perchè il fervore lo trafportava oltre le forze fue. E ad alcuni, i quali

Ii

li considerando la sua poca sanità gli dicevano di meravigliarsi, che non avesse scrupolo di essere tanto importuno a' Superiori in chiedere la penitenza, solea rispondere che da una parte conoscendo le sue poche forze corporali, e dall' altra sentendosi interiormente spingere a simili esercizj di penitenza, gli pareva che con andare al Superiore, il quale era informato di ogni cosa, gli sarebbe stato da lui conceduto solo quello, che era volontà del Signore, che facesse, ed il resto negato. Aggiungeva ancora che alcune volte chiedeva delle cose, le quali sapeva di certo, che non gli avevano da essere concedute; ma poichè non poteva farle, come sarebbe stato il suo desiderio, almeno voleva offerire quel desiderio a Dio, e fare quell' atto di proporle al Superiore, che non può essere se non di guadagno per più rispetti; fra quali numerava questo, di essere talvolta umiliato dagli altri, che si meravigliavano, come egli proponesse tali cose, parendo loro ch' ei non conoscesse se stesso in questa parte. E voleva Iddio, che talvolta gli fossero concedute cose che tutti se ne meravigliavano. Uno una volta molto di proposito gli disse, come fosse possibile, che essendo egli tanto savio, nondimeno dispregiasse il consiglio di Padri tanto pii, ed autorevoli, i quali così spesso l' aveano esortato, che egli deponesse tanta severità di penitenze, e tanta intensione di mente nelle cose dello spirito. E Luigi rispose queste parole: *Sono di due sorti quelli che mi danno questi consigli. Alcuni, i quali menano una vita tanto santa e perfetta, che io non vedo in loro cosa, la quale non mi paja degna di essere imitata; e più volte ho avuto in animo di seguire i consigli, che essi mi davano: ma vedendo poi che essi non gli osservano verso loro stessi, ho giudicato esser meglio imitare i loro fatti, che seguitare i loro consigli, quali essi mi danno per una certa carità, ed affetto di compassione. Altri sono, che il consiglio, che danno a me, l' osservano ancora verso se stessi, e non sono tanto dati a queste penitenze, ma io stimo esser meglio imitare i fatti, e gli esempi di quei primi, che seguitare il consiglio di questi secondi.* Apportava ancora un' altra ragione, ed era, che dubitava grandemente che la natura senza l' esercizio della penitenza, e della mortificazione, non si potesse lungo tempo conservare in buono stato, e che pian pian ritornasse al suo essere di prima, e perdesse l' abito di patire in tanti anni acquistato: e solea dire che egli *era un ferro torto: e che era venuto alla Religione, per essere dirizzato col martello delle mortificazioni, e penitenze.* E perchè alcuni dicevano, che la perfezione consiste nell' interno, e che bisogna attendere a disciplinare la volontà, più che il corpo; rispondeva: *Hæc facere, & illa non omittere;* cioè che bisogna congiungere l' uno,

e l' al-

e l' altro, e così avevano fatto ordinariamente i Santi antichi, ed anco i primi Padri della nostra Religione, e specialmente il S. P. Ignazio, il quale fu tanto dato alle penitenze,
e trattò così male il corpo suo, come si legge nella vita di
lui: e di più lasciò scritto nelle Costituzioni, che ai Professi,
e Graduati nella Compagnia non si prescriveva, che facessero
vigilie, digiuni, discipline, orazioni, e penitenze determinate, perchè si supponeva, che essi dovessero essere di tanta perfezione, e tanto dediti a queste cose, che fossero per aver bisogno
più di freno, che di sprone, quando conoscessero che le penitenze del corpo non impediscano le azioni dello spirito. Aggiungeva che il tempo di fare queste penitenze è, mentre l'uomo
sta sano di forze corporali, ed è giovane; perchè in vecchiezza sopravvengono delle infermità, le quali non lasciano forze da poterle fare, e che i Santi verso il fine della vita, ed
in vecchiezza, quanto più erano andati crescendo in esercizj
mentali, tanto per ordinario erano andati scemando nelle penitenze corporali; sebbene non le avevano mai del tutto tra-
lasciate. Quando gli era negata dal Superiore qualche penitenza, proccurava di ricompensarla con qualche altra opera spirituale, come in leggere un capitolo di Gersone, in visitare
il Santissimo Sacramento, o in altra cosa: e non lasciava occasione, nello stare, nel sedere, e nell'andare, che qualche
incommodità non trovasse per mortificare il corpo. E perchè
talvolta i Superiori vedendolo fiacco gli proibivano cilicj, discipline, e digiuni straordinarj; egli si industriava di trovare
mortificazioni, che non fossero ripugnanti al volere de' Superiori: nè nocive al corpo, e quelle proponeva: come fu,
quando propose di poter fare i Toni (cioè certe prove delle
prediche, che si fanno in pubblico) in lingua Spagnuola, immaginandosi che in quel modo tutti si sarebbero burlati di lui:
e l'ottenne. Basti dir questo delle sue mortificazioni, e penitenze, che ne faceva tante, e con tanto poco riguardo alla
sanità; che più persone gli dissero che dubitavano, che nel
punto della morte egli fosse, per avere scrupolo di aver trattato così male il corpo suo; e che forse ne averebbe fatta la
penitenza in Purgatorio, come di cosa indiscreta: al qual dubbio egli rispose nell'ultima infermità, come si dirà a luogo
suo.

Nel mortificare le passioni non accadeva, che usasse troppa diligenza; perchè già le aveva tanto mortificate, che pareva senza esse. Gran diligenza soleva egli porre in esaminare
tutti i suoi movimenti dell'animo; e quando conosceva di aver
commesso qualche mancamento, non si affligeva troppo; ma
subito si umiliava nel cospetto di Dio, e domandava perdono

alla

alla Divina Misericordia, facendo proposito di confessarsene, e poi non si prendeva altro fastidio. Il che egli aveva imparato dal suo Maestro de'Novizj sopradetto, il quale in generale a tutti solea dire, che quando uno cade in qualche difetto mortale, buonissimo rimedio, che molto piace Dio, e confonde il Demonio; si è, l'umiliarsi subito nel cospetto di Dio; e con queste, o somiglianti parole alzando la mente al Cielo, dire; *O Signore, vedete quanto sono fragile, e miserabile! quanto facilmente cado. Perdonatemi Signore, e datemi grazia di non cader più:* e dopo fatto un tale atto quietarsi. Questo osservava Luigi, il quale anco diceva che il troppo affliggersi può essere indizio di non conoscere bene se stesso; perchè, chi ben si conosce, sa che il suo orto è fecondo per se stesso di triboli, e di spine. La sollecitudine, ch'egli aveva, era nell'investigare il principio, ed il fonte de'suoi pensieri e desiderj, per vedere se vi fosse colpa; ed in questo si affliggeva, sin che avesse ritrovata la verità, per potersene ben confessare: e nelle Confessioni era chiaro, breve senza scrupoli; e per quanto riferì il P. Roberto Bellarmino suo Confessore, egli sapeva dire a che termine, o punto fosse arrivato un pensiero, un desiderio, un'azione, con tanta chiarezza e distinzione, come se allora la vedesse cogli occhi corporali: tanto era illuminato, e conoscitore del suo interno. Aveva gran desiderio che gli fossero fatte riprensioni pubbliche; e dava da se ai Superiori i suoi difetti in lista; ma perchè si accorse che in luogo di riprenderlo lo lodavano, e dicevano le sue virtù, non trovando che fossero difetti quelli, ch'egli notava per difetti; verso l'ultimo, si risolve a non chieder più tali cose, dicendo *che in esse era più la sua perdita, che il suo guadagno.*

C A P.   XVII.

Della stima grande, che faceva degli Esercizj Spirituali di S. Ignazio.

FAceva grande stima degli Esercizj Spirituali del Santo Padre Ignazio, non solo come di mezzo attissimo a convertire le anime dal peccato, e ridurle alla buona vita; ma ancora come d'istromento efficace per ravvivare il fervore, e rinovare lo spirito nelle Persone Religiose: ed egli domandava ogni anno di ritirarsi per alcuni giorni nel tempo delle vacanze dagli studj, per fare detti Esercizj. E perchè sono divisi in quattro settimane, egli aveva composte certe sentenze latine, ed avvertimenti appropriati a ciascuna settimana, conforme alle materie, che in essi si meditano, ed al fine, che

I   si pre-

ſi pretende. Ma perchè i ſuoi ſcritti ſpirituali furono ſubito
preſi dopo la ſua morte, non ho potuto ritrovare, ſe non ciò,
che notò ſopra la prima ſettimana, e dice coſì.

Pro Exercitiis prima hebdomada.

IUdicia Dei inſcrutabilia. Quis ſcit num adhuc mihi mea ſæcu-
laria ſcelera condonaverit?

Columna Cæli ceciderunt, & confractæ ſunt. Quis mihi policebi-
tur perſeverantiam?

Mundus nunc in profundo malitiæ jacet. Quis omnipotentem pla-
cabit iratum?

Viri Religioſi plerique, & Eccleſiaſtici vocationis obliviſcuntur.
Quomodo ulterius feret Dominus tantum Regni ſui detrimentum?

Fideles magna tepiditate tota vita quaſi adimunt Deo gloriam
ſuam; & quis eam reſtaurabit?

Veh ſæcularibus, qui pœnitentiam differunt ad mortis articulum!
Veh etiam Religioſis, qui uſque ad eumdem articulum dormierunt!

His quaſi excitamentis excutienda eſt ſomnolentia, & renovandum
propoſitum pœnitentiæ, ac Deo recte, & immobiliter ſerviendi.

Vera pœnitentia ex Dei amantiſſimi contemptu, & ignominia a
me affecti, ingenti dolore concipitur.

Eadem peccata gravia ita deflere facit, ut etiam de venialibus
omnibus maximam excitet compunctionem.

Eadem eo uſque pertingit, ut non ſolum Dei miſericordiam cul-
pas remittentem agnoſcat, & veneretur; ſed ad honorem Divinæ
juſtitiæ vehementiſſime cupiat juſtas omnes ſuorum peccatorum pœnas
ſubire.

Hic infundit Deus bene diſpoſitis odium grande ſui ipſorum, quo
excitatur, & firmatur propoſitum acriter in ſe ipſum per pœniten-
tias etiam externas ſæviendi.

Laus Deo.

CAP. XVIII.

Della sua Carità verso Dio, e verso il Prossimo.

AMava grandemente Dio; e quando di lui si parlava in sua presenza, s'inteneriva talmente, che se ne vedevano segni nella faccia; e questo in ogni luogo, ed in ogni tempo. Fu segnalato nella Carità verso i prossimi suoi; e per questo cercava di andare spesso agli Spedali a servire infermi: e quando vi andava, rifaceva loro i letti, dava loro da mangiare, lavava loro i piedi, scopava la stanza, e gli esortava alla pazienza, ed alla Confessione. Nella Religione aveva domandata licenza generale di poter fra il giorno visitare gli Infermi di Casa; onde non v'era il più assiduo, e diligente di lui in fare quest'uffizio di carità indifferentemente con tutti: e non solo li visitava, e consolava; ma quando i Superiori gli proibivano lo studiare per le sue indisposizioni della testa, egli andava a trovare gl'Infermieri, e gli ajutava a nettare coltelli, cucchiaj, ad apparecchiare, ed a fare altri servizj a benefizio degl'Infermi, e Convalescenti. Nè solamente ajutava il corpo; ma molto più s'ingegnava d'ajutare le anime, della salute delle quali aveva zelo grandissimo: e quando fosse stato giudicato bene da' Superiori, sarebbe andato all'Indie per convertire quei Gentili; del che, e nel secolo, e nella Religione ebbe sempre desiderio particolare. E perchè mentre studiava, non poteva essere applicato a trattare co' Prossimi: perchè questo propriamente tocca a quelli, che avendo compiti gli studj loro, sono già Sacerdoti, e per uffizio impiegati in ajutare le anime colle Confessioni, prediche, esortazioni, e con altri mezzi; egli proccurava intanto il profitto spirituale de' suoi Fratelli, e Compagni della Religione, servendosi in far questo di molte industrie colla prudenza, che Dio gli aveva data.

Ed oltre al buon esempio, che dava a tutti colla vita sua irreprensibile, domandò al Padre Rettore del Collegio, se giudicava bene, che egli proccurasse che nel tempo della Ricreazione, mattina e sera, si ragionasse sempre di cose spirituali; e s'impedissero i ragionamenti, non dico di cose oziose, ed inutili, perchè questi non sono permessi, nè tollerati, ma di cose indifferenti, e di lettere; ed avendo ottenuto il beneplacito suo, conferì lo stesso suo desiderio col Prefetto delle cose spirituali, che in quel tempo era il Padre Girolamo Ubaldini, che di Prelato di Roma si era fatto della Compagnia, nella quale visse, e morì santamente: e lo pregò a

I 2

volere promuovere quest'opera; ed egli steſſo la raccomandò
molto a Dio. Dopo queſto, ſcelti alcuni Giovani ſpirituali
del Collegio, ché gli parvero più al fine, che pretendeva,
diſſe loro che deſiderava per ſuo ajuto di poter alle volte ri-
trovarſi inſieme con eſſi a ragionare delle coſe di Dio nel
tempo della Ricreazione. In oltre ogni dì leggeva per mezz'
ora qualche libro ſpirituale, o vita de'Santi, per avere materia da diſcorrere: e al fine inſieme colli ſopraddetti Compagni diede principio all'opera: e quando era con minori di
ſe, egli era il primo ad introdurre ſanti ragionamenti; e gli
altri ſeguitavano con guſto grande, maſſimamente che dal ſuo
ragionare cavavano non poco profitto. Con Sacerdoti, e Maggiori di ſe coſtumava di proporre loro qualche dubbio ſpirituale, domandando il loro parere per deſiderio d'imparare;
ed in queſta guiſa attaccava ragionamento di coſe di Dio;
ſe bene gli ſteſſi, ſubito che ſe lo vedevano appreſſo, ſenz'
altro intendevano ch'egli non guſtava di ragionare d'altro; e
lo ſoddisfacevano; anzi ſe avevano già cominciati altri ragionamenti, per dargli guſto li mutavano, eziandio che foſſero
Superiori. Quando ſi ritrovava con uguali; o erano di quelli,
co'quali già ſi era accordato, e coſì non avea difficoltà in
parlare di coſe ſante; o ſe erano altri, egli pigliava ſicurtà
d'introdurre ragionamenti di qualche divota materia; e como
tutti erano buoni Religioſi deſideroſi del proprio profitto ſpirituale, lo ſeguitavano in quei diſcorſi con ogni prontezza.
Quando veniva alcuno di nuovo, o dal Noviziato, o da altro luogo per ſtudiare; egli, o per ſe ſteſſo, o per mezzo di
alcuno, che foſſe ſtato Connovizio, e Compagno di quello,
cercava d'ajutarlo a conſervare quello ſpirito, e fervore, che
dal Noviziato portava; ed inſinuandoſi nel bel principio, che
giungeva in Collegio, a fare ricreazione ſeco, con ſicurtà
gli diceva, che deſiderando egli di conſervarſi, ed approfittarſi
nella divozione, averebbe trovato molti, che l'avrebbono potuto ajutare; ma finchè da per ſe ſteſſo converſando li cono-
ſceſſe, gli nominava quattro, o ſei de'più ferventi, e ſpirituali; e dà poi avviſava queſti, che pigliaſſero occaſione di
converſare con quello, ed in queſta guiſa gli riuſciva il diſegno felicemente. Di più ſe conoſceva alcuno di quel Collegio avere biſogno di ajuto ſpirituale, s'ingegnava con ogni
maniera di renderſelo affezionato; e per più giorni, e ſetti-
mane mattina, e ſera converſava con eſſo in tempo di ricreazioni, non curandoſi per allora di quello, che altri aveſſero potuto dire. Quando gli parova di averlo ridotto a qualche ſegno di quella virtù e perfezione, che in lui deſiderava; andava a poco a poco ritirandoſi dalla converſazione di
quel-

quello, con dirgli che conveniva per edificazione comune esfere più universale nel trattare; l'esortava ad accompagnarsi bene, gli nominava alcuni particolari, e poi andava a dire a quelli, che cercassero di conversare con esso, perchè sapeva, che aveva buoni desiderj: ed in questa guisa staccato da uno si appigliava ad un altro. Con queste sante industrie in poche settimane ajutò molti, ed eziandio ne' più freddi accese fuoco; e si vide tutto il Collegio Romano in tanto fervore di spirito, e divozione, che era una benedizione di Dio: ed essendo allora più di dugento Persone in detto Collegio, mi ricordo in tempo di estate avere più volte mirato tutti, che nell'ora della ricreazione erano sparsi per le loggie, e giardino a due, a tre, a quattro insieme; e perchè io conosceva tutti, sapeva di certo che non vi era compagnia veruna tra quelle, nella quale non si discorresse di Dio. Onde la ricreazione era come una conferenza spirituale; dalla quale molti confessavano di trarre non minor frutto, e spesso ancora maggiore, che dalla stessa orazione: massimamente che talvolta venivano a comunicarsi l'un l'altro con semplicità varj sentimenti spirituali, che Dio dava loro nell'orazione: e così l'uno partecipava del lume dell'altro. Tutto questo si faceva con tanta soavità, e con tanto gusto d'ogni uno, che con disgusto e fastidio sarebbe tornato ciascuno in camera, se per qualche accidente non avesse potuto ragionare in ricreazione di cose di Dio. Questi erano i ragionamenti che si facevano nell'andare fuora insieme a camminare, e nei giorni di vacanza nella villa; nè pareva, che potessero avere in quei giorni il maggiore spasso, e la maggior ricreazione, che ritirarsi a due, o tre, o quattro insieme a trattare di Dio, e delle cose celesti.

Nel tempo delle vacanze grandi di Settembre, ed Ottobre, quando, cessando tutte le lezioni, si mandano i Giovani del Collegio di Roma per alcuni giorni a Frascati, per ristorarsi dalle fatiche degli studj, si portavano appresso con licenza de' Superiori, chi il Gersone, chi la vita di S. Francesco, e quella di Santa Catterina da Siena, e del Santo Padre Ignazio. Alcuni leggevano le Croniche di S. Domenico; ed altri quelle di S. Francesco: Questi gustavano delle Confessioni, e d'e Soliloquj di S. Agostino; quelli della Sposizione della Cantica di S. Bernardo: Certi bene introdotti nella vita spirituale avevano non picciolo diletto della vita della Beata Caterina da Genova; altri inclinati al dispreggio di loro stessi leggevano quelle dei Beati Giacopone, e Giovanni Colombino: e ripieni della lezione di questi, o d'altri simili libri, se ne uscivano mattina e sera, a due, e tre insieme, a fare esercizio

I 3

cizio

cizio per quei colli, raccontando varie cose di quelle che aveyano lette: e incontrandofi talvolta dieci, e dodici infieme per quelle felve, e per quei bofchi, fi fermavano a fare di compagnia conferenze fpirituali con tanta dolcezza, e divozione loro, e con tanto giubilo, e fervore, che fembravano tanti Angeli di Paradifo: di modo che dalla ricreazione di Frafcati fi fentiva non meno riftorata l'anima, che il corpo; e f' uno ferviva all'altro d' efempio, e di fprone nella via di Dio. Delle quali cofe tutte fono teftimonj tanti Padri, e Fratelli Operaj della Compagnia, che le videro, e le guftarono; perchè vi erano prefenti: ed ora fono fparfi per varie parti del mondo a fruttificare nella Vigna del Signore. E perchè di tutto quefto fe ne dovea la gloria a Luigi, come a principale motore; però tutti lo amavano, ed ammiravano con divozione, e gli correvano dietro per trattare feco, e fentirlo parlare: e quando non potevano, ne fentivano pena, come chi fi veda non aver adito a cofa fanta, e alla propria perfezione, e falute molto giovevole. E quello, che lo rendeva più amabile a tutti, fi era, che non teneva fempre l'arco tefo fenza rallentarlo mai: ma con prudenza, e giudizio fi accomodava a' luoghi, a' tempi, ed alle perfone con foavità di fpirito: e tutto che ferio foffe nelle fue azioni, nella converfazione nondimeno non era nè tetrico, nè molefto; ma dolce, graziofo, ed affabile con ognuno: e talvolta aveva in bocca qualche detto arguto ed ingegnofo; e raccontava qualche efempiuccio, o iftoria da rallegrarfi entro i termini della religiofa modeftia. Tale fu la vita, che menò Luigi ne' primi due anni e mezzo, che ftette in Collegio Romano, e tali fono gli effetti, che produffe.

C A P. XIX.

Come fu mandato al Paefe per accomodare alcune differenze gravi trà il Duca di Mantova, ed il Marchefe fuo Fratello.

ESfendo occorfa in Mantova la morte dell' Illuftriffimo Signor Orazio Gonzaga Padrone di Solferino, quel Feudo perveniva all' Eccellentiffimo Principe, e Marchefe Ridolfo fuo Nipote per legittima fucceffione. Ma perchè detto Signore fece teftamento, e lafciò erede il Sereniffimo Signor Duca di Mantova, Sua Altezza s'impoffefsò di quella Signoria. Con tale occafione la Signora Marchefa di Caftiglione Donna Marta fe ne andò a Praga, e lafciando al governo di Caftiglione il Marchefe Ridolfo, conduffe feco tre altri Figliuolini,

lini, che aveva; il maggiore de' quali era il presente Marchese Francesco; il quale non avendo allora più di nove anni, nondimeno recitò all'Imperatore una lunga orazione con tanto garbo, che si acquistò la grazia di sua Maestà Cesarea: onde lo domandò alla Marchesa per Paggio, ed ella glielo lasciò. Mandò sua Maestà un Commissario Imperiale, che a suo nome ne prendesse il governo; finchè Sua Maestà per sentenza diffinitiva pronunziasse, a chi dovesse consegnarsi. Fu vista la causa, e sentenziato, che detto Feudo pervenisse al Marchese Ridolfo suo più prossimo parente; ma perchè in tanto non mancarono Ministri infernali, i quali con sinistri riportamenti attizzassero il fuoco, e proccurassero di fare, che quanto maggiore era stato l'amore fra questi due Parenti, tanto divenisse l'odio più fiero; si moltiplicarono, ed accrebbero i disgusti, e sospetti in guisa, che la causa di Solferino, che civilmente si trattava, oggi mai era delle minori cose si controvertessero tra loro, ed essendo moltiplicate le imputazioni date al Marchese Ridolfo, si temeva di qualche gran rovina, e sebbene s'interposero grandissimi Personaggi, e tra gli altri il Serenissimo Arciduca Ferdinando Fratello dell'Imperatore Massimiliano, per riconciliarli; non poterono però effettuare cosa veruna. Finalmente Madama Eleonora di Austria Madre del Duca Vincenzo, e la Marchesa Donna Marta Madre del Marchese Ridolfo, vedendo le cose ridotte a mali termini, desiderose di pace, e di ovviare agli scandali; vennero in pensiero, che non vi fosse il miglior mezzano per rappacificarli, che Luigi; sapendo quanto egli fosse amato dal Duca, e quanta autorità avesse appresso il Marchese suo Fratello, per benefizio della rinunzia fattagli. E però senza saputa de' Figliuoli loro, presero per ispediente il far ricorso a lui, che stava in Roma; il quale al principio non inclinava punto ad entrare in simili intrichi, per non perdere la sua quiete, e per istarsene nell'osservanza Regolare: ma poi avendo raccomandato il negozio a Dio, e fattolo raccomandare da altri suoi Compagni, se ne consigliò col Padre Roberto Bellarmino suo Confessore, il quale avendone fatta orazione, gli disse queste parole: *Luigi andate, che io stimo che Dio n' abbia a restare servito:* le quali parole egli ricevè come oracolo, e perciò si pose in indifferenza grande, con deliberazione di fare quanto dal Padre Generale gli venisse imposto. In tanto l'Arciduchessa Eleonora avendo risapute le prime difficoltà, che Luigi poneva, e vedendo che con questo solo mezzo dopo Dio potevano prevenirsi gl'inconvenienti, che si temevano, e che tale atto di carità nel rappacificare tali Parenti insieme; non era alieno da qualsivoglia

osseroffervanza Regolare, operò coi Superiori di Luigi, che lo mandaffero a Mantova, e così fu fatto, come fi legge nella vita della fteffa Madama.

Aveva di già ftudiato Luigi due anni la Teologia, e fe ne ftava in Frafchati con molti altri, per effere le vacanze del Settembre, quando venendo colà il Padre Bellarmino, gli portò ordine dal Padre Generale, che fe ne tornaffe a Roma per partire quanto prima per Mantova, e Caftiglione, ed egli non tardò più di un quarto dì ora in circa a partirfi, lafciando noi altri, che vi eravamo, con difpiacere grande di aver a reftare per tanti mefi privi della fua converfazione, e del frutto de' fuoi fanti efempj. L' accompagnammo tutti fuori di una vigna del Collegio, e nel ritorno, che facemmo, cominciò il Padre Roberto Bellarmino a parlare con molto affetto delle virtù di quefto Giovane, ed a commendare la fua fantità, raccontando varie cofe, che fi movevano a divozione, ed allora in particolare diffe, *che egli teneva, che foffe confermato in Grazia.* Aggiunfe di più, *che non fapeva meglio immaginarfi come viveffe San Tommafo d' Acquino, quando era giovane, che confiderando la vita, che teneva Luigi:* le quali parole furono fentite, e votate da diverfi, che l' hanno poi depofte ne' proceffi autentici.

Giunto a Roma, e ricevuto l' ordine di partirfi dal Padre Generale, andò prima a licenziarfi da' Cardinali fuoi Parenti, e mentre ftava col Cardinale della Rovere, per la gran debolezza di tefta, ed eftenuazione di corpo, venne meno, e lo pofero a ripofare fopra il letto del Signor Cardinale: il quale lo riprefe di tanta eftenuazione, e mortificazione, e l' efortò ad avere più cura della fua confervazione, e Luigi rifpofe *che nè anco compiva a quanto era tenuto di fare.* Gli fu affegnato per Compagno un Fratello Coadjutore molto difcreto, a cui fu da' Superiori molto raccomandata la cura, e fanità di Luigi, ed a Luigi fu detto che nelle cofe della fanità fi lafciaffe governare dal Compagno. Il Padre Lodovico Corbinelli, uomo grave, e gran benefattore del Collegio Romano, fapendo quanto Luigi patiffe della tefta, fece quanto potè, perchè portaffe feco un' ombrella, o parafole; ma egli non volle mai acconfentire. La mattina, che fu per cavalcare, gli fu portato in camera un pajo di ftivali, che erano ftati di un Signor principale, e quando egli fu per metterfeli, uno diffe, *Quefti Stivali fono ftati del Signor tale.* Ciò udendo Luigi moftrò di non guftarne, temendo che perciò, glieli aveffero dati, e nel porfeli li mirava e rimirava, per vedere fe poteva trovare fcufa di lafciarli. Il Compagno avvifandofi della cofa, gli diffe: *Che cofa hanno quefti ftivali?* e

nea

non vi stanno bene ? E non rispondendo egli, il Compagno soggiunse: *Caviamo questi, e lasciate che anderò per un pajo, che
vi stiano bene*. E portando via quelli verso una stanza, ove si
tenevano arnesi da cavalcare; senza cambiarli li piegò in altra forma, e riportandoli dentro disse: *Provate un poco questi,
che forse staranno bene*. E Luigi non li riconoscendo se li pose, e disse: *Mi pare che questi staranno bene*, e li portò.

Partì di Roma alli dodici di Settembre del 1589. in compagnia del Padre Bernardino Medici suo molto familiare, che
andava a leggere la Sacra Scrittura a Milano; ed in tutto
quel viaggio non tralasciò mai le sue solite orazioni, esami,
Litanie, e divozioni, e nell'Osterie, e per istrada non parlò mai d'altro, che di cose pie e spirituali. Era meraviglia
grande il vedere con quanta riverenza, e pietà lo ascoltasse-
ro i Vetturini, scoprendogli tutto il cuore loro, non se gli
partendo mai da lato, mostrando una divozione grande verso
la sua persona. In Siena non volle certe soverchie carezze,
che gli pareva eccedessero i termini ordinarj della Religione, e procedessero da rispetto, che se gli portasse per le qualità sue naturali del secolo, o da soverchia affezione, che un
Padre gli avesse, nè volle la sera lasciarsi lavare i piedi da
quel Padre, nè da altri, come si costuma di fare nella Compagnia ai forestieri, che passano per li Collegj: anzi disse al
Compagno, che non gli piaceva quell'affezione particolare di
quel Padre con tanti complimenti. Gustò di rivedere Firenze antica madre della sua prima divozione e fervore, e lasciando ivi il P. Bernardino Medici, che per alcuni giorni fu
ritenuto da quei Signori Medici suoi Parenti, se ne passò a
Bologna: dove subito giunto fu accerchiato da' Padri di quel
Collegio, i quali avevano udito celebrare la sua santità, ed
egli subito cominciò ad entrare con essi in ragionamenti delle cose di Dio. Si fermò ivi un giorno, nel quale essendo
dal Rettore mandato col Sagrestano a vedere la Città, nell'
uscire di Collegio pregò il Sagrestano, che non lo menasse,
se non a qualche Chiesa, e luogo di divozione; perchè del
resto non si curava, ed egli dopo di averlo condotto a due,
o tre Chiese di maggior divozione, lo rimenò a casa. Giunto ad un'Osteria fra Bologna, e Mantova, posta nel Territorio di Ferrara, gli fu dall'Oste assegnata una camera con un
letto solo. Il Compagno, tirato l'Oste da parte, gli disse
che essendo essi Religiosi, non soleano mai dormire accompagnati, e lo pregò a dargli un altro letto. L'Oste rispose
che non voleva darglielo, perchè voleva serbare gli altri letti per Gentiluomini, che la sera potessero capitare al suo albergo, ed istando e riscaldandosi il Compagno per volerlo;
Lui-

Luigi, che udì, gl'impose, che si quietasse. Il Compagno rispose: *Quest'Oste vuole i letti per Gentiluomini; quasi che noi fossimo Contadini, e pure a voi doveria essere portato qualche rispetto.* Allora Luigi con gran quiete, e severità di volto gli disse: *Fratello non vi turbate, perchè non avete ragione. Noi facciamo professione di poveri, or trattandosi egli come conviene alla nostra professione, non si possiamo, nè dobbiamo lamentare.* La sera poi non essendo capitati altri, ebbe il Compagno quanto desiderava.

Arrivato a Mantova visitò subito Madama Eleonora di Austria già vecchia di molta età, e questa santa Principessa si rallegrò assai di rivederlo, e l'abbracciò con molto affetto, e poi stettero un pezzo a ragionare insieme. Da Mantova diede avviso all'Eccellentissimo Signor Marchese Ridolfo del suo arrivo, ed il Signor Marchese mandò subito a levarlo per Castiglione. Non volle mandare innanzi ad avvisare che veniva; ma giunto in Castiglione disse ad uno, che incontrò a caso, che avvisasse il Signor Marchese del suo arrivo; e quello correndo andava spargendo la fama per le strade; onde si affacciò alle finestre, ed uscì dalle case una moltitudine grande di gente, e tutti lo riceverono con istraordinaria divozione, ed allegrezza, sonando le campane a festa, facendo nella fortezza una bellissima salva di artiglieria, ed inginocchiandosi la gente in terra in mezzo alle strade al suo passare, tanto era grande il concetto, che avevano della sua santità: delle quali dimostrazioni Luigi grandemente si arrossiva. Discese il Signor Marchese ad incontrarlo al piè della Rocca, e smontato che fu di carrozza, uno di quei Vassalli andò ad inginocchiarsi avanti il Marchese, ed a chiedergli perdono di non so che fallo, confidato nella presenza di Luigi, ed il Marchese gli disse, che per amore del Padre Luigi gli perdonava. Entrato in Rocca, perchè alcuni di Corte, ed altri gli davano titolo d'Illustrissimo, e di Eccellenza nel ragionare, come erano soliti di fare prima che fosse Religioso, egli si mortificava ed arrossiva. Non trovò in Castiglione la Signora Marchesa sua Madre, la quale era in un'altro luogo suo detto S. Martino, dodici miglia lontano di là. Le spedì subito un messo, ed il giorno seguente ella se ne tornò a Castiglione con due suoi Figliuolini piccioli, e giunta al Palazzo, ove solea abitare, che era distinto, ed alquanto distante da quello del Marchese, fece intendere a Luigi la sua venuta. Andò subito Luigi col Compagno a ritrovarla, e fù da lei ricevuto più come cosa sacra, che come Figliuolo: imperocchè non ardì di abbracciarlo, nè di baciarlo; come l'amore materno le averebbe dettato: ma lasciando che la ri-
ve-

verenza vinceſſe l'amore, lo ricevè inginocchioni, inchinan-
doſi a fargli una profonda riverenza ſin in terra. Nè deve
ciò parere meraviglia; perchè ſin quando egli era nel ſecolo
ancora fanciullo, ella l'aveva in concetto di ſanto, e ſolea
nominarlo *l'Angelo ſuo*.

C A P. XX.

Del modo di vivere che tenne in Caſtiglione, ed in altri luoghi.

STette Luigi colla Madre tutto quel giorno, e mentre ſi
trattenne con lei in lunghi ragionamenti ſopra le coſe,
che paſſavano, volle che vi ſteſſe preſente ſempre il Compagno, il quale accortoſi che colla ſua preſenza metteva in ſer-
vitù la Marcheſa, che non ardiva alla libera conferire i ſuoi
affari col Figlio; preſa occaſione, ſe ne uſcì fuora a recitar
Corone, e dopo un gran pezzo ritornando dentro, trovò a-
mendue inginocchioni a fare orazione. La ſera dopo di eſſer-
ſi ritirato alle camere, domandò Luigi al Compagno, per
qual cagione ſi foſſe partito, ed egli riſpoſe, che avendo la
Signora Marcheſa impetrato dal Padre Generale, che le man-
daſſe il Figliuolo di tanto lontano; dopo che era giunto,
non giudicava che veniſſe impedire, che ella non poteſſe ſco-
prirgli l'animo ſuo con ogni libertà, e che quando aveſſe
trattato con altre Signore, che colla Madre, volentieri l'a-
verebbe ubbidito nello ſtarvi ſempre preſente: al qual detto
Luigi ſi quietò. Si trattenne più giorni in Caſtiglione, per
informarſi minutamente e dal Signor Marcheſe, e da altri de'
negozj, e delle differenze, che paſſavano col Sereniſſimo di
Mantova, ed in quel mentre non ſi può credere l'edificazione grande, che dava in ogni luogo, tempo, ed occaſione.
Per la Terra non andò mai, ſe non a piedi, tutto che ſempre per ordine della Madre, e del Fratello aveſſe dietro comodità di carrozza, e per le ſtrade era tanto ſalutato, che
gli conveniva andare ſempre colla berretta in mano. Trattava con tutti indifferentemente con tanta umiltà, manſuetu-
dine, e ſommiſſione, come ſe foſſe ſtato il minimo di loro.
Non volle mai ricevere alcuna ſorte di ſervizio da' foreſtieri; ma ſe d'alcuna coſa aveſſe avuto biſogno, avrebbe fatto
ricorſo al Compagno: ſebbene nemmeno da quello accettò
mai ſervizio, ſe non neceſſario, e queſto offertogli, e quaſi
sforzato a pigliarlo: perchè ne' ſuoi biſogni ſtava aſpettando la
divina mozione negli altri, che l'ajutaſſero ſenza domandar
niente: nè tampoco ſarebbe andato ad alloggiare in caſa della
Madre, e del Fratello, ma in quella dell'Arciprete, ſe da' Su-
pe-

periori à quali ciò propose; non avesse avuto ordine in contrario.

In tutto il tempo, che stette in Castiglione, si portò con una somma continenza in tutte le cose; nè chiese mai in casa cosa alcuna; anzi sopraggiunto dall'inverno, e dalla stagione fredda, ed avendo bisogno di rivestirsi, non volle, che i suoi gli facessero i vestiti necessarj; ma scrisse il bisogno suo, e del Compagno al Padre Rettore di Brescia, da cui gli furono mandate zimarre, ed altre vestimenta necessarie ,, usate però, perchè nuove non le voleva. La Marchesa fece sforzo che almeno accettasse due camicciuole Mantovane, una per sè, e l'altra per il Compagno, e non potendo impetrarlo da lui, che diceva di non volere niente di quello, che tanto volentieri avea lasciato; pregò il Compagno, che gliele facesse accettare, ed egli andando una mattina al suo letto, mentre stava per levarsi, gliene portò una, e ripugnando Luigi di pigliarla: *Pigliatela*, disse il Compagno, *che vostra Madre vi dà questa limosina per amor di Dio, ed avendone voi bisogno, voglio che la pigliate*, e cominciò a mettergliela in dosso, ed egli a questo titolo di limosina, ed espresso volere del Compagno, la prese senza dir altro. Parimente essendosi già logori i panni lini, che dal Collegio di Roma gli erano stati dati, non volle accettarne un piccolo numero, che la Madre per sua divozione da sè stessa gli preparò; ma ordinò si rappezzassero i suoi vecchi, ed appena il Compagno per necessità, e sotto il medesimo titolo di limosina, fece che al fine ne pigliasse una minima parte. Non comandò mai a veruno di casa, nè di fuori cosa alcuna, e se ne stava ivi con quel rispetto, che averebbe fatto un povero Pellegrino, quale fosse stato da quei Signori alloggiato per amor di Dio. Quando aveva da negoziare col Signor Marchese suo Fratello, aspettava nell'antica camera l'udienza come gli altri, senza volere, che se gli facesse ambasciata in tempo, che gli potesse dare impedimento. A tavola del Marchese si lasciava servire come gli altri, senza dir nulla; ma in casa della Madre prendeva più sicurtà, massimamente che ella altro non bramava, che contentarlo: onde per non essere servito di coppa, si faceva porre da bere in tavola, come nella Compagnia si usa. A tavola era astinentissimo conforme al solito, e non si curava punto quali si fossero le vivande, ed i vini, perchè per l'uso della mortificazione aveva come perduto il senso del gusto, e quando la Madre gli diceva: *Pigliate Padre Luigi; questo è buono, questo è meglio:* egli l'accettava, e ringraziava, e poi lasciava stare. Solea dire al Compagno; *O quanto bene stiamo in Casa nostra = più sostanza mi dà una delle nostre povere vivande, che tutti i ci-*

bi, *che vengono in quefte tavole.* Non fi lafciò mai veftire, nè
fpogliare da niuno, nè anche dal Compagno, ed effendo la
prima fera andati in camera fua alcuni Paggi per ifpogliarlo,
diffe loro chiaramente, che non faria mai andato a letto,
finchè effi non fi foffero partiti. In oltre avendo nel braccio
finiftro una fontanella, la curava da fe fteffo fenza voler effere
ajutato dal Compagno : tanto era modefto e nemico di lafciar
fare ad altri ciò, che ftimava poter fare da fe fteffo. In cafa
della Madre, ed anche quando poteva in cafa del Marchefe
fi rifaceva il letto da fe fteffo, e guftava di ajutare il Compagno a rifare il fuo; febbene i fervitori di Corte effendofi di
ciò avveduti, ufavano ogni diligenza per prevenirlo. Non
aveva niente di cura alla fanità, nè follecitudine di confer-
varfi, anzi non ci penfava, fe non quando gli era fuggerito
dal Compagno.

Amava molto di ftare folitario : febbene colla Madre, come con perfona molto fpirituale, trattava volentieri, e cercava darle confolazione. La mattina fubito levato faceva una
groffa ora di orazione, udiva la Meffa, recitava ogni dì l'Uffizio grande : diceva le fue Corone, e quefte talvolta le recitava col Compagno, rifpondendofi l'altro, come fi fa nel fal-
meggiare. Quando fra il giorno poteva rubare un poco di tempo, diceva al Compagno : *Fratello, andiamo a fare un poco di
orazione.* Ogni fera ftava tre ore ritirato folo, e prima di andare a ripofare recitava le Litanie, e faceva l'efame della
cofcienza. Si confeffava coll'Arciprete, ed ogni fefta, andava
ad udir Meffa, e comunicarfi alla Chiefa principale de'Santi
Nazario, e Celfo; ove concorreva molto Popolo a vederlo con
divozione, e con dolore di aver perduto un tal Padrone. La
prima fefta, che vi andò, era tanto piena la Chiefa di popolo
concorfovi per vederlo, che gli venne in penfiero di fare un
Sermone, ed efortare tutti a vivere col timore di Dio, e alla frequenza de'Sacramenti, ma non lo effettuò : perchè volle prima comporre le cofe de'fuoi, e cominciare a dar buon
efempio da Cafa fua. Non diffe mai al Compagno una minima parola brufca, nè moftrò di difguftarfi di cofa, ch'egli
faceffe ; anzi nel difcorrer feco credeva al parere fuo, ed
accomodava con facilità il fuo intelletto a fentire ciò, che
il Compagno giudicava, e ad ubbidirlo in cofe toccanti alla
fua fanità, ed il Compagno ammirava la fua fantità, e guftava di vedere in lui quella fincerità, e fchiettezza in tutte le
cofe, e che non fi curaffe niente delle cofe del mondo, ma
tutto difprezzaffe, e foffe morto a tutti i rifpetti umani.

Fecero in quefto tempo varj viaggj infieme a Brefcia, a Mantova, o in altri luoghi, ove i negozj richiedevano, e per

iftrastrada entrava a Dio per le cose visibili, e cominciava a parlare col Compagno delle cose divine molto alla lunga, e quando il Compagno stanco voleva cessare, o parlar d'altro, egli non voleva distraersi da quelle. Gli occorse un giorno di andare a Castel Giuffrè, per negoziare col Sig. Alfonso Gonzaga suo Zio, Padrone di detto luogo, del quale Luigi sarebbe stato erede, se non si fosse fatto Religioso, ed avendogli il Sig. Marchese dati alcuni servidori, che l'accompagnassero, non li volle mentre, e non potendo resistere al Marchese in presenza, uscito da Castiglione li rimandò tutti in dietro. Il carrozziero errò la strada, e giunsero a Castel Giuffrè a due ore di notte, quando di già erano serrate le porte, e perchè quella è Fortezza, e non era solito mai aprirsi a quell'ora, fu necessario prima informare le Sentinelle di molti particolari intorno alle Persone, che erano, ed a che fare andavano, e poi aspettare che di tutto si desse conto al Signore. E dopo un gran pezzo, ecco che si sentì aprire la porta, e calare il ponte, e comparvero molti Gentiluomini di quel Principe con torce accese, ed all'entrare trovò una moltitudine di Soldati armati, quali gli fecero ala di qua e di là della strada, dalla Porta sino al Palazzo del Signore, il quale uscì anche ad incontrarlo, e lo ricevè con somma allegrezza, e con molto onore, e dopo di averlo accompagnato ad uno appartamento regiamente addobbato, e con superbi letti, si ritirò, dando luogo che si potesse riposare. Il povero Luigi vedendosi in mezzo a tanti onori, ed in quelle stanze sì riccamente ornate, rivolto al Compagno disse: *O fratello mio, Dio ci ajuti questa sera, e dove siamo noi capitati per i nostri peccati? O quanto staremmo meglio nelle nude Camere di Casa nostra, e nei nostri poveri letti senza tanti onori, e tanta comodità!* E gli pareva mille anni di spedirsi, e partirsi, non potendo soffrire di vedersi tanto onorato.

Il giorno seguente se ne tornò a Castiglione, dove avendo già presa piena informazione dei negozj, di là se ne passò a Mantova per negoziare con quel Serenissimo, ed in quei pochi giorni e settimane, che in più volte stette in quel Collegio della Compagnia, diede tanto buon odore di se stesso, che fin oggi quei Padri, che vi si trovarono, raccontano meraviglie della sua gran modestia, ed umiltà, del disprezzo di se stesso, dell'onore e riverenza, che portava agli altri, della sua meravigliosa maturità di costumi, congiunta con semplicità di animo, e schiettezza grande nel conversare. Se ne stava sempre astratto dalle cose corporali, e con una perpetua elevazione di mente in Dio, e tanto congiunto con Sua Divina Maestà, che niente faceva, o diceva senza la divina pre-

prefenza, tanto che quando i Padri lo vedevano, pareva loro di vedere un vivo efemplare di tutte le Virtù, e della fola vifta di lui fentivano eccitare, ed accrefcere la divozione, e folevano dire *che dalla fua faccia rifplendeva tanta fantità, che pareva una vera Immagine di S. Carlo Cardinale Borromeo.* Era in quel tempo Rettore del Collegio di Mantova il P. Profpero Malavolta, che dal S. P. Ignazio noftro Fondatore, e Capo fu ricevuto nella Compagnia, il quale a guifa dell'Abbate San Pacomio, che fece fare un' efortazione ai Monaci da quel fuo Difcepolo Novizio, vedendo tanta fantità, e maturità in quefto Giovane, giudicò bene il fargli fare in un giorno di Venerdì una efortazione a tutti i Padri di quel Collegio (cofa, che nella Compagnia fogliono fare folo i Superiori, e certi Sacerdoti più provetti, e gravi, e non mai alcuno prima del Sacerdozio) ed egli fe bene con fuo roffore, nondimeno accettò di fare quell' ubbidienza, e fece una efortazione della Carità fraterna fopra quelle parole del Salvatore : *Hoc eft praceptum meum, ut diligatis invicem, ficut dilexi vos,* con tanto fpirito, e fervore, che tutti ne reftaro no confolatiffimi.

C A P. XXI.

Del profpero fucceffo che ebbero i fuoi negozj.

COminciò poi a trattare col Sereniffimo di Mantova il negozio, fe bene prima di trattare ciò cogli uomini della Terra aveva conchiufo il tutto col Re del Cielo, che tiene in mano i cuori degli uomini, ed impetrato da Sua Divina Maeftà con l'orazione quefto accomodamento. Ciò fi fa per relazione di autentici teftimonj, e lo dimoftrò chiaramente l'evento fteffo. Imperocchè la prima volta che fi abboccò con quell'Altezza, in un ragionamento di un'ora e mezza lo conchiufe, compofe tutte le controverfie, ed ottenne quanto feppe defiderare e domandare. Ed ancorchè il Duca foffe fdegnatiffimo per le male relazioni dategli dal Marchefe, e Luigi foffe più ftretto Parente del Marchefe, che del Duca, e perciò umanamente parlando poteffe effere fofpetto di parzialità, e non mancaffero pretefti apparenti da potergli negare ciò, che chiedeva, per aver Sua Altezza negato l'ifteffo ai Principi, e Signori Grandi, che fi erano interpofti per riconciliarli, nondimeno fcorfe in Luigi mente tanto fanta, ed intenzione tanto perfetta, che reftò prefo, e non potè negar cofa veruna, e fidato della fua bontà e rettitudine diffe di lui fare quanto egli voleva. Non mancò chi cercaffe difturre re, o almeno differire quefta riconciliazione di tanto fervizio di Dio, e vi fu Perfona fra le altre di molta autorità, che fuggerì al Duca, che poichè Sua Altezza era rifoluta di ciò fare, non lo faceffe folo ad iftanza di Luigi, ma differifse, per dare ad un medefimo tempo foddisfazione a quei Principi, che prima di lui avevano ciò negoziato con Sua Altezza. Il Duca rifpofe che voleva fpedire il negozio allora, perchè quello, che faceva, lo faceva folamente per compiacere il P. Luigi, nè per altro rifpetto non l'avrebbe fatto giammai, del che ognuno reftò meravigliato. Prefe Luigi in ifcritto dal Sig. Tullio Petrozzari tutti i capi delle male relazioni, che erano ftate fatte del Marchefe Ridolfo, e portandole a Caftiglione operò, che Sua Eccellenza fi giuftificaffe in tutto, e rifpondeffe a capo per capo con foddisfazione di quel Sereniffimo a cui tornò Luigi fteffo a moftrare le rifpofte, e reftando Sua Altezza compitamente appagata, ritornò di nuovo a Caftiglione, e conduffe il Signor Marchefe al Duca, il quale lo accolfe con molta amorevolezza, ritenendolo feco a definare, e tutto quel giorno a folazzo. Fece molta forza Sua Altezza, perchè reftaffe a definare feco anche Luigi, ma egli non volle in modo veruno accettare l'invito, e fe ne andò al Collegio della Compagnia, e perchè il Duca diffe al Marchefe che bifognava almeno farlo ritornare il giorno alla Commedia, Luigi forridendo foggiunfe, *che non fe-ne contentava il fuo Compagno*. Nello fteffo tempo reftituì, e cedè il Duca al Marchefe il Caftello, e Signoria di Solferino, quale da quel tempo in quà hanno femper poffeduto, e poffiedono ancora gli Eredi, e Fratelli di S. Luigi.

Accomodato il negozio col Sereniffimo, fi pofe Luigi a raffettare un'altra cofa molto importante, che fpettava pure all' Eccellentiffimo Principe e Marchefe Don Ridolfo fuo Fratello, il quale effendo giovane e libero, s'era invaghito d'una Signora giovane di onoratiffime qualità: febben di nobiltà difuguale, figlia unica al Padre, il quale era ricchiffimo, poichè per commune voce fi diceva ch'egli aveffe roba per la valuta di più di cento mila fcudi, la qual roba tutta alla fuddetta Signora fi doveva. Spinto dunque dall' affetto grande, che il fuddetto Signor Marchefe portava a quefta sì onorata Signora, determinò di prenderla per fua legitima moglie, come in fatti fece, fpofandola, ma con gran fegretezza, alla prefenza del folo Arciprete di Caftiglione, che era il proprio fuo Paroco, e dei neceffarj Teftimonj, avendo però prima ottenuta licenza dal Vefcovo, il quale difpensò nelle folite denoncie li 25. di Ottobre 1588. Nè per altro il detto Signor Marchefe volle che quefto Matrimonio paffaffe con tanta fe-

cre-

cretezza, ficchè non lo fapeffe nè anche la Signora Marchefa
fua Madre, e molto meno il Principe Don Alfonfo Gonzaga
fuo Zio, e Fratello di fuo Padre, fe non perchè dovendo a
lui fuccedere nello Stato di Caftel Giuffrè, per non aver effo
Figli mafchi, temeva ch'egli fi farebbe non poco fdegnato contra di lui, ogni volta che aveffe faputo ch'ei fi foffe accafato
con altra perfona, che colla fua unica Figliuola, la quale effendo di già in età nubile, difegnava con difpenfa del Pontefice, di dargliela per moglie, acciò con tal accafamento poteffe la Figliuola godere anch'effa dello Stato del Principe
fuo Padre.

Aveva il Signor Marchefe fpofata la fopradetta Signora
un'anno prima che S. Luigi giungeffe a Caftiglione, ma come
il maritaggio era fempre ftato fegreto, ogni uno credeva
ch'egli la teneffe con mala cofcienza, e ch'ella non foffe fua
legittima moglie. D'onde poi è nato l'errore di alcuni Scrittori, i quali non effendo ben informati della verità del fatto, hanno ftampato il contrario, con dire che San Luigi
aveffe egli effettivamente indotto il Marchefe fuo Fratello a
fpofare la fuddetta Signora. Il che è falfiffimo, ed un mani-
fefto torto, che fi fa a così onorata Signora. Poichè un'anno prima, come fi è detto, era ftata da lui legittimamente,
ma fegretamente per i fuddetti rifpetti fpofata. Ed io, che
per ifcrivere quefta iftoria della Vita di San Luigi andai ap-
pofta a Caftiglione, e m'informai dal medefimo Arciprete, e
dalla Signora Marchefa fua Madre, che ancora viveva, e da
molti altri, trovai che la verità era quefta, che quì racconto.

La qual verità per effere allora ignota e a S. Luigi, e alla
Sig. Marchefa fua Madre, fece Luigi ad iftanza di lei gagliardi uffici appreffo al Marchefe fuo Fratello; acciocchè lafciando la fuddetta Signora, deffe foddisfazione al Principe
fuo Zio con prender la fua Figliuola per Moglie. Ma il Sig.
Marchefe per fuoi intereffi andava ftudiando di fcoprir il fegreto, con dar folo a Luigi buone parole. Ma facendo Luigi
nuove iftanze per dubbio, che fe non accomodava quefto negozio di prefenza, non avrebbe poi ottenuta cofa alcuna;
ftrinfe in guifa il Fratello, che gli diede parola, e gli giurò
di volergli dare foddisfazione. E perchè Luigi ftava di partenza per Milano, gli promife di trasferirfi colà da lui, e di
appigliarfi al fuo configlio. Colla qual promeffa Luigi tutto
foddisfatto del Marchefe fuo Fratello, fi ritirò a Milano li
venticinque di Novembre dell'anno 1589. attendendo ivi ai
fuoi ftudj, e foliti efercizj dello fpirito, ed afpettando che
il Sig. Marchefe andaffe a trovarlo: come poi in fatti fece

K   non

non molto tempo dopo; giungendo al Collegio una mattina di Festa; quando appunto Luigi s'era comunicato, e stava attualmente rendendo a Dio grazie nel Coro. Del cui arrivo ne fu subito dal Portinajo avvisato Luigi, dicendogli che l'Eccellentissimo Sig. Marchese suo Fratello l'aspettava alla porta. Ed egli senza dar risposta se ne stette circa due ore orando immobile: ed al fine andò da Sua Eccellenza, ove dopo le solite accoglienze il Marchese confidentemente gli scoprì i legami del Matrimonio, che colla sopraddetta Signora aveva; e come già erano quindici mesi, ch'egli l'aveva sposata, ma teneva celato il Matrimonio per non isdegnare il Sig. Principe suo Zio.

Si rallegrò grandemente Luigi, intendendo che il Fratello non fosse nel peccato; che il mondo si credeva: e consultato il caso coi Padri di consenso del Sig. Marchese, fu conchiuso ch'egli fosse tenuto in coscienza a manifestare il detto Matrimonio, per togliere le false opinioni del volgo, come molto pregiudiziali all'onore di Dio, e della suddetta Signora. Il che promise di fare il Marchese; e Luigi prese l'assunto di quietare i Parenti. Ciò stabilito partì il Sig. Marchese per Castiglione: e poco dopo vi andò anco Luigi, il qual disse che già due volte colà s'era trasferito, e che nella prima aveva accomodate le cose del mondo, e nella seconda voleva accomodare quelle di Dio. Ed in effetto condusse il Sig. Marchese a manifestare la verità del Matrimonio già fatto alla Sig. Marchesa sua Madre, ed a pregarla a voler riconoscere la Sposa come sua Figlia, e Nuora, e come tale trattarla. Dopo di che Luigi stesso lo manifestò al Popolo, ed insieme ne diede parte al Serenissimo Sig. Duca di Mantova, ed ai due Illustrissimi Signori Cardinali Gonzaghi, che in quel tempo vivevano, ed anco ad altri Signori Principi, e Parenti del Sangue; e da tutti ricevè risposta di soddisfazione. Ed in particolare operò che l'Eccellentissimo Signor Don Alfonso suo Zio riputasse il tutto ben fatto, e l'approvasse. Per il qual fatto si levarono affatto i sospetti, e le false opinioni contra la verità del suddetto Matrimonio: e restò quell'onorata Signora totalmente reintegrata nel suo onore appresso il mondo; come ogni umana, e divina ragione richiedeva.

Successe poi il Signor Marchese Ridolfo allo Stato di Castel Giuffrè, il quale fu dopo qualche tempo cambiato dall'Eccellentissimo Principe, e Marchese Don Francesco col Serenissimo di Mantova in quello di Medole, con approvazione dell'Imperadore Ridolfo, che lo incorporò a quello di Castiglione; ed ora vien posseduto dall'Eccellentissimo Principe di Castiglione con assoluto dominio.

Fi-

Finito ch'ebbe Luigi queſto negozio, fu pregato dalla Signora Marcheſa ſua Madre a voler fare un Sermone in Chieſa: e conſigliatoſene col ſuo Compagno, lo fece in giorno di Sabbato in una Chieſa vicina a S. Nazario, detta la Compagnia della Diſciplina: e quantunque egli cercaſſe di farlo colla maggior ſecretezza poſſibile, ed aveſſe perciò proibito che non ſi ſonaſſe campana; nondimeno ritrovò la Chieſa pieniſſima. Fece un bello, e divoto Sermone, nel quale eſortò tutti alla ſanta Comunione per la mattina ſeguente, ch'era la Domenica di Quinquageſima, ultima di Carnovale: e con tanto fervore fu accettato l'invito: che furono coſtretti i Preti, e Frati ad attendere tutta quella notte alle Confeſſioni. La mattina ſi comunicò la Signora Marcheſa Madre, il Signor Marcheſe, e la Spoſa con ſettecento altre perſone fra uomini, e donne. Luigi ſteſſo volle ſervire la Meſſa, e dare l'abluzione a quelli, che ſi erano comunicati, con gran conſolazione ſua, ed edificazione loro; e dopo deſinare andarono tutti alla Dottrina Criſtiana. Avendo in queſto modo accomodate le coſe di Caſa ſua; e raccomandato al Signor Marcheſe il trattar bene la Signora ſpoſa, ſi partì per Milano alli 12. di Marzo del 1590. avendo egli appunto alli 9. di detto meſe compito ventidue anni dell'età ſua. E perchè per li freddi grandi, che fanno nell'inverno in Lombardia ſe gli gonfiavano ſe mani in modo, che ſi vedeva uſcirne il ſangue; diverſi compatendolo lo pregarono, e quaſi gli fecero violenza, che per li viaggi almeno voleſſe portare o guanti, o coſa equivalente; ma egli amico del patire, e del diſprezzo non volle mai adoperare coſa veruna. Paſsò nell'andare a Milano per Piacenza: e ſubito che fù giunto in Collegio, andò un di quei Padri alla camera per viſitarlo, ed abbracciarlo ſecondo ſi coſtuma nella Compagnia, quando uno va, o viene di lontano: e trovandolo, che ſtava con uno ſtraccio in mano nettando le ſue ſcarpe; da quella viſta ſi comoſſe tutto a divozione e compunzione, prima per l'aſpetto, che aveva di ſantità, che nell'eſteriore apparenza ſua riluceva; ſecondo per vederlo in quell'atto umile di nettarſi le ſcarpe da ſe, ricordandoſi di averlo prima veduto in Parma Secolare, accompagnato da moltitudine di ſervidori. Giunto finalmente al Collegio della Compagnia in Milano: *O quanta conſolazione io ſento, diſſe egli, di vedermi già ſtabilmente in Caſa noſtra. Quella appunto che ſentirebbe uno, che freddo ed agghiacciato di mezzo inverno veniſſe poſto in un morbido letto riſcaldato; tal freddo mi pareva ſentire trovandomi fuori delle noſtre Caſe; e tal ſoavità ora ſento eſſendovi ritornato.*

CAP. XXII.

Della edificazione grande, che diede nel Collegio di Milano in quel poco tempo: che vi stette.

GOme non cessa mai il fuoco di scaldare, la luce d'illuminare, il prezioso unguento di spirare soave odore; così non cessò mai S. Luigi d'infiammare altri colle sue infocate parole, d'illuminare coi santi esempj, e di spargere soave odore delle molte virtù; che dentro all'anima teneva riposte; ma sempre, ed in ogni luogo si dimostrò simile a se stesso. E come l'acqua lungamente ritenuta dal suo natural corso sgorga poi con maggior impeto e forza; egli essendo stato per alcune settimane, e mesi occupato in Castiglione, senza poter fare le solite sue mortificazioni e penitenze, ritiratosi nel Collegio della Compagnia in Milano, pareva che non sapesse saziarsi di domandare, e fare dette mortificazioni: ed appena giunto comparve in Refettorio con una vesta tutta lacera a dire sua colpa, ed a fare altre penitenze di molta edificazione. E come egli sentì particolare contento di trovare quel Collegio in molta osservanza, e di vedere che la Gioventù attendesse con non minore fervore all'acquisto della divozione e perfezione religiosa, che allo studio delle lettere e delle scienze; così tutti di quel Collegio si rallegrarono, che fosse venuto ad abitare fra di essi un vivo esemplare d'ogni perfezione. Non potrà in questo Capo raccontare molte azioni particolari, ch'egli fece in Milano, parte perchè sono morti alcuni, che sapevano darne compito ragguaglio (tra quali uno era il Padre Bortolomeo Recalcati, che morì Rettore di quel Collegio, con opinione di santità, ed era molto intrinseco di Luigi) parte perchè non è ancora fatto il processo, che s'è offerto a formare sopra di lui l'Illustrissimo Signor Cardinale Federico Borromeo Arcivescovo di quella Città. Scriverò solo alcune poche cose, quali da Persone, che in quel tempo si trovavano in Milano, sono state deposte in altre scritture e processi; ed altre, che a mia istanza, ha con molta diligenza raccolte il Padre Rettore di quel Collegio.

Mentre stette Luigi in Milano, seguitò i suoi studj di Teologia, udendo mattina e sera le lezioni, come gli altri Scolari; e facendo tutti gli altri esercizj, che a Scolare convengono, senza voler mai un minimo privilegio, o esenzione; stando come tutti gli altri accompagnato in camera con molta edificazione del Compagno, che notava i suoi andamenti, e ne traeva frutto spirituale. Essendogli assegnata per uso una Somma ma di S. Tommaso ben legata, e colle carte e coperta indorate, non ci fu mai verso di fargliela tenere; e con lagrime fece istanza al Superiore, che gliela levasse, e gliene facesse dare un'altra vecchia delle ordinarie; ed il Superiore per consolarlo gli condiscese; il che tutto egli faceva per brama di tenere cose da povero. Fra il giorno, ed in altri tempi, che poteva rubare dagli studj, ajutava con licenza del Superiore a servire in Cucina, ed in Refettorio, portando acqua al Cuoco, lavando spesso pentole, lavezzi, ed altre stoviglie. Quando apparecchiava il Refettorio, per istare più unito con Dio, e fare quei servigj con maggior merito, poneva diversi nomi alle tavole. Quella, ove mangiava il Superiore, chiamava la tavola del Signore: l'altra vicina, la tavola della Madonna; e poi di mano in mano degli Appostoli, de' Martiri, de'Confessori, delle Vergini, e quando doveva nel Refettoriero stendere le tovaglie, diceva: *Andiamo a stendere la tovaglia del Signore, o della Madona*; e così delle altre, e con tanto affetto, e divozione faceva quell'uffizio, come se realmente a quelle tavole avesse avuto a mangiare Cristo nostro Signore, e la Madonna Santissima, e gli altri Santi, a' quali egli s'immaginava di servire. Gustava soprammodo di fare ricreazione, ed andar fuori di Casa con Fratelli Coadjutori, perchè gli pareva di parlare di Dio con maggior libertà, e si dilettava d'ajure tutti nello spirito. Quando stava con altri in conversazione, se si sedeva, egli ordinariamente correva all'ultimo, o al più scomodo luogo, dove non potesse nè anche appoggiarsi: se stava in piedi in circolo, egli solea nascondersi dietro alle spalle degli altri, e stare ad udir ragionare: nel passeggiare cedeva il luogo più onorato ad ogni uno; e si vedeva chiaramente ch'egli faceva queste cose, non per complimento o cerimonia, ma per vero sentimento di umiltà senza affettazione veruna. Andò colà uno, che era stato suo Vassallo, a richiederlo di certe cose appartenenti al suo Marchesato: ed egli con molta amorevolezza, ed umiltà gli rispose, *che non era più di questo mondo, e che non aveva più niente d'autorità sopra veruna cosa*: e ciò disse con tanta candidezza, e sentimento umile, che quello ne restò attonito, non che edificato. Fu notato in lui un affetto grandissimo di gratitudine verso chi gli faceva ogni minimo servizio: pareva che non sapesse cessare di renderne grazie: e questo con gran semplicità, e senza veruna affettazione. Essendo una volta interrogato da un Fratello, s'era difficile, che un Signor grande lasciasse le vanità di questo mondo; rispose, *che era del tutto impossibile; se Cristo Nostro Signore non poneva a questo tale, come già fece al Cieco nato, del loto sopra gli occhi; cioè se non gli rappresentava*

K 3 *la*

la viltà di queste cose più basse del fango. Ricorse un giorno a lui uno di quel Collegio; e fortemente sospirando gli domandò ajuto spirituale, perchè si conosceva molto imperfetto; ed egli per consolarlo gli citò quelle parole del Salmo; *Imperfectum meum viderunt oculi tui, & in libro tuo omnes scribentur:* dicendo, *che sebbene ci dà materia di desolazione il vederci imperfetti, ci deve però grandemente consolare il considerare, che, eziandio quando siamo così imperfetti, siamo scritti nel libro di Dio, il quale vede le imperfezioni nostre; non per condannarci; ma per umiliarci, o da esse trarne maggior bene:* le quali parole spiegate da lui con molto spirito e divozione, diedero a quel tale non piccola consolazione, ed ajuto.

Si mostrò amicissimo delle mortificazioni toccanti all'onore, sì in Casa, come fuori. Andavano il Carnovale alcuni Fratelli Scolari a predicare per le Piazze di Milano: egli domandò con tanta istanza al Padre Rettore, che lo lasciasse andare per Compagno d'uno di quelli, che fu bisogno concederglielo: e Luigi se ne andava per le strade raccogliendo la gente, e pregando gli sviati, che andassero ad udire la predica di quel Fratello; e tanta era la sua umiltà, carità, e modestia in pregarli, che ve li conduceva. Le Domeniche, e Feste andava alle Piazze ad insegnare la Dottrina Cristiana: il che faceva volentieri, e spontaneamente; e sebbene pativa molto di freddo, quale in quel tempo era grande in Milano, non si curava. Intese una sera che un Fratello doveva andare il dì seguente mendicando per la Città, per fare poi i Voti; la qual mortificazione, e pruova si costuma di fare nella Compagnia: e Luigi andò a chiedere licenza di andare per suo Compagno; ed avendola ottenuta, sentì tanta allegrezza, che la sera dopo l'esame andò al letto di quel Fratello a dargli la nuova: e poi mentre il dì seguente andava chiedendo detta limosina, ebbe notabilissima consolazione spirituale, e per le strade spesso ripeteva con giubilo queste parole: *Ancora Cristo Nostro Signore andò così cercando la limosina.* Un'altra volta pure andando a cercare limosina con una veste lacera indosso, fu interrogato da una Signora, all'esteriore apparenza molta vana; se egli era di quei Padri di Santa Maria di Brera, dove stava un Padre, ch'ella conosceva: e rispondendo egli di sì; disse quella Signora: *O misero di quel Padre! e dove se n'è andato a morire?* Dalle quali parole prese Luigi occasione d'illuminarla, e levarla di errore: e lo disse con molto spirito, *che quel Padre era beato, e non misero; ed in istato di perfetta vita, e non di morte, come essa si credeva; e che ella sì bene stava in uno stato misero, ed infelice nel mondo, ed a pericolo di morte eterna; massimamente arrendendo a tutte vanità, quante nell'*

nell' aspetto esteriore dimostrava; le quali parole cagionarono allora nella donna gran compunzione, e notabile mutazione di vita, come si vide poi.

Aveva Luigi in quel Collegio cura di andare nettando le tele de' ragni, e faceva con diligenza quest' uffizio; e di più stava attento, se per sorte vedeva nei Chriostri da basso passeggiare qualche Senatore, o altro Personaggio, e subito compariva colla sua pertica in mano, e con una scopa in cima, ed andava nettando i Chiostri alla presenza loro, per essere da quelli stimato basso, e di niun conto: e questo lo faceva tanto d'ordinario, che quando i Padri del Collegio vedevano uscire Luigi colla sua pertica, subito argomentavano che vi fosse in Casa qualche Personaggio forastiero. Dovendo un dì alcuni Vescovi, e Prelati andare a desinare in quel Collegio, il Superiore gli ordinò che in quella mattina facesse una predica in Refettorio; e questo fece il Superiore, acciò quei Prelati lo riconoscessero. Luigi volentieri averebbe sfuggito il carico; perchè non era amico di comparire in cose speciose; ma amava di starsene sconosciuto: tuttavia non potendo replicare all' ordine dell' ubbidienza, accettò, e fece una bella predica grave, e dotta dell' uffizio de' Vescovi: e poi congratulandosi seco uno della bella predica fatta, e dell' essere ben riconosciuto; egli rispose, *che non aveva avuto il maggior gusto in quella mattina, che in farsi conoscere in pubblico per impedito di lingua;* poichè non poteva speditamente pronunciare la lettera R. Domandava spesso pubbliche riprensioni in Refettorio; cosa, che già aveva tralasciata in Collegio Romano, perchè in luogo di riprenderlo, lo lodavano. E perchè dallo stare suo sempre assorto in Dio nasceva che alle volte non avvertiva, quando gli altri lo salutavano, in una di queste riprensioni, che ivi si fece fare, fu di ciò avvisato; ed egli si accusò di molta superbia, e dappoi si mostrò sempre in Milano esattissimo in questa parte, facendosi forza per istare in pubblico talmente unito con Dio, che non mancasse a questo debito umano. Era un singolar esempio di umiltà, di modestia, di ubbidienza, e di osservanza Regolare a tutto quel Collegio: e perchè per tale era tenuto da tutti, ognuno con fiducia grande, e sentimento di divozione ragionava con lui; sebbene egli, quanto a sè, sempre si accostava volentieri a' più ferventi, per potere con reciproco gusto trattare di cose divote:

C A P. XXIII.

Teſtimonianza, che di Luigi diedero due Padri, che ſeco converſarono in Milano.

DOpo la morte di San Luigi il Padre Bernardino Medici Fiorentino, uomo non meno illuſtre per le ſue virtù religioſe, che per la chiarezza del ſangue, molto intrinſeco ſuo, mi ſcriſſe da Milano in queſta guiſa. *Mi diſſe il noſtro buon Fratello Luigi, ch' egli aveva molto affetto alla coſtanza e perſeveranza in coſe picciole, ſtimando ciò come virtù molto neceſſaria per far profitto; e però nelle ſue azioni, ed ore determinate ſempre ſervava l' ordine medeſimo. Diceva, che non era ſe non coſa pericoloſa il guidarſi per affetto, e che la ſicura ſtrada era andare per via di lume, di cognizione, e di ragione; ed egli s' ingegnava di camminare ugualmente coll' opera, e col lume: ſebbene mi diceva che non gli pareva mai di arrivare fin dove il lume gli moſtrava; perchè quanto più andava innanzi coll' opere, più ſcorgeva oltre col lume. Era deſideroſiſſimo di patire tribolazioni: e mi diſſe, che non trovava il più evidente contraſegno di ſantità d' alcuno, che quando lo vedeva patire con buona coſcienza: cioè vedendolo buono, e vedendo che Dio gli dava occaſione di patire. Sentiva nel cuor ſuo bene aſſai di tutti: non però approvava i mancamenti evidenti; ma interpretava in bene quello, che ſi poteva. Avviſava altri de' loro mancamenti con gran carità, e prudenza, e dimandava i ſuoi. Moſtrava pietà, carità, prudenza grande in tutti i ſuoi affari, e non mai leggerezza. In tutto il tempo, che converſai ſeco, non vidi mai in lui primi moti d' alcuna paſſione: nè potei notarlo in coſa morale: nè lo vidi mai far errore volontario, ne anche in coſe minime, nè mai rompere una Regola. Era ſegnalato in ogni virtù, ma in particolare, che con tante virtù egli non appariva ſingolare in coſa veruna; e queſta io la ſtimo virtù grandiſſima: che è quanto per ora mi occorre intorno a lui.*

In queſto tempo medeſimo ſi ſparſe voce per quel Colegio di Milano, che Luigi aveva ſegnalatiſſimo dono d' orazione, e che non aveva diſtrazioni in eſſa. Per lo che il P. Achille Gagliardi, perſona dotta e di molta autorità, preſa appoſta occaſione di trattare più volte con eſſo lui di coſe ſpirituali; e nel diſcorſo entrando nella vita unitiva della perfetta carità, da' Teologi ſacri chiamata *Teologia miſtica*, conobbe chiaramente che oltre molti altri doni di Dio ſegnalatiſſimi, de' quali era ornata queſta ſant' Anima, aveva di più grandiſſima unione con Dio, e praticava ogni giorno queſta via miſtica, eſercitandoſi intorno a quella Divina Caligine, che inſegna il gran

Dio-

Dionisio Areopagita: e di questo esercizio ne sapeva, ne gustava: e vi era entrato tanto profondamente, che il Padre ne restò consolato, e stupito insieme: vedendo così alte radici di eroiche virtù, e di esquisita perfezione in un Giovinetto, che appena era stato quattro anni in Religione; ed a suo giudizio era già arrivato a tal grado, al quale pochissimi provetti, e consumati nella Religione ottengono grazia di pervenire. E perchè ordinariamente chi è tanto avanti in questa via unitiva, pare che senta pena in conversare co' Prossimi, e che ami di starsene ritirato in alta contemplazione col Signor Iddio, lontano dagli strepiti mondani, il Padre per tentarlo gli soggiunse, che si meravigliava, come egli non avesse per sospetto ut tale esercizio, il quale pareva direttamente opposto alla professione, che fa la Compagnia, di trattare, e conversare con tutti, per attendere alla salute delle anime, dove che la via mistica, ed unitiva per sua natura ritira da ogni sorte di conversazione sotto qualsivoglia buon pretesto; ed elegge l'ottima parte sola, cioè la contemplativa, lasciando che gli altri attendano all'attiva. Rispose Luigi: *Quando lo provassi che cagionasse in me questi effetti, che V. R. dice, allora sì che l'averei per sospetta, e non buona per me.* Della quale risposta restò il Padre molto più stupito di prima, perchè conobbe che egli con segnalato dono, e grazia divina singolare congiungeva l'una, e l'altra insieme; in modo che l'unitiva non gli impediva l'attiva, nè questa gli disturbava quella: ed era arrivato a quel sommo grado di unione con Dio per amore, e conformità colla divina volontà, nel quale l'anima innamorata di Dio, scoprendo il zelo, che egli ha della salute delle anime, si sente rispinta dall'altezza della contemplazione all'esercizio dell'ajuto delle anime. Onde il Padre da quel tempo in poi a tutti andava predicando questo gran dono di Luigi, ed in tre varie sue scritture ha deposto questo con giuramento.

C A P. XXIV.

Ha rivelazione di dover presto morire, e richiamato
a Roma, vi ritorna.

ERa di già questo Santo Giovane per tante sue virtù maturo per la gloria eterna: e per l'Angelica vita, che aveva sempre menata fra gli uomini della Terra, s'era fatto degno di andare ad abitare fra gli Angeli del Cielo: quando Dio gli diede segno di volerlo a se raccogliere, per dargli il premio, che nel breve spazio di sua vita con molto studio,

e di-

e diligenza fi aveva acquiſtato, imperocchè mentre ſi ritrovava ancora in Milano, poco più d'un anno innanzi la ſua ſanta morte, una mattina in tempo dell'orazione, ſtando egli in
alta contemplazione, gli diede Dio una illuſtrazione interna,
colla quale gli fece chiaramente conoſcere, che brevi ſareb-
bono ſtati i giorni della vita ſua, e di più gli dettò che in
quell'anno attendeſſe a ſervirlo con ogni perfezione, e con
diſtaccamento totale da tutte le coſe, e ſi deſſe con maggior
diligenza di prima al culto interno, ed eſterno di ogni virtù. Per tale illuſtrazione ſentì interiormente una mutazione
tanto grande, che gli pareva di reſtare più del ſolito coll'affetto ſtaccato da tutte le coſe del mondo. Tenne egli a tutti celata queſta rivelazione, e non la ſcoprì, ſe non al Padre
Vincenzo Bruno, e ad alcuni pochi, dopo che fu tornato a
Roma, ed atteſe a ſeguitare i ſuoi ſtudj di Teologia colla
medeſima diligenza di prima: ſebbene non vi poteva avere
più applicazione d'animo, nè affetto come prima, ſentendoſi
del continuo interiormente ſpronare a porre tutto il ſuo cuore in Dio.

Averebbe egli avuto caro di tornare a Roma, dove aveva
appreſe le primizie dello ſpirito Religioſo, ed aveva tanti
Compagni, e conoſcenti ſpirituali: ma perchè voleva ſervare
la indifferenza in tutte le coſe, e laſciare di ſe la libera diſpoſizione a'Superiori, nè anche queſto ſuo guſto manifeſtava.
Volle però Dio che vi tornaſſe a conſolare tanti ſuoi Fratelli ſpirituali, che nel Collegio Romano ſommamente lo deſi-
deravano. Onde vedendo il Padre Generale che già egli aveva compiti i negozj, per li quali era ſtato mandato in Lombardia, e che era paſſato l'inverno, e venuto tempo comodo
per far viaggio: ſollecitato anco dal P. Bernardino Roſignoli
Rettore del Collegio Romano, che lo deſiderava per utile di
tanti Giovani, che della ſua preſenza, e converſazione ſi ap-
profittavano, determinò che foſſe richiamato a Roma, e fu
ordinato a me che gli deſſi di ciò la prima nuova: della quale egli preſe tanta allegrezza, che dubitò foſſe troppa, e pregò il P. Bernardino Medici, che diceſſe perciò una Meſſa,
pregando Dio, s'era maggior gloria ſua, che di queſto ſuo
deſiderio reſtaſſe mortificato. Ed avendo poco dopo ricevuto
dal Padre Generale lo ſteſſo ordine di tornarſene, ſcriſſe a
diverſi lettere di molto affetto: ed in eſſe eſprimeva le cagioni, per le quali tanto guſtava di ſtare in Roma. In una ſcrit-
ta a me dice queſte parole. *Credo, che non ſarà punto difficile
il perſuadervi la conſolazione, che io ſento, dell'aſſegnazione mia
al Collegio Romano, per rivedere i Padri, e Fratelli ſpirituali di
là, che molto deſidero: Però fra tanto vengo a partecipare con que-*

                                          ſta

fia di quella converfazione, che nel Signore Noftro fpero con maggior foddisfazione di quanto prima effere per riavere con voi, e con tanti noftri conofcenti, a' quali vi prego mi raccomandiate in particolare, benchè in univerfale ex toto corde, & mente, & animo, mi raccomando coll' affetto a tutto il Collegio Romano. L'altra cagione fcriffe al Padre Gafparo Alpereo fuo già Connovizio; a cui trattando della prima nuova avuta intorno alla fua venuta a Roma dice così. Alla quale fono io con tanto maggior affetto per cooperare, fubito che fia richiamato, quanto che fi nobis eft Patria fuper terram, non ne riconofco altra, che Roma, ubi genitus fum in Chrifto Jefu.

Avuto l'ordine, fi pofe in viaggio al principio del mefe di Maggio dell'anno 1590. in compagnia del P. Gregorio Maftrilli e d'altre Perfone: e tenne nel far quefto viaggio quel modo di vivere, ch'era folito di tenere negli altri, con molta confolazione fpirituale, ed edificazione de' Padri, che feco venivano, i quali proccuravano di diftorlo dal continuo meditare, veggendo che egli quanto a fe per lo più fe ne ftava in filenzio, e come aftratto. Per la gran careftia, che in quel tempo era in Italia, fi trovavano per le ftrade, è fpecialmente per le montagne, che dividono la Tofcana dalla Lombardia, molti poveri affamati, i quali veggendo un di quei Padri, diffe a Luigi: Gran benefizio ha fatto Dio a noi, Fratel Luigi, che non fiamo nati, come quefti Poveretti: Ed egli con prontezza rifpofe: Ma maggiore, che non fiamo nati in Paefe de' Turchi. Pareva a Luigi che detti Padri lo rifpettaffero troppo, e per carità loro ne aveffero troppa cura: onde conferì con un'altro Padre, che volentieri farebbe andato in compagnia, d'altri, i quali non gli aveffero portato rifpetto veruno. Giunto in Siena defiderava comunicarfi nella Camera di S. Caterina Senefe. Vi andò, e quivi fervì la Meffa al Padre Pietro Alagona della Compagnia di Gesù, che feco era venuto da Firenze, e fi comunicò con particolar fentimento di divozione. Fu richiefto nel Collegio di Siena a fare un Sermone ai Giovani della Congregazione della Madonna; ed avendo accettato di farlo, fi ritirò in Coro ad orare avanti il Santiffimo Sacramento, ed in quel modo fenza libri fi apparecchiò: e poi ritornato in camera notò brevemente in ifcritto ciò, che aveva penfato, e fece un Sermone con tanta divozione, ed efficacia, che accompagnato dalla qualità della Perfona fua già ben nota a quei Giovani, moffe molti di loro a defiderio di lafciare il mondo, e farfi Religiofi: e fu neceffario dare varie copie di quel Sermone a molti, che inftantemente lo chiedevano, e finora un Padre Predicatore conferva l'originale di mano del Santo per fua divozione. Final-

mente-

mente giunfe a Roma, dove fu accolto con particolar allegrezza e contento dei Padri, e Fratelli del Colleggio Romano, i quali non fi faziavano di vederlo e parlargli, e di guftare della fua fantiffima converfazione.

CAP. XXV.

Della confumata Perfezione di San Luigi.

SEntenza del Savio nei Provverbj è che la vita dei Giufti, quale egli chiama fentiero, è a guifa di rifplendente luce, che da quel poco di barlume, ed albore della mattina cominciando, va crefcendo di chiarezza in maggior chiarezza, finchè giunga a perfetto giorno, quando già il Sole è in fomma altezza. Tale fu la vita fanta di Luigi. Cominciò fin dall'età di fette anni a rifplendere per la candidezza della innocenza: crebbe fempre più la fua chiarezza, mentre egli anni andò camminando di virtù in virtù, ed acquiftando nuovo lume, e nuovi meriti: giunfe finalmente a tanta luce, ed a tanto fplendore di fantità, che non folo fi può dire ch'era arrivato a perfetto giorno; di più ch'egli fteffo era diventato lumiera, che riluceva nel mondo; come de' Filippenfi diffe l'Appoftolo. E fe mai per l'addietro s'era dimoftrato tale, in queft'ultimo anno dei giorni fuoi, per tale fu conofciuto nel Collegio Romano da quei, che lo converfarono; perchè rilucevano in lui virtù confumate, e fi vedeva ftare già col penfiero, e coll'affetto più in Cielo, che in Terra: e menare una vita quafi eftatica, e del tutto fpiccata dalle cofe mondane. Giunto a Roma mi diffe quefte parole: *Io ho già feppellito i miei morti, nè vi ho da penfar più; e tempo ormai che penfiamo all'altra vita.* Poco dopo l'effere arrivato, andò al P. Rettore del Collegio, e gli confegnò tutti i fuoi fcritti e fpirituali, e di Teologia, e tra quefti certe fue fpeculazioni fopra S. Tommafo affai belle, che da fe fteffo aveva fatte, e dimandandogli il Rettore, *Perchè fi privaffe di quegli fcritti di Teologia, che gli erano neceffarj, e fpecialmente di quei che aveva compofti da fe fteffo: Rifpofe, che lo faceva, perchè fentiva un poco di affetto a quelli in particolare, come a parto del fuo ingegno, e che non aveva altro affetto al mondo a cofa veruna, e però fi privava d'effi per effere da ogni cofa del tutto diftaccato.* Era di più giunto ad una maggiore fottigliezza di perfezione, degna veramente d'effere notata, ed imitata da ogni Religiofo, ed è, che dove l'uomo naturalmente gufta, e fente compiacimento, quando fi vede fingolarmente amato ed accarezzato da perfone di conto, e fpecialmente dai Superiori, come che

que-

queſto ſia un chiaro teſtimonio, e contraſſegno della ſoddisfazione, che hanno di noi, onde ſovente alcuni non ſolo ſe ne pregiano, ma anche nel parlar comune ciò raccontano, Luigi per lo contrario sfuggiva d'eſſere ſingolarmente amato ed accarezzato, eziandio dai Superiori, e ſe alcuno di ciò gli aveſſe dato ſegno, non corriſpondeva, e ſe ne diſguſtava, tanto era affatto morto all'amor proprio, e nemico che altri poneſſe in lui affetto particolare, ed i Superiori, che di ciò s'erano avveduti, appoſta per dargli guſto non moſtravano di tenerne più conto, che degli altri tutti.

Nella converſazione, come era ſtato ſempre affabile, così in queſto tempo era divenuto affabiliſſimo e piacevoliſſimo con tutti, e con una carità grande ed univerſale tutti abbracciava ugualmente, onde ſi faceva a gara per ſentirlo nelle ricreazioni ragionare altamente di Dio, delle coſe del Cielo, e della perfezione. E ſo per detto d'altri, e per propria ſperienza, che molti ſi partivano dalla ſua converſazione più infiammati, che dall'orazione ſteſſa. Quando s'incontrava a ſolo a ſolo con alcuni, co'quali ſapeva di poterſi aprire confidentemente, ſcopriva loro affetti tanto divini dell'anima ſua, che li faceva reſtare attoniti, e porgeva loro materia di ſoſpirare, e di venerare inſieme una così alta comunicazione con Dio. Camminava ſempre colla continua preſenza Divina, ſenza mai diſtraerſi da quella, ed era tanto pieno d'amore di Dio, che quando ne ſentiva leggere a tavola, o ragionare, tutto s'inteneriva interiormente, e ne dava ſegni nell'eſteriore coll'infiammarſi tutto, ſenza potere in quel tempo dir parola. Una volta fra le altre ſtando a tavola, e udendo leggere non ſo che coſa dell'Amor divino, ſi ſentì ſubito accendere interiormente come un fuoco, e fu sforzato a ceſſar di mangiare; del che accorgendoſi noi, che eravamo a quella tavola, e non ſapendo che coſa aveſſe, dubitando che ſteſſe male, lo miravamo fiſſamente, ed interrogavamo, ſe gli mancaſſe coſa veruna; ed egli non potendoci allora riſpondere, e vedendoſi ſcoperto, tanto più ſi vergognava, e ſtava cogli occhi baſſi. Gli uſciva dagli occhi qualche lagrima, aveva la faccia infocata, ed il petto tanto gonfio, che dubitammo non ſe gli rompeſſe qualche vena nel petto, onde tutti gli avevamo gran compaſſione, e verſo il fine della menſa a poco a poco ritornò all'eſſere ſuo. Alcuni, che ſapevano queſto, ſolevano nella ricreazione introdurre appoſta ragionamenti della Carità di Dio verſo il Genere Umano, per vederlo arroſſire, altri per lo contrario interrompevano appoſta tali ragionamenti, per non farlo perire, e per non cagionargli danno alla ſanità. Paſſeggiava per le Sale, e per i Corridori colla mente tanto

aſtrat-

aftratto, che bene fpeffo provai a paffargli innanzi per falu-
tarlo, ed egli non fi avvedeva. Altre volte fe ne ftava nei
medefimi luoghi recitando Corone, ed altre fue divozioni,
e di quando in quando s'inginocchiava, e ftava così un pezzo, e poi rizzandofi, di lì a poco tornava ad inginocchiarfi,
e dove in altri, in fare in pubblico tali cofe avrebbe potuto
parere fingolarità; in lui ognuno l'approvava. Affegnò in queft'
anno un'ora per giorno alla lezione dei libri fpirituali, e pareva che guftaffe affai dei Soliloquj di S. Agoftino, della Vita della B. Cattarina da Genova, della Efpofizione della Cantica di S. Bernardo, ed in particolare di quella Epiftola inti-
tolata *Ad Fratres de Monte Dei*, che fi legge fra le Opere di
S. Bernardo, della quale aveva tanta pratica, che quafi la fapeva a mente, e mentre leggeva, andava cavando, e notando in ifcritto certe fottigliezze fpirituali, le quali trovammo
fcritte di fuo pugno dopo la fua fanta morte.

Quando al Novembre del 1590. fu per cominciare il quarto, ed ultimo anno di Teologia, il Superiore lo sforzò ad accettare una camera folo, ed egli fe iftanza di aver un picciol buco, per così dire, in cima d'una fcala, vecchio, an-
negrito, baffo, ftretto, con una fineftrina fopra un letto, e
tanto picciola, che non vi capiva fe non il fuo povero letto,
una fedia di legno, ed un'inginocchiatojo, del quale fi ferviva per tavolino a ftudiare, onde fembrava piuttofto una prigione angufta, che una camera, e per quefto non era mai folito darfi agli Studenti. Vifitandolo un dì in quel luogo il
Padre Rettore, lo trovò tutto confolato, che godeva di quel
piccolo tugurio, come fe foffe ftato un gran palazzo, e noi
folevamo dirgli per ricreazione, che, come Sant'Aleffio eleffe
di ftare fotto una fcala poveramente, così egli aveva eletto di ftare fopra di un'altra in quel tugurio. In fomma viveva con tanta perfezione, che niuno poteva notare in lui cofa, che fi poteffe condannare di peccato veniale, come diverfi, e Superiori fuoi, e Compagni, e Condifcepoli hanno
depofto in varie fcritture. Di più il fuo Confeffore diceva
che non udiva mai le fue Confeffioni, che da quelle non reftaffe egli illuminato. Un altro Padre, che per due anni in
circa abitò feco nella medefima camera nel Collegio Romano,
con giuramento depofe, che avendo l'un e l'altro di loro
avuto ordine dal Padre Rettore di avvifarfi con carità i difetti, che l'uno nell'altro notava, in tutto quel tempo di
due anni non potè mai vedere, nè notare in Luigi cofa veruna, nè picciola, nè grande, che aveffe minima ombra di
mancamento, tutto che gli fteffe fempre innanzi gli occhi, e
converfaffe feco con fomma confidenza e ftrettezza. Era que-

sto

sto Santo Giovane compostissimo nei suoi affetti, vigilantissimo nella custodia dei sentimenti, unitissimo con Dio, zelantissimo della salute dei Prossimi, e della salute dei suoi Compagni e Fratelli, ed in una parola era un ritratto di santità e di perfezione, e per tale tenuto, e nella Religione, e fuori. Un Padre Predicatore lo aveva in tanta venerazione per la straordinaria santità sua, e gli portava tanta riverenza, che non osò mai di accostarsi a conversare seco, nè a parlargli, tutto che ne avesse desiderio, e comodità di poterlo fare. Pochi mesi prima che si ammalasse l'ultima volta, si sentiva rapire dal desiderio della Celeste Patria, e ragionava spesso, e volentieri della morte. Fra le altre cose soleva dire, che quanto più egli viveva, tanto più gli acresceva il dubbio della sua salute, e che se più fosse vivuto, e coll'età maggiore gli fossero soppraggiunti maggiori negozj, e fosse stato fatto Sacerdote, molto più incerto sarebbe stato della salute sua. Rendeva di ciò la ragione: perchè i Sacerdoti, e per l'Uffizio, che recitano, e per la Messa, che dicono, hanno da rendere gran conto a Dio, e molto più di quei, che maneggiano le anime, e confessano, e predicano, e ministrano Sacramenti, e governano altri; ma in quello stato, nel quale allora si trovava, non avendo ancora gli Ordini Sacri, avea qualche maggior sicurezza di doversi salvare, per non essere stato impiegato in negozj gravi, e conseguentemente per non essere l'anima sua gravemente offesa. Perciò diceva che volentieri avrebbe accettata la morte in quell'età, se a Dio fosse piaciuto di tirarlo a se. E gli fece Dio la grazia coll' occasione, che si dirà.

C A P. XXVI.

Di una mortalità, che corse in Roma, e come Luigi da quella si dispensasse.

ERa l'anno 1591. travagliatissimo da una mortalità universale per tutta l'Italia, cagionata dalla carestia grande, e dalla fame; che in ogni luogo si pativa, ed in Roma specialmente morì un numero grande di gente, che colla speranza di avere limosine da tutte le parti vi concorreva. I Padri della Compagnia, parte con limosine proprie, parte con quelle, che da altri cercarono, s'ingegnarono con ogni loro sapere, e potere di sollevare la miseria comune. E non solo servirono a varj Spedali di Roma; ma per tale bisogno il Padre Claudio Acquaviva Generale, il quale nella medesima occasione ajutò personalmente al servizio eziandio de' Lebbrosi,

volle

volle che dà Padri si apriffe un nuovo Spedale a tempo, come si fece. In questa occasione segnalata si dimostrò la carità di Luigi, il quale più volte andò per Roma cercando limosina per i poveri infermi: il che faceva con tanta sua allegrezza, che dava ammirazione a chiunque lo rimirava. Una volta in particolare, sapendo essere arrivato in Roma Don Giovanni dei Medici, venuto per negoziare con Papa Gregorio XIV. che in quel tempo regnava, Luigi, che aveva conosciuto e praticato quel Signore da Giovinetto, e scorto in lui sentimento delle cose di Dio, domandò licenza al Padre Provinciale di andare a visitarlo con un abito rappezzato, e colle bisacce in spalla, e disse di far ciò, prima per avere una buona limosina per i poveri dell'Ospedale, e poi, perchè avendogli quel Signore particolare affezione, gli pareva obbligo suo il vedere di giovargli spiritualmente, e per imprimergli meglio il dispregio di tutte le cose mondane, giudicava esser molto a proposito il visitarlo con quell'abito vile. Ottene licenza, e vi andò: e per quanto mi raccontò poi il Maggiordomo di quel Signore, conseguì l'uno, e l'altro fine, che pretendeva, perchè ed ebbe una grossa limosina per i poveri, e restò quel Principe molto compunto ed edificato, e ne parlò con gran sentimento.

Di più volle Luigi andare in persona a servire gl'infermi nell'Ospedale, e facendo i Superiori difficoltà in dargli licenza, egli con santa istanza allegando l'esempio d'altri, che vi andavano, l'ottenne, e vi andò più volte insieme con altri Compagni. Ad uno di questi, per nome detto Tiberio Bondi, fu da non so chi avvisato, che mirasse bene ciò, che faceva, perchè v'era pericolo di contagione, ed egli rispose, *che avendo innanzi agli occhi l'esempio di Luigi, che vi andava con tanta carità, non avrebbe mai saputo, nè voluto ritirarsi per qualsivoglia pericolo; benchè di morte.* Questo medesimo Tiberio in quei giorni si sentì accendere di un insolito fervore di spirito, tanto che molti, che prima l'avevano converfato, e vedevano in lui quella subita mutazione e fervore, si stupivano e rallegravano insieme, ed appunto a lui toccò ad essere il primo a morire di quel male, come dappoi si dirà. Andava sempre insieme con essi qualche Sacerdote per confessare gl'Infermi, e fra gli altri vi andò spesso il P. Niccolò Fabrini Fiorentino, uomo di gran giudicio, e pieno di carità e virtù religiose, che allora era Ministro nel Collegio Romano, ed aveva grande intrinsichezza con Luigi, e mentre fu Rettore del Collegio di Firenze, pose in scritto quanto occorse in quest'Ospedale, e nell'infermità di questo Santo. Era da un canto orrore grande il vedere tanti moribondi andare

pugnudi per l'Ospedale, cadere nei cantoni, e per le scale morti con gran fetore e schifezza; ma dall'altro canto si scorgeva un ritratto della carità del Paradiso in vedere S. Luigi, ed i suoi Compagni servire con allegrezza grande agli ammalati, spogliandoli, mettendoli in letto, lavando loro i piedi, rifacendo i letti, dando loro da mangiare, catechizzandoli per le Confessioni, ed esortandoli alla pazienza. E fu notato dal detto Padre, che Luigi per lo più stava intorno ai più schifosi, dai quali pareva non si sapesse distogliere. In questo esercizio di tanta carità, essendo il male contagioso, si attaccò a molti di questi Compagni di Luigi, ed il primo a scoprirsi infermo fu il sopraddetto Tiberio Bondi, che presto ne morì, non senza una santa invidia di Lui, il quale vedendo questo suo Compagno già moribondo, disse ad un Padre suo Condiscepolo: *O quanto volentieri cambierei con Tiberio, e morirei in luogo suo, se Dio Nostro Signore me ne volesse far grazia,* e facendogli detto Padre non so che replica, Luigi rispose, *Dico questo, perchè adesso ho qualche probabilità d'essere in grazia di Dio, ma non so poi quel, che sarà per l'avvenire, e però morirei volentieri.* Ed al P. Roberto Bellarmino disse in quello stesso tempo: *Io credo che pochi saranno i giorni miei,* e domandato della causa, rispose: *Perchè mi sento uno straordinario desiderio di faticare, e servire Dio, e con ardore così fatto, che non mi pare che Dio me lo darebbe, se non mi avesse da prendere da questa vita,*

C A P. XXVII.

Dell'ultima infermità di San Luigi.

NOn tardò Dio ad esaudire il desiderio di Luigi; imperocchè, sebbene i Superiori avendo veduto, che molti di quei, che servivano a quell'Ospedale, cadevano gravemente infermi, non vollero che Luigi vi andasse più; egli nondimeno con santa istanza andò a pregarli, che ve lo lasciassero andare, ed al fine gli fu conceduto l'andare all'Ospedale della Consolazione; dove per ordinario non sogliono stare ammalati d'infermità contagiosa. Con tutto ciò quasi subito si ammalò ancor egli dello stesso male degli altri, e si pose in letto alli tre di Marzo del 1591. e subito che si sentì soprappreso dal male, stimando che quella infermità dovesse essere l'ultima (conforme al sentimento da Dio avuto in Milano) si riempì di straordinaria allegrezza, dimostrandola nel volto, ed in ogni azione. E quelli, a' quali egli aveva confidata la rivelazione di Milano, da quella grande allegrez-

za fua argomentarono, che già foffe giunto il tempo della
fua rifoluzione tanto da lui bramata; come in effetto fu.
Sentendo egli così grande in sè il defiderio di morire, ebbe
dubbio che vi poteffe effere eccesso, e per accertarfene, lo
domandò al P. Bellarmino fuo Confeffore; e venendo da lui
afficurato che il defiderio della morte per unirfi con Dio,
non era altrimenti male, purché foffe colla debita raffegna-
zione, e che molti Santi antichi, e moderni l'avevano avuto, egli tanto con maggiore affetto fi diede tutto a' penfieri
della vita eterna. Crebbe in modo la malignità del male,
che nel fettimo giorno lo conduffe in termine di morte, per
effere, come fi credeva, febbre peftilenziale, ed egli con
molta iftanza e divozione, prima fi confefsò, e poi ricevè il
Viatico, e l'Eftrema Unzione per mano del P. Bernardo Ro-
fignoli Rettore; rifpondendo fempre a quelle orazioni, con
grandiffimo fentimento di divozione, e con pianto de' Circoftanti, che fi dolevano della perdita di così caro, e Santo
Fratello.

E perchè mentre egli era fano, e faceva tante penitenze
e mortificazioni che pareva fi abbreviaffe la vita, molti fuoi
Familiari, e Padri, e Fratelli per l'amore, che gli portavano, lo riprendevano, dicendo che fe non prima, almeno nel
punto della morte ne avrebbe avuto fcrupolo (come fi racconta, che l'ebbe S. Bernardo di aver mal trattato il corpo
fuo) egli per non lafciar veruno con quefto dubbio, avendo
ricevuto il Santiffimo Sacramento per Viatico, ed effendo
piena la camera di Padri, e di Fratelli, pregò il P. Rettore,
che diceffe a tutti, come egli non fentiva altrimenti fcrupolo di quefto; ma più tofto l'aveva di non aver fatte molte
altre cofe, le quali credeva che averebbe potuto fare, e che
gli farebbono ftate concedute dalla fanta Ubbidienza, la quale toglieva ogni dubbio. Di più, che egli non aveva mai
fatta cofa veruna per propria volontà; ma fempre con licenza de' Superiori. Aggiunfe ancora, che non aveva fcrupolo
di aver mai trafgredita Regola alcuna: il che diffe, acciocchè niuno reftaffe fcandalezzato, o offefo, fe gli aveffe veduto fare qualche cofa di più degli altri, e fuori dell'ordinario: le quali cofe tanto più commoffero tutti a tenerezza.
Entrò in quella Camera il Padre Gio. Battifta Carminata Provinciale, e Luigi veggendolo gli dimandò licenza di fare una
difciplina, e rifpondendo il Padre, che non avrebbe potuto
batterfi, ftando così debole, foggiunfe egli: *Almeno che mi bat-
ta un' altro tutto da capo e piedi.* Diffe il Padre che ciò in quel
tempo non fi poteva; perchè chi lo aveffe battuto, avrebbe
portato pericolo d'irregolarità, ed egli vedendofi negato ancora

rà queste, chiese di nuovo con grande istanza, *che almeno lo lasciassero morire in terra*: tanto fino all'ultimo spirito si mostrò sempre amico della Croce, delle penitenze, e della mortificazione; ma nemmeno questo gli fu permesso, ed egli si acquietò al volere dell'ubbidienza. Si teneva quasi per fermo, che egli dovesse morire quel dì, settimo del male, nel qual giorno egli compiva ventitrè anni; ma Iddio volle che quella malignità si mitigasse, ed andasse il male in lungo; acciocchè potesse lasciar noi più edificati dagli esempj di ogni virtù, che ci diede stando nel letto infermo. In tanto corse voce a Castiglione che egli era morto, e la Signora, Marchesa sua Madre, ed il Fratello gli fecero fare solenni esequie, e quando poi giunse nuova, che non era altrimenti morto, il Marchese Ridolfo suo Fratello per allegrezza spezzò una catenna d'oro, che si trovava al collo, e la diede in pezzi a quei, che si trovarono presenti a tale avviso.

C A P. XXVIII.

Come andò in lungo il male di Luigi, e delle cose di edificazione, che nella malattia occorsero.

PAssata quella prima furia del male, restò Luigi con una febbretta lenta etica, che si poteva chiamare diverso male, come era diversa febbre; la quale a poco a poco l'andò consumando per lo spazio di più di tre mesi: nel qual tempo occorsero molti particolari di grande edificazione. Ma perchè non è stato possibile raccoglierli tutti, attesa la diversità, e moltitudine delle persone, che lo visitavano; ne porrò quì alcuni pochi, ancorchè minimi, che a mia notizia sono pervenuti. Quando si amalò, fu posto nell'Infermeria in un letto, sopra del quale era una trabacca di tela grossa e rozza, con una stuoja, la quale era stata posta per un Vecchio infermo. Luigi dimandò al Superiore licenza di farla torre via, per istare in un letto, come tutti gli altri; ma gli fu risposto, che non v'era stata posta per lui, e che per esser cosa povera, e rozza, non v'era pericolo, che patisse la povertà religiosa, ed egli subito si quietò. Nel principio del suo male ordinò il Medico a lui e ad un'altro, che s'era ammalato nella stessa infermità, una medesima medicina molto fastidiosa a pigliare. Quell'altro s'ingegnò di beverla quanto più presto potè, per non sentire la nausea, adoperando perciò anco altri ajuti, come si suole; ma Luigi per mortificarsi, prese il bicchiero in mano; e cominciò a beverla adagio, adagio come se fosse stata una soavissima bevanda, e non mostrò segno veruno del difgufto, che fentiva in prenderla. Aveva l'infermiero pofta fopra una tavola della fua camera un poco di zucchero candito, e di fugo di regolizia, per dargliele a tenere in bocca di quando in quando per lo catarro. Domandò egli ad un Fratello un poco di quel fugo di regolizia, e quello l'interrogò, perchè non domandaffe piuttofto il zucchero; rifpofe: *Perchè quefto è cofa più da Povero.* Udì dire, mentre era infermo nel letto, che v'era pericolo, che fi fcopriffe in quell'anno pefte in Roma, ed egli non folo fi offerì al Superiore, fe guariva, di andare a fervire gli appeftati; ma di più venendo un giorno vifitato dal Padre Generale, gli chiefe licenza di far voto, ed avendola ottenuta, lo fece con molto fuo gufto, e con edificazione di quei che lo feppero, e notarono in quefto atto la fua gran carità.

Vennero più volte a vifitarlo in quella infermità il Cardinale della Rovere, ed il Cardinale Scipione Gonzaga fuoi parenti, e Luigi fempre parlava con effi di cofe fpirituali, e della vita beata con grande edificazione di detti Signori, a' quali dicendo il Padre Rettore, che non accadeva s'incomodaffero; perchè egli averebbe fatto faper loro come Luigi fteffe: rifpofero, *che non potevano fare di non venirci; perchè ne ritraevano grande utile per le anime loro.* Col Cardinale Scipione in particolare, che per effere gottofo fi faceva portare, e pareva non fi fapeffe partire dal letto fuo, entrò una volta a difcorrere Luigi della fua vicina morte, e della grazia grande, che Dio gli faceva in tirarlo a fe in quella età giovanile, ed il buon Cardinale lo ftava ad afcoltare con gran tenerezza per l'affetto, che gli portava. Gli diffe fra le altre cofe Luigi d'effere obbligato a riconofcere fua Signoria Illuftriffima per Padre, e per lo maggiore benefattore, che aveffe in quefta vita; poichè dopo tanti impedimenti e contrafti era entrato nella Religione per mezzo fuo. Il Cardinale moffo a lagrime rifpofe, che egli era quello, che doveva effere obligato a lui, e che non oftante la differenza dell'età, lo riconofceva per Padre e Maeftro fuo fpirituale e confeffava di quanto giovamento, e confolazione fpirituale gli foffero fempre ftate le fue parole, ed efempj. E poi partendofi tutto commoffo diffe a quei, che l'accompagnavano, quanto gran difpiacere avrebbe fentito, fe quefto Giovane foffe morto; affermando di non aver mai parlato feco; che non foffe reftato con una quiete di animo ftraordinaria, e che egli lo ftimava il più felice uomo di Cafa Gonzaga.

Stava in quel medefimo tempo ammalato il Padre Lodovico Corbinelli Fiorentino, Vecchio di età, con cui aveva Luigi reciproca corrifpondenza di amore, e fpeffo mandavano a falutarfi l'un l'altro, ed aggravandofi ogni dì più il male del

P. Lo-

P. Lodovico, otto giorni prima di morire dimandò all'Infermiero con molta istanza, che gli portasse in camera Luigi, il quale per la sua indispozione non si poteva più reggere in piedi, e ciò desiderava il Padre, perchè teneva Luigi per un Santo. L'infermiero gli fece la grazia: vestì Luigi, e lo portò in braccio alla camera del Padre. Non si può esprimere quanta gran consolazione ricevesse quel buon Vecchio di questa visita, e con quanta tenerezza e divozione lo vedesse, dopo di essere stati un pezzo ragionando insieme, animandosi l'un l'altro alla pazienza; e rassegnazione nel divino beneplacito, disse il Vecchio: *Orsù, Fratel Luigi, io morirò facilmente, senza più rivedervi, e però voglio adesso chiedervi una grazia e non me l'avete a negare, ed è che prima che vi partiate di quà, mi diate la vostra benedizione.* Restò attonito, e mortificato Luigi a tal richiesta, e disse, *che ciò non conveniva; anzi dovea essere tutto il contrario; perchè il Padre era vecchio, ed egli giovane, il Padre Sacerdote, ed egli nò, e che tocca al Maggiore il benedire:* Il Vecchio per la divozione, che a questo Santo Giovane avea, instò di nuovo, che non volesse lasciarlo in quell'ultimo punto sconsolato, e pregò l'Infermiero, che non lo portasse via, finchè gli avesse fatta la grazia. Il saggio Giovane ripugnava: pure alla fine persuaso a ciò dall'Infermiero, trovò partito per non isconsolare il Vecchio, ed insieme per conservare la sua umiltà, e fu che alzando la mano segnò se stesso colla croce, e disse forte queste parole; *Iddio Nostro Signore ci benedica tutti due,* e presa dell'acqua benedetta ne asperse il Padre dicendo: *Padre mio, Dio Nostro Signore colmi V. R. della sua santa Grazia, e di quanto desidera a gloria sua: preghi per me.* Del che il Padre restò grandemente consolato e soddisfatto; ed egli si fece riportare alla camera, e letto suo. Un'altro segno di divozione verso Luigi mostrò questo buon Padre, e e fu che stando nell'estremo disse all'Infermiero, che desiderava d'essere in ogni modo posto nella Sepoltura, nella quale dovea essere seppellito dopo morte questo Santo Giovane, non ostante che questa fosse diversa da quella dei Sacerdoti, e così fu eseguito per ordine de' Superiori.

Riferiscono alcuni che Luigi predicesse, che questo Padre sarebbe morto prima di lui, come poi seguì: imperochè morì al primo di Giugno la Vigilia della Pentecoste sull'ora di mezza notte, venti giorni avanti il felice passaggio a miglior vita di Luigi. Stava il detto Padre in una camera assai distante da lui, ed in un Corridore diverso; senza che Luigi sapesse che stesse per morire quella sera, e nondimeno in quella notte gli apparve tre volte, come egli stesso raccontò la mattina seguente all'infermiero. Il quale entrando in camera per

aprir-

aprirgli la finestra, e visitarlo secondo il solito, gli domandò come fosse stato quella notte, e Luigi rispose le seguenti parole: *L'ho passata straordinariamente male, e con travaglio quasi continuo di sogni fastidiosi e stravaganti, o più presto di apparizioni; perchè tre volte ho veduto il buon Padre Corbinelli tutto affannato, il quale la prima volta mi disse:* Fratello, adesso è il tempo di raccomandarmi a Dio; acciocchè si degni somministrarmi la pazienza e fortezza necessaria nel grave e pericoloso accidente, che patisco: non bastando a me l'animo, senza speciale ajuto di sua Divina Maestà, di averla come converrebbe. *Io destandomi credetti che fosse sogno, e dissi a me stesso:* Meglio faresti a dormire; lascia andare queste baje: *Poco dopo, appena ripigliato il sonno, il medesimo Padre mi si fece vedere la seconda volta, e pregommi più instantemente di prima, che l'ajutassi con ferventi orazioni, poichè la gravezza del male se gli rendeva quasi intollerabile. Ritorno a risvegliarmi, e riprendo la mia leggerezza di nuovo, e propongo di dimandare la mattina una penitenza per la negligenza in ubbidire al Medico, ed a' Superiori, che mi comandarono che attendessi a riposare. Ed ecco che mentre di nuovo mi addormento, apparisce la terza volta il medesimo Padre, e mi dice:* Fratello carissimo, già sono nell'estremo punto di questa misera vita; pregate Dio che il passaggio sia felice, e che per sua misericordia mi raccolga nella Gloria dell'altra; dove io non mi scorderò di pregare scambievole per voi. *Con questo mi svegliai di maniera, che non è stato possibile serrare più occhio in tutto il rimanente della notte; restando io attonito di queste apparizioni, e pensandovi sopra profondamente.* L'infermiero ciò udito dissimulò, e senza dar segno alcuno di meraviglia, gli fece animo con dirgli, che questi erano sogni e fantasme, e che il Padre Corbinelli stava bene, e però non si pigliasse fastidio, ed acciò egli procurasse di riposare un poco, non gli scoprì che fosse morto; nè Luigi replicò altro per allora. Ma con altra occasione mostrò poi di aver saputo di certo, non solo che il Padre era morto; ma di più che era andato in Paradiso. Imperocchè essendo interrogato dal Padre Roberto Bellarmino, che cosa egli credesse di quell'Anima, e se pensava che fosse in Purgatorio: rispose con gran sicurezza queste parole: *E passata solo per il Purgatorio:* dalla qual risposta il Padre raccolse, che egli l'avesse saputo per Divina rivelazione. Perchè essendo Luigi per natura sopra modo considerato nel parlare, e riservato in affermare le cose dubbie, non avrebbe detto tanto risolutamente al suo Confessore, che solo fosse passata per il Purgatorio, se da Dio non ne avesse avuta sicura rivelazione. Cercavamo noi tutti in questo tempo di persuadergli con varie ragioni, che sarebbe stato bene, che

egli

egli chiedesse a Dio di restare in vita; sì per acquistare maggiori meriti, come anco per poter giovare più al prossimo, ed alla Religione, ed egli a tutti rispondèva : *Melius est dissolvi*, e lo diceva con tanto sentimento ed affetto, e con tale serenità della faccia, che ben si conosceva questo suo desiderio non essere per altro, che per unirsi quanto prima inseparabilmente con Dio.

CAP. XXIX.

Due lettere, che nella infermità Luigi scrisse alla Signora Marchesa sua Madre.

IN questa sua infermità scrisse due lettere alla Signora Marchesa sua Madre. Una la dettò nel principio quasi del suo male, quando di già era passata quella prima furia, nella quale stette per morire, ed in questa dopo di averla consolata, ed esortata ad aver pazienza ne' travagli, soggiungeva le seguenti parole.

In un mese fa sono stato per ricevere da Dio Nostro Signore la maggior grazia, che ricevere potessi: cioè per morire, come sperava, in grazia sua, e di già aveva ricevuto il Viatico, e l'Estrema Unzione. Però è piaciuto al Signore di differirla, disponendomi tra tanto con una febbre lenta, la quale mi è restata. I Medici non sanno che termine averà: attendono a far rimedj per la sanità corporale. A me però giova il pensare, che Iddio Nostro Signore mi voglia dare più perfetta salute di quella, che possono dare i Medici: e così me la passo allegramente, colla speranza di dover essere fra pochi mesi chiamato da Dio Signor Nostro dalla terra de' morti a quella de' Viventi, e dalla compagnia degli uomini di quaggiù a quella degli Angeli, e Santi del Cielo; finalmente dalla vista di queste cose terrene e caduche alla vista e contemplazione di Dio, che ha ogni bene. L'istesso può essere motivo a Vostra Signoria Illustrissima di molta consolazione; perchè mi ama, e desidera il mio bene. La prego a fare orazione, ed a farla fare ai Fratelli della Dottrina Cristiana; affinchè questo poco tempo di navigazione, che mi resta nel mare di questo mondo, Iddio Signor Nostro si degni per intercessione del suo Unigenito Figliuolo, della sua Santissima Madre, e de' Santi Nazario, e Celso, sommergere nel mare rosso della sua Sacratissima Passione le imperfezioni mie: acciocchè libero da' nemici io possa andare alla Terra di Promissione a vedere, e godere Dio. Lo stesso Dio consoli Vostra Signoria Illustrissima. Amen.

La seconda più lunga scrisse poco prima della sua morte, quando già per rivelazione, come si dirà, sapeva determinatamente il giorno, nel quale doveva morire, ed andare al Cielo, ed in questa licenziandosi, dice così.

Illustrissima Signora Madre in Cristo osservandissima.

Pax Christi.

LA grazia, e consolazione dello Spirito Santo sia sempre con Vostra Signoria Illustrissima. La lettera di V. S. m'ha trovato vivo in questa regione de' morti; ma sono per andare a lodare Dio per sempre nella terra de' Viventi. Pensava a quest' ora d' aver già varcato questo passo; ma la violenza della febbre, come nell' altra scrissi, nel maggior corso e fervore allentò un poco; e m'ha condotto lentamente fin al giorno glorioso dell' Ascensione. Dal qual tempo per un gran concorso di catarro al petto si rinforzò; talchè a mano a mano m' avvio ai dolci e cari abbracciamenti del Celeste Padre, nel cui seno spero potermi riposare con sicurezza, e per sempre. E così s' accordano le diverse novelle arrivate in coteste bande di me; come ne scrivo anche al Signor Marchese. Or se la Carità, come dice San Paolo, fa piangere con quelli, che piangono, e rallegrarsi con quelli, che stanno allegri, grande dovrà essere il gaudio di V. S. Signora Madre, per la grazia, che Dio le fa nella persona mia, conducendomi Dio Nostro Signore al vero gaudio, ed assicurandomi di non avere più a perderlo. Confesso a V. S. Illustrissima che mi smarrisco e perdo nella considerazione della bontà Divina, pelago senza arene, e senza fondo, il quale mi chiama ad una eterna requie per sì picciole e brevi fatiche; m' invita e chiama dal Cielo a quel sommo Bene, che tanto negligentemente cercai, e mi promette il frutto di quelle lagrime, che tanto scarsamente ho seminate. Veda, e avvertisca V. S. Illustriss. di non fare torto a questa infinita bontà: come farebbe senza dubbio, quando piangesse come morto chi ha da vivere dimanzi a Dio, per giovarle colle sue orazioni più assai, che non faceva di quà. Non sarà lunga questa lontananza; lassù ci rivedremo, e goderemo per non istaccarsi, uniti insieme col Nostro Redentore, lodandolo con tutte le forze, e cantando eternamente le sue Misericordie. Non dubito punto, che lasciando quello, che dettano le ragioni del sangue, con facilità apriremo la porta alla Fede, ed a quella semplice e pura ubbidienza, di che siamo tenuti a Dio, offerendogli liberamente e prontamente quello, ch' è suo; e tanto più volentieri, quanto la cosa tolta ci era più cara; stimando al fermo che quello, che Dio fa, tutto è ben fatto; levandone quello, che prima, ci aveva dato; e non per altro, che per metterlo in luogo sicuro e franco; per dargli quello, che tutti vorremmo per noi. Ho detto tutto questo non per altro, che per soddisfare al mio desiderio, che ho, che V. S. Illustrissima con tutta la Famiglia ricova in luogo di caro dono questa mia perdita: e colla sua materna benedizione mi ac-

com-

compagni, ed ajuti a paſſare queſto golfo, ed a giungere a riva di tutte le mie ſperanze. Il che ho fatto tanto più di buona voglia, quanto che non mi è reſtato, con che altra coſa dare qualche dimoſtrazione dell' amore, e riverenza filiale, che le devo. Finiſco dimandando di nuovo umilmente la ſua benedizione.

Di Roma li 10. di Giugno 1591.

Di V. S. Illuſtriſſima.

Figliuolo in Criſto ubbidientiſſimo
Luigi Gonzaga.

CAP. XXX.

Del modo, col quale S. Luigi ſi apparecchiò alla morte.

E' Tempo ormai, che deſcriviamo quanto criſtianamente, e ſantamente ſi diſponeſſe S. Luigi per fare queſt'ultimo paſſaggio dalla Terra al Cielo. Egli in queſta ſua lunga, e grave infermità, nella quale per molta cura, che ſe gli aveſſe, patì nondimeno vari diſagj, come ſuole accadere, quando i mali vanno alla lunga; non dimoſtrò mai un minimo moto d'impazienza, nè in geſti, nè in parole; nè ſi lamentò mai di niente, nè diede ſegno che gli diſpiaceſſe il mal ſervire, che gl'Infermieri gli faceſſero; tutto che nelle infermità, più che in altra occaſione, ſogliono ſcoprirſi le paſſioni dell'uomo: ma ſe ne ſtette ſempre con una pazienza grande; ed oſſervò una obbidienza eſatta ai Superiori, ai Medici, agl'Infermi, inſegnando a tutti coll'eſempio, come debba portarſi un Religioſo nelle ſue infermità, ancorchè gravi. Dal tempo, che ſi poſe in letto, ſino alla morte, non volle mai dare orecchio ad altri ragionamenti, che di coſe di Dio, e della vita beata, e per dargli queſto giuſto contento, tutti quelli, che andavano a viſitarlo, d'altro, che di coſe pie, non trattavano in quella camera, e ſe per caſo alcuno ſcordatoſi foſſe entrato a diſcorrere d'altro, Luigi ſtava tutto ritirato in ſe ſteſſo ſenza attendervi, quando poi ſi ritornava a coſe di divozione, ſi mutava tutto, e diceva qualche parola, moſtrando non ſolo contento, ma ancora una certa eſultazione. E rendeva di ciò la ragione dicendo che ſebbene credeva che le coſe indifferenti, dette però ſpiritualmente, e colla debita prudenza, nella converſazione comune non foſſero contra l'Iſtituto Religioſo, nondimeno in quello ſtato, nel quale egli ſi conoſceva d'eſſere allora, gli pareva conveniente, e che Dio lo richiedeſ-
ſe

se da lui, che in tutti i ragionamenti suoi, non solo il formale (come egli diceva) dovesse essere spirituale, come sempre deve essere, per la intenzione dirizzata all'onore di Dio, ma ancora tutto il materiale del ragionamento, egli parevano troppo preziosi tutti i momenti di tempo, che Dio gli concedeva nell'ultimo della sua vita, e da non essere spesi, se non in cose preziose.

Si faceva alcune volte dare la veste, e levandosi di letto se ne andava pian piano ad una tavola, sopra della quale stava un Crocefisso, e pigliandolo in mano lo abbracciava, e baciava con affetto, e riverenza grande, e lo stesso faceva ad una Immagine di Santa Catarina da Siena, e ad altre d'altri Santi, ch'erano intorno a quella camera. E dicendogli un dì l'Infermiero, che non accadeva si levasse di letto per quello, perchè esso gli avrebbe portato al letto il Crocifisso, e le Immagini, Luigi rispose; *Fratello queste sono le mie Stazioni*, e così seguì a far sempre, finchè potè levarsi. Di più fra il giorno, quando era solo, e colla porta della camera chiusa, si levava da sè, e s'inginocchiava a fare orazioni in un cantone fra il letto, e il muro, e quando sentiva rumore alla porta, si rizzava per tornare a letto. E per un pezzo l'Infermiero s'immaginò ch'egli si levasse per qualche sua necessità, ma alla fine dal frequente trovarlo fuor di letto venne in sospetto di quello, che era, e con arte lo colse attualmente inginocchioni, e gli vietò, che non lo facesse più, ed egli arrossitosi per essere stato scoperto, non lo fece più. Trattava in questo tempo più spesso che poteva col Padre Bellarmino, che era stato suo Confessore, delle cose dell'anima sua ed una sera in particolare gli dimandò, se credeva che alcuno entrasse in Cielo, senza toccare il Purgatorio. Il Padre rispose che sì; e sapendo quanto si poteva promettere della virtù di Luigi, aggiunse: *Anzi io credo che voi sarete uno di questi, che anderete diritto al Cielo, senza toccare il Purgatorio, perchè avendovi il Signor Iddio fatte per sua misericordia tante grazie, e concessi tanti doni sopranaturali, quanti voi m'avete confidato, ed in particolare di non averlo offeso mai mortalmente, tengo per fermo che vi farà quest'altra grazia ancora, che diritto ve ne voliate al Cielo.* Il buon Luigi si riempì di tanta consolazione per questa risposta, che partito il Padre di camera sua, fu rapito in eccesso di mente, e gli fu rappresentata la gloria della Celeste Gerusalemme, ed in questo ratto, o estasi si trattenne quasi tutta la notte con eccessiva dolcezza, e consolazione dell'anima sua, in tanto che, per quanto egli riferì poi al medesimo Padre, gli pareva che quella notte fosse passata in un momento, ed in questo ratto si tiene che gli fosse rivelato il giorno determinato della sua morte, perchè predisse

disse poi chiaramente a più persone, che egli sarebbe morto nel giorno ottavo della Festa del *Corpus Domini*, come seguì, e ad uno in particolare, che lo visitava spesso, lo predisse alcuni giorni prima di detta Festa. E perchè in tanto se gli aggravò il male in modo, che anche il Padre Vincenzo Bruno Prefetto degl'Infermi, ed intendente di medicina, gli confermò che poco gli poteva restare di vita, servendosi Luigi di questa notizia disse ad un Fratello: *Non sapete la buona nuova, che ho avuta di dover morire fra otto giorni? Di grazia ajutatemi a dire il* Te Deum laudamus, *ringraziando Dio di questa grazia, che mi fa:* e dissero quest'Inno insieme divotamente. Poco dopo entrando pure in camera sua un Padre suo Condiscepolo, con allegrezza gli disse: *Padre mio, Latantes imus, letantes imus:* le quali parole dette da lui con quell'algrezza davano agli altri materia di sospirare, e li movevano a lagrime. Dappoi volle con tre lettere licenziarsi da tre Padri molto suoi affezionati, cioè dal P. Gio: Battista Pescatore, già suo Maestro de' Novizj, che allora era Rettore in Napoli: dal P. Muzio d'Angeli, che in Napoli leggeva Teologia, e dal P. Bartolomeo Recalcati Rettore in Milano. A questi tre scrisse per mano d'altri ch'egli se ne andava, come sperava, al Cielo, e salutandoli si raccomandava alle loro orazioni, e perchè non aveva già più forza per sottoscriversi, si fece tener la mano, ed in luogo del suo nome, segnò colla penna una Croce per sottoscritta.

S'ingegnò di spendere questi ultimi otto giorni della vita sua con particolari azioni divote e religiose. E prima comunicando ad un Padre suo familiare la certezza, che aveva, della sua futura morte; lo pregò, che per quegli ultimi otto giorni andasse ogni dì a ventun'ora in camera sua a recitargli i sette salmi Penitenziali, come fece; ed in quell'ora restato solo, è chiusa la porta della camera, si faceva porre sopra il letto un Crocifisso, ed inginocchiare il Padre vicino al letto, e molto adagio leggere i detti Salmi. Si fermava il Padre in qualche passo; ed in tanto questo Santo Giovane teneva gli occhj fissi in quel Crocifisso con profondissima attenzione, e s'internava nella contemplazione delle cose, che si leggevano, mostrando tanta divozione e sentimento, che moveva quel Padre a piangere dirottamente; uscendo a lui ancora dagli occhi qualche lagrima con molta quiete. Nell'altre ore del giorno si faceva leggere da diversi qualche capitolo della Psicacogia, i Soliloquj di S. Agostino, S. Bernardo sopra la Cantica, ed il Giubilo. *Ad perennis vitæ fontem,* ed alcuni Salmi, che da se stesso sceglieva, come; *Letatus sum in his, quæ dicta sunt mihi: in domum Domini ibimus. Quemadmodum*

modum desiderat cervus ad fontes aquarum, ita desiderat anima mea ad te, Deus, e simili. Cominciandosi già a spargere la fama, ch'egli aveva predetto di dover morire in quella Ottava: ognuno appostava certi tempi per trovarlo solo, e potere con sicurtà raccomandarsi alle sue orazioni, ed egli accettava tutte le commissioni, che se gli davano per il Cielo, con una prontezza grande; e prometteva di pregar per tutti con gran carità, e con tanta sicurezza, che mostrava di aver certezza di dovervi subito andare, e parlava del suo morire nel modo, che noi parleremmo del fare mutazione da una stanza ad un'altra. Venivano diversi Padri a vederlo e servirlo per divozione, tra' quali furono più assidui il P. Mario Fuccioli Procuratore Generale, ed il P. Girolamo Piatti, che morì due mesi dopo di lui, il quale all'uscire una volta di camera di Luigi, proruppe col suo Compagno in queste parole; *Vi dico che Luigi è un Santo, Santo certo; tanto Santo, che si potrebbe canonizare ancora vivo;* alludendo alle parole di Papa Niccolò Quinto, che nella Canonizzazione di S. Bernardino da Siena disse di Sant'Antonino Arcivescovo di Firenze, che era vivo, e presente: *Io penso che non meno si possa canonizzare Antonio vivo, che Bernardino morto.* Verso il fine di quell'Ottava se ne stava per lo più in perpetua contemplazione, dicendo alle volte qualche parola spirituale, facendo spesso orazioni giaculatorie. Nei tre ultimi giorni, avendo preso da un Padre un Crocifisso di bronzo coll'Indulgenza delle Filippine, lo tenne presso al petto sino allo spirare. Fece più volte la protestazione della Fede coll'ordine, che prescrive il Rituale, mostrando gran desiderio di unirsi con Dio, e dicendo spesso: *Cupio dissolvi, & esse cum Christo;* e parole simili.

C A P. XXXI.

Della sua santa morte.

Venuto il giorno dell'Ottava del *Corpus Domini,* la mattina per tempo andò in camera sua un Compagno dell'Infermiero; e trovandolo all'ordinario gli disse: *Or ecco, Fratel Luigi, che siamo pur vivi, e non morti; come credevate, e dicevate voi.* E confermando egli, che saria morto in quel dì, uscito questo di camera disse all'Infermiero: *Luigi ancora sta saldo nel suo parere di dover morire oggi; eppure a me pare che stia meglio degli altri giorni.* Un altro padre parimente visitandolo gli disse; *Fratel Luigi, voi mi diceste che fareste morto in quest'Ottava; ecco che oggi siamo al fine, ed a me pare, che stiate meglio, e che si potrà pensare al vivere.* E Luigi rispose queste

le parole: *Non è ancora passato oggi*. Più chiaramente lo disse
ad un'altro, che entrando in camera sua, e trovandolo che
stava penando per una piaga, che se gli era fatta nel destro
gallone, per la magrezza grande, e per essere stato su quel
lato lungamente coricato; mosso a compassione gli disse, che
sebbene gli doleva che lo perdessimo, nondimeno desiderava
che Nostro Signore lo liberasse da quelle pene. Al che rispose Luigi molto seriamente; *Questa notte mi morirò*. E replicando quello, che non gli pareva che stesse in termine di
morire; Luigi tornò a ripetere due volte: *Questa notte mi morirò*, *questa notte mi morirò*. Stette tutta quella mattina eser-
citando varj atti di fede, di orazione, di adorazione con molta pietà. Verso mezzo dì cominciò a fare istanza, che se gli
desse il Viatico, quale aveva dimandato fin dal principio del
giorno; ma gl'infermieri, perchè non credevano che dovesse morire, non gli davano orecchio; e vedendo che pure faceva istanza, e pregava che glielo facessero dare, gli dissero,
che avendolo egli in quella infermità ricevuto una volta, non
pensavano che si potesse reiterare: al che Luigi rispose: *L'
Olio Santo no*; *ma il Viatico sì*. Con tutto ciò gl'Infermieri
per allora non ne fecero altro. Mentre egli stava in questo
termine, Papa Gregorio Decimo quarto, che da' Cardinali
suoi Parenti, come si crede, aveva inteso il suo lungo male,
dimandò come stesse: ed essendogli detto che stava per passare all'altra vita, gli mandò spontaneamente la sua Benedizione, e l'Indulgenza Plenaria. Portò questa nuova in camera
a Luigi il Padre Ministro del Collegio: ed egli, che era
umilissimo, come si rallegrò d'avere quella Benedizione, ed
Indulgenza; così in sentirsi dire che il Papa si era ricordato
di lui, si vergognò tanto, che corse colle mani a ricoprirsi
la faccia. Del che avvedutosi il Ministro, per liberarlo da
quella vergogna gli soggiunse, che non doveva meravigliarsi:
perchè il Papa a caso aveva udito non so che della sua pericolosa malattia; e però s'era mosso a mandargli la Benedizione.

Intorno alle ventidue ore, essendo venuto da Sant'Andrea
a visitarlo il Padre Gio: Battista Lambertini, che era stato
suo Connovizio, Luigi lo pregò che sollecitasse il Padre Rettore del Collegio a dargli il Viatico; e così fece; e collo
stesso Padre volle dire le Litanie del Santissimo Sacramento,
rispondendo egli sempre con voce chiara; ed al fine con allegro sembiante più del solito; e colla bocca ridente lo ringraziò. Venne il Padre Rettore a portargli il Viatico; del
che egli molto si rallegrò: e lo prese con grandissima divozione e sentimento; e con ferma credenza di dover andare a
goder-

goderlo a faccia a faccia in Paradiſo ; e in vederlo in quell'
atto, e in ſentire quelle parole. *Accipe frater ; Viaticum ;* e
quel che ſegue, ſi commoſſero a piangere quanti erano in quella camera. Dopo il Viatico volle il Santo Giovane abbracciare
tutti, che erano preſenti, con gran carità ed allegrezza ; come ſi coſtuma di fare nella Compagnia, quando uno, o viene, o va in paeſi lontani : e dandogli ognuno l'ultimo ſalu-
to, non v'era chi poteſſe contenere le lagrime, e diſtaccarſi
da lui ; e tutti con tenerezza, e rincreſcimento grande lo
miravano e rimiravano, raccomandandoſi alle ſue orazioni.
Uno fra queſti, col quale Luigi aveva ſempre avuto reciproca corriſpondenza di particolare carità ed amore, da ſolo a
ſolo gli diſſe, che ſperava ch'egli ſarebbe andato preſto a godere la viſione, beatifica, e che però lo pregava a volerſi ri-
cordare di lui, che ſapeva che ſe n'era ricordato vivendo ; e
che gli perdonaſſe, ſe colle ſue imperfezioni l'aveſſe talvolta offeſo. Luigi riſpoſe con molto affetto, ch'egli confidava
nella infinita miſericordia della bontà Divina, e nel precioſo
Sangue di Gesù Criſto, e nella interceſſione della Beatiſſima
Vergine, che così doveſſe eſſere preſto ; e gli promiſe che ſi
ſarebbe ricordato di lui, e che ne ſteſſe ſicuro ; perchè ſe lo
aveva amato in Terra, molto più lo avrebbe amato in Cielo, poichè ivi la Carità è molto più perfetta e ſtava coi ſenſi tanto intieri, e parlava tanto ſpeditamente ed a propoſito,
che non pareva veriſimile, che così preſto doveſſe morire.
In queſta medeſima ora entrò in camera ſua il Padre Provinciale ; e gli diſſe : *Che ſi fa, Fratel Luigi?* Riſpoſe egli : *Ce
ne andiamo, Padre. E dove?* diſſe il Padre. Egli riſpoſe : *Al
Cielo.* Replicò il Padre ; *Come al Cielo eh?* Soggiunſe egli :
*Se non impediſcono i miei peccati, ſpero nella miſericordia di Dio
di andarvi.* Allora il Padre Provinciale rivolto ad alcuni di
quei, ch'erano preſenti, con voce baſſa diſſe : *Udite di grazia;
parla di andare al Cielo, come diremmo noi di andare a Fraſcati:
e che s'ha da fare di queſto Fratello? Dobbiamo noi porlo nella
Sepoltura comune?* Al che fu riſpoſto, che per la ſantità ſua
pareva conveniente ſe ne teneſſe conto particolare.

Io ſtava ſulle 23. ore in circa aſſiſtendogli al letto, e te-
nendogli la mano ſotto al capo per agevolargli la fatica ; mentre egli fiſſamente rimirava e contemplava un picciolo Croci-
fiſſo, che ſe gli era accomodato ſopra del letto, a cui chi
orava in articolo di morte, guadagnava indulgenza Plenaria ;
e mentre così ſe ne ſtava, ecco che alzò una mano, e ſi cavò con eſſa il barrettino di tela, che teneva in capo ; ed io
penſando che quello foſſe un moto di perſona moribonda, tornai a rimetterglielo in capo, ſenza dirgli niente. Indi a poco

co tornando egli di nuovo a ricavarselo, ed io pur rimetten-
doglielo gli diffi: *Fratel Luigi, lafciatelo ftare; accio queft' arìa
della fera non vi faccia danno alla tefta;* ed egli accennandomi
cogli occhi il Crocififfo diffe: *Crifto quando morì, non aveva
niente in tefta;* le quali parole mi moffero a divozione e compunzione infieme; perchè mi accorfi che fino in quel punto
ftava tutto intento in volere imitare Crifto in Croce. La fera all' *Ave Maria*, cominciandofi a difcorrere in fua prefenza
di chi doveffe ivi reftare la notte, egli febbene ftava attuato
in contemplare, diffe due volte ad un Padre, che gli era vicino: *Affiftetemi voi:* e perchè aveva promeffo ad un' altro,
che defiderava trovarfi al fuo tranfito, d'avvifarglielo, gli diffe, quafi mantenendo la promeffa: *Vedete di reftare voi*. Verfo un ora di notte, effendo quafi piena quella camera di gente, vedendo il Padre Rettore, ch'egli parlava così fpedita-
mente, ancorchè aveffe predetto di dover morire la notte,
non lo credeva; anzi penfava che foffe per durare ancora qualche dì, come fogliono fare ben fpeffo quei, che hanno fimil
febbre: e però partendofi ordinò che tutti fimilmente fi par-
tiffero, ed andaffero a ripofare; e per molto che foffe pregato da diverfi, non volle mai dar licenza a veruno di reftare; dicendo che non morirebbe, e che fe aveffe creduto che
doveffe morire, vi farebbe reftato egli fteffo; ed ordinò che
il Padre Miniftro, che era in quel tempo il Padre Niccolò
Fabrini, ed il Padre Antonino Francefco Guelfucci, reftaffero a guardarlo. Ognuno fi può immaginare con quanta tenerezza, e dolore ci feparaffimo tutti da Fratello tanto amato, quale credevamo di certo di non aver mai più a rivedere vivo: ed egli conofcendo il dolor noftro ci confolava tutti, con prometterci che fi farebbe ricordato di noi in Cielo.
Ci pregò che voleffimo in quell' ultimo paffo ajutarlo colle
orazioni, e a varj impofe varie cofe, che defiderava faceffero per lui fubito dopo la fua morte. In quefta guifa colle lagrime agli occhi ad uno ad uno ci partimmo tutti da lui:
così coftretti dal volere dell' Ubbidienza. Con effo reftò ancora il Padre Roberto Bellarmino; e diffe a Luigi, che quando gli pareffe tempo, lo avvifaffe, che gli raccomanderrebbe
l'anima; ed egli rifpofe che lo farebbe. E poco dopo diffe:
Padre, ora è tempo: ed il detto Padre inginocchiato cogli altri due gli raccomandò l'anima. Dopo quefto pareva che poteffe vivere fino al dì feguente. Il Padre Miniftro pregò il
Padre Bellarmino che andaffe a ripofare; e dicendo l'Infermiero che ficuramente poteva partire, che non faria morto
quella notte, e che in evento che foffe in atto di morire,
lo chiamerebbe, il Padre fi partì.

Refta

Restato Luigi colli due Padri, se ne stette sempre col cuore, e colla mente elevata in Dio; e di quando in quando andava dicendo alcune parole tratte dalla Sacra Scrittura: come; *In manus tuas, Domine, commendo spiritum meum*, ed altre simili. Mantenne sempre la medesima composizione della faccia; mentre quei, che gli assistevano, recitavano per lui varie orazioni, e gli porgevano ora l'acqua benedetta, ora a baciare il Crocifisso, accompagnando queste azioni con ricordi spirituali. Quando giunse a quest'ultimo affanno della morte, dal colore livido della faccia piena di gocciole di sudore conobbero che pativa assai; ed intesero che con voci moribonde domandava d'essere mosso alquanto in altro sito; perchè per tre dì continui era stato sempre nella medesima postura: ma essi temendo di non gli accelerare la morte, e conoscendo quella esser voglia procedente più da istinto di natura, che da elezione di volontà, non vollero toccarlo; ma gli ricordarono il letto duro, e stretto, ove Cristo Nostro Signore con tanto scomodo, è pena morì per noi. A questo ricordo egli mirò fissamente il Crocifisso; e sebbene con parole non potè esprimere il suo concetto, con gesti però significò, che averebbe voluto patire anco più per amor di Dio: e parve che comandasse a se stesso il quietarsi; e si fermò. Vedendo i Padri che non poteva più parlare, nè moversi, gli porsero una candella benedetta accesa, colla quale l'avevano segnato: ed egli in segno di perseveranza nella Santa Fede la strinse, e con quella in mano di lì a poco sforzandosi d'invocare il Santissimo Nome di Gesù, movendo all'ultimo solo un poco le labbra fra le due o tre ore di notte con grandissima quiete rese l'Anima al suo Creatore; ed ottenne la grazia, che tanto aveva desiderata; cioè di morire, o fra l'Ottava del Santissimo Sacramento, di cui era sempre stato divotissimo, o in giorno di Venerdì per memoria, e divozione della Passione del Salvatore: ed egli passò da questa all'altra vita nel fine appunto dell'Ottava del Santissimo Sacramento; quando di già cominciava il Venerdì, che fu la notte fra li 20. e 21. di Giugno dell'anno 1591. essendo egli di età di venti tre anni, e tre mesi, e undeci giorni; nella quale età di ventitre anni, e mesi morì già S. Lodovico Figliuolo di Carlo Secondo Re di Sicilia, che fu Frate Minore di S. Francesco, e poi Vescovo di Tolosa; con cui ebbe il nostro S. Luigi in varie virtù non picciola similitudine.

CAP.

C A P. XXXII.

Dell' Esequie, Sepoltura, e cose in essa occorse circa il Corpo di S. Luigi.

PArve ai due Padri che furono assistenti nella sua morte, di avere ricevuta una grande grazia da Dio in essere stati eletti fra tanti, che lo bramavano, a trovarsi presenti al felice transito di così Santo Giovane: massimamente che prima di morire promise loro di raccomandarli a Dio per sempre, mentre vivevano. Ed il P. Ministro restò con una quiete d'animo, e consolazione grandissima; e il P. Antonio Francesco Guelfucci suo Compagno fu soprappreso da una insolita divozione, e contrizione, e desiderio di servire a Dio secondo i consiglj di S. Luigi, il quale affetto accompagnato da molte lagrime gli durò parecchi mesi, ed anni; non però in quella medesima freschezza; ma più, e meno secondo l'occasione. E desideroso per una parte per sua divozione di avere qualche Reliquia di questo Santo, per l'altra non osando per riverenza della Persona pigliare cose del suo dosso; pigliò, e conserva ancora, mentre questo scrivo, i lacciuoli delle sue scarpe, le penne, colle quali scriveva, e cose simili. Vennero poi gli Infermieri, per levare ed accomodare il Corpo; e nell'alzare le coperte del letto alla presenza de' sopraddetti Padri, trovarono che teneva sopra il petto quel Crocifisso di bronzo, di cui s'è detto di sopra; e l'aveva così tenuto per tre giorni continui. Nello spogliare il Corpo, videro che aveva calli grandissimi alle ginocchia, contrati per uso preso fin da fanciullo di orare sempre inginocchioni; ed alcuni per loro divozione gli tagliarono di quei calli per Reliquia; e finora ne conservano. Uno di quegli Infermieri cominciò a tagliargli un pezzo di carne a persuasione di alcuni Divoti, che l'avevano di ciò richiesto; ma poi si smarrì, e prese solo della pelle, colla quale afferma essere stato risanato un'Infermo, a cui la fece applicare. Appena era spirato, che da alcuni suoi più intrinsechi si riseppe; per essere andato un di quei Padri a dir loro, che il nostro Angelo era volato al Cielo. E questi levati di letto tutti pieni di divozione, parte si raccomandavano alla sua intercessione, perchè tenevano di certo che fosse in luogo di salute; parte ancora facevano per lui quelle orazioni, delle quali egli prima di morire amichevolmente gli aveva richiesti. La mattina seguente alli 21. di Giugno, appena fu datto il segno di levare, che si riempì di gente la camera, ove era il Santo Corpo; e quivi si poneva no tutti inginocchioni pregando per lui, e molto più raccomandandosi a lui; e da diversi a gara furono prese le sue scarpe, una camicia, camiciuola, ed altre cose del suo dosso per divozione; e gli furono tagliate unghie, capelli, e della carne stessa.

Fu poi portato il Corpo nella Cappella comune dentro il Collegio, dove stette tutta la mattina; e molti andavano a vederlo, e varj Giovani suoi conoscenti, che per altro erano non soliti avere orrore di vedere, non che di toccare morti, si accostavano per divozione, a quel cataletto, e quivi l'abbracciavano, e baciavano, chiamandolo con raddoppiate voci, Santo, Santo. La mattina tanto nel Collegio, quanto in altri luoghi della Compagnia in Roma tutte le Messe si dissero per l'anima sua; sebbene molti le dicevano più per osservare il costume della Religione, che per bisogno, che pensassero ch'egli ne avesse. Non si potrebbe dare ad intendere a chi non vi fu presente, quanta commozione cagionasse la sua morte in tutti di quel Collegio; i quali d'altro non sapevano ragionare, che delle sue virtù, e santità; raccontando chi una cosa, e chi l'altra, che avevan notata in lui; e molti parlavano più coll'affetto, che colle parole; rivolgendo nell'animo loro di quanto preziosa gioja fossero restati privi, e quanto santa compagnia avessero in quel giorno perduta. La sera verso le ventidue ore, dovendosi fare l'Uffizio, fu cavato il Santo Corpo da quella Cappella, e portato in una Sala grande, ove erano tutti i Padri, e Fratelli congregati, e dove non si costuma di baciar mai la mano, se non a Sacerdoti; a questo, che solo aveva avuti gli Ordini minori, per la sua santità andarono tutti, eziandio i Sacerdoti, a baciargli la mano ad uno ad uno, prima, che si portasse in Chiesa. Compita questa divozione, processionalmente fu portato il Corpo nella Chiesa dell'Annunziata (a) del Collegio; ove gli fu cantato l'Uffizio de' morti, come si suole. Dopo l'Uffizio fu così grande il concorso degli Studenti, e di altre persone, che si accostarono alla bara, per venerare quel Santo Deposito, e prendere delle sue Reliquie, che i Padri non bastavano a resistergli, e fu necessario, per ovviare a ciò, chiudere le porte della Chiesa, ed in quella occasione gli furono tagliati capelli, unghie, camicia, vesti, cime delle dita, e due articoli del dito picciolo della mano destra. Tra questi furono gl'Illustrissimi Don Francesco Diatristano, ora Cardinale di Santa Chiesa, Benedetto, e Filippo Caetani, Giulio Orsini, Don Massimiliano Pernestano Barone Boemo, il quale

morì

(a) Così chiamasi la Chiesa antica.

morì poi Cameriero segreto di Papa Clemente Ottavo, ed altri.

Quando s'ebbe a porre il Corpo nella Sepoltura, fu poi parere de' più gravi Padri del Collegio, ed in particolare dal Padre Roberto Bellarmino, che non convenisse porlo, come comunemente si pongono gli altri: ma in qualche cassa separato, perchè essendo egli vivuto con singolar santità, si pensava, che Iddio Signore nostro non avrebbe lasciato di farlo tanto più chiaro al mondo dopo la morte, quanto più egli in vita s'era sempre nascosto. Ma perchè non usa la Compagnia di porre i corpi di quei, che muojono nelle casse, ma semplicemente dentro la Sepoltura; il Padre Rettore mandò il Ministro al Gesù a domandare parere al Padre Lorenzo Maggio, che in quel tempo era Assistente d'Italia: il qual Padre avendone detta una parola al Padre Generale, mandò a dire che lo riponessero in una cassa, e che il Padre Generale tanto più volentieri dispensava nella consuetudine comune, quanto che era ben chiaro della singolare santità di questo Giovane. Dal che ognuno può raccogliere in quanto gran concetto di santità fosse tenuto fin da quel tempo; poichè si usava seco questa insolita particolarità di deporlo come Santo. Collocato il Corpo in una cassa di legno fatta apposta, fu seppellito nella Chiesa dell' Annunziata del Collegio Romano nella Cappella del Crocifisso, a man sinistra nell' entrare in Chiesa per la porta principale, nell'Avello dalla parte del Vangelo verso la strada. Durò per molti giorni, che nel Collegio Romano d'altro non si trattava ne' ragionamenti comuni, che delle virtù di questo Santo Fratello, e poichè quei del Collegio non potevano più goderlo vivo, cominciarono a venerarlo morto; ed ogni dì andavano alcuni al suo Sepolcro a raccomandarsi a lui, e stavano ivi buon pezzo orando, e molti perseverarono a farlo ogni dì per mesi, ed anni, finchè stettero in Roma. Uno fra questi fu il P. Gio: Antonio Valtrino, il quale ancorchè non l'avesse conosciuto vivo, venuto di Sicilia poco dopo la sua morte, ed avendo letta quella prima Vita, che io scrissi: gli prese tanta divozione, che non contento di visitare ogni dì il suo Sepolcro, coglieva varj fiori di giardino, e li spargeva sopra la sua Sepoltura dicendo che questo veramente era degno de' fiori per tante segnalate virtù, delle quali era stato ornato, e fiorito.

Stette il Corpo di S. Luigi in quella cassa sette anni, cioè fino all'anno 1598. e poi acciò in processo di tempo non si mescolasse cogli altri corpi, furono cavate le sue Ossa di quella cassa per ordine del P. Claudio Aquaviva Generale, e riposte in un'altra minore, la quale fu nel medesimo Avello con-

conficcata in alto nel muro dal lato della via alli ventidue di Giugno del 1588. e con questa occasione con licenza del Padre Bernardino Rosignoli allora Provinciale, che a questo atto volle trovarsi presente, furono prese delle sue sante Reliquie, le quali si sparsero per varie Città d'Italia, e ne furono portate in Polonia, e nell'Indie: L'istesso Provinciale nè cavò per sè, e ne diede ad altri, che le desideravano. Nè lascierò di dire, che il Provinciale affermò che trovarono le Ossa sue congiunte, e situate con quella modesta comparazione, e capo chino, colla quale in vita soleva sempre stare: il che cagionò in chi lo vide particolar sentimento di divozione. Avendo poi gli anni addietro cominciato Dio a notificare al Mondo la sua santità con miracoli fatti per sua intercessione; il medesimo Padre Generale ordinò, che fossero cavate le sue sante Ossa da quella Sepoltura, e riposte in altro luogo più decente, separato dagli altri. Per esecuzione del qual ordine agli otto di Giugno del mille seicento due furono con gran segretezza cavate quelle sacre Ossa, e trasportate in Sagrestia, ed il primo di Luglio del medesimo anno furono poste in una cassa di piombo, coperta con un'altra cassa di legno, e collocate sotto la pradella dell'Altare di S. Sebastiano della medesima Chiesa. E quantunque questa Traslazione si facesse più secretamente, che si potè; senza che ne avessero notizia altri, che gli Uffiziali, che v'intervennero; nondimeno la divozione del Popolo seppe così bene investigare, che ritrovò il luogo ove novamente era stato riposto quel Sacro Tesoro. Finalmente crescendo ogni giorno vie più per tutte le parti del Mondo la fama della sua santità, e moltiplicandosi i miracoli, che Dio operava per sua intercessione, l'Eccellentissimo Principe Don Francesco Gonzaga Fratello carnale del Santo, e Marchese di Castiglione, Ambasciatore Cesareo, giudicò essere troppo angusto il luogo, ove era riposto, e però a sua istanza il Padre Generale fece di nuovo trarre fuori di lì la cassa; la quale fu aperta, e con licenza dei Superiori detto Signore pigliò alcune poche Reliquie per il Serenissimo Duca di Mantova, e per se stesso. La testa del Santo per ordine del Padre Generale fu consegnata alla Chiesa del Gesù di Roma, e poi a richiesta del medesimo Principe donata alla Chiesa del Collegio della Compagnia in Castiglione: ove si tiene in grandissima venerazione, ed alli tredeci di Maggio del mille seicento cinque fu trasferito quel sacro deposito del Corpo suo per mano dei Sacerdoti, con torce, e moltitudine di lumi, e musica nella Cappella della Madonna della medesima Chiesa dell'Annunziata, e riposto nel muro sopra terra dalla banda del Vangelo.

lo. E febbene fi proccurò di fare detta Traslazione più fe-
cretamente, che fi potè, ed a porte chiufe; nondimeno entrato che fu in Chiefa l'Eccellentiffimo Signor Ambafciadore
fopradetto, e la Signora Ambafciadrice, col Signor Duca dei
Poli, ed altri Signori, fu tanto grande il concorfo della gente, che fi cominciò a far calca, e fu necessario che varj Sacerdoti foffero lungamente occupati in lafciar baciare, adorare, e toccare colle Corone quelle Sante Reliquie: prima che
fi rimetteffero nel luogo apparecchiato. Quivi fi ripofarono
quelle facre Offa coll'Effigie del Santo fopra (a) con molti
voti attorno, con lampada fempre accefa, e con molto onore, e concorfo; finchè l'anno mille feicento venti alli quindici di Giugno furono trasferite nella Cappella fabbricata ap-
pofta per lui. (b) In tanto l'Anima fua Santa nel Cielo preghi per noi, che veneriamo le fue Reliquie in Terra, e c'
impetri abbondante grazia, e copiofi meriti, acciochè fiamo
fatti degni delle promeffe dell'Incarnato Verbo, a cui infieme col Padre, e collo Spirito Santo fia gloria, ed onore nei
fecoli dei fecoli. Amen.

Fine della Seconda Parte.

PAR-

(a) Come, e quando fia fiata pofta quefta Effige, fi vedrà nel
Capo terzo della Terza Parte.

(b) L'Altare di effa di marmi a pietre mifchie vedefi ora nella Sagreftia della Chiefa nuova.

M 3

PARTE TERZA
DELLA VITA
DI S. LUIGI
GONZAGA.

Uesta Terza Parte non farebbe diversa da quella scritta già dal Padre Virgilio Cepari, come si fono variate la Prima, e la Seconda; se non aveffero obbligato a tal mutazione le cose, che quì si hanno a raccontare. Imperocchè effendo effe parte posteriori a' tempi di detto Padre, e parte, non ancora battantemente accettate, e quando effo fcriveva, non potevano effere da lui registrate con quella ficurezza, con cui è proceduto in tutto il decorfo della fua istoria. Il merito, e l'ingenuità ben nota di un tal Uomo ha fatto, che, tralasciati altri lodevoli Scrittori della Vita del Santo, e deposto il penfiero di ritefferne altra di nuovo, fiafi ritenuto fin quì quanto è stato fcritto da questo Autore, che oltre all'effere convivuto più anni col Santo, ed avere perciò ufata una penna, che, come testimonio di vista, lo rende fopra tutti pregievole; ha cavate di più le fue notizie da' procefi, e documenti autentici: come appare dalla introduzione, che effo fa al fuo Libro, degna di effer letta.

Ma pefo ancor maggiore accrefce all'Istoria del Padre Ceppari l'efame, che ne fecero tre gran Gardinali, Bernerio Dominicano, Bellarmino Gefuito, e Panfilio Vicario di Roma, e confrontandola co' procefi per efprefla commefione del Sommo Pontefice Paolo Quinto: *il quale* (fono parole tratte dagli Atti di questa Caufa) *a questo fine appunto volle, che fi rivedeffe, e confrontaffe, acciò foffe autentichifima fempre*, ed avendo udita in Confistoro la loro approvazione, diede licenza, che fi stampaffe col titolo a Luigi di Beato. Quindi ufcita alla luce incontrò tanto l'univerfal gradimento, che, oltre alle varie edizioni, che dipoi fe ne fecero in Italia, fu fubito tradotta in tutte queste lingue, Polacca, Alemana, Francefe, Spagnuola, Portoghefe, e Latina, e ristampata a gara, letta e riletta con fempre nuovo fentimento, e profitto delle perfone fpirituali. Talmente, che il zelantifimo Cardinale Federico Borromeo Arcivefcovo di Milano, toccando con mano

il

il frutto copioso, che leggendola ne seguiva ne' Monisteri delle Sacre Vergini, ordinò con suo editto, che quante nella sua Diocesi entrassero in avvenire per monacarsi, fra gli altri Libri divoti, tutte seco dovessero portare una copia di questa Vita, ciò che giudicarono di non dover omettere gli Uditori della Sacra Ruota nella lor Relazione al suddetto Pontefice. Nè lascierò un'altro titolo, per cui pare che San Luigi dal Cielo debba particolarmente gradire la penna del Ceppari suo Condiscepolo, ed è la conosciuta pietà delle Scritture, di cui molte cose potrei addurre dagli annali della Compagnia, se non mel vietasse il timore di occupare il luogo dovuto alle glorie del Santo. Basti per ora la visione, che ebbe S. Maria Maddalena de' Pazzi, riferita ne' processi, ed approvata nominatamente dalla Ruota nella Relazione per la sua Canonizzazione, la qual fu, che stando questo Padre in Firenze Rettore del Collegio della Compagnia, e Confessore straordinario della Santa, con facoltà di andare da lei anche ogni giorno, se fosse stato chiamato; una sera, che egli ragionava in Collegio a' suoi Sudditi di cose spirituali, la Santa Vergine, chiamata a se suor Maria Maddalena Berti sua Novizia, le disse: *Suor Maria, il Padre Rettore della Compagnia di Gesù favella co' suoi Padri; e lor dice le tali cose* (quali appunto si trovò dipoi, che egli aveva detto) *e veggo, che lo Spirito Santo gli forma tutte le parole, che egli preferisce.* Elogio, che solo rende presso i posteri venerabile di un tanto Uomo non meno la lingua, che la penna.

Per tutte queste ragioni sarebbe troppo desiderabile, che egli fosse vivuto in tempo, che avesse potuto con quella medesima schiettezza di stile, con cui ci ha descritte le azioni di questo Angelico Giovane, continuare il racconto delle tante illustri dimostrazioni, con cui Iddio dopo morte l'ha onorato. Ma giacchè il far ciò è stato riservato a' nostri tempi, prendi, o Lettore, in buona parte questa mutazione, a cui ci obbliga la necessità di non defraudarti di tanti insigni successi, che possono mirabilmente eccitare la tua pietà verso un Santo, che vedrai, quanto parziale siasi mostrato sempre a' suoi divoti. Le cose di maggior rilievo, portate già dal Padre Ceppari nella sua Terza Parte, le troverai in questa inserite ne' propri luoghi. Quel di più, che si è aggiunto di nuovo, tutto è cavato, parte dal Tomo degli Atti della Canonizzazione stampato in Roma, parte dagli Atti del Santo raccolti dal Padre Soollo Giannigo della Compagnia di Gesù; uno de' Continuatori del Bollando; parte dalle Vite del medesimo mandate in luce da' Padri Annibale Marchetti, e Giacomo Antonio Manzini della stessa Compagnia, e parte finalmente da

M 4 va-

varie Relazioni di avvenimenti particolari, datte alle stampe colle debite approvazioni. Solamente per ultimo voglio avvertirti per la ingenuità, che deve avere chiunque scrive, che le deposizioni dei processi, ed alcune altre scritture particolari; non avendo io potuto vederle in fonte, le ho prese; altre dagli Atti della Canonizzazione, dove son rapportate, altre dal sopraccitato Continuatore del Bollando, che dagli originali le ha tradotte fedelmente in latino, e colla medesima fedeltà le ho io voltate nel nostro idioma. Questo è quanto ho giudicato di dover premettere a questa Terza Parte. Or veniamo al racconto.

CAP. I.

Del concetto di santità, in cui fu tenuto Luigi dopo la sua beata morte.

SEbbene menò Luigi una vita per lo più privata, senza avere occasione d'esercitarsi in pubblici impieghi, nei quali potesse scoprirsi la sua sublime santità, con tutto ciò ha voluto Iddio che subito dopo la sua beata morte si spargesse l'odore delle sue eroiche Virtù in guisa, che fosse comunemente tenuto e riverito come Santo. Un tal concetto cominciò tosto a vederlo con sua gran consolazione la piissima Marchesa Madre del Santo nelle lettere, che in tal occasione le furono scritte da diversi Personaggj. E primieramente il Padre Claudio Acquaviva Generale della Compagnia l'assicurò per quella certa conoscenza, che aveva delle perfettissime Virtù del Beato Giovane, che sua Eccellenza era per avere un caro, e fedele intercessore in Cielo, ove si poteva credere che già fosse giunta quella benedetta Anima. E che ciò scrivesse il detto Padre Generale, non per mero complimento, come si usa nel mondo in tali occorrenze, ma per dare un attestato sincero della opinione di santità, in cui era Luigi presso di lui, lo dimostrò chiaramente in altro suo scritto dei 14. Luglio dell'anno 1605. in cui dando licenza che si stampasse la Vita del Beato descritta dal Padre Cepparì, soggiunge: *E tanto più volentieri ciò concediamo, quanto che per notizia certa, e propria scienza sappiamo, che questo Santo, e benedetto Giovane è stato in ogni sorte di Virtù compitissimo, ed esemplarissimo, e non solo conversò sempre nel Secolo con molta edificazione di tutti, ma da che fu da noi ricevuto nella Compagnia, fu sempre una vera idea di perfetta santità, e per tale tenuto comunemente da tutti quei, che lo conobbero, e praticarono in quel pochi anni, che visse tra noi, nei quali scoprimo che Dio Signor Nostro si compiaceva molto in quell*

quell' Anima, e l' aveva arricchito di segnalati doni soprannaturali, dai quali derivavano nell' esteriore santissime opere ; Angelici costumi. Così visse, e perseverò sempre, finchè morendo passò dalla Terra al Cielo , ove con saldi fondamenti crediamo che quell' Anima Santa se ne volasse subito a godere l'eterna Gloria . La medesima fama della santità del Figliuolo recarono alla Marchesa le lettere del Padre Rettore del Collegio Romano, che attestava aver Luigi lasciata in tutti una santa invidia di simil morte , e due Cardinali Scipione Gonzaga , e Girolamo della Rovere parenti suoi, dei quali quest' ultimo con qualche più distinta particolarità dice, *Giovedì sera passò a miglior vita il nostro buon Padre Luigi, lasciando altrui tanto desiderio di se , e tanto buona opinione di santità, che quei Padri hanno non meno ammirata , che pianta la morte sua, tenendo ferma speranza, che se ne sia volato al Cielo, di che può ella consolarsi, persuadendosi ch' egli sarà intercessore presso Nostro Signore Dio per la pace dei Signori Fratelli suoi , e felicità di Casa sua.* E il Signor Tommaso Mancini Secretario del detto Cardinal della Rovere, il quale si trovò presente all' esequie del Santo , fra le altre cose , che lungamente scrive alla suddetta Signora, le dà ragguaglio, come questo suo benedetto Figliuolo avea lasciata *opinione grandissima a Roma, e à tutto il mondo di santità, nè più poteva sperare egli d' acquistare, se avesse corsa l' età di Noè, non che di giovanetto di ventitre anni. . . . . Ne lascerò* (soggiunse) *di dirle, che quei Padri fanno gran conto della Reliquia, che ha lasciata in Terra , ma dal Popolo, che vi si trovò, gli fu tagliata la veste, come cosa santa, e se io dicessi qualche cosa di più, forse non mentirei, ma spero l' intenderà da altri, e forse dai Padri medesimi , che meglio di me ne sapranno dar conto. . . . Oggi mi vien detto, che molti Signori fanno grandissime istanze, per avere qualche cosa del suo. Già vi è chi ha cominciato a scrivere la vita sua, e al Signor Cardinale n' è stata promessa copia, finita che sarà, il quale siccome si trafisse alla nuova, che io gli diedi del transito, così si è consolato sentendone tanto, ed egli ancora fa grande istanza, sebbene per doppia cagione d' avere qualche cosa di quel benedetto Padre. Mi sovviene anco di dirle che la settimana passata, andando io a visitare il detto Padre, si prognosticò la sua morte con molta allegrezza, e mi diede le due lettere, che le inviai oggi sono otto giorni, sottoscritte di sua mano, e mi pregò di farle capitare sicuramente, dicendomi che sariano state l' ultime, che averia scritte a V. Eccellenza, e al Signor Marchese suo Fratello.*

Finalmente di gran gloria a Luigi , e di pari consolazione alla Madre fu il sentimento della Serenissima Arciduchessa Donna Leonora d' Austria Duchessa di Mantova, celebre per fama di santità, la quale, come racconta l' Autore della vita di lei,

in-

intefa la morte del Giovane, molte cofe diffe in fua lode, come quella, che trattandolo intimamente, tanto Secolare, quanto Religiofo, aveva conofciuto i rari doni da Dio communicatigli, e fu udita replicare fovente: *Era un Giovane Santo, è morto un Santo.* Anzi riferifcono alcuni, ch'ella di più ripeteffe in quefta occafione ciò che già, fcorta fenza dubbio da lume fuperiore, aveva detto nella nafcita di Luigi; *Che quefto farebbe ftato il primo Santo di Cafa Gonzaga.* Corrifpondente a un tal concetto fu la belliffima lettera fcritta da quefta Principeffa alla Marchefa, la quale fi legge ftampata nella fua Vita, e comincia cosí. *Confiderando io quanto acerbo dolore debba V. S. Illuftriffima aver patito per la grave perdita fatta del Padre Don Luigi fuo Figliuolo nella fua ancora frefca età, e mifurandolo da quello, che io medefima ne ho fentito, che pure non gli era Madre, febben l'ho fempre amato da Madre, non poffo fare, che non me ne condoglia con lei, e non folamente con lei, ma con tutta la Cafa noftra, il danno e comune a tutti noi fecondo l'umanità ec.* Indi proffegue a confolare la Madre, e congratularfi con effa, perchè levandole Sua Divina Maeftà un tal Figliuolo, lo abbia fatto Cittadino della fua Santa Gerufalemme, divenuto di Uomo mortale Angelo Celefte. Ne andò molto, che la pia Marchefa ebbe la confolazione di vedere cogli occhi proprj la verità di sì cari annunzj, per mezzo di una celefte Apparizione, in cui le fi prefentò davanti quefto fuo amato Figliuolo tutto rifplendente di gloria, come fi racconterà a fuo luogo.

Non fu fola però la Corte di Mantova, dove alla nuova della fua morte fi rifvegliaffe la memoria delle fue eroiche Virtù. Somigliante effetto cagionò ella in tutte le altre Corti d'Italia, come in Firenze, Ferrara, Torino, e Parma, dove per ordine del Principe fuo Padre era ftato Luigi a complire con quei Sovrani, ed avea lafciata tal fama di fantità, che non dubitavano d'invocarlo come già Beato nel Cielo. Addurrò qui folamente dai proceffi le depofizioni di due Principi Farnefi. L'una del Duca Ranuzio figlio del Grande Aleffandro: Il quale e per l'infigne concetto formato di Luigi fin da quando l'avea conofciuto la prima volta in Mantova, e poi in Parma, e per la beata morte, che ne avea udita celebrare da molti: *Io (dice) ho creduto, e credo fermamente, che lui ftia in fanta Gloria,* e attefta di efferfi raccomandato alla fua interceffione una notte, che per ecceffivo dolor di denti non poteva chiuder occhio al ripofo, e che tofto a poco ceffatogli il dolore, prefe fonno, e dormì quietamente. *Ed ancora che (foggiunge io fia ftato fuo amico, e di Cafa fua, nondimeno ho depofto per verità.* L'altra teftimonianza è della Sereniffima Maura Lucenia Sorella del detto Duca, Monaca Profeffa ed Abbadeffa

in

in Sant'Alessandro di Parma, la quale riconobbe dal Beato Giovane l'essere stata liberata da un'acerbo dolor di capo, e questo per la fiducia, ch'ella avea nei meriti di lui, come di un Santo, che per tale l'avea sempre venerato da che in Mantova, essendo ella ancor fanciulla, le fu dalla Contessa Laura Gonzaga Martinenga mostrato a dito Luigi allora giovinetto di tredici anni, con dirle; *Questo Figliuolino, benchè sia così picciolo, vive nondimeno una vita santissima:* Per il che non finiva questa Principessa di tenere in lui fissi gli occhi, sentendosi da quella vista muovere tutta a divozione. Universalmente poi in quanto concetto lo avessero quasi tutti i Principi della Cristanità, lo dimostrarono nelle lettere, che scrissero al Sommo Pontefice dimandando la sua Canonizzazione, nelle quali arrecano chi uno, chi un'altro titolo dell'alta stima, che tutti facevano della sua santità. Ridolfo Secondo Imperadore, che gli avea dato il consenso per la rinunzia del Marchesato, commenda l'esempio d'un sì religioso distacco dal mondo in un Giovinetto, nato Principe dell'Imperio, e congiunto di parentela coll'Imperial sua Casa. Carlo Emmanuele Primo Duca di Savoja esalta il segnalato dispregio delle vanità mondane mostrato dal Beato Giovane, quando comparve alla sua Corte in abito umile e dimesso, men consapevole alla sua qualità di Principe, ma altrettanto più ricco degli abiti di tutte le Virtù degne di un Santo. Maria Medici Regina di Francia si gloria di aver avuta la sorte d'ammirare l'Angelica sua innocenza nella Corte paterna di Firenze, quando ivi dimorò ancor fanciullo. Filippo Terzo Re Cattolico: *Sì per la molta divozione, dice, che ho verso di lui, come per essersi egli allevato i primi anni della sua giovinezza nella Casa e Corte mia, desidero che li meriti di Personaggio sì esemplare siano premiati, per maggior gloria, e onore di Nostro Signore, e per consolazione di quei Fedeli, che lo conobbero e trattarono:* E l'Infanta Donna Margherita d'Austria Sorella del sopraccitato Imperadore, Monaca Professa nel Real Monistero delle Scalze di Santa Chiara in Madrid, adduce fra le altre cose ciò, che da lei aveva udito altre volte il Principe Francesco Fratello del Santo: *Che quando la Maestà dell'Imperatrice sua Madre passò in Ispagna, non solo la Maestà Sua, ma tutta la sua Corte lo tenevano in concetto di Santarello.*

Ma per non andar troppo in lungo colle tante testimonianze, che trovansi deposte in varie parti da persone di merito in lode di questo Santo, mi atterrò solamente ad alcuni di quei della Compagnia fuori Conoscenti, come quelli ch'anno potuto più da vicino scoprire i tesori di Dio in quest'Anima. Il Padre Stefano del Bufalo Lettore di Teologia in Padova, e in Roma,

ima, dove fu anche Rettore, e Teologo della Sacra Peniten-
zieria, depone che effendo egli ſtato Condiſcepolo di Luigi
in Teologia, e perciò rapito all'amore e venerazione ſua,
ſubito che quegli fu morto, cominciò a raccomandarſi ogni
giorno alla ſua interceſſione, non potemo dubitare, che non
ſe ne foſſe volato diritto al Cielo. Somigliante concetto ne
avea il Padre Franceſco Remondo, famoſo Lettore di Teologia per venti anni in Italia, e in Francia; il quale chiamava l'aver avuto per Condiſcepolo queſto Beato Giovane *Bene-
ficium a Deo magnum in me collatum*. Al qual propoſito il Padre Ignazio Bertoloni Predicatore laſciò ſcritto con giuramento, che molti nel Noviziato, e nel Collegio Romano andavano a dimandar per grazia dai Superiori di poter abitare pref-
ſo alla camera di Luigi, parendo loro che quella vicinanza
d'un Santo avrebbe transfuſa in eſſi parte di ſantità, e princi-
cipalmente virtù di far bene orazione. E quell'illuſtre Martire Padre Carlo Spinola, che morì nel Giappone bruciato a
fuoco lento per Criſto, riputava a ſua gran gloria d'avere in
Napoli ſtudiata inſieme con Luigi la Filoſofia, del che ne rin-
nova con molto giubilo la memoria nella lettera, che dalla ſua
prigione ſcriſſe al Padre Muzio Vitelleſchi Generale della Compagnia, poco prima di andare al Martirio. Già ſi è riferito
altrove il detto di più perſone graviſſime, particolarmente del
Venerabile Cardinal Bellarmino, e del Padre Girolamo Piatti
Fratello del Cardinal Flaminio Piatti, i quali ſi meravigliavano come Luigi non faceſſe alla giornata frequenti miracoli.
Ma il Padre Antonio Franceſco Guelfucci Predicatore, che ſi
trovò preſente alla ſua beata morte, venendo nei proceſſi a
parlare appunto dei primi miracoli, che ſi raccontavano operati da Dio per gloria del ſuo Servo, confeſſa ch'egli non ſi
curava in queſta parte d'intendere più che tanto: *Perchè* (dice) *la fama dei miracoli nel mio concetto non aggiunge nulla al
credito, che ho ſingolariſſimo, della ſantità di Luigi.* Sentimento,
in cui a molti uomini dotti, e ſpirituali, convenne altreſì il
Padre Paolo Comitolo, Teologo celebre per le ſue Opere date
in luce: il quale conſiderando i doni ſingolari, che l'Angelico
Giovane aveva ricevuti da Dio, e ricercato dai Superiori a
darne il ſuo voto, ſcriſſe coſì: *Sodalem hunc judico ſanctiſſi-
mum, & qui in Sanctorum numerum referatur digniſſimum. Nam
ea munera divinitus illi conceſſa majora mihi videntur, quam ſi
mortuos ad vitam revocaſſet.* Coſì pure il già nominato Padre
Generale Muzio Vitelleſchi, che aveva per quattro anni go-
duta in Collegio Romano, un'intima familiarità con queſto
Santo, ſoleva dire *di portar ferma opinione, che Iddio per inter-
ceſſion di Luigi ancor vivente non avrebbe laſciato di operare exian-*

die

Alo miracoli, se allora gliene fosse intervenuta occasione, e che colla riverenza dovuta ai Santi Canonizzati, s'immaginava di vedere in lui un altro S. Tommaso d'Aquino, quando giovinetto in Religione attendeva agli studj. Il qual detto fu parimente del Cardinal Bellarmino, e di molti altri. E giacchè si è fatta menzione del Dottore Angelico, non lascierò di soggiungere così di fuga, benchè fuor di luogo, una preziosa notizia deposta dal suddetto Padre Vitelleschi nei Processi, e registrata dalla Sacra Ruota Romana nella sua Relazione, ed è, che tenendo esso Padre familiar discorso col Beato Giovane, venendo a parlare di quella opinione di S. Tommaso (1. 2. 89. art. 6. in corp. & ad 3:) nella quale insegna, che pecchi gravemente chiunque non offerisce se stesso a Dio, quando comincia ad aver l'uso di ragione ordinandosi, quanto è capace quella età, al debito fine nel primo atto, che fa. Luigi colla sua solita sincerità, e confidenza gli confessò, che quanto a se non aveva intorno a ciò scrupolo alcuno, sapendo di certo che in quell'istante, in cui era giunto all'uso di ragione, si era per la Divina Grazia convertito e dedicato a Dio. Il che quanto straordinario dono sia, si raccoglie facilmente da questo solo, che niuno senza una special prevenzione di Grazia può ben discernere, quale appunto sia in lui il primo istante di un tal lume di ragione.

Ma torniamo al nostro proposito, e finiam questo Capo con una singolar testimonianza del sopraccitato Cardinal Bellarmino. Non è facile a spiegarsi il concetto, che di Luigi ebbe sempre questo Venerabile Cardinale, tanto che prima del Cardinalato, abitando egli nel Collegio Romano fu udito dir più volte, che stando Luigi in Collegio, non temeva che fosse per venire mai disgrazia veruna, e in un pubblico ragionamento, che dopo la morte di lui fece ai Domestici, fra le molte cose dette in sua lode una fu, che in occasione di dare a Luigi gli Esercizj Spirituali di Sant'Ignazio, aveva scoperta in lui tanta copia di lume divino, ch'egli doveva confessare di avere in quella sua età avanzata imparato da questo Giovinetto a meditare, elogio veramente sublime presso chi sa dall'Istoria della Vita del Bellarmino, e dai Libri suoi divotissimi in materie di spirito, quanto quell'Anima fosse illuminata da Dio. Fatto poi Cardinale, non solamente seguitò il suo costume di venire nel dì anniversario di Luigi a venerare il suo Sepolcro, ma di là passava in Collegio a far una divota visita a quella Camera, donde se n'era il Santo volato al Cielo, non senza lagrime di tenerezza al ricordarsi di quegli ultimi abbracciamenti e colloquj con questo suo Figliuolo Spirituale. Anzi non parendogli conveniente che servisse più quella Stanza per uso di altri infermi, fece opera co' Superiori, perchè fosse

tenuta con riserbo, fin tanto che Dio avesse voluto glorificare in altro modo il suo Servo. E ne fu subito compiaciuto,
concorrendo anche il Cielo a comprovare il pio zelo del Cardinale colle soavissime melodie, che più volte furon udite da
varj risonare dentro quella Stanza, senza, che mai siasi potuto rintracciare donde venissero, credute perciò piamente
melodie di Cori Angelici, scesi a consecrare col loro canto
il luogo, dove avea svestita la spoglia mortale questo loro
amato Compagno. Ma quando fu Luigi dalla Santa Sede dichiarato Beato, fece allora il Cardinale a sue spese convertir
quella Camera in Cappella, abbellendola di varj ornamenti,
colle azioni più memorabili del Beato dipinte all'intorno
sulle pareti, la qual Capella in decorso di tempo ha poi dovuto dar luogo alla fabbrica della nuova Chiesa, che oggi si
vede dedicata a Sant'Ignazio. Finalmente a tante altre dimostrazioni, date in vita della sua pietà verso il Beato Giovane, aggiunse il Bellarmino quella onorevolissima in morte
di bramare d'esser sepellito ai piedi del suo Luigi, sponen-
done ai Superiori della Compagnia il desiderio nel suo Testamento con queste parole, che mostrano insieme la sua gran
rassegnazione in materia di ubbidienza: *Quod attinet ad locum
sepulturae, libenter jacere corpus meum voluissem ad pedes Beati
Aloysii, mei quondam spiritualis Filii, sed tamen superiores Societatis, ubi voluerint, corpus meum ponant.* E ben volle Iddio
premiare anche in Terra il merito d'una tal ubbidienza, che
si stendeva fin dopo la morte, disponendo che i Superiori de-
stinassero al Corpo del Venerabile Cardinale quella Sepoltura
medesima, dove avea fin a quell'ora riposato le Reliquie del
Santo Patriarca Ignazio.

    Ora questo gran Cardinale richiesto dal Padre Virgilio Cep-
pari a dar qualche testimonianza di ciò, che sentisse intorno
a Luigi, praticato tanto da lui, e governato nello spirito fin
alla morte, rispose con una Lettera tutta di suo pugno dalle Stanze di Palazzo in Vaticano, ove abitava, la quale anche riconobbe egli di poi, e giurò in forma autentica, e per
essere di un tanto Uomo, e più volte da lui citata, e confermata con giuramento ne' processi, si è giudicato di metter-
la qui senza mutazione di parola veruna, ed è la seguente.

Molto Reverendo Padre mio.

DI buona voglia soddisfarò a quanto V. R. mi ricerca, parendomi che appartenga alla gloria di Dio Nostro Signore, che
si sappiano i doni concessi da sua Divina Maestà a Servi suoi. Io
ho confessato lungo tempo il nostro dolcissimo e santissimo Fratello
Lui-

Luigi Gonzaga, ed anco una volta l'ho confeſſato generalmente di tutta la vita, e mi ſerviva alla Meſſa, e praticava volentieri con me, trattando delle coſe di Dio. Dalle predette confeſſioni, e dalla converſazione parmi con ogni verità potere affermare le coſe ſeguenti. Prima, che non abbia mai fatto peccato mortale, e queſto lo tengo per certo, quanto al tempo dalli ſette anni ſino alla morte; ma quanto alli primi ſette anni (ne' quali non viſſe con quella cognizione di Dio, colla quale viſſe poi) lo tengo per conghiettura; perchè non è veriſimile, che nella infanzia peccaſſe mortalmente, maſſime eſſendo preordinato da Dio a tanta purità. Secondo, che dal ſettimo anno di ſua vita, nel quale (come eſſo mi diceva) ſi convertì dal mondo a Dio, abbia viſſuto vita perfetta. Terzo, che non abbia mai ſentito ſtimolo carnale. Quarto, che nella orazione, e contemplazione (nella quale per lo più ſtava inginocchiato in terra ſenza appoggiarſi) per ordinario non abbia patita diſtrazione. Quinto, che ſia ſtato uno ſpecchio di ubbidienza, umiltà, mortificazione, aſtinenza, prudenza, divozione, e purità. Negli ultimi giorni di ſua vita ebbe una notte tanto eccesſiva conſolazione nel rappreſentargli la gloria de' Beati, che penſava foſſe durata meno de un quarto d'ora, eſſendo però durata quaſi tutta la notte. Nell'iſteſſo tempo, eſſendo morto il P. Lodovico Corbinelli, e dimandandogli io quello, che eſſo credeva di quell'Anima, riſpoſe con gran ſicurezza queſte parole: E' paſſata ſolo per il Purgatorio. E conſiderando io la natura ſua, ch'era conſiderato ſoprammodo nel parlare, e riſervato in affermare le coſe dubbie, tenni per certo, che l'aveſſe ſaputo per Divina rivelazione: ma non volſi andare più oltre, per non gli dare occaſione di vanagloria. Molte altre coſe potrei dire, le quali taccio, perchè non mi aſſicuro di ricordarmene bene. In ſommario tengo, che andaſſe dritto alla Gloria Beata, ed ho ſempre avuto ſcrupolo di pregare Dio per quell'Anima parendomi di fare ingiuria alla grazia di Dio, che in eſſa ho conoſciuta. Per il contrario non ho mai avuto ſcrupolo di raccomandarmi alle ſue orazioni, nelle quali molto confido. La Riverenza Voſtra preghi per me.

Dalle Stanze di Palazzo li 17. Ottobre 1601.

D. V. R.

Fratello in Criſto affezionatiſſimo
Roberto Cardinale Bellarmino.

CAP.

C A P. I I.

D' una viſione, che ebbe Santa Maria Maddalena de' Pazzi Intorno a San Luigi, e d' un miracolo ſucceduto poco dopo nel Meniſtero della medeſima Santa.

NEll' anno 1599. eſſendo il Padre Virgilio Ceppari in Firenze Rettore del Collegio della Compagnia , e Conſeſſore ſtraordinario del Moniſtero di Santa Maria degli Angeli , dove viveva Santa Maria Maddalena de' Pazzi , diede il detto Padre alla Santa Vergine da comunicarſi ancor alle altre Suore per loro edificazione quel ſuo Manuſcritto delle azioni di San Luigi, che aveva compilato, quando ancora viveva il Beato Giovane, com'egli dice nella Introduzione al principio di queſta iſtoria, e inſieme le aggiunſe in dono una Reliquia dell' oſſo di un ſuo dito. La lettura di quei Fogli ſiccome eccitò in tutte quelle Religioſe un gran fervore di ſpirito; così acceſe loro in cuore il deſiderio di participare della ſuddetta Reliquia. Or mentre a' dì 4. di Aprile dell' anno ſeguente 1600. ſtava la B. Madre attorniata da dieci di eſſe in atto di conſolarle con dividere in parti quel prezioſo Pegno, ecco che conſiderando ella fra di ſe di che bell' Anima foſſe quella ſtato ſtrumento , fu all' improvviſo rapita in iſpirito a contemplare la gloria di San Luigi, e cominciò conforme al ſolito delle tante altre ſue celeſti viſioni a pronunciare interpolatamente quanto allora vedeva . Era già qualche tempo, che le Monache non regiſtravano più tali viſioni, per la loro gran frequenza. Ma queſta volta la Madre Priora Suor Vangeliſta del Giocondo, per un iſtinto , che ſentì dentro di ſe , com' eſſa dipoi teſtificò, che forſe un giorno tali coſe potrebbero aver ad eſſere un teſtimonio della ſantità di Luigi, ordinò che ſi ſcriveſſero le parole della Santa. *Ed io,* atteſta nei proceſſi Suor Maria Pacifica del Tovalgia che ſi era trovata preſente al Ratto, *ſcriſſi le parole, che proferì, pigliandone dalla bocca propria di lei.* Sebbene mandandone poi ella copia al Padre Ceppari, ſi dichiara che quelle ſono ſolamente alcune poche coſe delle molte, che diſſe la Santa nelle ſue eſtaſi. Indi l'anno 1606. ai 15. di Aprile; preſentato quello ſcritto da Monſignor Aleſſandro Marzi Medici Arciveſcovo di Firenze alla Santa Vergine, perchè deponeſſe con giuramento ſopra la verità delle coſe ivi contenute, fu da eſſa pienamente approvato, giurando *d'aver veramente avuta quella viſione così come ivi era narrato.* Nel qual atto fu tale il patimento della ſua umiltà, che il ſuo Conſeſ-

seffore ordinario Don Vincenzo Puccini per consolarla alquanto le disse: *aver Dio permesso questo acciocchè più risplendes-
se la gloria di questo Beato nella Chiesa sua.* Or le parole dell'
estatica Vergine fedelmente ricopiate da quello scritto autentico, colle sue pause, e colle postille framischiatevi per di-
chiarazione della suddetta Suor Maria Pacifica, secondo che
di poi si spiegò per ubbidienza la medesima Santa, sono le
seguenti.

*O che gloria ha Luigi, figliuol d'Ignazio! Mai l'avrei cre-
duto, se non me l'avessi mostrato Gesù mio!* —— *Mi pare in
modo di dire, che non abbia a esser tanta gloria in Cielo, quanta
ne veggo aver Luigi.* —— *Io dico, che Luigino è un gran Santo.* —— *Noi abbiamo dei Santi in Chiesa, che non credo, abbian tanta gloria.* —— *Io vorrei poter andare per tutto il mondo, e dire, che Luigi, figliuol d'Ignazio, è un gran Santo: e
vorrei poter mostrare la sua gloria a ciascuno, perchè Dio fosse glorificato.* —— *Ma tanta gloria, perchè operò coll'interno.
Chi potrebbe mai narrare il valore, e virtù dell'opere interne!
Non ci è comparazione alcuna dall'interno all'esterno.* —— *Luigi, stando in Terra, tenne la bocca aperta al Risguardi del Verbo,
e però ha tanta gloria.* (Volse dire, che amava l'interne ispirazioni a quello, che ricercava da esso) —— *Luigi fu Martire incognito. Perchè chi ama te, Dio mio, ti conosce tanto grande, ed infinitamente amabile; che gran Martirio gli è il vedere,
non ti amar, quanto aspira e desidera di amarti, e che non sia
dalle Creature conosciuto, nè amato, anzi offeso.* —— *Si fece anco Martire da se stesso.* —— *O quanto amò in Terra! E però ora
in Cielo gode Iddio in una gran pienezza d'amore.* —— *Saetta-
va il cuor del Verbo, quando era mortale, ed ora in Cielo quelle
saette si riposano nel suo cuore, perchè quelle communicazioni, ch'ei
meritava cogli atti d'amore, ed unione, che faceva (quali erano
le saette) ora l'intende, e gode.* —— *Vedeva quì, che detto
Santo pregava per quelli, che in terra gli avevano dato ajuto
spirituale; onde diceva).* —— *Ancora io mi voglio ingegnare
d'ajutar l'Anime, perchè, se alcuna n'anderà in Paradiso, preghi per me, come fa Luigi per chi in Terra gli diede ajuto. Amen.*

Tutte queste sono parole della mentovata Relazione. Non
fù però questa volta sola, che l'illuminatissima Serafina, fosse rapita a vedere la gloria dell'Angelico Giovane, avendo
rapportato al Padre Ceppari la Compagna della Santa, *che
detta Suor Maria Maddalena più volte ha visto il Padre Luigi
in Cielo con molta gloria, e che l'Anima sua era a Dio di molto gusto.* Ma in questo Ratto fu sì grande la piena di celesti delizie, che le inondaron lo spirito che ritornata ella poscia in se, fu udita sclamare: *Ahi mio Dio! perchè rompi il*

parte fatta meco, avendo ricufato per amor tuo ogni contento? E
affinchè di mano ancor della Santa medefima aveffimo un teftimonio d'una vifione sì gloriofa a Luigi, difpofe Iddio, che
paffata quell'eftafi, fi ritiraffe ella colla fantafia tutta piena
di quelle fattezze, in cui le fi era moftrato il Santo Giovane, a formarne fopra una carta il Ritratto, nel quale avendolo delineato con quella maggiore accuratezza, che poteva,
non dubitò, benchè non godeffe ancora Luigi il titolo di
Beato, di circondargli di raggi il capo, come quella, che
l'avea veduto rifplender tanto nella Gloria. Quefto Ritratto
confervafi ancor oggi nel Moniftero delle Barbarine in Roma, e fe ne veggono attorno le copie cavatene colla ftam-
pa, una delle quali ho trovata io inferita negli Atti della
Canonizzazione.

Ma quattro giorni dopo quefta vifione confermò Iddio nel
medefimo Moniftero il concetto della fantità e gloria di Luigi col teftimonio di un gran miracolo, che fi legge il primo dei quindici approvati dalla Santa Sede Appoftolica per
la fua Canonizzazione. Erano già intorno a quattro mefi,
che una Monaca giovane, per nome Suor Angela Caterina
Carlini, aveva fotto la mammella finiftra una cancrena affai
tormentofa, che oltre al cagionarle gran dolore in tutti i
movimenti del corpo, le toglieva bene fpeffo il fonno neceffario, e le rendeva penofo fino il cibarfi, per l'affanno grande, che provava nel refpirare. Con tuttociò parte dal defiderio di patire, parte per verecondia di farfi vedere ai Medici e Cerufici, non diede mai a perfona veruna minimo indizio del male. Finchè nel fare fecondo il coftume d'ogni
anno del fuo Moniftero, gli Efercizj Spirituali di Sant'Ignazio, fentendofi più aggravata, ebbe fcrupolo di tenere più
lungamente nafcofta una tale infermità, la manifeftò alla Superiora delle Giovani, ch'era quella Suor Maria Pacifica detta di fopra, che avea registrata la vifione di Santa Maria
Maddalena. Quefta, vifitata infieme colla Santa, e colla Madre Priora la parte dolente della Monaca, e trovato effere
la cancrena fimile appunto a quella, di cui era morta poco
prima un'altra delle loro Suore; fi fentì infpirata di racco-
mandarla a San Luigi, ed avendola fegnata colla Reliquia
avuta dal Padre Ceppari, ceffò all'inferma il dolore, che
pativa al di fuori, ma tutto il refto del male di dentro rimafe. Doveva perciò il dì feguente metterfi nelle mani de'
Medici, per tentare i rimedj dell'arte.

Quindi quel giorno fteffo otto di Aprile, fentendofi la
Giovane accendere di defiderio, che Dio foffe glorificato nel
fuo Servo Luigi, fi diede a pregarlo con grande affetto che,

se era Santo, come essa lo teneva, non lasciasse passare quel
dì; senza concederle la grazia, acciocchè potesse riconoscer-
la non da rimedj umani, ma dalla sua intercessione. E verso la sera, stando sola nella sua camera in questa orazione,
con avere, come essa di poi testificò, solo l'occhio alla gloria di Dio, e di questo Servo Suo, sentì dirsi alla mente
dal Santo queste parole; *Tu hai avuto tanta fede in me e nella mia intercessione, e tanta sete e desiderio che Iddio manifesti la
gloria, che mi ha data, che Sua Divina Maestà si compiace concederti la grazia.* Dopo queste parole le sopravvenne in un
subito un dolore intensissimo nella parte inferma, come se le
fosse da mano invisibile aperto il petto, e strappato via a forza tutto il male. Ed in fatti in quell'istante tutto il male
sparì; restando la Monaca perfettamente libera non solo dalla cancrena, ma da tutti eziandio quei dolori, che fin da
quattro anni prima avea patiti in quel lato, ed erano stati
come preludj alla cancrena, che poscia si formò. Ma lo spasimo sentito in ricevere la sanità fu sì grande, che cadde
l'inferma in un deliquio, e restò tramortita. Soppraggiunte
indi a poco le Monache, al vederla in questo stato colla faccia tanto pallida, e contraffatta, che pareva morta, la leva-
no di peso, e la pongono sul letto. E quella intanto, ripigliato un poco di fiato andava sotto voce dicendo alla Superiora: *Madre Maestra, io son guarita, io son guarita:* non sapendo veruna delle astanti ciò che fosse accaduto. Finchè poco dopo ravvivata raccontò il miracolo con incredibile allegrezza di tutte, che non finivano di benedire il Signore, e
il Servo di Luigi, la cui gloria rivelata poco prima alla loro Santa Sorella con esse vedevano autenticata con sì prodigioso successo.

Crebbe tant'oltre il fervore della lor divozione al Santo;
che stimandolo bastantemente canonizzato dal Cielo, volevano quella stessa sera ergergli un'Altare nel Monistero, e vi
bisognò tutta l'autorità, che aveva presso di loro il Padre
Ceppari, per impedirlo. Ma quando poi cinque anni dopo,
vivente ancora Santa Maria Maddalena, venne da Roma la
nuova della Beatificazione di Luigi, si vide tosto lo sfogo
della loro pietà nell'onorare il nuovo Beato; celebrando un
precedente digiuno la Festa, in cui tutte si comunicarono,
e portata in Processione la sua Reliquia, ed Effigie, la col-
locarono sopra un'Altare, davanti al quale passarono quasi
tutto quel giorno in orazione; costume praticato poi ogni
anno fino a' nostri tempi per memoria di un tanto miracolo
da quel Religiosissimo Monistero, degno d'una special protezione del nostro Santo, per la distinta divozione, che quel-

le Madri gli han sempre professata, e per l'ardore, con cui hanno bramata, e con pubbliche e replicate preghiere chiesta da Dio la sua Canonizzazione.

Ma altro più strepitoso effetto operò ad esaltazion di Luigi così questo miracolo, come la preceduta Rivelazione della Santa Vergine. Imperocchè, giuntane la notizia per lettere de' Serenissimi Ferdinando Gran Duca di Toscana, e Maria Regina di Francia alle Altezze di Mantova Vincenzo, e Leonora, e al Principe Francesco Gonzaga Fratello del Santo, che a chi gliene recò il primo avviso, donò per mancia una buona Casa in Castiglione; si diede quindi la spinta a' primi processi, che si formarono in varie Città dagli Ordinari, per ottenere la Canonizzazione di questo Santo. Così Firenze chiamata da Luigi *Madre della sua divozione*, può con ragione gloriarsi di essere stata la prima a manifestare in Terra la Celeste sua gloria colla fama di due avvenimenti, co' quali pare che abbia voluto Iddio canonizzare anticipatamente i meriti di questo suo Servo.

C A P. I I I.

Del primo Culto, che ebbe S. Luigi fin alla sua Beatificazione.

ERa già tanto cresciuta la fama della santità di Luigi, massimamente dopo il miracolo di sopra raccontato, che avevano un poco da fare i Padri di Roma ad impedire il culto al suo sepolcro, ed a quietare coloro, che venivano a lamentarsi, perchè si nascondessero le tavolette, e i voti, che da varie parti colà si portavano. Tanto più che già correvano per le bocche de' Popoli le gran cose, che di lui erano state deposte ne' processi degli Ordinarj; per le quali pareva non potersi ormai più dubitare, che non volesse Iddio onorati in terra i meriti del suo Servo. Quindi radunatasi in Piacenza a' ventidue Settembre dell' anno 1603. la Congregazione Provinciale della Compagnia di Gesù della Provincia di Venezia, il Padre Ceppari portò a' Congregati un gran fascio, di processi, e documenti autentici, raccolti da lui per compilare l' Istoria della Vita di Luigi; acciocchè quei Padri, che l'aveano la maggior parte conosciuto e trattato, avessero la consolazione di vedere in quanto credito di santità fosse salito questo loro Santo Fratello. Lette da' Padri, e considerate maturamente tali cose, non vi fu chi non giudicasse esser egli degno di Canonizzazione. È perciò di comune consenso fu stesa la supplica da presentarsi al Padre Claudio Acquaviva, perchè a tempo opportuno porgesse al

Som-

Sommo Pontefice le calde iſtanze della loro Provincia, per ottenere che queſta Cauſa s'intraprendeſſe dalla Santa Sede colle forme conſuete. Ma nel Maggio ſeguente del mille ſeicento e quattro, altra più ſolenne ſpedizione fu deſtinata per tal effetto direttamente alla Sede Appoſtolica dalla Chieſa di Mantova. Governava allora quella Chieſa il Venerabile Fra Franceſco Gonzaga de' Minori Oſſervanti, Prelato di ſanta vita, e parente di Luigi in quarto grado, il quale non tanto per l'attinenza del ſangue, quanto per la cognizione, che aveva, delle Angeliche ſue Virtù, fin da quando nella Corte di Spagna ne eſaminò, ed approvò la vocazione alla Compagnia; deſiderando ſommamente, che foſſe propoſto alla venerazione comune un eſemplare sì perfetto di ſantità; ſi fece eſtrarre un Sommario da tutti i proceſſi formati fin a quell'ora, e comunicato l'affare col Sereniſſimo Duca Vincenzo, convocò nella Cattedrale in un Sinodo Dioceſano tutto il ſuo Clero, coll'intervenimento eziandio del Reverendiſſimo Padre Inquiſitore, e di tutti i Superiori Regolari; perchè conſiderati colla maggior prudenza poſſibile quei fondamenti, ſi chiedeſſe al Sommo Pontefice a nome di quella Chieſa la Canonizzazione di queſto Santo Giovane, nato dalla ſtirpe de' loro Principi, e deſiderato per particolar Protettore da quegli Stati. Grande fu l'allegrezza di tutto il Sinodo a tal propoſta; maſſimamente all'udirſi da Monſignor Matteo Arigoni Canonico della Cattedrale; veſtito di Dalmatica, recitare dal pulpito un compendio delle ſante azioni di Luigi, depoſte e provate giuridicamente a' Tribunali di varj Veſcovi; di modo che non ſolamente tutti i Congregati decretarono, che ſi faceſſe la detta dimanda; ma alcuni ſignificarono di più al Veſcovo di non avere altra maggior brama, che di poterne fra tanto celebrare le Meſſe. La fama di un tal ſucceſſo divolgataſi per ogni banda fece sì, che univerſalmente nella Lombardia già più non ſi nominaſſe Luigi, ſe non col titolo di Beato. Contro al qual uſo de' Popoli tanto non ſi fece oppoſizione dagli Ordinarj, che anzi facilmente permiſero, come era lor lecito in quei tempi, che ſe ne ſtampaſſero con tal titolo, e co' raggi intorno al capo le Immagini; avendone fatta dipinger la prima la Sereniſſima Ducheſſa di Ferrara Margherita Gonzaga; di cui ſe ne formaron poi copie in Mantova a richieſta di quel Duca, e Principi,

Queſte Immagini dell'Angelico Giovane, ſiccome furono a gara cercate da' divoti, così eccitarono maggiormente il deſiderio di volerle eſpoſte alla publica venerazione. Nè ſi moſtraron difficili a tal permiſſione gli Ordinarj: eſſendoſi l'anno medeſimo mille ſeicento e quattro; cominciato a celebrare il dì anniversario di Luigi, ed esporre con loro approvazione i Ritratti ne' Tempi. La prima a ciò fare fu la Gioventù studiosa di Brescia, che nella Chiesa e Collegio della Compagnia solennizzò quel giorno con gran commozione di tutta la Città. In vece del Reverendissimo Padre Maestro Fra Silvestro Ugolotti da Castiglione dell' Ordine de' Predicatori, Vicario della Santa Inquisizione, che trovavasi a letto con febbre, venne il Molto Reverendo P. Maestro Fra Agostino Predetti dello stesso Ordine, Lettore di Teologia, a cantare Messa solenne di ringraziamento alla Santissima Trinità per l' esaltazione di Luigi, alla quale vi fu pieno concorso di Nobiltà, Religiosi, e Popolo; con buon numero di Communioni. Indi per un' ora intera spiegò il detto Padre le lodi del Beato con eloquente Panegirico, che si diede poscia alle stampe; seguendone nell' udienza tal sentimento di tenera divozione, che si vedevano molti a piangere, ed i Cantori, che non erano meno di ottanta, trasportati da insolito giubilo, volevano a coro pieno intonare. *Gaudeamus omnes Domino diem festum celebrantes sub honore Beati Aloysii &c.* se i Padri, avvedutisi dal sentirli a provarsi, non l' avessero loro impedito. Il plauso di questa inaspettata funzione accrebbe il concorso all' Accademia di lettere, che il dopo pranzo si tenne da que' Nobili Studenti ad onore del lor Celeste Mecenate; avendo voluto intervenirvi gli Eccellentissimi Rettori della Città coll' accompagnamento di tutta la Nobiltà, il Reverendissimo Capitolo della Cattedrale con altri molti del Clero, e degli Ordini Religiosi. Ed è notabile l' effetto cagionato fuor di ogni espettazione in quell' uditorio. Imperocchè alcuni, presi da pentimento delle lor colpe, vollero fare quel dì medesimo con molte lagrime una Confession generale di tutta la vita, passando dall' Accademia al Tribunale di Penitenza, altri stabilirono di darsi con più fervore al Divino servizio, e molti di quei Giovani concepirono tale disprezzo del mondo, che si ritirarono poscia in diverse Religioni: fra' quali Ottavio Spinola Nobile Genovese, che avea recitata l' Orazione latina, entrò nella Compagnia e volle nominarsi Luigi.

L' esempio di Brescia eccitò ben tosto la pietà di Castiglione, Patria del Santo, a ricorrere al Vescovo, per avere una somigliante licenza. La domandò con sue lettere, a nome di tutto il Popolo; e principalmente dell' Eccellentissima Marchesa Madre del Santo, Monsignor Fausto Pastorio Arciprete; e venuto il favorevol rescritto da quel Prelato, cui sembrò molto ragionevole concedere alla Marchesa una tal consolazione, prima che terminasse i giorni suoi: fu elevata quell' anno

me-

medeſimo l'Effigie di Luigi nella Chieſa Collegiata de' SS.
Nazario, e Celſo, il dì vent'otto Luglio, Feſta di que' SS.
Martiri. Oltre al numeroſo concorſo da tutte le parti del
Principato, venne il ſopraddetto Padre Vicario della Inquiſi-
zione con varj Religioſi del ſuo Ordine; il quale eſſendo di
Patria Caſtiglioneſe, volle ſegnalare la ſua pietà verſo il Beato Principe con farne un divoto Panegirico, preſo l'aſſunto
da quelle parole dell'Apocaliſſi: (*Cap. 3.*) *Qui vicerit, faciam*
illum columnam in Templo Dei mei, & foràs non egredietur am-
plius, & ſcribam ſuper eum nomen Dei mei &c. e tali coſe diſſe
delle vittorie, e riportate dal Santo Giovane colla ſua fuga
dal Mondo, e del Nome di Geſù, ſtampatogli da Dio in
fronte, chiamandolo alla ſua Compagnia, che giorno di uguale allegrezza e divozione non ſi ricordavan que' Popoli di
averlo avuto mai. Sopra tutto era oggetto di comune tenerezza di vedere davanti l'immagine del ſuo Beato Figliuolo,
eretta ſu quell'Altare in mezzo a numeroſe fiaccole, proſte-
ſa in ginocchioni la pia Madre colla Principeſſa Nuora Donna Bibiana di Perneſſe in Moglie del Principe Franceſco,
ed udire a un tempo ſteſſo ciò, che a lei rivolto il *Sacro*
Oratore ſoggiunſe acconciamente ſul fine del ſuo ragionamento, chiamandola mille volte più avventurata di quelle Madri
Regine e Imperatrici, che nelle vittorie de' loro Figliuoli
ebber la gioja di eſſer a parte de' lor trionfi. *Feliciſſima Ma-*
dre! Che vedevà ora incoronato di gloria ſugli Altari quello, che
ſoleva ella ancor vivente qui in Terra chiamare il ſuo Angelo.
Indi alla Principeſſa Bibiana, che dovea fra poco partir per
Roma, ove riſedeva il Marito in qualità di Ambaſciadore
Ceſareo: *Andate,* diſſe, *Signora; andate con tutta quella proſpe-*
rità di cammino, che vi preghiamo dal Cielo, ed imperrate quan-
to prima dal Sommo Pontefice a queſti voſtri fedeli Vaſſali la gra-
zia, che tanto ſoſpiriamo, di vedere il noſtro Principe deſcritto nel
Catalogo de' Santi. Tre giorni interi durò la Feſta con tanto
ardore univerſale, che ſi vedevano continue Proceſſioni di
gente andare e venire da quella Santa Effigie; dandoſi gli
uni agli altri il buon pro di ciò, che avean udito dal Predicatore intorno alla felicità della lor Patria, per avere in
due Principi Fratelli due amorevoli interceſſori, l'uno vivente preſſo il Vicario di Criſto in terra, e l'altro immorta-
le e Beato al Trono di Dio in Cielo.

Era ancor pieno Caſtiglione di queſta allegrezza, quando
pochi giorni dopo, cioè a cinque Agoſto di quell'anno 1604.
trovandoſi il Principe Franceſco all'Udienza del Papa Clemente Ottavo, venne ſua Santità per Divina diſpoſizione a
interrogarlo, come narra ne' Proceſſi lo ſteſſo Principe, che

coſa

cosa egli apparteneva un tale Gonzaga, che avea studiato nel Collegio Romano de' Padri della Compagnia, e che vi era morto con fama di gran santità: di cui ricordavasi aver udite gran cose, prima ancor d'esser Papa, dal Cardinale Scipione Gonzaga; quella fra le altre, che ogni qualvolta il detto Cardinale andava al Collegio a parlargli, *non si partiva mai di là, che non bisognasse portar una mano di lagrime nella mozzetta a casa, ed avendogli (dice) io riposto che egli era mio Fratello .... disse allora Sua Santità, che molte volte era andato pensando; come fosse possibile, che io avessi passati i pericoli, che aveva passati, ma che era teneva per indubitato, che la causa venisse dalla sua intercessione.* E poi fissando gli occhi in un' immagine di divozione, con alcune lagrime agli occhi soggiunse; Beato lui, beato lui, che gode l'eterna Gloria: e beato lei, che ha un tale Intercessore in Cielo! *Poi mi domandò, se era stampata la sua Vita: ed avendo io risposto di nò, mi riprese, poichè non lo facessi: e m'esortò a farlo per beneficio universale.* Fin quì dal processo: dove non è da lasciarsi l'osservazioni d'alcuni; che le virtuose azioni di questo Angelico Giovane pare che abbiano appunto questo di proprio, di cagionare in chi le ascolta, o se le rammenta, una tenerezza, che muove a lagrime. Al qual proposito, oltre al raccontato quì sopra del Pontefice Clemente, e del Cardinal Gonzaga, udiam di passaggio ciò, che depone lo stesso Principe nel suddetto processo con queste parole: *Quando intesi la sua morte (era egli allora alla Corte dell' Imperador Ridolfo) sebbene doveva più tosto rallegrarmi, che piangere, perchè doveva credere che fosse in Cielo, per gli avvisi, che aveva della santa morte .... mi venne una tenerezza tanto grande, che per otto, o dieci giorni di lungo piansi continuamente, e di maniera, che io mi nascondeva dalla gente, perchè non si burlassero de' fatti miei; sebben io son di natura difficilissimo al pianto, perchè io non ho mai più pianto, nè per morte di Padre, nè di Madre, nè di tragedie, che ho vista in Casa mia.* Tutte queste son sue parole.

Del resto animato il Principe dalla divozione, che avea scorta verso il suo Santo Fratello nell' animo di Clemente, frattanto che si ultimasse dal Padre Ceppari l'Istoria della Vita; chiese, ed ottenne dopo alcuni mesi da Sua Santità di poter trasferire il Sacro Corpo di Luigi dalla Capella di S. Sebastiano, dove stava nascosto sotto la pradella, à più degno luogo sopra terra nella Cappella della Madonna. La qual Traslazione si fece poi, morto già Clemente, a' 13. Maggio del 1605. con quella commozione, che si legge nell' ultimo Capo della seconda Parte. Fu riposto dentro il muro dalla banda del Vangelo col titolo: *Beatus Aloysius Gonzaga, e Societate Jesu;* Nè

als

altro ormai più restava, perchè si potesse dire che Roma ancora lo venerava come Beato, se non che vi si potesse innalzare la sua immagine co' raggj al capo, lampada accesa davanti, e le tavolette, e voti appesi all'intorno. Questa grazia fu conceduta pochi giorni dopo da Paolo Quinto nel bel principio del suo Pontificato. Imperocchè avendone già egli data speranza al Principe Francesco, quando ne domandò la Canonizzazione nel primo visitarlo, che fece in Conclave, come Ambasciadore di Cesare; ecco che a' 21. Maggio il Cardinal Francesco Dietrichstere; già Condiscepolo di Luigi in Teologia, dopo preso dal nuovo Papa congedo di ritorno in Allemagna, nello scender dalle scale si ricordò del Beato Giovane: e rientrato da Sua Santità supplicolla istantemente, che, attesi tanti processi già fatti da' Vescovi, e la facoltà da essi data di esporre ne' Tempj le sue Immagini: con averne di più Papa Clemente esortata la pubblicazion della Vita, e permessa la venerazione delle Reliquie, volesse degnarsi commetterne la Causa, per ascriverlo tra' Santi; e conceder frattanto, che se ne potesse esporre l'Effigie al suo Sepolcro. Acconsentì subito benignamente il Pontefice: e il Cardinale se ne andò diritto alla Chiesa del Collegio Romano, dove l'Ambasciadore lo stava aspettando: e recitate in ginocchio l'Ore Canoniche, nell'alzarsi chiese il Ritratto di Luigi. Restarono i Padri all'inaspettata domanda: e l'Ambasciadore ito senza altro in Sagrestia, dove conservavasi il detto Quadro co' raggj, e titolo di Beato, salì sopra una sedia coll'ajuto de' suoi a distaccarlo, a lo portò al sepolcro, sporgendo egli con una mano, e il Cardinale coll'altra all'Abate Paolo de Angelis Cortigiano di quel Porporato, che salì sopra una scala ad apprenderlo. Indi si esposero le tavolette, e i voti, ch'erano stati fin a quel giorno portati; avendo voluto attaccarne il primo di sua mano lo stesso Ambasciatore, e il suo Maggiordomo Clemente Ghisoni vi appese la prima lampada d'argento. Celebrò poi immediatamente il Cardinale a quella Cappella medesima Messa votiva dello Spirito Santo in rendimento di grazie, con far più volte, e nel principio, e nel progresso, riverenza all'Effigie del Beato. Tutto questo fatto riferito i dì appresso dal Principe Francesco al Papa, fu da Sua Santità pienamente approvato.

E' facile a immaginarsi l'applauso, con cui fu ricevuta universalmente da' Divoti di Luigi la fama di questo primo pubblico culto, concedutogli dal Vicario di Cristo. Se ne celebrò tosto quell'anno a' 21. Giugno la Festa in molte Città d'Italia, e fino in Calissa di Polonia, arricchita d'una sua Reliqua. In Castiglione sua Patria si digiunò la Vigilia; e si comunicarono

rono il dì Festivo intorno a mille persone: fra le quali eccitò la maraviglia, e allegrezza del popolo la subita conversione di sette, o otto; che non avendo soddisfatto all'obbligo della Comunione Pasquale, e mostrata sempre una grande ostinazione ad arrendersi, quel dì repentinamente, senza saperfi come, si dieder vinti alla Grazia, impetrata loro certamente dal Beato Principe; e confessati, e comunicati ripararono con nuovi costumi lo scandalo sin allora dato. In Brescia il Padre Vicario dell'inquisizione già nominato portò inalberata con licenza del Vescovo una grand'Effige del Beato, coll'accompagnamento di numeroso popolo in Processione, alla Chiesa della Compagnia, e predicò delle sue lodi con gran movimento dell'uditorio. In Parma fu onorata la Solennità dalla presenza di que'Sereniffimi; e all'udirne il panegirico, *tanta fu la divozione* (dice un degniffimo Testimonio di vista) *che tutta la Chiesa fu piena di singulti e lagrime; e quell'istesso giorno furono attaccati molti voti d'argento al suo Ritratto.* In Roma poi non si contentò il Principe Gonzaga d'una sola Festa; ma fece a sue spese con approvazione del Papa celebrar nella Chiesa del Collegio Romano un'Ottavario sì sontuoso, che più non avrebbe potuto desiderarsi, s'egli avesse voluto solennizzare la Canonizzazione del suo Santo Fratello. Ed oltre agli splendidi ornamenti intorno al sacro deposito, e a tutto il Tempio, mandò in dono a quella Capella della Vergine un ricco paramento Sacerdotale, messo a ricami d'oro, con tutto il bisognevole al Divin Sagrifizio; volendo, com'ei diceva mostrare con qualche attestato la sua gratitudine alla Beatiffima Madre di Dio, per aver ella accolto il Beato Luigi nella sua Cappella. In tutti quegli otto giorni fu pieniffimo sempre il concorso, non solamente di popolo, ma di Cardinali ancora, Ambasciadori, Prelati, e primaria Nobiltà Romana: dietro al quale Ottavario ne seguì un'altro tutto di funzioni letterarie di que'Giovani Studenti, che prefero ad esaltare i pregi del Beato con varj componimenti Greci, e Latini; onorato esso pure dal medesimo fiorito concorso, e terminato coll'Orazione, e Poema, recitati da Don Pietro d'Aragona figlio del Duca di Terranova, e da Don Scipione Pignatelli figlio del Duca di Bifacci.

Non soddisfatto di tutto ciò il Principe, ma vie più stimolato dalla universal divozione, in cui vedeva cresciuto il Nome del suo Santo Fratello, si portò il dì 29. Luglio a'piedi del Papa a replicare le suppliche per la Canonizzazione, con presentargli dieciotto processi degli Ordinarj. La stessa domanda fecero a Sua Beatitudine nell'Agosto seguente con loro Memoriali il Gran Duca di Toscana Ferdinando, e Ranuzio

Duca

Duca di Parma; e rinnovolla in persona a'26. dello stesso mese il Venerabile Fra Francesco Gonzaga Vescovo di Mantova, che volle eziandio colla voce rappresentare le sue, e le premure di tutto il suo Clero. Il giorno appresso ecco a'piedi del Pontefice il piissimo Duca Vicenzo, venuto apposta da Mantova, per ottenere un favore tanto desiderato da se, dalla Famiglia Gonzaga, e da tutti i suoi Stati. E ricevutane risposta di soddisfazione; portossi quel dì medesimo, accompagnato dal Cardinale *Scipione Borghese*, dal Vescovo di Mantova, e dal Principe Peretti, al sepolcro del Santo, dove si trattenne a dare divoto sfogo alla sua pietà, ed amore. Già il Pontefice Paolo aveva incaricato con rescritto di suo pugno alla Sacra Congregazione de'Riti, *che si pigliasse la via più breve, che fosse possibile*. E perchè trattavasi allora la Causa di S. Francesca Romana: aveva deputata una particolar Congregazione di tre Cardinali, ch'esaminassero i processi, confrontassero con quelli la Vita scritta dal Padre Ceppari, e riferissero, se si potesse dare a Luigi frattanto il titolo di Beato, come il Principe Gonzaga istantemente domandava. Furono questi *Girolamo Bernerio* dell'Ordine de'Predicatori, *Roberto Bellarmino* della Compagnia di Gesù, e *Girolamo Panfilo* Vicario di Roma: i quali a'26. Settembre riferirono in Concistoro, che attesa la sua gran santità, e trentuno istantanei miracoli, tratti dai cento, che contenevansi in quei processi: *egli era degno* (son parole d'una Relazione nell'Archivio Vaticano segreto del Papa) *non solo del titolo di Beato, ma di Canonizzazione*. E Sua Santità gli concesse titolo di Beato, ed ordinò si stampasse la Vita sua con titolo, ed anco la Effigie: con promettere perciò il *Privilegio*. In fatti lo diede poscia nel Breve diretto al Principe Francesco sotto il dì 10. Ottobre di quell'anno 1605. concedendogli di poter pubblicare colle stampe *Opus quoddam, Vitam & res gestas Beati Aloysii Gonzaga Religiosi Societatis Jesu continens, a dilecto filio Virgilio Ceppario Presbytero ejusdem Societatis Italico sermone conscriptum, quod Nos Venerabilibus &c. Sanctæ Romanæ Ecclesiæ diligenter videndum, & examinandum . . . commisimus*: Il qual Breve fu autenticato dal Cielo quel dì medesimo con un'insigne miracolo, operato per intercession di Luigi in persona del Dottor Flaminio Bacci Sostituto del Secretario de'Riti, come si racconterà nel Capo decimo.

Non era per anche in que'tempi introdotto l'uso, che cominciò poi sotto Alessandro Settimo, di sollennizzare nella Basilica Vaticana le Beatificazioni de'Servi di Dio. Valse nondimeno ad esaltare in Roma in gran maniera il nuovo Beato la facoltà, che diede il Pontefice al Principe suddetto, di farne stampar in Medaglie le Immagini, compiacendosi in oltre

sua

sua Santità di arricchirle d'Indulgenze, e consecrarle negli Agnus Dei. Fuor di Roma poi lungo sarebbe descriver le Feste di una tal Beatificazione. Basti accennare per ultimo qualche cosa della Serenissima Casa Gonzaga, che fu la prima a farne quell'anno publiche dimostrazioni di giubilo. Fu destinato a tal Solennità il giorno di S. Tommaso Appostolo, con generale avviso del Vescovo, che cessando quella mattina le solite Prediche dell'Avvento, si farebbe dal Domo alla Chiesa della Compagnia di Gesù una Processione in ringraziamento a Dio, per avere a Casa Gonzaga conceduto un Beato. La Vigilia fece il Venerabil Prelato scoprire nel Domo la nuova Capella eretta da lui ad onor di Luigi, arricchita di vaghi ornamenti, e sopra tutto d'una sua Reliquia, mandatagli apposta da Roma; davanti cui fu appesa una lampada d'argento, per ardervi sempre. La mattina seguente uscì la numerosa Processione, coll'Effigie del Beato, portata come in trionfo tra i Cori musicali, e le dovute adorazioni del popolo, con tutto il Clero, e il Vescovo vestito pontificalmente; dietro al quale seguiva il Duca Vincenzo co' Principi suoi Figiuoli, tutti i Signori Gonzaghi, e il rimanente della Nobiltà, e della Compagnia, ornata co' magnifichi addobbi del medesimo Duca, trovaronsi allo stesso tempo le Duchesse di Mantova, e di Ferrara, le Principesse del Sangue, con tutto il seguito delle Dame. Dove giunta la Processione, e fatte le solite riverenze alla Sacra immagine, si celebrò la Messa Pontificale *De Trinitate*, con quella pompa di ricchi arredi, scelezza di musica, ed altre sontuose rimostranze di allegrezza, che convenivano al merito del Beato, e all'affetto, e magnificenza di que' Principi, che si eran presi ad onorarlo. Ma più che la pompa merita distinta memoria la divozione di quel giorno, mostrata dalle molte Comunioni, massimamente dalla primaria Nobiltà; e ciò che a' dì nostri sembrerà più strano, dall'attenzione, e piacere, con cui a Chiesa sempre piena fu ascoltato per lo spazio di presso a due ore il ragionamento del Padre Cappuccino Predicatore del Domo in lode di Luigi, protestandosi in fine, *ch'egli contuttociò non avrva detto, ma che avrebbe voluto dire*. Ritornato colla medesima Processione il Vescovo al Domo, espose sull'Altare della nuova Cappella la Reliquia del Beato: e fu spettacolo veramente di tenerezza vedere quel dì la Città tutta in moto dalla Chiesa della Compagnia al Domo a venerar la Reliquia, e dal Domo alla Chiesa della Compagnia ad udirvi il secondo Panegirico, fatto il dopo pranzo da un nostro Padre, ed assistere a' Vesperi; a far lunga orazione davanti al Beato, di cui appena vi fu chi non volesse portare a casa un'Immagine, per avere, come già sin

d'al

d' allora sel promettevano, un nuovo Avvocato, e Protettore, tanto più interessato a lor benefizio, quanto era lor Concittadino, é del sangue medesimo de' loro Principi. Accrebbe non poco una tale fiducia l'altra Cappella, che indi a non molto gli fece fabbricare quel Sereniſſimo nella Chieſa Ducale di S. Barbara, per voto fattone, allorchè ritornando pochi meſi prima da Roma, provò l'ajuto del Santo in certi ſuoi dolori, di cui parleremo nel penultimo Capo. E tanto baſti di ciò, che ſpetta alla beatificazione del noſtro Luigi.

CAP. IV.

Venerazione al Sepolcro del Santo. Collegio di Vergini in Caſtiglione poſto ſotto il ſuo Patrocinio, come pure Mantova, ed Altre Città, e Stati. Accreſcimento di Culto, e particolarità notabili intorno alla ſua Cannonizzazione.

A Chi conſidera quanto la Provvidenza abbia voluto accelerato il primo culto di Luigi, con diſporre, che per le coſe riferite foſſe dalla Santa Sede dichiarato Beato, non ancora terminati tre luſtri dopo la ſua morte; non può non recar meraviglia il riflettere, come poi dalla Beatificazione alla Canonizzazione vi ſia paſſato di mezzo più d' un' intiero ſecolo; maſſimamente atteſo l'ardore, con cui ſin d'allora trattavaſi queſta Cauſa, e la felicità de' ſucceſſi, che ne promettevano vicino il compimento. Ma da quanto racconteremo in queſto Capo conoſceraſſi a mio credere, che una tal dilazione è tornata in eſaltazione maggiore di queſto Angelico Giovane, avendolo Iddio onorato di tempo in tempo con ſì ampio accreſcimento di culto, che rari ſon que' Beati, ch'abbiano eguagliato, e pochi eziandio de' Santi canonizzati, che ſiano ſaliti in ſì univerſale venerazione. Tale fu il ſentimento di Clemente XI. Sommo Pontefice, e di cui trovo negli Atti in una delle ultime ſcritture informative, che ſentendo un giorno a riferirſi in voce da Monſignor Promotore della Fede lo ſtato di queſta Cauſa, la quale, dopo decretata la Canonizzazione di S. Staniſlao Koſtka, e la Beatificazione del Beatificazione del B. Gio: Franceſco Regis trattavaſi di riaſſumare, diſſe con allegrezza *ſe non alium male* (coſì la citata Scrittura) *quam Beatiſſimum hunc Juvenem canonizzare; qui eam apud omnes ſanctitatis non opinionem modo, ſed & admirationem, ac talem tantamque venerationem in tota ubique terrarum Eccleſia Dei vel Beatus jam obtinuiſſet, qualem & quantam pauci vel poſt Canonizationem eſſent aſſecuti.* E aggiunſe di più con enfaſi memorabile, che ſarebbe ſtata, ſiccome grata alla Chieſa, coſì onorevoliſſima alla Sede Appoſtolica la Canonizzazione di un tal Beato, che potea dirſi in certo modo già canonizato dalla venerazione comune della Chieſa: *Ut eum proinde Sedes Apoſtoli-ca non tam canonizatura, quam ab Eccleſia jam canonizatum declaratura eſſe videatur.* Tanto diſſe quel gran Pontefice, non men divoto di Luigi in ſe ſteſſo, che promotore della ſua divozione in altri, ſingolarmente coll'eſempio di portarſi nel dì della ſua Feſta a venerare il glorioſo Depoſito, col ſeguito di molti Cardinali, e Prelati, Principi, e Cavalieri della Corte.

E per cominciare appunto a vedere in quanta venerazione ſin da que' primi anni foſſe il ſepolcro del Santo, udiamo come ne parli uno de' Sagreſtani di quella Chieſa nel proceſſo dell'anno 1608. terzo dopo la ſua Beatificazione. *Vi è ſtato ſempre* (dice) *grandiſſimo concorſo di gente, non ſolo in Roma, ma per voto anco da Praga, Padova, ec. e ci ſono più volte venuti più Cardinali, ed il Duca di Mantova, il Principe Peretti, e quaſi tutti gli Ambaſciadori de' Principi, ci è venuto anco più volte, a far orazione il Signor Cardinale d'Aſcoli* (Girolamo Bernerio Domenicano) *il quale ai ſuoi Cortigiani, ed altre perſone, che ivi erano, commendo molto la ſantità di queſto Beato. Il Cardinale Baronio poi aveva tanta divozione a queſto Beato, che ſpeſſiſſime volte veniva al ſuo Sepolcro, dove inginocchiato, e facendo orazione, ogni poco di ſpazio, nel far dette ſue orazioni, ſi china-va ſino in terra, e baciava il pavimento della Cappella, e queſto lo faceva aſſai volte, perchè ci ſtava un pezzo a far dette orazio-ni. Ed in una volta notai, che più di dodici volte ſi chinò a baciar la terra, come ho udito: oltre che nel partire ſempre dice-va: O Santo, o Santo, o Santo, queſto veramente è Beato. E vicino alfine della ſua vita, che fu la penultima volta, che uſciſ-ſe di caſa; potendoſi appena muovere, anzi ajutato da due, che lo menavano, e ſoſtenevano per la gran ſua debollezza, venne a vi-ſitar medeſimamente il ſuddetto ſepolcro, e farvi orazione, ſoſpi-rando fortemente nel partirſi, e dicendo forte, O Beato Aloyſio, pregate Dio per me; e poi pochi giorni dopo morì. Vi ho viſte poi venire numero grande di Veſcovi, Prelati, Cardinali, ed altri Sacerdoti a dir Meſſa in detta Cappella per divozione, e per voto, di modo che vi è ſtato alle volte in una mattina più di dodici Meſſe votive da dirſi, e dicono Meſſa in Actionem gratiarum: e tutto il dì vengono voti da varie parti del mondo, di Germania, Polonia, Fiandra, Lombardia, Napoli, ed altri luoghi: vi ſi of-feriſcono ancora lampade di argento, e ne ſono ſtate portate ſino di Polonia; mandate dal Gran Mareſciallo del Regno, e un'altra con ſei candillieri d'ambra, con vari altri donativi, come collane d' oro, e gioielli da Praga; e di Roma ancora ne ſono ſtate date in*

ma-

modo, che ora ce ne fono fei lampade di argento, e un profumiere grande pur d'argento; oltre una, che adeffo è per viaggio, manda-ta dalla Criftianiffima Regina di Francia, di valuta di mille fcu-di, come per lettere avvifa; fenza l'infinite cere, e gran quantità d'olio, che viene per le lampade. Tutte quefte fono parole del fuddetto Teftimonio. E l'altro Sagreftano fuo Compagno nel proceffo dell'anno precedente, oltre al concorfo e divozione già defcritta, e la gara, con cui da tutte le parti fi cercava-no le Reliquie del Beato, depone il gaftigo ancora, che n'eb-be, ma tutto falutare, chi ardì moftrarfi incredulo della fua fantità, e dice così. *Uno, che non voleva credere che quefto B. Aloyfio foffe Beato e Santo, cadde in una faftidiofa e mortale infer-mità, e condotto vicino a morte, avendo fcrupolo che ciò gli foffe avvenuto per la fua incredulità, fece voto al Santo, che fe lui guariva, voleva andare al Sepolcro del Santo, confeffarfi, e dire pubblicamente il miracolo: e udire Meffa. E fubito guarì, e vifitò il Sepolcro, e vi pianfe gran tempo ec.*

Per tali fucceffi crefceva fempre più colla divozione al Beato il defiderio comune di vederlo quanto prima afcritto fra i San-ti. E già per ciò, che rifultava da ventidue proceffi degli Ordinarj, prefentati dal Principe Francefco Gonzaga alla Se-de Appoftolica, s'era indotto il Sommo Pontefice Paolo V. fin dall'anno 1607., a voler efaudire le fuppliche di Ridolfo Imperadore, e Margherita d'Auftria fua Sorella, d'Enrico Re, e Maria Medici Regina di Francia, e d'altri Principi, e Perfonaggj che domandavano inftantemente una tale Cano-nizzazione; e fi daranno regiftrati a parte ful fine di quefta Opera. Quindi con fuo breve fotto li 31. Agofto dello fteffo anno avea Sua Santità commeffa quefta Caufa alla Sacra Con-gregazione dei Riti, perchè faceffe colle confuete maniere formare i proceffi convenienti. Frattanto, mentre quefte co-fe fi efeguivano, fi compiacque il Pontefice di concedere a Donna Cintia Marta Gonzaga Nipote di Luigi la grazia di poter eleggere il Beato fuo Zio per Protettore di un nuovo Collegio di Vergini, ch'ella difegnava fondare in Caftiglione: il quale da fua Santità le fu molto commendato, e coll'Ap-poftolica fua benedizione arricchito di varie Indulgenze. Di un tal Collegio, come di cofa tanto attinente al noftro San-to, mi prendo licenza di fare qui un breve ragguaglio: e fervirà di paufa al Lettore prima di rimetterci nella via in-cominciata.

La prima idea dunque di fomiglianti Collegj aveanla quafi quarant'anni addietro concepita, e pofta in opera le Sereniffi-me Archiducheffe Figlie dell'Imperador Ferdinando Primo, Maddalena, Margarita, ed Elena: le quali bramofe di vivere

in

in istato di Verginità lungi dai pericoli delle Corti, e non volendo dall'altro canto entrare in verun Monistero Regolare, per non privarsi dello stabile indrizzo spirituale dei Padri della Compagnia di Gesù, dai quali avevano ricevuto il primo allevamento nella pietà; si eressero l'anno 1579. una Casa di ritiro in Hala Città di Tirolo, dove in Compagnia di altre Nobili Donzelle diedero principio ad un'Istituto di vita, separata bensì dal commercio del secolo, ma non obbligata a clausura religiosa: e nello stesso tempo col consenso del Generale S. Francesco Borgia fondarono in quella Città un Collegio alla Compagnia, donde potessero ricevere l'ajuto, che sperimentavano, per le cose dell'Anima. Un somigliante pensiero venne pur in cuore alla Principessa Donna Cintia Marta Gonzaga, Primogenita del Principe Ridolfo Fratello del nostro Santo, sopravvivuta con altre due Sorelle Donna Olimpia, e Donna Gridonia alla morte del Padre: la quale sul fine dell'anno 1607. ritornata da Roma a Castiglione, e trovatevi le Sorelle venute da Mantova, comunicò loro il pio disegno, che fu tosto da amendue con pari ardore abbracciato. Quindi fatta rinunzia dei loro beni con questa condizione, che si fondassero in Castiglione due Collegj, uno per se, e per altre Vergini, che volessero farsi loro Compagne, l'altro per la Compagnia di Gesù, donde potessero essere ajutate nella via dello spirito, a ventuno Giugno, giorno anniversario del Beato loro Zio, passarono tutte tre con alcune altre al numero di dredici dalla Rocca dei Principi al Palazzo dei loro Avoli materni. E quì coll'indrizzo del P. Virgilio Cepari venuto apposta da Roma per compilar loro Costituzioni e Regole, diedero principio a quell'Instituto, che si è veduto sempre fiorire per esemplarità di vita, sodezza di virtù religiose, numero, e sceltezza di Nobili Donzelle, che da Mantova, Brescia, Verona, ed altre Città vi concorrono a render in ogni parte riguardevolissimo quel sacro Ritiro, il qual col nome di *Collegio delle Vergini di Gesù* ha somministrato abbondante materia a chi ne ha raccolte in più d'un secolo le memorie in ogni genere di virtuosi esempj, e si è mostrato degnissimo sempre della Protezione, che gode, di S. Luigi dal Cielo, e dei Principi e Cesari in Terra. Oltre al voto di perpetua Castità, si obbligano quelle Vergini con giuramento di vivere e morire nel lor Collegio e promettono perpetua ubbidienza alla Superiora, il qual voto, giuramento, e promessa rinnovano due volte l'anno nelle Feste della Circoncisione del Signore, e del lor Protettore S. Luigi, coll'apparecchio di un Triduo, per ravvivare il fervore della divozione. E quanto grato al Santo sia un tale Istituto,

si può

fi può raccogliere dal felice progreffo, che fino ai giorni noftri ha fempre avuto; e dal credito di non ordinaria fantità; che han lafciato dopo morte non poche di quelle Vergini, le cui azioni fono ftate da più Autori defcritte e pubblicate.

Ma perchè non è qui luogo d'entrare in quefta materia, bafti dire a gloria del noftro Santo, che nelle tre Fondatrici fue Nipoti parve avef' egli dal Cielo diftribuite in eredità le Angeliche fue Virtù. Imperocchè Donna Cintia ebbe un dono sì raro di orazione, che fin da quando giovinetta dimorava nella Corte del Principe Francefco; non pativa in sì fanto efercizio moleftia alcuna di diftrazioni; come manifeftò effa medefima al P. Ceppari fuo Confeffore, dandogli per ubbidienza minuto ragguaglio della fua vita in un fcritto, che fi conferva nell' archivio della Compagnia in Roma. Donna Gridonia fi refe ammirabile per l'eroica pazienza, moftrata fingolarmente nella cura tormentofa d'una gamba; la quale fpezzatafele in una caduta, e dopo cento giorni trovatofefferfele ftata dai Cerufici mal commeffa; dovette l'inferma, per rimediare all'errore, lafciarfela di nuovo rompere a forza di ben cinque ftrappate, fenza che mai altra voce le ufciffe di bocca in quel tormento, fuorchè il Nome SS. di Gesù Crocififfo, la cui effigie fi teneva ella ftretta in pugno: degna perciò di quei molti favori, che il medefimo Signore le comunicò di poi, fino a farle antivedere, e predire accettamente l'ora della fua morte. Donna Olimpia finalmente, ficcome prima dei fette anni rinnovò l'efercizio di Luigi pur fanciullo, di nafconderfi fovente in qualche ftanza più fegreta a fa lungo orazioni colle ginocchia nude in terra, e crefciuta negli anni quell'altro di cingerfi a' fianchi fulla nuda carne di fproni da cavalcare, così meritò che in lei rinnovaffe Dio quel tratto di paterna Provvidenza, che moftrò già con Luigi, prefervandolo dal fuoco appefogli nel letto, in cui dormiva. Concioffiacchè una notte, che fi addormentò effa pure nell'atto di ftar leggendo un Libro delle lodi di M. V.: avendole la candela vicina appiccato fuoco al Capezzale, e quindi a tutto il rimanente del letto, fino a confumarle un fottil panno lino, che avea in capo; fi rifvegliò finalmente, e fbalzò di letto, fenza che il fuoco non le aveffe toccato nè pur un capello.

Ma in tutte tre quefte Principeffe fegnalatiffimo fu l'amore e la ftima, che ebbero della loro Virginità, preferita da effe coftantemente a qualfivoglia onore di fplendide Nozze, come in fatti moftrarono Cistia, e Gridonia nel rifiutare gli inviti di Signori principaliffimi. E un tal rifiuto forfe fu quello, che ha voluto Iddio premiare anche in terra colla meravigliofa prefervazione dei Corpi di tutte tre quefte Sacre Vergini.

Q gini.

gini. Questi l'anno 1779. a' 23. Settembre, dopo trenta e più anni di sepultura, furono trovati affatto interi, ed intatti di ogni corruzione, con tanto stupore del popolo accorsovi, che non si potè a meno di non lasciarli per qualche tempo esposti alla vista e soddisfazione del pubblico. E ciò che accresce la maraviglia è, che avendo il tarlo già tutto corrose le casse, dove quei benedetti Corpi riposavano, e consumate per fino le vesti di lana, che li coprivano, non ne ricevettero essi perciò ingiuria alcuna. Ultimamente poi a' 6. Luglio del 1720. essendo stati di nuovo scoperti a porte chiuse, per impedire ogni specie di venerazione, si videro ancora talmente interi in mezzo alla polvere e fracidume degli abiti, che determinatosi di aspettare stagion migliore per ripulirli, e rivestirli di nuovo poterono agli 11. e 12. di Novembre essere facilmente alzati fuor delle casse, senza che membro alcuno si disgiungesse: Indi ripuliti che furono, comparvero le loro faccie colle fattezze sì distinte, che poterono riconoscerli del tutto simili a' lor Ritrati. Non è da tacersi, che nella prima di queste ultime scoperte, essendo tempo di ostinata siccità, il Muratore nel chiuder il muro del lor Deposito disse tra se: *Se voi siete quelle Anime di quella singolare Virtù in cui siete tenute, impetrateci la pioggia.* E quella medesima sera venne la pioggia, che seguitò per due giorni. Di tutto ciò si conserva distinta memoria negli Annali di quel Collegio di Vergini: e vivono più di cinquanta Testimonj di vista, che possono attestare con giuramento l'accennata preservazion di quei Corpi. Tali furono le pietre dell'edifizio spirituale di quell'illustre Collegio, approvato, come dicevamo, benedetto, e posto sotto la protezione di Luigi da Paolo V. Sommo Pontefice, nel tempo stesso, in cui Roma aspettava di vedere il nuovo Beato descritto quanto prima nel Catalogo dei Santi.

Ora per ripigliare la nostra narrazione, procedeva la causa sì prosperamente, che v'era luogo a sperarne un prossimo compimento. Imperocchè a' 19. Gennajo dell'anno 1608. esaminati già i primi processi in genere, avea la sacra Congregazione de' Riti pronunziato: *constare irrefragabilmente della fama di pura Fede, innocentissima vita, e grandi miracoli del Beato, e della divozione de' Popoli verso lui.* Poscia tenendosi a' 10. Novembre del 1612. l'altra Congregazione sopra i processi in specie, il Cardinal Ponente Luigi Capponi fra le molte cose, che riferì, disse a gloria singolare del Santo le seguenti, che rapporterò colle sue stesse parole. *Dall'uso della ragione, cioè dall'età di sette anni, fino alla morte visse sempre vita perfetta e santa: come fra gli altri depone in processo*

l'Ill'Illuſt. Sig. Cardinal Bellarmino quì preſente, ad ebbe doni ſoprannaturali tanto ſingolari e ſtraordinarj, quanto mai io ne abbia letti, o uditi in vita mia. Imperocchè egli in tutto il tempo della vita ſua non commiſe mai peccato mortale; ma conſervò ſempre l'innocenza batteſimale: il che baſta a provarlo Santo. Di età di nove anni fece voto di verginità, e a tal grado di purità giunſe, che non ſentì mai ſtimolo di carne nel corpo, nè ebbe penſiero veruno laſcivo nella mente, tuttochè foſſe per natura ſanguigno, e ſpiritoſo, e molto ſvegliato. Nell'orazione, e contemplazioni, alle quali fu deditiſſimo, ſempre con raccoglimento, e eſtaſi, e dono di lagrime, per ordinario non aveva mai diſtrazioni. Fu rigido domatore del corpo ſuo. Indi moſtrata la gran divozione verſo lui, ſparſa per tutta la Criſtianità, e dal numero dei miracoli traſceltine ſei, che gli parvero baſtare all'intento, terminò la ſua Relazione coſì: A me pare, che quì concorrano tutti i requiſiti neceſſarj per la Canonizzazione. E però giudico, che ſi debba concedere l'Uffizio e Meſſa nel ſuo Anniverſario, sì negli Stati dei Signori Gonzaghi, come anco in tutti i Luoghi e Chieſe della Compagnia di Geſù, come domandano il Sereniſſimo Duca di Mantova, e i Principi Gonzaghi tutti, ſe coſì parerà alle SS. VV. Illuſtriſſime, e piacerà alla Santità di Noſtro Signore. E per me credo, che ſarà gloria di Dio, e decoro di Santa Chieſa, che ai noſtri tempi ſi veda eſaltato a queſti ſacri onori uno nato Principe, e fatto povero per amor di Dio, di Famiglia e lignaggio tanto principale, quanto è queſto del Sangue Gonzaga: nè ſo veder ragione, per la quale ſi poſſa negare queſta giuſta dimanda.

Allora il Venerabile Cardinal Bellarmino per la ſpecial certezza, che ne aveva, come ſtato già Confeſſore del Beato Giovane, diſſe tante e sì rare coſe della ſua ſantità, che non vi fu alcuno dei Cardinali, che non lagrimaſſe di tenerezza; conchiudendo, eſſervi due ſtrade per canonizzare li Santi, una per via di penitenza, e l'altra per via d'innocenza, che per tutte due avea camminato Luigi, e perciò era degno di eſſere Canonizzato a ſomiglianza di S. Gio: Battiſta: benchè foſſe meritevoliſſimo di queſto'onore eziandio per la ſola innocenza, che è ſtrada più ſicura per la Sedia Apoſtolica. Il qual voto del Bellarmino ſeguitono tutti i Cardinali, e però dopo aver ſentenziato, come ſi legge nel Reſcritto, conſtare de validitate, virtutibus, & miraculis; de quibus hic, & ita quod poſſit deveniri ad Canonizzationem: decretarono inoltre poterſi concedere la grazia della Meſſa, e dell'Uffizio, ſe coſì a ſua Santità foſſe piaciuto. Queſto Decreto cagionò in tutti i Congregati tal allegrezza, che, finita la Congregazione, fece venire il Padre Ceppari Poſtulatore, per congratularſene con eſſo lui, ed il Cardinal Ferdinando Gonzaga, non potè contenerſi di

non gittargli le braccia al collo, per partecipare con lui la
consolazione, che ne sentiva, come di onore comune egualmente alla Compagnia, ed a tutta la Famiglia Gonzaga.

Ma poichè solevano in quei tempi esaminarsi tali cause anche nel Tribunale della Sacra Ruota; perciò Paolo V. differendo l'esecuzione di un tal Decreto, ordinò che si facesse
in Ruota il solito esame, e gli Auditori a ciò deputati furono i tre più antichi, cioè Gio: Battista Coccini Decano,
Francesco Sagrati, che fu poi Cardinale, e Gio: Battista Panfilio, che poi fu Papa Innocenzo X. Occupò questo esame lo
spazio di cinque anni con ventitre Sessioni, che tennero i
Signori Auditori. In esse approvaronsi le Virtù, e dodici miracoli del Beato; tre dei quali si contenevano nel numero
dei sei, già passati in Congregazione. Finalmente nell'ultima di tali Sessioni, il dì primo Febbrajo dell'anno 1617. diede la Ruota la final sua decisione; della quale scrivendo il
P. Ceppari quel giorno medesimo al Serenissimo Duca di Mantova, dice così. *Alla fine tanto ha potuto la giustizia della causa, e l'evidenza della santità, e miracoli del Beato, che questa
mattina, primo Febbrajo, la Ruota ha decisa, e finita questa causa, ed ha data l'ultima sentenza, e formato l'ultimo Decreto:
Che per la sua insigne santità, e miracoli è degno della Canonizzazione: E subito i Signori Auditori di Ruota hanno mandato a dire, che S. Luigi, così l'hanno nominato, ha dalla Ruota ricevuta stamane quell'onore, che si doveva ai meriti suoi.* E
in un'altra, che il medesimo Padre scrisse al P. Provinciale
di Venezia il dì quarto dello stesso Febbrajo, dopo la nuova
del Decreto soggiunge: *Tre cose dicono non esservi memoria, che
di Santo veruno siano mai state ventilate in Ruota, ed approvate.
La prima (noi le abbiam vedute qui sopra riferite altresì dal
Cardinal Ponente in Congregazione) la prima, di non aver
mai fatto peccato mortale, di altri si scrive: ma non è stato in
Ruota mai approvato. La seconda, il non aver distrazione nell'orazione .... La terza, il non aver mai avuto stimolo di carne, nè
pensiero lascivo.*

E con quanta verità ciò scrivesse il Ceppari, si può vedere dalla Relazione della medesima Ruota, presentata al Papa
li 23. Gennajo dell'anno seguente 1618., la qual può con
ragione chiamarsi uno dei più chiari testimonj, che abbiansi
dell'esimia santità di Luigi, per le rare virtù e doni soprann-
naturali, che di lui si raccontano, e singolarmente per l'illustre titolo di *Angelico*, con cui dal principio al fine egli
vien nominato, incominciando ella appunto così: *De sancti-
tate, & miraculis Angelici Aloysii Gonzaga Virginis, ex Principibus Imperii Marchionibus Castellionis, Clerici Societatis Jesu, Re-
latio*

latio ad SS. D. N. Paulum V. &c. Titolo, che gli è poi ultimamente stato con più gloria appropriato dal Regnante Benedetto XIII. nella Bolla della Canonizzazione con queste
parole: *Angelicum Juvenem, inque Regulari Militia probatissimum
Clericum Aloysium Gonzagam Sanctorum Canoni adscripsimus.* Le
quali renderanno in ogni tempo il Nome di Luigi in particolar maniera glorioso, e caro alla Compagnia, ricordevole
di ciò, che già scrisse in una sua lettera quell'altro inno-
centissimo giovane, chiamato per le Angeliche sue Virtù un
secondo Luigi, il Venerabile Gio: Berchmans; cioè, che
Luigi è stato il primo a recar in essa il titolo d'Angelo,
come S. Francesco Saverio quello di Appostolo: *Sicut Beatus
Franciscus Xaverius Apostoli, ita ipso Angeli titulum in Societa-
tem summa cum gloria intulit.* E ciò scriveva il Berchmans,
quando un tal titolo si vide dato a Luigi nella Relazione
della Ruota: la quale rendendo sul fine la ragione del chiamarlo così a preferenza di altri Santi, dice: *Quamvis enim
multi sint in Ecclesia Dei Virgines, qui usque ad mortem ita per-
manserint; tamen, qui immunes a stimulis carnis, & ab impuris
cogitationibus mentis semper fuerint, haud facile alios reperimus;
saltem, quod sciamus, non legitur in historiis Sanctorum. Merito
igitur Aloysius Angelicus dici potest, qui Angelicam puritatem ha-
buit.* E finalmente onoratolo come Martire per quella specie
di martirio, che nella Chiesa vien riputato il dar la vita per
carità verso il prossimo; assistendolo nei morbi contagiosi,
come fece Luigi, pronunzia l'ultima sua sentenza così. *Et
quibus legitime probatis . . . . . rite conclusimus: caussam esse in eo
statu; ut Sanctitas Vestra tuto possit, quandocumque libuerit . . . . .
Beatum Aloysium, dignum Serenissma Gonzaga stirpis germen, &
Soc. Jesu Clericum in Sanctorum Catalogo describere . . . . & illum
Fidelibus Populis, & praesertim Christianis Principibus, & Viris
Nobilibus, nec non Juvenibus, tam Religiosis, quam Secularibus
in exemplum virtutis ad imitandum proponere.*

Questa Relazione della Ruota fu nel 1618. ai 31. Marzo
approvata dalla Congregazione dei Riti: la quale inerendo a
ciò, che sei anni prima avea decretato, giudicò potersi concedere la Messa, e l'Uffizio del Beato per tutti gli Stati dei
Signori Gonzaghi in Italia, e per le Chiese della Compagnia
di Gesù in Roma. E Paolo V. approvò benignamente la concessione; contento di aver per allora esaltato in qualche modo a' sacri onori il Beato finchè venisse tempo di celebrarne la Canonizzazione, di cui lo riconobbe meritevolissimo,
benchè, forse per aver egli già canonizzato S. Francesca Romana, e poi S. Carlo Borromeo, riputasse opportuno il differirla: come si raccoglie da un Breve suo di risposta al Duca

di

di Mantova fotto li 18. Aprile dello ftelfo anno, dove di un *tal accrefcimento di culto dato a Luigi dice : Fecimus quan-tum cum Domino fieri nunc oportere cenfuimus pro merita Chrifti Servi , quem laudamus in Simûlia ejus. E negli Atti della Bea-tificazione di S. Andrea Avellino fi narra , che colle due già dette Canonizzazioni aver quefto Pontefice in fomigliante materia ferrata la porta ai fuoi tempi : c*

Alla nuova di un tal Decreto fi vide tutta in giubilo la Sereniffima Cafa Gonzaga. E il Duca Ferdinando, erede del-la pietà di Vincenzo fuo Padre, volle quell'anno rendere più folenne la Fefta con eleggere in autentica forma il Beato per Protettore di Mantova. Celebroffi quefta Sacra Cerimonia nel-la Chiefa della Compagnia ; dove efpofta con gran pompa full'Altare la Reliquia di Luigi ftando in piedi a capo fco-perto que' Sereniffimi Principi, tutti il fior della Nobiltà, ed i pubblici Rapprefentati delle Parocchie, confiftenti in un Nobile , ed in un' altro Cittadino di ordine inferiore per ciafcuna Parocchia, fi lefse ad alta voce lo Strumento , ferit-to e legalizzato colle forme confuete ; la cui fomma era tale: *Che il Sereniffimo Duca col fuo Popolo, il quale da' predetti Nobili , e Cittadini veniva lui rapprefentato, dichiarava di eleggere e por-re nel numero degli altri Santi Tutelari della fua Città il B. Lui-gi Gonzaga.* Indi al principio, e nel decorfo della Mefsa , can-tata dal Reverendiffimo Abate, e Capitolo di S. Barbara, in mancanza del Vefcovo allora affente, fi prefentò fua Altezza all'Altare a farvi quefi le medefime Oblazioni, che fi coftu-mano nelle Canonizzazioni de' Santi, cioè di Oftie, Pane, Vino, Olio, Incenfo, Timiama, e un gran Cereo d'intorno a feffanta libbre di pefo, con altri minori, e finalmente una Moneta di oro ; ficcome un' altra di argento ne offerirono que' pubblici Rapprefentanti. Pofcia ricevuta dalle mani del Celebrante la Santiffima Comunione, volle il Duca procedere coll' efempio di prendere una particella di quel Pane dell'Ob-lazione, che benedetto, e diftribuito al Popolo, fu ricevuto da tutti con gran riverenza, come cofa del loro Beato Pro-tettore. Nè contento il divoto Principe delle dimoftrazioni di pietà date quell' anno , digiunando con tutta la Corte la Vi-gilia, intervenendo coll'Ordine de' Cavalieri del Redentore alla Proceffione, in cui dalla Chiefa Ducale di S. Barbara portoffi la fuddetta Reliquia a quella della Compagnia per li primi Vefperi, e finalmente affiftendo a tutte le funzioni non folo Ecclefiaftiche ; ma eziandio Letterarie, che tennero i giorni appreffo gli Studenti di quella Scuole, ordinò, di più che in avvenire veniffe ogni anno alla medefima Chiefa della Compagnia il Capitolo di S. Barbara ad accrefcere la celebrità

di

di quel giorno; il quale per Decreto del Vescovo nel Sinodo
Diocesano dell'anno seguente incominciò a solennizzarsi come
festivo, con recitarsi dal Clero l'Uffizio del Beato di Rito
doppio.

Il medesimo Protettore all'esempio di Mantova si elessero
dipoi Casale di Monferrato, la Real Città di Palermo, oltre
a tutti i Principati di Casa Gonzaga; sebbene non tutti allo
stesso tempo, Poiché Castiglione già fin dal 1608. veneravalo
come tale per Decreto della Comunità, e tenevane esposta
nella Sala del Consiglio l'Immagine: Ed entrando nei Consigli
(dice nel processo un Testimonio di quei tempi) la prima
cosa, che si fa, inginocchiati se gli supplica, come Avvocato, e
Intercessore. Ma in questa occasione della concessione della Messa spiccò più che mai l'amore di quei Vassalli verso il Beato
lor Principe, venendo ad adorare il Sacro Capo nella Chiesa
della Compagnia con solenne Processione, accompagnata da'
Principi, che fecero doppiamente festeggiare quel giorno, sì
nella detta Chiesa, come nella Collegiata de' SS. Nazario, e
Celso, e sentendosi in mezzo allo strepito delle artiglierie, e
dei musicali stromenti risonar da per tutto: *Viva, viva in
eterno il nostro Santo Principe Luigi.* Finalmente il Collegio Romano, siccome ne celebrò quell'anno la Festa colla maggior
pompa possibile; così fin d'allora alla presenza di diciasette
Cardinali, e gran numero di Prelati, e Nobiltà, lo elesse
parimente a nome suo, e di tutti i Collegi, e scuole della
Compagnia di Gesù, per Protettore, cui offerì gli anni appresso in attestato di una tal elezione una sua Statua di argento di 54. libbre di peso, opera del famoso Francesco di
Quesnoy, detto il Fiammingo.

Tale fu il corso, ch'ebbe in quei primi tempi questa Causa, restandone così sospesa la total decisione, parte per la
lunghezza di tempo, che sogliono portar seco simili affari,
parte anche per essere allora rivolte le mire primarie della
Compagnia ad ottenere la Canonizzazioni del Santo Fondatore
Ignazio, e di S. Francesco Saverio; indi quella del Generale
S. Francesco Borgia; a' quali come a Padri tanto benemeriti
di tutta la Religione, ben potea credersi, che avrebbero volentieri ceduto i Figliuoli una tal precedenza. Frattanto però
non cessavano le supoliche di gran Personaggi alla Sede Ap-
postolica, tra le quali tornaronola grande onore del Santo
quelle di Ferdinando Secondo Imperadore, e di Leonora Gonzaga sua Consorte. Conciossiacché avendo il Sommo Pontefice
Urbano Ottavo pubblicato un Giubileo, per impetrare da Dio
la pace all'Europa, sconvolta per la celebre guerra di Mantova, posero quelle Maestà la lor fiducia nell'intercessione del

nostro Luigi, come Avvocato il più opportuno ad ottenere la concordia fra' Principi suoi Congiunti, e ne domandarono con lettere premurosissime al Papa la solenne Canonizzazione, per poterlo sperimentare, qual Ferdinando lo nomina nella sua de' diecinove Gennajo 1630. ; *Advocatum, domesticum, Protectorem Gentis, & Familiæ peculiarem*. Anzi la mente del piissimo Cesare era, come scrisse il Cardinal Gio: Battista Pallota Nunzio Pontificio in Vienna li 30. dello stesso mese al Cardinale Francesco Barberino Nipote di Sua Santità, *che canonizzato, si faccia nella prossima Dieta, per li medesimi titoli, e particolarmente di Principe dell'Impero, accettato per Protettore dell'Imperio*. Il che facilmente si può argomentare eziandio da ciò, che nella citata lettera soggiunge l'Imperadore al Papa con queste parole. *Præter eam, quæ diximus, allis quoque rationibus movetur ... Fuit enim Imperii Marchio, Cæsaris observantissimus; ex Familia prognatus, cujus inconcussa fides erga Romanum Imperatorem, & præclara obsequiorum merita usque ad horum temporum eclipsim constanter fulserunt; quæ sanguinis necessitudine, & affinitate, Nobis, Augustæque Domui Nostræ conjuncta, meretur, ut Sacrulus ille In Cælestia translatus, in terris ministerio Imperiali honoretur ... Habebunt Principes, & Illustriores Imperii Ordines a gremio suo virtutum exemplar, perfectionis Ideam, pietatis speculum, ad quod mores, actionesque suas laudabiliter componant: habebit Italia, & vel maxime Familia Gonzaga Patronum Tutelarem; habebimus Advocatum Dei potentem &c.* E più chiaro ancora apparisce questo disegno di Cesare da quello, che scrisse il dì medesimo la Maestà sua al Cardinal Teodoro Triulzio, Parente del Santo; dove esortandolo a promuovere caldamente un tal affare; *Benevolenter*, dice: *a P. V. Reverendissima requirimus, ut ... Novium Sacro Imperio, atque ipsi Italiæ ex progenie sua Patronum Tutelarem in Cælestibus acquirere conetur.* Ma come aveva il Pontefice Urbano canonizzata poco prima S. Elisabetta Regina di Portogallo, e l'anno immediatamente precedente S. Andrea Corsini Vescovo di Fiesole, e perciò risoluto di non passar ad altre Canonizzazioni; massimamente che già aveva dati alla Compagnia di Gesù il Beato Francesco Borgia, ed i tre Martiri Giaponesi Paolo, Giacomo, Giovanni, quindi si contentò di approvare, e commendare con suo Breve de' 13. Aprile 1630. la pietà di Ferdinando nello scegliere per Intercessore di quella pace appresso Dio il B. Luigi, cui per allora scusavasi di non poter concedere gli ultimi onori di Santo. Ne fu perciò meno efficace a tal fine la Protezione del S. Giovane, come, oltre a varj Scrittori, l'attestarono per fin le Medaglie, che uscirono intorno a quel tempo rappresentanti il Beato in atto di supplichevole col titolo: *B. Aloysius Gonzaga Protector*

Man-

Mansurà; e un'Angelo, che viene dal Cielo, recandogli un' ulivo di pace.

Ma quel che cagiona più meraviglia è, che le glorie di Luigi, in vece di scemarsi col pregiudizio di una sì lunga dimora, sieno anzi andate sempre più di tempo in tempo crescendo. Imperocchè la concession della Messa, e dell'Offizio su di poi tanto ampliata con fino a diecisette diverse estensioni, che ormai non solamente in tutta la Compagnia; ma in più luoghi ancora dell'Italia, Germania, e Francia godeva egli un tal Culto in altre Chiese. Gli Altari poi, su cui è venerato anche fuor delle Chiese della Compagnia, sono innumerabili, contandosi in essi fin dal passato secolo più di cento sue Statue d'argento, ed essendo ad alcuni tanto cresciuto il numero dei voti di grazie e miracoli ivi operati, che si possono pareggiare ai celebri Santuarj della Cristianità, come di qualcuno si dirà appresso. Così pure sono state rivolte in Capelle le Camere, ch'egli abitò, sì Secolare, come Religioso in più luoghi d'Italia, e Spagna, e il suo Sepolcro in Roma, a misura che Iddio è concorso a glorificarlo colle meraviglie, è andato parimente sempre crescendo in magnificenza e splendore, fino ad essere quel Santo Corpo trasportato l'anno 1699. alla sontuosa e ricchissima Cappella, fabbricatagli dall'Illustrissima Famiglia Lancelloti per gratitudine ai benefizi, che più d'un secolo fa cominciò a ricevér dal Santo, alla qual Traslazione volle trovarsi l'Eminentissimo Cardinale Pietro Ottoboni, e venir a parte ancor esso del sacro peso. Per ultimo non è da tacersi l'onore, che il Sommo Pontefice Clemente X. accrebbe al Nome del Beato Giovane, consentendo che fosse inserito nel Martirologio Romano coll' Elogio, che la Sacra Congregazione dei Riti gli approprio ai 30. Gennajo del 1672. chiamandolo: *Famoso per l'innocenza della vita, e per il dispregio del Principato*, giacchè questa in un Beato vien riputata ai tempi nostri una distintissima gloria, per quella specie di Culto universale, che sembra avere, se non il celebrarsi, almeno l'annunziarsi da per tutto nel Coro ai Divini Uffici la Festa di un tal Beato, implorandone l'Intercessione insieme con quella degli altri Santi.

Tutto questo apparato di sacri onori, e di sì ampia venerazione della Chiesa ha disposto Iddio che precedesse alla finale Canonizzazione del Servo suo Luigi, perchè riuscissero più efficaci le preghiere, rinnovate alla Santa Sede in questi ultimi tempi da gran numero di Principi Cristiani, ed altri cospicui Personaggj, sotto il Pontefice Clemente XI. Ma soppraggiunto egli dalla morte, quando nulla più si era fatto, che ottenere l'approvazione di alcune Operette scritte del

San-

Santo, e la facoltà di procedere più oltre, lasciò al suo Successore Innocenzo il decretare, che fosse riassunta questa Causa nello stato, e nei termini appunto, nei quali ritrovavasi.
La gloria però di terminarla era riservata a Benedetto XIII.
scelto da Dio per esaltare questo Angelico Giovane, verso
cui fin dagli anni suoi teneri ha date sempre mostre di particolar divozione. Imperocchè imitatolo nell'antiporre al Principato paterno la Povertà Religiosa, era solito tenerne davanti nella sua Cella l'Immagine, e sovente nelle mani l'Istoria
della sua Vita. Fatto poi Cardinale, e Arcivescovo di Benevento, oltre all'avere frequenti in bocca nelle sue Prediche
le sante azioni di lui, veniva nel dì suo anniversario col Reverendissimo Capitolo della Metropolitana a celebrarne la Festa nella Chiesa della Compagnia, e nel 1715. vi consecrò
solennemente il suo Altare, come già sei anni prima aveva
consecrato nella Chiesa dei PP. Carmelitani quell'altro, in
cui si esprime la gloria di Luigi, contemplata da S. M. Maddalena de' Pazzi. Ma quando intese trattarsi di ripigliare la
Causa della sua Canonizzazione, intimò tosto il buon Cardinale, per ottenere da Dio esito prospero, pubbliche orazioni
con indulgenze per un mese continuo, e portatosi a Roma
nel 1716. impetrò per la sua Metropolitana la Messa, e l'Uffizio del Beato di Rito doppio, che di poi anche l'ottenne per
tutta la Diocesi. Della qual concessione fece subito porre nel
Calendario il Nome di Luigi, e datolo per Protettore al suo
Clero, ne istituì nella Cattedrale l'annua Festa, nella quale,
esposta sull'Altar maggiore la sua Effigie, veniva egli stesso a
distribuire a mani piene Immagini, e libretti in sua lode,
porgerne a baciar la Reliquia, che si poneva prima per riverenza pubblicamente sul capo, dispensar per molte ore la Santissima Comunione ad un popolo innumerabile, e finalmente
esercitare in persona tutte le funzioni Pontificali di Messa,
Vespro, e Panegirico.

E perchè le suppliche, che in favor di Luigi egli porse ai
suoi Predecessori Clemente ed Innocenzo tutte furono in voce, registrerò qui una particella di una lettera, che l'anno
1719. ai 15. Aprile scrisse da Benevento a Monsignor Promotore della Fede, e dice così. *Osservando, Monsignor mio, non
aver forse V. S. Illustrissima rotta per le mani Causa simile, da
non parte nè più volte esaminata,* probatis etiam, quae super-
venerunt post Beatificationem; *unde non saprei conoscere a che
dovessero aggiungersi nuovi Esami, e dall'altra sì rilevante per la
Santità, e per gli Miracoli, comprovati spezialmente col testimoni
di una Santa Maria Maddalena de' Pazzi, e di un Cardinal Bellarmino. Nel considerare in somma, che trattasi di un Principe, che si*

rese

gese povero per Cristo nella Religione; di un Vergine senza stimolo
di carne, o fantasma d'impurità; di un Contemplativo senza distrazione di mente, di un sempre Innocente, eppur insieme sì penitente, di un Martire di Carità, di un Beato descritto con Elogio
particolare nel Martirologio Romano, e che oltre a cento anni e venerato sugli Altari, ed ha nella Chiesa di Dio, ed in Roma stessa, ove
si onorano le di lui Sacre Ceneri, un Culto sì universale, e sì continuo, averà perciò certamente occasione V. S. Illustr. ec.

Queste parole ben mostrano, che fu particolar consiglio della Divina Provvidenza in generare sì alto concetto della santità di Luigi nell'animo di chi assunto al Pontificato dovea
porlo alla venerazione universale della Chiesa. Approvati per
tanto in più Congregazioni gli Atti antichi, e dichiarato non
esservi più bisogno d'altro nuovo esame, o approvazione, dopo di avere la Santità sua con Breve dei 21. Giugno 1725.
confermato *omnibus & singulis Universitatibus, Gymnasiis, vel
Collegiis Societatis Jesu B. Aloysium suorum liberalium, studiorum,
atque innocentia, & castitatis, in lubrica prasertim juvenili atate
diligentius custodienda, specialem Patronum,* finalmente con molto
apparecchio d'orazioni e digiuni decretò ai 26. Aprile del 1726.
la sua Canonizzazione. E poscia il dì 31. Decembre dell'anno medesimo, nella Basilica Vaticana, colle consuete sollennità, in compagnia del B. Stanislao Kostka, dichiarò, ed invocò il B. Luigi Gonzaga Santo, adempiendo coll'oracolo della voce Pontifizia quel che desiderava di poter fare personalmente S. M. Maddalenna de' Pazzi, quando nella sua estasi
sclamò. *Io vorrei poter andare per tutto il mondo a dire che Luigi
figliuol d'Ignazio è un gran Santo,*

CAP. V.

*Origine del Culto di San Luigi nella Valtellina, dove
risplende per molti, e grandi miracoli.*

FRa i molti Luoghi, dove è piaciuto al Signore di glorificare il suo Servo Luigi con grandi e frequenti miracoli,
che meriterebbero distinta menzione in questa Istoria, non ve
n'ha forse alcuno dopo il Sepolcro del Santo, che possa dirsi
più benemerito dalla sua Canonizzazione di quel che sia la
Valtellina, mentre dei quindici miracoli a tal effetto approvati dalla Santa Sede, sette sono stati cavati dal processo molto copioso, formato in quelle parti con autorità Apostolica
da Monsignor Prospero Peranda Arciprete di Bormio. Questa
è la ragione, per cui, lasciando ad altre Relazioni di compilare i successi d'altri Luoghi particolari, beneficati dal Sem-

ro, mi fon riftretto a dare quì un ragguaglio più accurato di quel che altri abbian fatto, intorno all'origine del Culto, che hà il noftro Santo in quella Valle, con difcoprire la picciola forgente di quei prodigj ftupendi, coi quali fi è andato tanto accrefcendo. Il che fi caverà principalmente dal Volume del già nominato Padre Gianningo Continuatore del Bollando.

L'anno dunque 1607. nel mefe di Settembre, viaggiando infieme da Morbegno a Tirano per la Fefta, che ivi fi fa follenniffima alla B. Vergine in un fuo celebre Santuario, il fuddetto Monfignor Perando col P. Scipione Carrara della Compagnìa di Gesù, Rettore del Colleggio di Como, vennero a ragionare per via dell'infigne fantità di Luigi, che l'anno precedente era ftato dal Sommo Pontefice Paolo Quinto dichiarato Beato, e delle cui Reliquie il detto Sig. Arciprete fi gloriava di averne una piccola parte. Volle perciò il P. Rettore nel licenziarfi da lui donargli infieme con altre cofe di divozione una copia della Vita del Santo, che fi trovava per forte aver feco, e fù da quello ricevuta con molta ftima per l'affetto, che aveva prefo al Beato Giovane da quelle poche cofe, che ne aveva udito raccontare. Nel ritorno poi, che fece a Bormio, paffando per la Terra di Ponte, non potè fcufarfi d'impreftar il Libro al Sig. Don Gio: Maria Quadrio Parroco di quel Luogo, con cui fi era fermato a fcorrerne alcune pagine, non fenza particolar difpofizione di Dio, che voleva per tal mezzo rifvegliare la divozione univerfale di quei Popoli verfo il fuo Servo, e renderne colle meraviglie gloriofo il Nome. Concioffiachè venuto a leggere qualche Capo di tal Vita il Sig. Don Niccolò Longhi Vicecurato nella picciola Villa del Saffo, volgarmente detta Sazzo, foggetta allora alla Parocchia di Ponte, di dove non è lontana più di due miglia, fu tale la commozione, che il buon Sacerdote ne fentì in cuore, che non fapeva diftaccarfi da tal lettura. E defiderofo di far parte anche ad altri del frutto, che ne ricavava per fè, prima fi trafcriffe di fuo pugno un breve compendio di alcune azioni più illuftri del Santo; poi anche ottenne di poter frattanto tener appreffo di fe il Libro, finchè veniffe tempo di reftituirlo. Con ciò fe ne andò allegriffimo il Vicecurato ai fuoi Parocchiani in Saffo, come fe loro portaffe un teforo dal Cielo, e fi diede tofto a raccontare al Popolo e per le Cafe le Angeliche Virtù del nuovo Beato, e le grazie miracolofe, che operava in benefizio dei fuoi Divoti. Sopra tutto non finìa di ammirare tanti miracoli, che fi leggevano fatti in quei pochi anni da un Santo, morto in una età cosí giovane, e moftrava vederfiducia, che foffe Iddio per onorarlo con somiglianti prodigj anche tra loro. Nè queste cose diceva egli solamente a suoi Terrazani, ma con insolito ardore andava apposta a divolgarle ancor fra le persone di maggior distinzione nelle Terre circonvicine di Sondrio, Ponte, Chiuro, ed altre principati della Valle. Da questi principj si eccitò in ogni classe di persone tanto amore e venerazione verso del Santo, che pareva non sapessero parlar d'altro, fuorchè della sua insigne santità e dei suoi prodigj. Sicchè tornato Monsignor Peranda per ripigliare il suo Libro, vedendo come passava continuamente d'una mano in un'altra, non ebbe animo di privarne il divoto Sacerdote, e bisognò che si adoperasse per farne venir molte copie, a fine di soddisfare alla pietà di quei Popoli.

Nè tardò molto il Signore a mostrare con effetti prodigiosi, com'era veramente opera della sua Divina mano una divozione sì universale verso il suo Servo. Imperocchè nel seguente Decembre, andato il Vicecurato a ministrare gli ultimi Sacramenti a Catterina Briotta, giovane di diciotto anni, che consumata da una grave infermità di tre mesi si trovava all'estremo, dopo d'averle già letta la raccomandazione dell'anima, quando a momenti stava per spirare; si sentì, com'egli stesso depone con giuramento nei processi, con insolita efficacia interiormente stimolato a far prova della potente intercessione di Luigi, e animare la moribonda a ricorrere a lui con un voto di recitare ogni dì per sei mesi cinque Pater, ed Ave a suo onore, quando le avesse ottenuto da Dio il prolungamento della vita. La stessa fiducia concepì subito con pari fervore la Giovane al primo udirsi proporre il voto; e appena ebbe finito di pronunziare con voce moribonda le parole suggeritele dal Sacerdote, che immantinente sugli occhi di tutti gli astanti prese notabile miglioramento, e in meno di otto giorni si trovò del tutto sana. Questa prima grazia miracolosa fu seguitata nel prossimo Febbrajo dell'anno 1608. da un'altra, fatta a Catterina Michelona della stessa Parocchia: la quale tormentata da dolore acutissimo di denti, per cui già da otto giorni continui non aveva potuto prendere neppur un momento di sonno; fatto voto di recitare ad onor di Luigi per otto dì tre Pater, ed Ave, restò subito affatto libera da ogni dolore, senza che mai più se ne risentisse, e confermò nel popolo la fiducia, che andava ogni dì più crescendo, nei meriti del Santo. Ma nel Marzo seguente diede egli un'altro segno ancor più manifesto di aver eletto quel picciolo ed oscuro Luogo del Sasso per Teatro della sua beneficenza, colla terza grazia ancor più strepitosa delle due prime in un Fanciullo di nove anni per nome Andrea, figliuolo di Simone Ca-

Carugo: il quale già da cinque settimane giaceva immobile a letto per una gagliarda sciatica, che gli aveva prese tutte due le coscie, e lo faceva gemere dì e notte con acerbo dolore de' domestici. La Madre dell'Infermo, afflittissima per non trovare rimedio, che gli giovasse, invocò con viva fede il Beato, e promise di far celebrare ad onor suo una Messa, se avesse ottenuto al Figliuolo qualche sollevamento. Non passarono due ore dopo fatto il voto, che tornata la Madre da' suoi affari domestici a rivedere il Fanciullo, lo trovò che si vestiva da sè solo, e si alzava perfettamente sano dal letto, con incredibile stupore di quanti lo vedevano camminar dritto e franco, come se prima non avesse avuto alcun male.

Per tali meraviglie si accrebbe tanto il fervore del popolo verso il Beato, che il Vicecurato pieno di giubilo in vedersi avverare i suoi presagj, pregò per lettere il suddetto Padre Carrara Rettor di Como a mandargli una Immagine dell'Angelico Beato, dipinta più che si potesse al naturale, per esporla alla pubblica venerazione nella sua Chiesa Parocchiale: non dubitando che la vista dell'Immagine non dovesse riscaldar maggiormente l'affetto, cagionato dall'Istoria della sua Vita. Una appunto di tali Immagini ne avevano i Giovani delle Scuole di Como fatta dipingere quell'anno in Milano per la loro Congregazione: la quale, benchè ne' lineamenti del volto fosse riuscita molto al vivo, non finiva però d'incontrare il lor gradimento, perchè loro pareva che l'abito non si rassomigliasse del tutto al vero. Questa per tanto di lor buona voglia destinò il P. Rettore per la Chiesa del Sasso ed ebbe la gloria di portarvela il medesimo Signor Arciprete di Bormio, che aveva già donata al Vicecurato la Vita del Santo. Non si può esprimere il gaudio, che n'ebbe questi in riceverla. Parevagli d'aver raccolto l'Angelo Tutelare, non solamente per sè, e per li suoi Parocchiani, ma per tutta ancora la Valtellina: e andava sollecito a darne intorno la nuova, ricevuta dalle pie Genti con gran festa, e con una santa impazienza di veder quanto prima messa in pubblico la Sacra Effigie, ed essere col dovuto culto venerata. Frattanto, fattela chiudere dentro una decente cornice, la tenne il Vicecurato nella sua Casa Parocchiale per alcuni giorni, finchè fosse apprestata una lampada da appenderle innanzi. Tenevala ben guardata, e con quella stima, che si farebbe d'una insigne Reliquia. E ben diede a vedere in quei giorni medesimi il Santo con un nuovo prodigio, che quella sua Immagine sarebbe tra poco divenuta celebre niente meno d'una gran Reliquia.

Erano già più di nove mesi che Orsina, figlia di Domenico Mo-

Moretta, per mal di fcrofole, che le giravano tutto intorno il collo, aggiunta una febbre continua, non trovava ripofo: avendole il dolore talmente inchiodato e collo, e braccia, che non poteva in alcun modo maneggiarfi. Riufciti vani tutti i medicamenti, perfuafe il Parroco la Madre dell' inferma, che la conduceffe alla meglio nella fua cafa, in compagnia d'alcune altre Giovani fue confidenti, per invocare tutte infieme l'interceffione del Beato davanti la fua Santa Immagine, che quivi per anche fi confervava. Fu condotta l'inferma la fera della Vigilia di S. Gio. Battifta: e, premeffo il voto d'una Effigie di cera, e di recitare certo numero di orazioni, fu fegnata dal Sacerdote davanti la detta Immagine con una Crocetta d'argento, che conteneva qualche poco di Reliquia di S. Luigi. Ed ecco, che alla prefenza di tutti gli aftanti, la Giovane cominciò fubito fenza dolore alcuno a muovere il collo e le braccia, che da tanti mefi non avea mai potuto, fi rizzò da fè fola, e ritornò fenz'ajuto a cafa: dormì tutta la notte, libera affatto dalla febbre; e potè ne' giorni fuffeguenti impiegarfi come fana francamente nelle facende domeftiche. Ma la fanità compita volle il Santo differirgliela per alcuni giorni per difcuoprire a' fuoi Divoti, oltre all'Immagine, un' altra forgente miracolofa di grazie, come appreffo diraffi.

Il giorno feguente, Fefta di S. Gio: Battifta, fi fece dal Vicecurato la bramata efpofizione del Quadro, colla lampada appefagli innanzi, da ardere per allora ne'foli giorni feftivi. È facile a immaginarfi il concorfo e la divozione del popolo a venerare il nuovo Beato, accrefciuta dalla fama della guarigione di Orfipa; la quale col fuo comparire in Pubblico riempì di ftupore chiunque la vedeva, e fapeva il compaffionevole fuo ftato di prima. Così efpoftafi al pubblico culto l'Immagine, volle il Santo in quei primi giorni palefare in quanta ftima fi doveffe tenere l'Olio della fua lampada, conferendo per mezzo di quello la perfetta fanità alla fuddetta Orfina. Come ciò fia feguito, lo racconta ne' proceffi lo fteffo Vicecurato con quefte parole. *La Vigilia dei SS. Pietro, e Paolo, interrogando io la detta Orfina, come fteffe; mi moftrò ella un cerchio infiammato e gonfio, che a guifa di corda le girava intorno al collo, dicendo che fi fentiva in quella parte dolor moltiffimo. Io allora le diffi: Se hai fede guarirai. Dopo il pranzo, entrato in cafa di Margherita Michelona, fento che ad alta voce mi dice: O che gran beneficio ha ottenuto Orfina! Veramente grande, rifpondo io; ma le refta intorno al collo una enfiagione molto infiammata. Pure, fe avrà fede guarirà. E in quel medefimo tempo mi fentii all' orecchio deftro una voce, diftinta bensì, ma fimeffa, che articolava quefte formali parole. Prova adeffo l'Olio del-*

della lampada; e vedrai. Attonito a tali parole, raccontò quel, che avea udito; alla predetta Margherita, e determinai di farne prova quella stessa sera segretamente nella medesima Orsina. Il che feci, e subito si partì da lei l'enfiagione, l'infiammazione; e il dolore, presente sua Madre, la detta Margherita, e molti altri. Fin qui il Parroco.

Non ho voluto lasciare di riferire così minutamente questo fatto, per essere stato il principio delle innumerabili grazie e miracoli, che col medesimo olio si son veduti successivamente operati, non solo nella Valtellina, ma in altri Paesi ancora; pur si accrebbe tanto la divozione e fiducia di San Luigi, che in poco tempo divenne la Chiesa del Sasso il rifugio universale a quelle Genti. Si contenti il Lettore, che io gliene dia qualche saggio, prima di proseguire il racconto di questo accrescimento di culto.

C A P. VI.

Si raccontano alcuni di essi miracoli, e come si fabbricò la nuova Chiesa di Sasso.

I Miracoli, che ora prendo a riferire, non hanno minor autentica, che l'autorità della Sede Apostolica, dalla quale sono stati tutti approvati per la Canonizzazione di questo Santo. Cominciaremo adunque dagli operati coll' Olio della sua lampada.

Bartolomeo Molinari da Tirano, in età già decrepita, aveva un male così ostinato nella gamba destra di enfiagione e piaghe apertesi in varie parti, che per venti anni continui non aveva potuto giovargli verun medicamento; sicchè disperato di guarirne lasciò di applicarvi più rimedio alcuno; e seguitò così per lo spazio di dieci anni. Si sparse in questo tempo per tutta la Valtellina la fama dei miracoli di S. Luigi nella Chiesa del Sasso: dalla quale animato il Vecchio a confidare nella sua intercessione, si risolvè di fare in qualche modo quel viaggio, e provare l'Olio miracoloso della lampada. Vi andò sopra un giumento, accompagnato da Domenico suo fratello, e da Margherita sua figliuola. Dove giunto non senza grave stento, dopo di essersi con viva fiducia raccomandato al Santo, si fece coll' Olio suddetto ungere niente più che il ginocchio, ed immantinente si sentì svanire affatto ogni dolore, e restituire alla gamba le antiche forze. Ma ritornato che fu a casa, con aver fatto tutto a piedi quel cammino di dieci miglia, trovò che il Santo gli aveva conferito il beneficio maggiore ancora della sua aspettazione. Imperocchè non sola-

mente

mente gli era ceffato il dolore, ma, fcoperta la gamba, fi vide partita tutto l'enfiagione, e le piaghe di tanti anni così perfettamente faldate, che nè pure vi fi fcorgevano le cicatrici.

L'altro miracolo, che quì foggiungo, udiamolo colle parole medefime, con cui l'anno 1613. lo depofe ne' proceffi Agnefa Caurinal, in perfona di cui fu operato, *Io fono (dic' alla) una povera Figlia, fenza Padre, e fenza Madre, che fo appena parlare: dirò nondimeno qual beneficio abbia ottenuto dal B. Luigi. Saranno quattro anni alla proffima Fefta di S. Giacomo, quando io già da dieci mefi pativa una tale paralifia, che non poteva dar un paffo: e dai lombi fin alla pianta del piede non fentiva, nè freddo, nè caldo: oltre che mi tormentavano il dolore ancor nella braccia, e mani. Fra tanto pregai fovente il Beato, che m'impetraffe da Dio forze fufficienti, per vifitar la fua Chiefa di Saffo, dove con molta celebrità è venerato: e mio Fratello Antonio mi fece un pajo di ftampelle, fulle quali mi andai fpingendo con eguale sforzo e difficoltà, finchè arrivai al luogo deftinato, in compagnia di mia Sorella Antonia. Ciò fu la Domenica precedente alla Fefta di S. Giacomo. Ivi fui unta coll'Olio della lampada: e dopo d'effermi alquanto raccomandata a Dio, e al Beato, per grazia dell'uno e dell'altro, mi alzai in piedi, e cominciai a camminare fenza ftampelle. Delle quali lafciatane una nella Chiefa, l'altra, fu cui però non mi fon mai appoggiata, la portai allegramente a cafa, dove la gittai ful fuoco: e fempre di poi fono ftata fana.* Tal fu la guarigione di Agnefa, a cui dalla depofizione d'altri teftimonj aggiunge la Sacra Ruota Romana nella fua Relazione, che fopraggiunto in Chiefa il Parroco, fi moffe per pietà ad unger l'inferma, dal vederla con tutto il corpo miferamente curvato a terra: e che la fanità fu sì pronta e perfetta, ch'effa medefima alzandofi fclamò *Miracolo!* e fece a piedi nel ritorno il viaggio, ch'era d'alcune miglia.

Nientemeno prodigiofa fu la fanità conferita a due Fanciulli, che per un'ernia travagliofiffima già eran ridotti a peffimo ftato. L'uno per nome Martino Zanoni, di età di tre anni, cui era ufcito il tumore della groffezza d'un pugno; portato dalla Madre alla Sacra Effigie, ed ivi unto coll'Olio miracolofo; nel ritorno a cafa, verfo la metà del cammino, fu trovato perfettamente libero dal male; nè mai più d'indi in poi ne provò tocco alcuno. L'altro di cinque anni, chiamato Niccolò Anefi, che già da un'anno mezzo per gli eccessivi dolori avea riempita la cafa di gemiti e ftrida, e fenza che gli giovaffe verun rimedio, doveva effere quanto prima fottopofto al taglio. Nol confentì la Madre: e fottrattolo alla pericolofa cura, andò a prefentarlo con gran fiducia avanti

P   l'Iml'Immagine del Santo, dove fu segnato dal Parroco colla medesima unzione. E tosto ne seguì il prodigioso effetto: poiché tornata la Donna a casa, vide svanito affatto dal Fanciullo ogni tumore; senza che più ne apparisse alcun segno.

Ma molto più stupenda fu la guarigione di Catterina Agita da Bormio d'anni 38. risanata in un giorno coll'Olio suddetto da un simil male, accompagnato da mortalissima febbre. Io non mi fermo a riferire le minute particolarità di quell'ulcere stranissimo. Bastino intorno a una tal sanità le seguenti parole del Cerusico nel processo: *Vedendola io* (dic'egli) *dopo alcuni giorni andare per la Terra nostra, mi feci quasi il segno della Croce, come il vederla in piedi mi paresse grandissimo miracolo... Nel qual tempo appunto il mio giudizio era, che dovesse passare Donna Catterina da questa a miglior vita.*

E con ciò sia detto a bastanza de' miracoli operati coll'Olio. Vediamone ora uno almeno de' succeduti alla sola presenza della Santa Immagine. Bernardo Foletti, giovinetto di tredici anni, era stato dal vajuolo in amendue gli occhi affatto accecato: e già per un'anno e mezzo durava nella sua cecità, dichiarata da' Medici per incurabile; e di più accompagnata da dolori acerbissimi, ogni qualvolta si affacciava a'raggi del Sole, o ad altro qualsivoglia splendore, se non si fosse subito coperti gli occhi con qualche panno. In tale stato fu condotto dalla Madre alla Chiesa del Sasso, ed appena fatta breve orazione davanti l'Immagine del Santo, si sentì il cieco rischiarare sì notabilmente gli occhi, che levatosi con gran festa, corse alla porta senza bisogno di guida, e girando intorno il guardo, cominciò subito a distinguere quanto aveva davanti. Nel decorso poi se gli andò sempre fortificando la vista in modo, che, quando fu esaminato di questo miracolo, messogli innanzi un filo raddoppiato e con varj modi, potè minutamente discernere ogni cosa.

Neppur di tanto ebbe bisogno Giovanna Tedolda da Talamona, per essere dal Santo prontamente soccorsa. Lavorava questa un giorno in compagnia; quando fu assalita all'improvviso da dolore sì acuto di capo, che, quasi perduto il senno, la faceva dare nelle furie e strapparsi i capegli. Accorsa a tal novità Maria sua sorella, credendola in procinto di morire, ne mandò subito avviso al Parroco: il quale dagli orrendi visaggi del volto, dalle parole esecrabili che proferiva, e molto più da un nero segno, in figura come di un compasso, apparitole in quell'ora medesima sulla sinistra mano, non dubitò punto che la meschina non fosse invasata dal Demonio. Nè vi restò più luogo a dubitarne, quando a forza di esorcismi condottala a casa, vide riuscir vano ogni sforzo per liberarla. Di tratto eretto in tratto la gettava il maligno spirito tramortita ed immobile a terra; massimamente quando ella stava per entrare in Chiesa a' Divini Uffizj, le toglieva ogni lena di attendere agli affari domestici, e procacciarsi il vitto: in somma per tre mesi la maltrattò di maniera, che pareva del tutto impazzita. Finalmente in buon punto sovvenne al Parroco di esortarla a riccorrere al Santo miracoloso del Sasso. E non sì tosto ella ebbe invocato il nome di Luigi, col voto di visitare la sua Immagine in Sasso, che fu costretto l'Infernal ospite lasciarla libera; e per attestato visibile della grazia ottenuta, le scomparve in quell'istante medesimo il nero segno dalla mano, senza che mai più sentisse molestia alcuna. La Sacra Ruota conchiude la Relazione di questo miracolo colle seguenti parole: *Horruit Aloysii nomen Diabolus, & ad Juvenis castissimi preces faedissimum immunditiae Patrem Deus ejecit.*

Ma per non differire più oltre col racconto di tali prodigj la narrazione dell'aumento, che ebbe il Culto del Santo in quella Chiesa; dirò qui solamente, come l'anno 1612. che fu il quarto dopo la pubblica esposizione della predetta Immagine, nella deposizione giurata, che fece ne' processi il Sig. Vice-curato Longhi, dopo aver detto che le grazie compartite in quei contorni dal nuovo Beato erano infinite, restringendosi a quelle sole, delle quali aveva egli sicura notizia, ne va raccontando una dopo l'altra sino al numero di 132. Era queste si annoverano, oltre alle mentovate di sopra, altre miracolose curazioni di ciechi, sordi, paralitici, storpj, impiagati, tisici disperati, energumeni e d'altre maniere miserabilmente travagliati: senza parlare di varie grazie spirituali per salute delle Anime: anche di Eretici ridotti al grembo della Santa Chiesa, con sentirsi dentro come cambiare il cuore, stato prima lungamente ostinato nei proprj Errori. Perciò il già nominato Monsignor Peranda, mentre attendeva a formare i detti processi, scrivendo al P. Virgilio Ceppari Proccurator della Causa, tra le altre cose dice: *Ella è veramente cosa stupenda, che un luogo sì sterile, sì povero, sì rimoto dagli altri uomini, e sconosciuto prima, dirò così, a tutta la Valle, e che per tre mesi dell'anno non vede Sole; sia stato tanto fecondato da Dio, e illustrato in un subito da' raggi dell'onnipotente sua bontà, che può parere avere in quello riposto l'erario delle sue grazie; ad esaltazione maggiore del suo Servo Luigi. Dal che abbonda oggidì il Sasso di frequenza di popolo, che da ogni angolo della Valle per l'estensione di più di cinquanta miglia colà concorre . . . . e si gloria ancora della conversione di molti Eretici alla Fede nostra Cattolica. Questo concorso continuo ha dato occasione di gettare i fondamenti della nuova chiesa, che avanzerà la picciolezza, e povertà del Luogo ec.* Fin qui la lettera.

La

La nuova Chiefa, di cui fi parla, è quella che fi vede oggidì, grande e magnifica in modo, che potrebbe fare affai onorevol comparfa in qualunque Città. Si cominciò a penfare a fabbricarla fin dal medefimo anno 1680. in cui ebbe principio il Culto della miracolofa Effigie, per la moltitudine de' paefani, e foreftieri, che accorrevano a venerarla: come appare da una lettera fcritta ai 17. di Decembre dell'anno fteffo al Padre Carrara del Sig. Vicecurato, dove ragguagliandolo del concorfo de' Popoli, del numero delle Meffe, che fi celebravano anche ne' giorni feriali, quando prima appena ve n' era una per li feftivi; e della nuova Chiefa, che già trattavafi di alzare; attefta di sè, che per li gran miracoli, che fi operavano nell'Olio della lampada, aveva egli non poco da fare, maffimamente le Fefte, in diftribuire di quell'Olio falutifero ai Pellegrini, che con anfia ne domandavano, e verfo il fine dice così : O cariffimo Padre ! Quanto fanta fu quella ifpirazione, che fece portar quà l'Effigie del Beato ! Certamente quanto più confidero quefte cofe, tanto più ammiro la bontà di Dio; al qual è piaciuto in quefta povera Chiefa mia, e luogo così folitario, benchè in mezzo alla Valle, eccitare tanta Religione. Nè quì fi deve tacere un'effetto fingolare della Divina Provvidenza, per cui la fabbrica di quella Chiefa venne ad avere un non fo che del prodigiofo. Concioffiachè, effendo allora il Saffo un picciolo aggregato di poche cafe paftorecce, e il fito della Chiefa per ogni parte precipitofo, e povero di tutte quelle cofe, che fan di bifogno ad una fabbrica, fi giudicava che avrebbe portato grande fpefa la fola condotta delle pietre, arena, calce, e per fino dell'acqua, che tutto fi doveva far venire d'altronde. Quand'ecco fuor d'ogni efpettazione fi difcoprì ivi intorno, niente più lontano d'un tiro di faffo, una copiofa miniera di pietra viva, fomigliante al Travertino di Roma ; ficcome pure ottima creta, per fabbricarne i mattoni neceffarj per le volte, de' quali non fe ne facevano in tutta la Valle. Nello fcavarfi poi de' fondamenti ritrovoffi gran quantità d'arena ; e per argomento maggiore della Divina benignità, fcaturì d'improvvifo una forgente d'acqua limpidiffima ; che oltre agli ufi bifognevoli dell'edifizio, ha fervito anche moltiffimo al comodo degli Abitanti ; e talvolta per fino a follievo degli infermi, che per divozione ne bevevano in vece di medicina. A quefti foccorfi della Divina liberalità aggiuntafi le limofine de' Divoti, fi è innalzato il nuovo Tempio, il quale col decorfo degli anni fi è poi andato fempre perfezionando, e conceduta da Papa Aleffandro Settimo con Breve de' 21. Giugno 1662. la grazia di potervifi efporre ful proprio Altare l'Immagine del Beato, to, e celebrarne la Meſſa nel dì ſuo Anniverſario; finalmente il giorno 30, di Luglio del 1664. fu con pompa ſolenne conſecrato da Monſignor Federico Borromeo Nunzio Appoſtolico a' Signorini Sviceri, che fu poi fatto Cardinale da Clemente Decimo. E benchè ſia ſtata queſta Chieſa dedicata a S. Michele Arcangelo, Titolare già dell' antica; non tutto ciò è per il concorſo alla Cappella del Santo, piena di voti, e tavolette di miracoli, e per le limoſine portate alla fabbrica dalla pietà de' Fedeli ad onor del medeſimo; è ſtata ſempre ſin da que' principj chiamata per autonomaſia *la Chieſa del Beato*: e la fraſe, non ſolo de' Pellegrini, che vanno alla viſita di quel Santuario, ma di quelli ancora, che per altri affari ſi portano al Saſſo, è appunto queſta *Andar al Beato*, anzi per fin gli ſteſſi nativi del detto Luogo, interrogati di qual Terra eſſi ſiano, riſpondono: *Siam del Beato*.

CAP. VII.

Del concorſo de' Pellegrini alla detta Chieſa, e d' altre coſe appartenenti al medeſimo Culto.

VEnendo ora al concorſo già accennato, era veramente ſin da quei primi anni oggetto di tenerezza il vedere, come ſi cava dalle memorie autentiche, la turba continua, che da tutte le parti veniva in quel luogo alpeſtre, ora ad implorare benefizj dal Santo, ora a ringraziarlo de' ricevuti. Arrivò queſta alcuni giorni a tanta frequenza, che non potendo capire in quelle caſette, e riempiti per ſino gli ſteſſi fenili, erano coſtretti i Pellegrini a ricoverarſi nelle vicine ſelve; dove paſſavano buona parte della notte cantando Salmi, ed Inni, e ragionando dolcemente dell' opere ammirabili del loro Santo Avvocato. Fin a 1800. foreſtieri atteſta il Vicecurato eſſervi concorſi nella Paſqua da 1609. nè ſolamente plebei, ma Nobili ancora; i quali portati dal fervore della divozione, non ricuſavano di eſporſi a ſoffrire ſomiglianti diſagi. Anzi non paſsò molto, che cominciarono le Terre intere ad andarvi proceſſionalmente con ſingolari moſtre di religione, come già praticavaſi al Santuario della Vergine in Tirano, e ne' primi quattro anni ſi numerarono ventiquattro Terre, andatevi in tal modo, alcune con viaggio di venti e più miglia; contandoſi in talun di eſſe Proceſſioni più di mille perſone. Il che diede motivo ad un' autorevole Teſtimonio di que' tempi di ſcriver coſì: *Parmi di vedere garreggiarſi in queſti Luoghi tra la B. Vergine di Tirano, e il B. Luigi del Saſſo nel beneficare i miſeri mortali. Mentre quanti dalla Ver-*

P 3 *gine*

ine difcendono ad onorare Luigi ; altrettanti Luigi , e più ancora
nè rimanda dal Saffo alla Vergine per venerarla ; e così la religione , e pietà del popolo , che fiorifce in entrambi quefti Luoghi , non
diminuifce ; ma più tofto accrefce la pietà , e religione dell' altro .

A mifura poi del concorfo erano le induftrie del zelante
Parroco , per affezionare il popolo con fempre nuovi trattenimenti fpirituali al facro culto della miracolofa Immagine.
Degna di memoria è una picciola Raunanza di dieci Vergi-
nelle contadine , chiamate da lui *le Vergini della Congregazione Noftra Signora* ; obbligate a Dio a guifa di Orfoline con voto di Virginità , e dedicate all' offequio del Santo , e fervigio
di quella Chiefa . Quefte , dopo d' efferfi ciafcuna nelle proprie cafe impiegata i dì feriali , come le altre lor pari ,
negli affari domeftici , fi raccoglievan le Fefte in Chiefa tutte infieme alle loro conferenze fpirituali , ed efercizj divoti
fotto la direzione del Parroco , e a cantarvi l' Uffizio della
Beata Vergine , con altre orazioni , ed Inni : il che ferviva
moltiffimo al culto della Chiefa , e a fomentare la venerazione al Santo .

Ma fopra tutto accrebbe l' univerfal divozione una preziofa
fa Reliquia del B. Giovane , confiftente in una groffa parte
dell' offo d' una gamba , mandata in dono l' anno fteffo 1609.
dall' Eccellentiffimo Sig. Principe Francefco fratello del medefimo . Fu deftinato a portarla da Caftiglione un Sacerdote ,
per nome Don Gio: Battifta dei Faini : il quale giunto con
effa alla Terra di Ponte , la depofitò ivi nella Chiefa Parrocchiale : finchè fuffero in pronto gli apparecchi , per trafpor-
tarla col dovuto onore alla Chiefa del Saffo . Il giorno poi di
Domenica fi fece con folenne Proceffione la Traslazione di
detta Reliquia fotto ricco baldacchino di broccato dal Sig.
Arciprete di Sandrio Vicario foraneo ; preceduto da quafi
tutto il Clero delle circonvicine Terre , veftito di Paramen-
ti , e Piviali pur di broccato : e da popolo innumerabile ac-
corfo da tutte le parti con fiaccole accefe in mano ; vedendofi fparfo di fiori , e frondi odorofe tutto il cammino di due
miglia da Ponte fino al Saffo : dove fu ricevuta con gran fefta di fpari , e coll' allegro concerto di canti , e fuoni mufi-
cali . Il che , come riempj di fpirituale confolazione i Cattolici , così compunfe , ed intenerì gli fteffi Eretici ; venuti
da' Paefi confinanti de' Grigioni , alcuni de' quali dalla vifta
della Sacra Reliquia fi fentirono tanto commovere , che de-
terminarono di riconciliarfi colla Santa Romana Chiefa . E
perchè fi vegga il tenero affetto di quelle genti verfo del
Santo , foggiungerò qui ciò , che narra ne' proceffi di Cafti-

occagione il fuddetto Sacerdote effergli occorfo in quefta occafione, colle feguenti parole. *Uno (di quei Cattolici) mi ritrovò in Chiefa, e ricercò, fe io era quello, che aveva portata la Reliquia, e avendogli io detto, che era queft' iftefo, egli mi pregò ritirarmi in Sacreftia, che mi voleva dire non fo che. E così effendo ambedue ritirati in Sacreftia, mi pregò a compiacermi di ritirarmi indietro con un piede. E ricercando io la caufa, foggiunfe, che tante erano le grazie, che aveva ricevute dal Beato Luigi, che voleva per ogni modo, per gratitudine di aver io portato colà quella Reliquia, baciar la terra, dove io aveva calpeftato. E ricufando io di voler fare, egli finalmente difse: Non mi vieterete già, che io baci quefto fcalino, ove avete pofto il piede: ficcome fece ben contro ogni mio volere.* Fin quì il mentovato Sacerdote.

Fu poi in decorfo di tempo la detta Reliquia chiufa in più nobile Reliquiario, arricchito d'argento, e di pietre preziofe dall' Eccellentifima Sig. Marchefa Donna Giovanna Gonzaga Nipote del Santo, in occafione che abitava in Milano, paffata alle feconde Nozze col Sig. Gran Cancelliere D. Giacomo Zapata. La quale, avendo fegnalata la fua pietà verfo il Beato fuo Zio con altri preziofi arredi, donati alla Chiefa del Saffo, meritò di provare in sè medefima gli effetti della fua protezione. Nel Giugno del 1674. andata ella a vifitare il detto Santuario, dopo aver ivi compito alla fua divozione, profeguì il viaggio alla vifita della B. Vergine di Titano. Quando nel ritorno che di là faceva paffando fulla fponda di un' erta balza, il cocchio precipitò giù con gran rovina, e, rotte le cinte, e fpiccatone via il coperchio, andò rotolandofi a guifa di palla fin al fondo; dove fi fermò fulle rive di un Torrente. Difcefi Familiari al baffo, quando credevano di trovarla, o morta, o almeno mortalmente ferita la videro con gran meraviglia federe al fuo pofto con una cagnolina nelle braccia, fenz' avere patito alcun danno. E interrogata, come aveffe potuto tenerfi ferma fra tanti balzi nel cocchio, rifpofe: *che avendo nel primo cadere invocato l' ajuto di Noftra Signora, e del Beato Zio, fi era fentita da mano invifibile reggere, e foftenere in tutto quel precipizio.* Così ella. Ed oltre alla fede giurata del Padre Bernardo Paravicino della Compagnia di Gesù, che feguitava la Marchefa in quel pellegrinaggio; effa medefima lo confermò l'anno 1686. al Padre Corrado Gianningo, ch'era di paffaggio in Caftiglione: dove la pia Signora, rimafe vedova, menò il rimanente de' giorni fuoi in una cafa contigua alla Chiefa del noftro Collegio; preferita da effa ai palagi de' Principi fui Congiunti, per poter più da vicino venerare il Cranio del Beato fuo Zio, che in quella Chiefa fi conferva, e lungi dagli ftrepiti mondani imitare gli efempj della fua fanta vita.

Che poi la B. Vergine ammetteffe per compagno nel far quefta grazia il fuo Servo Luigi, fi può facilmente argomentare da ciò, che quì mi venne a propofito di foggiungere. Intorno all'anno 1610. come fi ha da' proceffi. Pietro Mofchetti da Telio aveva una figliuola, per nome Maria, che per una ftrana infermità era divenuta affatto muta; e infieme le fi erano talmente attratte, e ripiegate verfo la fchiena le gambe, che inchiodate tutte le giunture, non poteva muoverfi da un luogo all'altro, fuorchè foftenuta di pefo fulle altrui braccia. Il Padre, difperando di trovare rimedj umani a un tanto male, ebbe ricorfo ad una Immagine di Noftra Signora, chi chiamafi di Ligone, fotto la Parocchia di Telio: la quale tofto incominciò la miracolofa guarigione della fanciulla, rendendole l'ufo primiero della lingua. Ma il compimento della grazia, che reftava a farfi, con liberare l'inferma da quella ftorpiatura delle gambe, volle lafciarlo la Vergine al fuo Luigi; il cui nome diveniva allora fempre più celebre per grandi, e frequenti miracoli. Coll'occafione adunque, che gli Abitanti di Telio andarono in Proceffione alla Chiefa del Saffo, il buon Pietro pregò con calde iftanze il Parroco, che voleffe raccomandare alle orazioni del popolo la fua povera Figlia, il cui lagrimevole ftato era pur troppo già da tre mefi a tutti noto. Accompagnò poi egli le comuni preghiere col voto di condurre la fanciulla alla vifita di quella Santa Immagine, quando aveffe ottenuta la fanità. Nel ritorno recò feco un pocchetto dell'Olio della lampada, ed avendo quella fteffa fera provata con viva fiducia l'unzione, ecco che indi a poco fi fente richiamar dalla figliuola con quefte parole: *O Padre, comincio a diftender le gambe.* Profeguì allora egli, pieno più che mai di fperanza, ad unger l'inferma, nè paffarono quindici giorni, che la vide perfettamente rifanata, ficchè potè da fe fola andare per cinque o fei miglia a foddisfare il voto fatto dal Padre, e ringraziare davanti la Sacra Effigie il fuo Santo liberatore.

Ma poichè fi è quì fatta di nuovo menzione di queft'Olio miracolofo; non è da tacerfi, come a quefto principalmente fi deve afcrivere l'efferfi tanto dilatata la fama del Santuario del Saffo, non folamente nei paefi circonvicini d'Italia, ma negli Oltramontani ancora, concioffiacchè la moltitudine delle grazie, che fi fono in ogni tempo per mezzo di effo ottenute, ha eccitata univerfalmente la divozione dei popoli a procacciarfene. Fino trenta vafetti in una volta vennero a prenderne da Germania intorno all'anno 1615. portando in

giu-

giuſtificazione della loro domanda al Parroco, che il laſciò ſcritto, lettere teſtimoniali di molti ſtorpj, paralitici, e d'altre maniere incurabili, reſtituiti per interceſſione del Santo a perfetta ſalute. E ſe non temeſſi di prolungar troppo il racconto, potrei apportare molte curazioni miracoloſe, operate col detto Olio in Lombardia, e in Piemonte, leggendoſi liberate l'anno ſuddetto in una ſola ſettimana in Torino cinque perſone da febbri, altre mortali, ed altre aſſai oſtinate, tra le quali furono i Cavalieri Avogadro, e Balbino, ed un Nipote del Marcheſe d'Orſè. Anzi trovo di più, che provvedutoſi di quell'Olio per il ſuo viaggio dalla Germania all'Indie il Pͬ Corrado Luigi Pfeil della noſtra Compagnia, operò con eſſo molte meraviglie a benefizio ſuo, e dei Compagni, nel corſo di quella lunga navigazione. E ſiccome pare che il Santo medeſimo abbia voluto con maniera miracoloſa manifeſtare al principio la virtù del detto Olio nella guarigione di quella Orſina, raccontata di ſopra a ſuo luogo, coſì non ha laſciato talvolta di riſvegliarne con ſimil modo la memoria, e mantenerne il credito nei ſuoi Divoti.

Ne darò quì in pruova un ſol fatto autentico ſeguito l'anno 1628 nella perſona di Margherita Ridolfi abitante in Cepina, Villa del Contado di Bormio. Queſta già da qualche tempo trovavaſi immobile a letto per una ſtrana enfiagione, che le aveva preſo tutto il corpo, e rendutala impotente a valerſi neppur d'un dito. Fra molti medicamenti in vano adoperati non le ſovvenne mai di ſervirſi dell'Olio di S. Luigi, di cui avevane per altro in caſa una picciola ampolla. Quando, il primo di Settembre preſſo al mezzodì ſtando ella ſola in camera travagliatiſſima dai ſuoi dolori, ſentì, ſenza ſapere da chi, articolarſi chiare all'orecchio queſte parole: *Margherita, perchè non adoperi l'Olio che hai, del B. Luigi? Prevalo, e coll'ajuto di Dio, e di queſto Beato guarirai.* Sopragiunta indi a un'ora da Boemio Elena ſorella dell'inferma, e udito da lei con meraviglia il ſucceſſo, la eſortò a far con fiducia la pruova ingiuntale. Allora l'inferma: *Datemi adunque,* diſſe, *ſorella, quell'Olio.* E in coſì dire, dimentica d'avere il braccio immobile, pur nondimeno corſe colla mano a ſegnare il luogo, dov'eſſo ſtava, e s'avvide in fatti di potere ciò che ſin allora non aveva potuto, e in quell'atto medeſimo, ſenza ſaper come, nè da chi ſoſpinta, ſi trovò fuori del letto colle ginocchia in terra. Attonita al prodigio, e lagrimando colla ſorella per allegrezza della grazia incominciata, ſi obbligò prima al Santo con voto di viſitare il ſuo Altare in Saſſo, ſe aveſſe ottenuta la perfetta ſanità, indi ſegnoſſi con quell'Olio la fronte, e ad una ad una tutte le giuntu-

re del corpo, dove i dolori erano prima più acuti. E in ciò
fare, sentì come da due mani invisibili toccarsi e premersi
forte le guancie, al qual tocco se le ritirò immantinente
l'enfiagione da tutte le altre parti nelle sole braccia, e gambe, che le diventarono subito piene, a guisa di sacchetti
d'arena. Indi svanito in un momento ogni tumore, sentissi
ritornare in tutto il corpo il primo vigore da sana, e vestissi
da se medesima, corse alla stanza del Curato, cui era Servente, a mostrarglisi perfettamente guarita, con un miracolo tanto più pregevole, quanto da lei meno cercato, e spontaneamente offertole dal Beato.

Da questo successo ammirabile, oltre alla virtù prodigiosa
dell'Olio, ben si comprende l'impegno, che ha S. Luigi, di
mantener viva in quei contorni la fiducia nella sua interces-
sione, e farsi riconoscere in comun Protettore della Valtollina. E che come tale sia riconosciuto, n'è testimonio l'in-
vocarla, che ivi si fa sovente in ogni privata, e pubblica ca-
lamità. Anche oggidì è costume assai universale presso gl'infermi di usare per primo rimedio il ricorso alla sua protezione, e ve n'ha parecchi, che stimolati a chiamare il Medi-
co, o il Cerusico, rispondono francamente, già ho fatto un
voto al Beato, quasi non vi fosse bisogno più d'altra cura, concorrendo il Santo ad accrescere questa fiducia nei suoi Divoti colla moltitudine, e prontezza delle grazie compartite.
Ne' pubblici bisogni poi, come di sereni, pioggie, e simili,
si avviano da tutte le parti al Santuario del Sasso frequenti
Processioni, che non tardano il più delle volte ad impetrare
ciò che domandano. Ma sopra tutto durerà eterna in que'
popoli la gratitudine al loro Santo, per essere stati miracolosamente altri liberati, ed altri preservati in occasione di Morbi epidemici.

Sin dall'anno 1610. cominciò a provare un tal benefizio
la Terra di Talamona, in tempo che il vajuolo appiccatosi a
guisa di contaggio da un luogo in un altro, faceva universalmente ne' fanciulli strage grandissima, senza che rimedio
alcuno fosse valevole a fermare il maligno corso del male.
Già la vicina Terra di Morbegno era rimasa poco meno che
desolata: ed entrato di là il morbo in Talamona, aveva incominciato ad infettarne alcune case, e toltine cinque fanciulli di vita. Quando, a persuasione del Parroco, si avviò al
Santo del Sasso una Processione di più di dugento persone;
non ostante la lontananza di venti miglia, e la stagione assai
incomoda per essere quel dì la Vigilia di S. Andrea Appostolo. Quivi si cantò il giorno appresso la Messa del Santo Appostolo coll'orazione del Beato; cui si raccomandava frattanto

to tutto quel popolo, perchè foſſe loro Avvocato in una tanta calamità. E fu coſa veramente mirabile, teſtificata ne' proceſſi dal Curato, da' Conſoli, ed altri pubblici Rappreſentanti di quella Comunità, che fin da quel dì medeſimo in tutto il diſtretto di Talamona non morì più alcuno di quel male; e ſi andò ſenſibilmente tanto ſcemando la infezione, che in mezzo alla ſtrage univerſale ſi godè d'indi in poi in tutto quel Territorio perfetta ſanità.

Somigliante ſoccorſo ottenne pure dal Santo in tempo più calamitoſo la Terra di Ponte. Correva in Valtellina nell'anno 1692. una mortale influenza di febbri maligne, che diſertavano quà e là tutto il paeſe, e già in Ponte n'erano morte alcune perſone, ed altre molte aſſalite dal male ſi davano per diſperate. Non tardarono quegli Abitanti a far ricorſo al comun Protettore. Vi andarono quaſi tutti in divota Proceſſione; e dopo fatta alla Cappella del Santo fervore orazione, preſa con ogni onore la Santa ſua Reliquia, ſi portarono ivi vicino ad un poggio eminente, d'onde rimiravaſi al di ſotto la detta Terra. Di là, data ſopra di eſſa e ſuoi contorni la benedizione colla ſuddetta Reliquia, ſe ne tornarono pieni di fiducia d'eſſere ſtati eſauditi. Nè riuſcì vana l'aſpettazione, perciocchè da quel giorno in appreſſo ceſſò il flagello, e quanti ſi trovavano allora tocchi dal male, tutti, ſenza eccettuarne pur uno, fra pochi dì riſanarono. Delchè, come di coſa notoria ed innegabile, ne diedero nel Luglio del 1698. fede giurata, e ſottoſcritta di loro mano i Signori Don Ignazio Lucio Curato del Saſſo, e Don Ignazio Guicciardi Sacerdote di Ponte, autenticata colle forme conſuete, per gloria maggiore del loro Santo liberatore.

Queſti due avvenimenti ho qui traſcelti, perchè confrontandoli inſieme ognun veda, che niente meno efficace ſi è ſperimentato il Patrocinio di S. Luigi in Valtellina in queſti ultimi tempi più vicini a noi, di quel che ſia ſtato nei ſuoi principj. E comune opinione, che vi abbiſognerebbe un groſſo volume a compilare tutte le grazie miracoloſe ottenute dal Santo. Queſta ſteſſa moltitudine ha cagionato, che in decorſo di tempo non ſiaſi più tenuta in regiſtrarle la diligenza dei primi anni. Ma ne fan fede le centinaja di voti, che ſi veggono appeſi al ſuo Altare, trai quali merita particolar memoria una Pittura, non in tavoletta, o tela, ma ſul muro laterale, abbellita di ſtucchi indorati, dove ſtà eſpreſſo lo ſtrano avvenimento, che qui ſoggiungo, riferito altresì nel mentovato Volume del Gianningo, ed io deſcriverò con alcune particolarità più minute, giuſta la relazione, che n'ho dall'odierno Parroco di quel Luogo.

Una

Una Giovane per nome Maria dei Macoggi, caduta da un' alta rupe, che ftà al di fopra di detta Chiefa, diede tale percoffa fu quelle pietre taglienti, che, fpaccatofi il cranio, ne ufcì parte delle cervella, fparfe per terra. Accorfe la Madre poco lontana per ajutarla, ma trovolla fpirante, fenz' altro indizio di vita, fuorchè qualche picciolo fegno, che diede, all' udirfi nominare il Beato Luigi, cui efortavala a raccomandarfi. Chiamato frettolofamente il Vicecurato per darle gli ultimi Sacramenti, portò feco ancora dell' Olio della lampada. Allora la Madre fi riempì di tanta fiducia, che fenza dimora cominciò effa medefima a rimettere dentro le aperture quegli avanzi delle cervella, e, riunito alla meglio il cranio infranto, adoperoffi intorno ad effo quell' Olio con sì miracolofo fucceffo, che in un fubito fi rammarginarono le ferite perfettamente, non rimanendone altro fegno, che un picciolo fregio, il quale durò poi fempre alla Giovane, finchè viffe. Si alzò ella tofto da terra, e con tutti gli aftanti, accorfi a quello fpettacolo, portoffi alla Chiefa a ringraziare il Beato. Dura ancor oggi la memoria, non folo del miracolo, ma eziandio del fito, dove feguì, chiamato volgarmente *il Saffo della Maria Macoggia*.

Ma della virtù di quell' Olio mi rifervo a portarne altre prove particolari nel rimanente di quefta Terza Parte. Dalle quali, oltre al fin quì detto, apparirà con quanta ragione l'Ab. Luigi Guicciardi, Prepofito della Chiefa Collegiata di Ponte, in una fua Teftimoniale dell'anno 1715. mandata a Roma, ed inferita negli Atti della Canonizzazione, dopo aver atteftate più cofe, che moftrano la gran beneficenza del Santo verfo quei popoli, e la divozion di quei popoli verfo del Santo, abbia pofte per ultima claufula le feguenti parole, tradotte fedelmente dal latino così: *Il Beato Luigi può meritamente paragonarfi a S. Antonio di Padova. Poichè, ficcome in Padova bafta dire il Santo, per intendere S. Antonio: così nella Valtellina, per intendere il B. Luigi, bafta dire il Beato.*

C A P.   VIII.

Maravigliofi avvenimenti di grazie fatte dal Santo a un Perfonaggio fuo Divoto.

A Quanto fi è narrato fin quì dei miracoli di S. Luigi nella Valtellina non farà fuor di propofito l'aggiungere fuccintamente una ferie veramente ammirabile di ftrani favori fatti dal medefimo ad un fuo infigne Divoto, che hanno appunto avuto il lor principio dell'Olio famofo della fua lampada

pada in Saffo. Tanto più che quel medefimo, che gli ha ricevuti, ha voluto per gratitudine al Santo, che ufciffero alla luce autenticati colla fua fede giurata, e coll'approvazione del Tribunale Ecclefiaftico. Quefti fu l'Illuftr. e Reverendiff. Monfignore Volfango dei Signori di Afch, Famiglia molto cofpicua nella Baviera, Canonico della Chiefa di Landshutt fua Patria, e Configliere dei due Principi Vefcovi di Frifinga, e di Ratisbona, il quale avendo fatto compilare in elegantiffimo ftile in latino dal P. Giacomo Bidermanno della noftra Compagnia quanto qui fiamo per riferire, e confermatolo in fine del libro con fuo giuramento; lo dedicò alla Maeftà della Imperadrice Leonora Gonzaga, cui ftava fommamente a cuore, che quefte cofe conofciute ed approvate colle debite forme, fi pubblicaffero al Mondo per gloria del fuo Santo P. Luigi. Da quefto libro dato alle ftampe in Monaco di Baviera l'anno 1640. ed approvato dal Principe Vefcovo di Frifinga, trarremo noi la maggior parte del noftro racconto.

Nel Decembre adunque dell'anno 1617. trovandofi il fuddetto Volfango allora giovinetto allo ftudio di Rettorica in Monaco fotto il Magiftero dei Padri della Compagnia, fu forprefo da una improvvifa malattia, che in poco tempo gli tolfe ogni fperanza di potere mai più riufcir nelle lettere. Imperocchè, andata la piena maggiore del male a fcaricarglifi negli occhi, lo riduffe in breve a fegno, che poco più gli mancava ad averli del tutto perduti. A gran pena poteva difcernere ciò che avea per le mani: e quefto fteffo avanzo di luce gli fi venne fcemando tanto, che per muoverfi da un luogo all'altro avea bifogno di andar tentone colla mano a guifa di cieco. Ma quel ch'è peggio, fe qualche barlume gli penetrava negli occhi, ne provava fubito dolori acutiffimi, che lo ftringevano a cuoprirfeli ben prefto, e cercare i luoghi più ofcuri. Un mefe intero foftenne l'afflitto Giovinetto la cura tormentofa, che gli fecero i Medici e Cerufici; ma fempre indarno. Sicchè crefcendo ogni dì più l'oftinazione del male, era rifoluto che fi conduceffe l'infermo alla Città di Augufta, per metterlo nelle mani di due valenti Cerufici, celebri allora per diverfe cure fatte con felicità in tal genere di malattie. Ma quefti, intefo minutamente per lettere lo ftato dell'infermo, lo diedero per difperato; e rifpofero, che fenza portarlo ad Augufta, potevafi unicamente far pruova in Monaco, fe mai apprendogli fotto la nuca un cauterio, poteffe il maligno umore tirarfi da quella parte ad ufcire, prima che la cecità diveniffe più incurabile.

Smarito di animo Volfango alla trifta novella, mentre fi va procraftinando da un mefe all'altro colla lufinga di altri rimedi

giun-

giunfe la Festa della Santissima Nunziata in cui egli, rivolte tutte le sue speranze nei meriti della pietosissima Vergine, si diede a supplicarla umilmente d'ajuto in quella sua oramai dichiarata cecità, protestandose di voler essergliene grato per ogni tempo avvenire. Non passorono molti giorni, che la benignissima Madre diede al suo Divoto un segno molto manifesto di averlo esaudito. Una mattina tra le quindici e sedici ore dell'orologio Italiano; stando egli solo col pensiero tutto fisso nella sua sventura, ebbe, o parvegli d'avere una visione passeggera dei nostri quattro allora Beati Ignazio, Francesco Saverio, Luigi, e Stanislao, in quella guisa che stavan dipinti nella Chiesa della Compagnia in Monaco: i quali appena mostratisi, senza dirgli parola, disparvero. E sebbene non manifestò egli allora a veruno questo favore, parte per modestia, e parte ancor per timore, che non fosse stata qualche illusione; sentì però presagirsi vivamente al cuore, che qualcuno di quei quattro beati dovesse essergli propizio in quella sua calamità. E ben l'effetto mostrò fra poco la verità del presagio.

Era venuto in quei giorni da Italia un Giovinetto nativo di Valtellina, chiamato Antonio Lambertengo, compagno già di Volfango nella medesima classe di Rettorica, e nel primo abboccarsi col P. Giorgio Spaiser Maestro di entrambi, entrò a narrargli le prodigiose grazie, che seguivano nella sua Patria all'invocazione del B. Luigi, massimamente coll'Olio della lampada davanti la sua Immagine in Sasso: soggiungendo di aver seco portato un picciol vaso di quell'Olio, che si teneva più caro di qualsivoglia tesoro per li vantaggi, che sperava trarre al bisogno. All'udir queste cose il P. Spaiser corse subito colla mente al suo Volfango, e ricevuto dal Lambertengo il vaso prezioso andò pieno di speranza a trovare l'infermo. Ma come questi del miracoloso Beato appena sapeva altro, che il Nome, e l'Immagine; bisogno che il Padre gliene mettesse in cuore la divozione e la fiducia col racconto dell'Angelica sua santità, e dei prodigj coi quali ogni dì più veniva da Dio glorificato. Non aveva quegli ancora finito di dire, quando il Giovane si sentì nascere in cuore un tenerissimo affetto verso del Santo, e risovvenendogli della visione dei giorni addietro, parevagli sentirsi dire, che questo senza altro era quell'uno dei quattro Beati, che dovea cavarlo dal calamitoso suo stato, e come di cosa certa ne giubilava cogli astanti. A fine per tanto di averlo più favorevole, volle prima disporsi alla grazia con ricevere divotamente i Santissimi Sacramenti della Confessione, e Comunione; indi si venne alla pruova dell'Olio, che con qualche intervallo di giorni si replicò per tre volte, sempre con diversi effetti. La prima

se-

seguì nell'infermo un sentimento di suavissima tenerezza, che lo tenne allegro tutto il giorno. La seconda cominciò a piovergli improvviso dagli occhi gran copia di umore, con meraviglia dei circostanti, che presero ciò per certo indizio di prossima guarigione. La terza volta finalmente, che cadde nel dì 9. Maggio, appena toccate coll'Olio le palpebre, ecco l'infermo tutto in un tratto contorcersi, e smaniare con maniera insolita per l'intenso dolore, gridando con alti gemiti, *qual mano mai fosse entrata a spremergli, e travolgergli gli occhi?* Poscia ne sgorgò una sì gran quantità di marcia ed umor maligno, che per un puro sfinimento di forze si lasciò cadere il dolente Giovane sul letto. Durò così, quanto sarebbe lo spazio di sei, o sette Paternoster; indi cessato in un subito ogni dolore, si alza dritto sulla Persona, gira gli occhi attorno, e vede tutto distintamente, senza che gli sia rimaso neppure un neo per segno del male portato sette mesi interi, e va mostrando a tutti il bel dono fattogli dal suo Beato di un pajo d'occhi sì limpidi e sani, che poteva chiaramente discernere ogni minutissima cosa. I Medici stupefatti al meraviglioso successo, l'ebbero senza altro, e l'attestarono con loro scrittura per manifesto miracolo.

Non finì quì la beneficenza del Santo. I dolori patiti sì lungo tempo dal Volfango erano passati a indebolirgli talmente il capo, che ne venne la memoria a ricevere danno notabile. Quindi, tornato alla Scuola, non poteva, per quanto vi adoperasse sforzo, ritener cosa alcuna, e per fino gli sfuggivan di mente le quotidiane Orazioni vocali; con suo non leggiero rammarico, per vedersi così divenire la burla de' Condiscepoli. Un giorno, che udiva cogli altri Scolari la Messa, alzando gli occhi ad un Quadro del suo Luigi, sentì farsi animo a domandare, senza timor di essere ributtato, che chi gli avea sì prontamente restituiti gli occhi, ben potea con eguale facilità ridonargli ancor la memoria. Pregò adunque, e partito che fu dalla Messa, provatosi a mandar a mente alcuni versi, gli apprese prestissimo, andando subito a recitarli fedelmente al Maestro, che ne restò ammirato. D'indi in poi ebbe tanta facilità in questa parte, che ritenne per molti anni non solamente varj componimenti poetici in lode del Santo; ma eziandio due intere parti della sua Vita scritta dal P. Ceppari, e ne recitava lunghi squarci a suo talento.

Per tali favori avea Volfango un'ardente desiderio di portarsi in persona a Roma, a visitare per gratitudine il Sepolcro del Santo benefattore. Ma convenendogli aspettare fino ad età più matura, finalmente l'anno 1622. intraprese questa pellegrinazione; e giacchè la debolezza delle forze non gli con-

confentì di farla a piedi come averebbe defiderato, obbligandolo
a valerfi di cavalcatura, non volle però ammettere veruno per
fervigio della fua perfona; ma fe ne andò così fotto la fcorta
del fuo Beato. Non increfca al Lettore di tener dietro al
nobile Pellegrino, che vedrà le finezze del Santo verfo il fuo
Divoto. Sià la prima il liberar, ch'egli fece, la fua verginal
verecondia dalla moleftia d'un impuro Lutterano, che accom-
pagnatofegli per iftrada nel paffaggio delle Alpi infieme con
altri viandanti, fi prendeva diletto di tormentare le cafte o-
recchie di lui con motti, e difcorfi ofceni. E perchè il modefto Giovane, veduto riufcir vane le riprefioni, fpinfe cogli
fproni il cavallo, a fin di lafciarfi addietro quell'animale,
montò colui fulla groppa del cavallo dì un fuo compagno, e
avvicinatofi continuò nel fuo laido parlare. Ma non sì tofto
Volfango rivolto colla mente a S. Luigi gli ebbe dette in cuor
fuo quefte parole. *Sapete pure, o Luigi, che quefto viaggio io
l'ho intrapefo per cagion voftra? Come dunque non mi liberate da
quefta lingua di fango?* Ciò detto, il Luterano, quafi colpito
da fulmine, cadde sbalzato da cavallo; e nel cadere invefti
con una gamba nella punta di ferro di un'afta, che portava
in mano: onde bifognò, che da' compagni foffe portato alla
più vicina Ofteria per farfi curare.

Così giunto felicemente Volfango in Italia, ebbe un'altro
incontro più memorabile nel cammino da Ferrara a Bologna.
Erafi inoltrato tutto folo in una vafta pianura, fpalleggiata
da due lontane felve, fenza che in tutto quel tratto fi dif-
copriffe perfona veruna. Al vederfi in quella folitudine così
privo di guida, e foreftiero di lingua, fentì il Pellegrino cor-
rerfi per le vene un naturale orrore. Invocato per tanto il
fuo Santo protettore, fece voto, fe campava dal pericolo,
che ivi temeva, di fabbricargli, tornato alla Patria, una Statua d'argento, impiegandovi quanto vafellame di tal metallo
aveva in cafa; e di ergere ad onor fuo un'Altare più riccamente, che aveffe potuto. Appena fatto il voto, ecco alla
lontana sbucar dalla felva fei affaffini, che venuti di lancio a
fermarlo, lo fpogliano delle robe, e toltogli di fotto il cavallo,
lo afferrano minacciofi per le mani, in atto di tirarlo in quelle macchie. Alzò allora egli là voce, e gridò: *O buon Luigi
ajutatemi;* E in quel momento medefimo, girando gli occhj
lagrimofi per quella folitaria pianura, dove non fi fcorgeva
prima anima al mondo, fi vide improvvifo al fianco uno, come viandante, in abito Clericale, d'età, e ftatura mezzana:
il qual rivolto con aria fevera e torva a quegli affaffini, prof-
ferì quefte precife parole: *Sete voi Criftiani?* Ciò che vedef-
fero effi in quel punto, non lo fappiamo. Certo è, che tutti

sei

sei alla interrogazione smariti, lasciata ivi la preda, corsero frettolosi a nascondersi nelle boscaglie, come se fossero stati incalzati dai Ministri di Giustizia. Allora il Passeggiere, data a Volfango un'occhiata tutta amorevole, cortesemente lo interroga, che cosa voglia. E Volfango a lui: *O Padre, so di certo, che voi non siete uomo mortale.* Alle quali parole sorridendo quegli dolcemente, proseguì a domandargli, dove fosse incamminato. E inteso, che a Roma al Sepolcro del Beato Luigi; *Io pure,* soggiunse, *colà m'invio.* Allegrissimo per tanto il Pellegrino di poter seguitare il cammino con tal Compagno, tutto si fidò alla sua condotta, mettendo nelle sue mani quanto danaro seco portava per uso del viaggio.

Di qual condizione, e se mortale, o no fosse questo Compagno, dalle cose, che successero nel viaggio, lasceremo a' Lettori il giudicarne; giacchè nè esso si discoprì in altro modo, nè Volfango, per la venerazione, che gliene prese in trattandolo, si ardì mai d'interrogarlo neppur del nome; ma stimò sempre di doverlo rispettare qual più che mortale. Tutto il suo parlare ed operare spirava odore di santità, e se si metteva discorso del Beato Luigi, mostravane particolar gradimento, facendosi in tanto recitar da Volfango or l'una, or l'altra di quelle poesie, che in lode del medesimo avea egli imparate a mente. In una Chiesuola incontrata per via, gli additò un'Immagine, e; *Questo,* gli disse, *è il Beato Luigi.* Parlavagli di cose della Baviera, e della Patria stessa di lui con tanta minutezza, che ne restava stupito. E quel che più gli cagionò meraviglia fù, che, finito il viaggio, con avergli quello fatte sempre lautamente le spese, come erasi convenuto tra loro, gli restituì la borsa così piena di danari, come quando gliel'avea consegnata. Un giorno, che videro sull'Osteria due forestieri trattare con qualche libertà, non convenevole all'abito Sacro, che vestivano, si appressò loro lo sconosciuto Passeggiero, e con faccia severa gli interrogò. *Se credevano, che il Santo Patriarca fosse vivuto così; e guadagnatosi il Cielo con quelle maniere?* Non ardirono essi rispondere; ma con guardatura attonita, abbassato il capo, e borbottando sotto voce, che Uomo mai fosse questi, non andaron più innanzi. In Firenze una sera, mentre stavan cenando amendue soli nell'Osteria, ecco entrare inaspettatamente un coro di sei Giovinetti modestissimi, che postisi senza dir parola in un'angolo della camera, dato di mano a stromenti musicali di viole, e cetre, sonarono un concerto sì armonioso, che Volfango dimenticato della cena restò come perduto fuori di sè, pronto a vegliar tutta la notte, se avessero quelli proseguito a sonare. Ma essi, dopo un breve saggio,

Q saggio,

gio, senza neppur aspettare ringraziamento, collo stesso silenzio partirono; lasciando Volfango con persuasione, che fosse questo un' uso del paese.

Giunti finalmente a Roma, lo condusse la sua guida di primo passo a venerare il Sepolcro di S. Luigi, seppur non era il suo. Indi accompagnatolo al Collegio Germanico, alla presenza di quei, che l'accolsero, si accomiatò da lui cortesemente con dire: *Arivedersi altre volte*. Il compimento di questa promessa si potrà argomentare da ciò, che rimane a dirsi. Fratanto Volfango, passati già otto mesi di soggiorno in Roma, senza più saper del Compagno novella alcuna, e soddisfatta ivi a pieno la sua divozione verso il Santo, ebbe nel ritorno un'altro indizio di essere stato quel suo viaggio favorito in modo speciale dal Cielo. Imperocchè ritornato in Firenze a quel medesimo albergo, dove ricordavasi aver gustata quella sì soave melodia, nè fè menzione coll'Oste, e lo richiese di chiamargli a qualunque prezzo quei sonatori di prima. Ma quegli attonito alla domanda, gli protestò in buona fede di non aver mai avuto di tali persone notizia alcuna; nè in casa sua essersi mai praticato un tal costume co' passeggieri. Sospetti ogni uno di ciò comunque vuole. Volfango certamente, tosto che giunse alla Patria, non cessò di attribuire la prosperità del suo viaggio a manifesta protezione di Luigi. Fece pertanto in adempimento del voto ergere una sontuosa Cappella nel suo Palaggio al Santo, e fondere degli argenti, che avea, una sua Statua di getto, che mandò in dono alla Compagnia in Ingolstad.

L'anno poi 1631. volle di nuovo pellegrinare a Roma, a rinnovare i suoi ossequj alle Ceneri del Santo. Ma questo viaggio con memorabile esempio lo fece a piedi, e quel che è più, senza portar seco verun viatico; sporgendo la nobil mano ad accettare in limosina il bisognevole per sostentarsi: rimeritato anche perciò dal suo Beato Protettore in più guise, e massimamente salvandolo in una pericolosa tempesta sull'Adriatico. Indi a cinque anni tornò la terza volta al medesimo sepolcro per altro voto fattone nell'occasione seguente.

Inondavano in quei tempi la Germania gli eserciti di Gustavo Re di Svezia, con quella serie di tragici avvenimenti, che le Istorie raccontano. Occupata con altre Città dello Sveco la Patria ancor di Volfango, tra gli ostaggi cavati a sorte, che dovette la Città dar nelle mani de' nemici, per sottrarsi al saccheggio, uno fu lo stesso Volfango, ricevuto da' vincitori anche più volentieri, perchè Sacerdote Romano, e Canonico di quella Chiesa; condotto perciò in Augusta a patirvi poco men di tre anni di prigionia. Per quanto egli avesse l'animo

in

in calma, per l'assistenza promessagli interiormente dal suo Santo, mentre celebrava all'Altare in quell'ora medesima, che i nemici entrarono, nientedimeno i barbari trattamenti sofferti gli cagionarono un tal gruppo di strani mali, che dopo due anni di cura inutile lo ridussero a morte. In questo stato, essendo egli vicinissimo a spirare, e da' circostanti creduto già morto, si vide, o parvegli di vedersi a fianco il suo Luigi, che gli andava spargendo il letto di rose. Una tal visione animollo a fare il voto da noi detto di sopra. E tanto bastò, perchè il male desse subito addietro con miglioramento sì prodigioso, che il Medico ostinato a non volerne creder la nuova, quando sel vide venire incontro, e porgergli la mano per salutarlo, arrestatosi, e come fuori di sè: *Voi siete*, disse, *il disonore de' Medici; e della Medicina, che già v'avevam dato, non per moribondo solamente, ma per morto*: E benchè Eretico, confessò in una sua pubblica scrittura, che questo era un gran miracolo: avendo i più varj testimonj udito di sua bocca, che i medicamenti dati all'infermo gli avean più tosto accelerata la morte, che prolungata la vita, se non vi fosse intervenuto favore del Cielo; il che disse fors'anche per le cinquanta due volte che in quella malattia gli avevano incisa la vena, e trattone sangue in gran copia.

Il Padre Vito Shelhamer della nostra Compagnia, che trovavasi in Trento l'anno 1636. quando di là passò Volfango nel suo terzo ritorno da Roma, in una sua de' 27. Luglio dell' anno stesso scrive alcune particolarità udite di bocca di lui medesimo, che non si leggono nella relazione del Padre Bidermanno, e sono le seguenti. Primieramente, che nel momento, in cui il moribondo diede segno di vita, stavasi già in procinto di levarlo, col ferri apparecchiati a fine di sparare il corpo, e imbalsemarlo. Indi, che il Medico Eretico al primo abboccarsi con lui, presente il Padre Bruner anch'esso ostaggio, udito farsi menzione di miracolo per intercessione del B. Luigi. *Mandate via*, disse, *quel Gesuita*, Indi da solo a solo volle intendere minutamente tutto il successo, soggiungendo in fine: *Voi mi fate dubitare della mia Religione*: E si fece nel partire dar il Libro della Vita del Santo. Finalmente, che ricusando il Medico, sedotto dalle persuasioni d'altri Medici Eretici, di attestare con suo scritto la verità del miracolo, gli fece Volfango tante minacce dello sdegno del Beato, che quegli atterrito si arrese alla domanda: e dichiarò il successo per indubitamente miracoloso con una lunga scrittura, portata da Volfango a Roma, dove fece a sue spese celebrar solennissimamente il dì dell'anniversario del Santo. Fin qui il Padre Schelhamer, il qual passa di più a raccontare le frequenti

appa-

apparizioni di S. Luigi a questo suo Divoto, con singolare dimestichezza, fino a rivelargli le trufferie d'un suo Servidore, creduto da lui fedelissimo, che già gli aveva rubati segretamente tre mila fiorini. Ma queste cose a bella posta si tralasciano, per non esser elle state autenticate in quella guisa, che furono i successi registrati dal Padre Bidermanno, e qui da noi succintamente riferiti.

Che se una tal serie lasciasse qualche sospensione nell'animo di chi legge, massimamente per ciò, che narrasi di quella guida sconosciuta a Volfango infino a Roma, rifletta ad altri fatti in tal genere poco dissomiglianti, che leggonsi d'altri Santi; eziandio della Beatissima Vergine, nelle Sacre Istorie: ma principalmente a quel, che la Scrittura ci racconta dell'assistenza visibile prestata dall'Arcangelo S. Rafaello al giovinetto Tobia in quel suo lungo viaggio. E se è vero, che Iddio non ha voluta priva la sua Chiesa di niuna classe di que' prodigj, che già si videro al tempo dell'antica Legge: riconoscerà in Volfango sì favorito dal suo protettor S. Luigi una copia non oscura di Tobia sì beneficato dall'Angelo. Senza che sarebbe un far troppo torto alla fede di onoratissimi Testimonj, uditi giuridicamente deporre sopra la verità di questi successi, e alla probità di un tal Personaggio, qual era Volfango, il quale in fine di tutto il racconto stesso del Padre Bidermanno ha voluto sottoscrivervi il suo solenne giuramento, concepito ne' termini seguenti. *Ego Volfangus ab & in Asch in Oberndorff, Illustrissimorum, & Reverendissimorum Principum, & Episcoporum Frisingæ, & Ratisbonæ Consiliarius, Canonicus Landisbuttanus, peracto Sacro Missæ Sacrificio, coram Deo, & tota Cælesti Curia, & Ecclesia Sancta profiteor, & jure, quod non modo dicta verissima, sint, sed complura Dei, Aloysiique beneficia, quæ lubens, volensque præterire volui, supradictis annumerare possim. Quæ omnia manu mea, gentilitiis insignibus hic appressis, confirmo.*

C A P. IX.

Delle grazie, e miracoli in beneficio delle Anime; massimamente in ciò, che riguarda la virtù della Castità.

I Più frequenti ricorsi agli Altari de' Santi sogliono essere in occasione di bisogni temporali, che dalla maggior parte degli uomini si sentono più al vivo delle necessità spirituali dell'anima. Perciò non è da meravigliarsi, se fra i miracoli, che si leggono dalla Santa Sede approvati per le Canonizzazioni, rare volte si trovan di quelli, che siano stati operati unicamente in benefizio delle Anime. Oltre che, come tutto il
pre-

pregio di tali miracoli sta nascosto dentro a chi li riceve; più difficile altresì riesce il potersene certamente comprovare la verità. Quindi tanto più cresce la gloria del nostro Santo in vedere, che tra'miracoli approvati per la sua Canonizzazione se ne annoveri alcuno ancor di tal classe, trascelto dal numero di tanti altri successi in tal genere meravigliosi, de'quali daremo qui un breve ragguaglio.

L'anno 1606. quando appena era uscita alla luce la prima Vita di Luigi scritta dal Padre Ceppari, trovavasi nel Noviziato della Compagnia di Gesù in Cracovia un Giovinetto, il quale avendo nel Secolo menata una vita sempre innocente, e santa molto dato all'orazione, ed alle asprezze di corpo, permise il Signore, che in Religione fosse assai travagliato da molestissime tentazioni di bestemmie contra Dio, la Beatissima Vergine, e gli altri Santi. Già più di due mesi aveva sofferta questa terribil tempesta; e quel che più lo tormentava, nel tempo appunto delle sue meditazioni, ed esercizj divoti, era quando quei diabolici pensieri gli si affollavano più alla mente, e gli facevano perdere ogni gusto della vita spirituale; senza che potesse mai liberarsene con tutte le industrie, che praticò, di discipline, digiuni, e frequenti ricorsi a Dio, alla Vergine, e ai Santi, forse perchè riserbavano essi questa grazia alla intercession di Luigi. In fatti, una mattina stando l'afflitto Novizio in orazione, gli risovvennero alla mente alcune cose, che aveva lette nella Vita del Santo, e per divozione si aveva trascritte di suo pugno: dalle quali sentì eccitarsi nell'animo una viva fiducia di dover esser esaudito da Dio per li meriti di questo suo Servo. Si raccomandò dunque al Beato Giovane con quanto affetto potè: e tosto provò nell'animo una insolita allegrezza, e pace, come se non avesse patito mai turbazione alcuna. Da quell'ora in poi gli svanirono tutte quelle moleste immaginazioni: e, raccontata pubblicamente la grazia, ne fece autentica scrittura con giuramento nelle mani del Padre Decio Stiverio Provincial di Polonia, che nel processo di Castiglione tre anni dopo la notificò.

Più attroce fu la tentazione di un tal Bortolameo in Valtelina, di cui parla nel processo il Sig. Niccolò Longhi Paroco del Sasso. Questi per tre anni continui patì sì nere malinconie, ed assalti di disperazione, che più volte a forza di percosse, e una ancora per via di laccio si sarebbe da se stesso data la morte, se i domestici accortisi non l'avessero impedito. Alla fama recente de'miracoli del nostro Santo in Sasso si mossero i medesimi domestici a condurre il meschino a quella Sacra Immagine; e il primo segno d'aver ottenuta la grazia fu, che quegli, in altre occasioni sempre indomabile, si las-

ciasse

ciaffe allora quietamente unger coll'Olio miracolofo della lampada; indi anche indurre a raccomandarfi al Santo col voto di non fo quali orazione da recitarfi a fuo onore. Finalmente, ritornato a cafa, fu tutto un'altro; nè moftrò mai più alcun indizio della paffata mortale triftezza.

Somigliante benefizio ricevè per interceffione del Santo una Nobil Matrona in Landshutt di Baviera l'anno 1689. (Quefta è la Patria del foprannominato Volfango di Afch, fingolarmente divota del Santo; come lo dimoftra una fua bella Statua, che fuor delle porte fta efpofta fopra una colonna di marmo). Quefta Dama agitata già da qualche tempo da fimili penfieri di difperazione, e datafi finalmente per vinta alle diaboliche fuggeftioni aveafi procacciato un potente veleno; e già era rifoluta di beverlo. Ma fua gran ventura fu l'effer quel giorno appunto la Fefta di S. Luigi. Imperocchè in quella univerfal divozione de' Cittadini, mentre un Sacerdote della Compagnia di Gesù offeriva il Divin Sacrifizio per l'eterna falute di lei all'Altare del Santo, e invocavane con calde preghiere il foccorfo: ecco che nell'ora medefima fi rafferenò all'improvvifo quell'Anima: e piamente ravveduta ringraziò con lagrime di tenera compunzione l'Angelico Giovane, che non le aveffe permeffo di funeftare con sì orribile ecceffo l'allegrezza della fua Fefta: nè mai più, finchè viffe, fentì affalirfi da tal tentazione.

Torniamo in Valtellina, dove i miracoli di quefto Santo fappiamo aver tirati più Eretici al grembo della Chiefa Cattolica: e udiam, come parli Fabiana, moglie di Leopardo Sirmondi Notajo de' proceffi, intorno alla converfione di Angelica Sirmondi fua Cognata: *Quefta, dic' effa, nata da parenti Cattolici viffe Cattolica, finchè fi maritò con un certo Ennio Giordano Calvinifta, o Luterano; e con lui abitava in Sondrio. Quando ebbi nuova, che ivi fi era ammalata di quel male, di cui non molto dopo morì. Ricordatami io dunque, che già per venticinque, e trent' anni ella aveva feguitata la Setta di Calvino, e di Lutero, e moffa da zelo della falute di lei, pregai molte volte Dio, che illuftrandola colla fua luce, la riduceffe al grembo della Santa Madre Chiefa. Quando mi vennero in mente i mirabili effetti operati da Dio per interceffione del Beato Luigi: e volgendomi a lui feci voto di andare al Saffo, e di venerar ivi la Sacra fua Immagine, fe la predetta mia Cognata, abjurata la Setta di Calvino, e di Lutero, moriffe nella Confeffione della vera Fede, cioè della Cattolica, ed Appoftolica Romana, e riceveffe i Sacrofanti Sacramenti della Chiefa. Ed ecco che la medefima Cognata, la quale per un mefe intiero di decubito appena fi poteva muover dal letto, fatto da me il detto voto, fe ne venne a cavallo a Bormio in compagnia d'una fua*

Fi-

Figliuola, ▓▓▓▓ altri, e subito arrivata fu chiamare il Reverendo ▓▓▓▓ noſtro di Bormio, per confeſſarſi con lui, e ▓▓▓▓ felicemente per grazia di Dio, e interceſſione del ▓▓▓▓ dimorata non più di due giorni in Bormio, paſsò verſo la ſera da queſta a miglior vita, laſciando a noi fiducia della ſua vera, e ſincera converſione.... E. V. S. M. R. (coſì conchiude rivolta ad ſuddetto Sig. Arciprete, Giudice deputato dalla Santa Sede per que' proceſſi) ne ſarà beniſſimo informata, come quella, che l' aſſolſe dall' Ereſia incorſa, e che le miniſtrò il Santiſſimo Sacramento sì della Penitenza, come anche dell' Altare ec. Fin quì la Donna. E l' Arciprete affermò eſſer vero quanto eſſa aveva detto; e fece regiſtrar dal Notajo queſta ſua atteſtazione.

Anche a perſone gravemente inferme ottenne il Santo la grazia di poter confeſſarſi, quando per la forza del male n' erano del tutto incapaci. Tra queſte ſingolarmente favorito fu il Sig. Franceſco Grotti Gentiluomo Breſciano, il quale per una gagliarda febbre dato in freneſia, ſe ne ſtava morando, ſenza un minimo intervallo da potergli cavar da bocca riſpoſta a propoſito. Già era venuto il Curato per dargli l' Olio Santo, e lo avea trovato sì furioſo, che non poteano tenerlo fermo nel letto. Allora la Moglie, a perſuaſione d' un ſuo Figliuolo s' inginocchiò ad invocare l' ajuto di Luigi, quantunque non ancor dichiarato Beato: promettendo di far dire una Meſſa di ringraziamento, ſe foſſe ſtata eſaudita. Ed appena proferite le parole del voto, ceſsò il delirio all' infermo, ſicchè potè confeſſarſi. Indi inſieme con queſto benefizio ſpirituale gli ottenne il Santo la ſanità ancora del corpo, mitigandogli talmente la febbre, che il dì ſeguente i Medici lo trovarono affatto libero, e ſano.

Più mirabili però ſon da ſtimarſi le improvviſe mutazioni di coloro, che abbiam veduto altrove, moſſi ad emendare la loro vita dal trovarſi preſenti alle prime Feſte di queſto Beato Giovinetto. Nè deve tacerſi ciò, che accadde in quella, che fece celebrare in Madrid l' anno 1611. nella Chieſa della Compagnia di Gesù il Principe Franceſco Fratello del Santo, andato a quella Corte in qualità di Ambaſciatore Ceſareo. Riuſcì la Solennità sì magnifica, che comunemente diceſi parer quel giorno una Feſta di Canonizzazione. V intervenne in perſona la Maeſtà del Re Cattolico Filippo Terzo colla ſua Regia Conſorte, il Cardinal di Toledo, il Nunzio Appoſtolico, gli Ambaſciadori de' Principi, e un gran numero de' Grandi, e d' altra primaria Nobiltà. In mezzo a sì univerſal commozione vi fu nondimeno un Signore de' principali, il quale ſentendo la Vigilia farſi tanto apparecchio pel dì ſeguente,

Q 4 traſtrafportato non faprei da che, proruppe in parole di difpetto; e fi avanzò a proteflare conforme di giuramento, ch'egli non metterebbe piede quel dì nella Chiefa della Compagnia per niun conto. Ma comunque la cofa fi andaffe, la mattina della Fefta pur venne alla detta Chiefa: e, o foffe l'effigie dell'Angelico Giovane efpofta full'Altare, o l'udirne predicar le fue lodi dal noftro Padre Girolamo Fiorenza Predicatore del Re; tanto s'intenerì il Cavaliere, che non partì dalla Chiefa, prima d'aver fatta una Confeffione più del folito dolorofa delle fue colpe: e datofi in avvenire ad una vita più divota, feguì a ricevere nella medefima Chiefa con maggiore frequenza i Santiffimi Sacramenti. Quafi lo fteffo avvenne ad una Dama delle primarie; che venuta quel giorno, più per non effer notata dalle altre, fe foffe mancata, che per divozione alla Fefta; da lì innanzi profeguì a frequentare con fuo molto profitto quella Chiefa, ciò che per l'addietro non aveva mai fatto.

Ma tempo è ormai, che vediamo la fpezialiffima protezione del noftro Santo a favore di quell'Angelica Virtù, ch'egli ebbe in grado sì eminente, la Purità di mente, e di corpo. Soleva egli dire, mentre viveva, che per ottenere da Dio qualche virtù particolare, mezzo proprio è ricorrere alla interceffione di que' Santi, che fono ftati in Terra più fegnalati in tale virtù. Il qual principio fe è vero, com'è veriffimo; ben fi vede quanta efficacia dovrà in cielo avere quefto Giovane Angelico in ajuto di quelli; che a lui fi raccomandano per confervare, o ricuperare il candore d'una Virtù, nella quale fu egli privilegiato. In fatti la fperienza ha dimoftrato, e continuamente dimoftra, che l'invocare la interceffion di Luigi è ftato a molti il rimedio più valevole a liberarfi da graviffime tentazioni in tal maniera. E molti eziandio mal abituati, che non fapevano ormai come più ajutarfi, effendo ricorfi a lui, o con vifitare i fuoi Altari, o con portare addoffo le fue Reliquie, o Immagini, o con fare ogni dì a fuo onore qualche divozione, e prenderlo per loro ftabile Protettore in quefta parte, fi fono poi trovati liberi dai loro mali abiti, ed hanno prefervato lungamente fenza più cadere.

Abbia il primo luogo un avvenimento, che la Santa Sede medefima ha riconofciuto per vero miracolo. Un Sacerdote Religiofo nella Polonia, uomo di molta pietà e divozione, dopo d'effer vivuto più di quindeci anni in Religione fenza timore alcuno d'impure tentazioni, cominciò per Divina permiffione ad effere sì fortemente travagliato dallo Spirito Immondo, che per un anno e mezzo ftette fempre in continua battaglia, fenza poterfi mai liberare con tutti i rimedj, che
ado-

adoperava. Digiunava fovente, difciplinavafi a fangue, maceravafi con cilicci, ed altre afprezze di corpo; ma niente giovava. Spesso era sforzato a partirfi dalla menfa, o dalla comune converfazione, per ritirarfi folo a piangere, e fofpirare. Si proftrava colla faccia fulla polvere, e in tal pofitura durava lungamente invocando la Divina mifericordia, e l'interceffione della Beatiffima Vergine, e dei Santi: e le tentazioni contuttociò non ceffavano. Anzi aggiungevanfi a quefte altre ancora peggiori dello fpirito di beftemmia, che lo ftimolavano a credere che nè Dio, nè i Santi fi prendano cura di noi, poichè, con tanta iftanza pregati, non foccorrevano a lui in sì grave miferia. In fomma era ridotto a tale ftato, che i Superiori, a'quali egli non ceffava di ricorrere per effer ajutato a non cadere, temendo che non veniffe finalmente a dare in pazzia, o in difperazione, intimarono per lui alla Comunità, fenza nominare però la perfona, pubbliche orazioni. Mentre tutti pregavano, venne in mente al fuo Confeffore l'Angelica purità di Luigi, che queft'anno appunto era ftato dichiarato Beato: e trovata una fua Reliquia, fe ne andò con effa alla camera del tentato Sacerdote; fponendogli qual teforo portavagli, e quanto efficace Protettore farebbe ftato alla fua combattuta caftità un Vergine sì illibato. Si proftrò quegli fubito a terra, implorando il patrocinio dell'Angelico Giovane: e il Confeffore gli appefe ful petto la Reliquia, con avvertirlo che, ogniqualvolta tornaffero le malvagie fuggeftioni, egli con una mano fe la premeffe al cuore, invocando con fiducia il Nome di Luigi. Cofa mirabile! Al primo contatto di quella Reliquia fi dileguarono in un'iftante tutte le tentazioni: rimafe il Religiofo con una tal quiete e tranquillità d'animo, che due anni dopo, teftificando al fuo Superiore la grazia, perchè foffe regiftrata ne'proceffi; affermò di fentirfi così libero da ogni moleftia in tal materia: che meno temeva di mancar gravemente contro quefta virtù, che contra ogni altra. Seguì il miracolo l'anno 1605. e fi vede tuttora al Sepolcro del Santo un cuore d'argento, che mandò allora quel Religiofo per gratitudine al fuo Beato liberatore.

Or vediamone un'altro maggiore, quanto è più difficile in quefta materia rialzare un caduto e mal abituato, che il foftenere chi già fta in piedi, ficchè non cadda. Il fatto vien raccontato ne'proceffi dal P. Luigi Valmarana della Compagnia di Gesù, Confeffore della perfona, a cui è accaduto; della quale febben egli non palefa il nome, con tutto ciò *lo potrei*, dice, *nominare perchè lei mi dava licenza di nominarla fuori di Confeffione per fua maggiore confufione, e merito*. Lo apporteremo adunque colle parole del medefimo Padre, che fono le feguenti.

Una

Una Giovine maritata d' anni circa venticinque in Parma per dis grazia era caduta in adulterio; e talmente s' era affezionata all' Adulterio, ed aveva già così in odio il Marito, che per cinque anni continui in ogni tempo, che poteva, peccava. Mossa un giorno dalla forza della parola di Dio, mentre io predicava, si risolse di venire a trovarmi; e piangendo mi scoprì il tutto, desiderando lasciar colui, ma per il grande amore non potendo tanto più, ch' l' un l' altro s' aveân promesso: ed avevan giurato di non abbandonarsi, nè lasciarsi mai. Io la trattenni alcune settimane, e con tutte le arti possibili m' ingegnai di distorla da questo peccato: nè fu mai possibile; fin tanto che un giorno le dissi: Figliuola, poichè non ci è altro rimedio umano, bisogna ricorrere al miracoloso e Divino. Se ti basta l' animo di avere una gran fede nel B. Aloisio Gonzaga, che fu tanto segnalato nella purità, e che mai non sentì nè anco uno stimolo di carne, o pensier lascivo; va adesso avanti al suo Ritratto, che stà in questa nostra Chiesa esposto; e gettatigli in ginocchio, e domandagli grazia, che ti cavi questo brutto amore dal cuore; del quale ancor adesso mi dici non potertene sbrigare, e che umanamente è impossibile che tu lo faccia mai. E se così ti pare, fa voto, che, se ti libera, gli offerirai un cuore d' argento, e digiunerai il giorno avanti la sua felice morte; che così tengo per fermo, che otterai la grazia. Ella con gran fede andò subito, e piangendo lo fece in mia presenza: facendosi gran violenza, e sentendo gran consolazione. E subito levata dall' orazione, e dopo fatto il voto, mi tornò a dire, che miracolosamente si sentì talmente libera da questo disonesto amore in un subito, che se le cangiò in tanto maggior odio, ed aversione verso colui, che non lo poteva più non solo patire di vederlo, e parlargli, ma ne anco di sentirlo nominare; ed appese il voto. E per quattro, o cinque mesi, che dopo si confessò da me, mai più non cadette. E fu da colui in tutte le maniere possibili tentata e sollecitata, e con lettere, e con messi, e con presenti, e con minaccie in modo, che non le fosse dietro anco per le strade, e arrabbiato dall' amore non le dicesse, e facesse dire, che, se non gli acconsentiva, ancora l' averia sfregiata in pubblico per la strada, e l' averia accusata al Marito a fine che l' uccidesse. E con animo generosissimo, e con abborrimento come d' un Demonio, mai non volle accettare, nè messi, nè presenti, nè lettere, nè cosa veruna; dove prima non poteva stare un giorno, senza trattare con lui. E di più rispondeva che per il suoi gran peccati, che prima non aveva conosciuti, e che allora per grazia del B. Luigi conosceva, si contentava essere scoperta al Marito, e a tutto il mondo, ed essere non solo sfregiata, ma anco ammazzata, più tosto che offendere Dio. Ed era tanto il gran fervore suo, che io aveva una gran fatica a ritenerla, che da se stessa non si scoprisse al Marito,

e ad

e ad altri: per il gran desiderio, che aveva, di far penitenza dei
suoi peccati. E fui sforzato darle licenza di portar cilicej, e far
discipline, digiunare in pane ed acqua, ed altre penitenze gravissi-
me: nelle quali perseverò cinque, o sei mesi, sinchè venne il
Giubbileo: e allora fece una Confessione Generale di tutta la vita
sua. E finita che l'ebbe, con straordinario fervore mi disse: Padre,
giacchè io confido nella misericordia di Dio, che con questo
Giubbileo mi perdoni tutti i miei peccati, vi domando una
grazia: ed è, che in tal giorno, dopo che sarò communicata,
e che avrò preso il Giubbileo, diciate una Messa per me ad
onore del Beato Luigi, dimandandogli questa grazia, che mi
faccia morire così ben disposta, acciocchè mai più non torni
ad offendere Dio. E in questo conoscerò che il B. Luigi mi
avrà fatta la grazia compita. Io dissi la Messa a questo effetto,
che, s'era per gloria di Dio, il B. Luigi le impetrasse tal grazia.
Ed essa, nell'istesso tempo, ed ora, non sapendo essa che io la dicessi
in quell'ora, faceva orazione in camera sua per questo, come poi
mi disse. E dopo s'ammalò subito; e il Venerdì di quella settimana morì. Subito ammalata, mi fece chiamare, e nel letto con gran
sentimento si confessò, con allegrezza, che giubilava, dicendomi:
il B. Luigi mi ha fatta la grazia, so di certo, che morirò:
ancorchè paresse che il male da principio fosse picciolo. E volle sempre innanzi agli occhi nel letto un'immagine del B. Luigi, e al
collo una Reliquia sempre del medesimo. E chiamò il Marito, e la
Madre, e tutta la Casa, in mia presenza con grandissima tenerezza e sentimento domandò perdono a tutti, dicendo che di quel male
senza fallo morirebbe. E voleva per tutti i modi domandar perdono
al Marito del torto, che gli aveva fatto, s'io non l'impedìva,
per non farglielo sapere: e così con colloquj pieni di confidenza, ed
allegrezza morì. Mi commise costei, che almeno dopo morte, s'io
non voleva ad altri, scoprissi la sua disgrazia e i suoi peccati alla
Madre, affinchè tanto più caldamente pregasse per lei, e le facesse
dire delle Messe: il che con ogni cautela feci; e trovai ch'ella sì
l'immaginava per varie conghietture, e che poco meno lo sapeva.
Fu portata in Chiesa sopra un Cataletto: e quel povero infelice
Adultero tra la moltitudine della gente se le accostò: e vedendo che
alcuni Parenti e Amici baciavano la Croce, e la mano, di questa
poverina, tirato da pazzo amore volle baciarla in faccia. E in
quello istante, che si avvicinava alla faccia, sua, il cadavero della morta per bocca con empito sgorgò fuori contro di lui una gran
quantità di sangue putrefatto in modo, che lo spaventò, e fece
ritirare. E la Madre stessa, ed altri, che lo videro, me lo rac-
contarono: e quelli, che sapevano il caso, lo stimarono per doppio
miracolo, poichè non solo viva, per ispecial grazia del B. Luigi,
ma ancora morta l'aborriva.

Fin

Fin qui il P. Valmarana. E benchè questo fatto non sia por stato proposto all'esame della Santa Sede, per essersi giudicati più che bastevoli i quindici miracoli già approvati, contutto-ciò dai Teologi Deputati fu dichiarato per vero miracolo come di tal genere se ne riferiscono altri nelle Istorie Ecclesiastiche. E il Venerabile Cardinal Bellarmino con suo scritto affermò, creder lui di certo, che tanto la presente, come la raccontata qui sopra del Sacerdote in Polonia, *siano grazie tali, che testifichino la santità e gloria del B. Luigi, quanto qualsivoglia verissimo miracolo*.

Non mi stendo a riferirne altre molte; perchè difficilmente, come ognun vede, posson trovarsi deposte in forme autentiche, atteso il riguardo dovuto alla fama delle persone. E però fra le tante, che si hanno, registrate a parte da uomini degni di fede, ne sceglierò ancor due, le quali serviranno ad accendere maggiormente la fiducia verso del Santo in chi mai si trovasse bisognoso del suo ajuto. Venne a confessarsi con un Padre della nostra Compagnia una persona, che per otto anni continui era caduta ogni settimana in peccati i più abbominevoli, e avea mantenuta una mala pratica con un'abito sì radicato, che non trovava modo di risorgere. Il Confessore, ciò udendo, le mise in cuore una viva confidenza nei meriti di Luigi, con raccontarle quanto singolar dono di purità avesse Dio comunicato a questo Beato Giovinetto, e la esortò a raccomandarglisi con qualche voto. Lo fece subito il Penitente, promettendo di digiunare sei giorni a suo onore, se avesse ottenuta la grazia. E il Santo gliela ottenne in quell'ora medesima: imperocchè d'allora in poi non solamente non commise mai più alcuna di tali colpe; ma, passati già più mesi, protestò al medesimo Confessore con giuramento, che, se qualche volta il Demonio l'assaliva con simili tentazioni, al semplice invocare il Nome di Luigi, tosto restava nell'animo colla pace, e serenità di prima. Tanto lasciò scritto di sua mano il medesimo Padre nell'archivio della Compagnia in Roma a gloria del Santo.

Il fatto seguente leggesi negli Annali della Casa Professa della Compagnia in Aversa all'anno 1611. Un Uomo maritato, molto pio e divoto, aveva già da più anni concepito un'ardente desiderio di menare in istato di continenza il rimanente dei giorni suoi. Ma, come la Moglie non si sentiva chiamare a questa maggior perfezione, non potè perciò egli mai con tutte le istanze, che gliene fece, piegarla al consenso. Si raccomandò allora caldamente il buon Uomo al castissimo Giovane; il quale non tardò molto a consolarlo. Conciossiachè, trovandosi un giorno amendue alla Predica di un nostro

Pa-

Padre, che aveva prefo a ragionare della fantità di Luigi, e fentendo a raccontare i rari pregi dell' Angelica fua purità; reftò la Donna talmente commoffa, che, ritornata a Cafa, diede tofto al Marito con infolite moftre di giubilo il bramato confenfo: e con lagrime di vicendevole allegrezza, ottenutane da chi doveafi l' approvazione, fi obbligarono amendue con voto di perpetua continenza fotto il patrocinio dell' Angelico lor Protettore.

Terminerò quefta materia con un fucceffo veramente ftrano, avvenuto in quefto noftro fecolo; dal quale vedrà il Lettore quanto ficura fia la celefte virtù, di cui parliamo, fotto la protezione di Luigi; e con quanta parzialità di favori egli rimiri dal Cielo, chi gelofamente la cuftodifce. L'anno 1707. una Donna nativa di Friburgo negli Svizzeri, povera di condizione, ma tanto più ricca di virtù, e divota fingolarmente del noftro Santo, a cui onore foleva recitare ogni dì una Corona, e portarne ful petto fotto le vefti una fua Immagine; ritornando da fe fola, il dì 5. Agofto dal Sepolcro del miracolofo S. Fridolino, che è in Seckinga di Rauraucia; fu forprefa dalla fera una mezza giornata lontana dalla Patria in un Luogo, dove non v' era, che un' ofteria: il padron della quale, come uomo timorato di Dio, fi fcusò colla pellegrina di non poterle quella notte dar alloggio opportuno a cagione di certi Giovani foreftieri, che aveva in cafa. Trovandofi ella per tanto in tale abbandono, fi animò dall' effer quel giorno la Fefta della Madonna Santiffima della Neve a profeguire il cammino: e benchè l' ora foffe già tarda, e aveffe ad innoltrarfi per mezzo a una felva; vi entrò nondimeno con gran fiducia, recitando la Corona a' Santi fuoi Avvocati. E già ne aveva paffata felicemente la metà: quand' ecco tra que' cefpugli fi vede venir incontro tre Giovinaftri in abito di cacciatori, e con paffo sì frettolofo, che appena ebbe tempo la Giovine d' invocare col cuore il fuo Beato Protettore Luigi, e di promettergli una tavoletta votiva e di far dire una Meffa a fuo onore, fe l' aveffe campata da quel pericolo. Tofto che coloro le furon dappreffo; uno di effi, ffoderata la fpada, le fi avventò furiofo in atto di ammazzarla; ma prima la interrogano, fe veniffe ella fola quell' ora, o accompagnata. *Io*, rifpofe la Donzella, *non ho altri meco, fuorchè Dio, e l' Angelo mio Cuftode.* Al che i ribaldi: *Se tu*, differo, *non ce li fai vedere, non ne abbiamo noi gran paura.* Indi un d' effi con tre dobloni d' oro in una mano, e colla fpada nuda nell' altra; *Scegli*, foggiunfe; *quello che vuoi: dalle noftre mani non fuggirai.* Cominciò allora ella a pregarli per tutte le cofe fante, che la lafciaffero in libertà: non voler

ler

i lor danari, molto meno l'offesa di Dio. E perchè
coloro punto non si placavano, nè v'era mezzo per liberarsene, ella con saggia dissimulazione, quasi stesse sospesa di
animo: *Almeno*, ripigliò, *datemi un pò di tempo di pensarvi sopra*. Ma in verità l'invitta Vergine già era risolutissima di
morir piuttosto mille volte; che macchiare neppur con neo
di colpa il suo candore. Quindi quel poco tempo, che le fu
conceduto, impiegollo in disporsi con un'atto quanto potè
più intenso di contrizione alla morte. Poscia, costringendo-
la quegli empj a dichiararsi finalmente col *sì*, o col *no*, rispose con volto intrepido, voler essa piuttosto morire, che accon-
sentire al peccato, e tosto ad alta voce sclamò: *Gesù, Maria,
Giuseppe, e Luigi, ajutatemi*. A queste voci colui, che avea
la spada in mano, le vibrò un colpo sì gagliardo nel petto,
che sarebbe stato bastante a trafiggerla da parte a parte, Ma,
trasorate le vesti in arrivare la punta alla Immagine di San
Luigi, che la Giovane avea sul petto, si fermò rintuzzata
in modo, che per quanto il barbaro spingesse con tutta la
forza il braccio, non potè mai passar oltre. Allora rivoltosi
egli ad un dei compagni: *Gostel*, disse, *è una strega. Prova
un poco, se puoi tu finirla colla pistola*. E scaricando quell'altro
subito il colpo, ecco che la canna gli saltò in pezzi, e la
palla uscì di fianco a trapassare al feritore per mezzo una
mano. Voleva qui il primo tentar di nuovo la spada, ma il
terzo, arrestatolo, *Ferma*, sclamò, *che non ti venga addosso
l'ira del Cielo*. E con ciò atterriti se ne andarono tutti tre.

Quando l'eroica Vergine, giunta a Friburgo, trovò sotto
gli abiti trasforati del tutto intatta l'Effigie del suo Santo
Protettore, le risovvenne subito il voto fatto di appenderne
la tavoletta al suo Altare. Ma trattenuta dal timore, che
nel vedersi dipinto il successo non venissero a discoprirsi i de-
linquenti, a' quali ella di buon animo avea perdonato, senza
accusarli, come ben poteva, a' Magistrati, si contentò per
allora di ringraziarne nel segreto del cuore il Santo, e andò
differendo più anni l'adempimento della promessa. Fino a
tanto che stimolata da rimorso di coscienza, per consiglio del
suo Confessore, l'anno 1717. portò la tavoletta all'Altare del
Santo nella Chiesa della Compagnia di Gesù di quella Città,
e lasciò in mano del medesimo Confessore il racconto di tut-
tutto l'avvenimento; scritto da lei in lingua Alemanna; il
quale si conserva tuttavia nell'Archivio di quel Collegio;
siccome pure si vede ancor oggidì esposto il voto al detto
Altare. Il P. Francesco Saverio Kesler Rettore del medesimo Collegio, in una sua del 10. Dicembre 1727. inviandomi
una fedel traduzione Latina dello stesso racconto, attesta insieme

seme di aver confessata qualche tempo la suddetta Vergine, e non poter lui dubitare di un tal fatto, per esser ella stata di vita molto pia, devota, ed esemplare.

Da tutto il riferito sin quì argomenti il Lettore, quanto si confaccia all'Angelico nostro Luigi il bel titolo, che, oltre a varj Scrittori, gli ha dato ultimamente il Regnante Sommo Pontefice Benedetto Decimoterzo nel Breve altrove citato: in cui dichiarandolo Protettore di tutti i Giovani, che frequentano le Scuole della Compagnia di Gesù, lo nomina insieme *Innocentiæ, & Castitatis specialem Patronum*.

C A P. X.

Dei miracoli operati dal Santo per mezzo di apparizioni, e di altri segni sensibili.

SIccome è piaciuto al Signore di esaltare il suo Servo Luigi con manifestare la gloria, ch'egli gode in Cielo, come abbiam veduto essere stato rivelato a S. Maria Maddalena dei Pazzi, così pure ha voluto il medesimo Dio che il Santo stesso per mezzo di varie sue apparizioni si mostrasse quì in Terra a'suoi Divoti. Uno di questi fu il P. Stanislao Oborski Polacco della Compagnia di Gesù; il quale ai 31. Luglio dell'anno 1597. mentre stava vicino a morte, ricevè una celeste visita dal Santo, già Connovizio, che insieme co'Santi Ignazio, e Stanislao gli apparve a consolarlo, e assicurarlo che presto verrebbe a far loro compagnia in Cielo. Somigliante conforto recò pure il Santo alla Marchesa Elena Aliprandi Gonzaga sua Cognata, che morì nel Gennajo del 1608. con rare mostre di pietà, qual sempre era vivuta; essendole otto giorni avanti apparso il B. Giovane a certificarla del giorno e dell'ora della sua morte.

Ma tralasciando queste, vediam più tosto alcune di quelle apparizioni, che furono accompagnate da qualche altro distinto benefizio del Santo a favore di chi l'avea invocato. Comincierò da quello, che si racconta come il primo de'suoi miracoli, seguito due anni dopo la sua beata morte, fu un amorevole ufficio di pietà, che egli mostrò verso la propria Madre. Giaceva questa a letto accorata l'anno 1593. per la tragica morte del Marchese Ridolfo suo figliuolo, succeduta in Castelgiuffrè per una subita rivoluzione di quel Feudo, poco prima da lui ereditato. E fu il dolore della buona Marchesa sì intenso, che cadde ella in una gravissima infermità e in pochi giorni si ridusse a termine di morte. Già avea ricevuto il Santissimo Viatico, e l'Estrema Unzione, e temevasi

vasi che poco dopo dovesse spirare. Quand'ecco ad occhi veggenti le apparve innanzi al letto il suo Santo Figliuolo Luigi, tutto glorioso e risplendente, confortandola col suo beato aspetto in guisa, che laddove sin allora per quel grande accoramento non avea potuto mai dare una lagrima, da sì cara vista intenerita cominciò dolcemente a piangere, e concepì ferma speranza, non solo di dover essa ricuperare la sanità, ma di vedere inoltre le cose degli altri suoi Figliuoli andar in avvenire di bene in meglio. In fatti, sparito che fu il Santo Giovane, prese subito la Marchesa notabile miglioramento, e fuor della speranza d'ognuno in breve guarì, indi vide le cose del Marchese Francesco, sostituito nello Stato al morto Fratello, essere ogni dì più prosperate. Una tale apparizione la raccontò di poi ● stessa al Padre Ceppari, e se ne formò in Castiglione scrittura autentica.

La seguente fu deposta con giuramento al Tribunale dell' Arcivescovo di Torino. Intorno alla metà di Luglio del 1605. il Sig. Filiberto Baronis dei Conti di Trana, oggidì Conti di Sutiliera, fu assalito una notte in Torino da dolori sì veementi di reni, che dalle ore quattro fino alle tredici della mattina seguente stette sempre penando, contuttochè avesse presi più rimedj, e si fosse raccomandato a varj Santi. In tale stato gli risovvenne, che un mese innanzi era guarito in Roma miracolosamente da simil male un Giovane Studente della Compagnia di Gesù per intercessione di S. Luigi, e fattasi cercare una sua Lettera, che molto prima gli era stata data per Reliquia, nè trovandosi ella prontamente, alzò l'infermo la mente al Cielo, e con tutto l'affetto invocò l'ajuto del Santo. Ciò fatto, si addormentò subito leggermente, e gli parve in sogno di vedere un Padre della Compagnia, giovane, di statura piuttosto grande che picciola, magro nel viso, col naso aquilino alquanto lunghetto, il quale avvicinandosi al letto, con una cinta gli cingeva a traverso le reni, e tutto il corpo, e sebbene non aveva egli mai conosciuto Luigi, gli pareva nondimeno che questo fosse. In quel quel punto destossi, e allargò le braccia per abbracciar quella immagine da lui veduta, ma già ella insieme col sogno era sparita, lasciando però il Santo l'effetto certo della sua presenza. Imperocchè l'infermo si sentì subito spiccare dal fianco una pietruzza, che poco dopo mandò fuora facilmente, tutta scagliosa e insanguinata, della grossezza di una fava, restando con ciò libero affatto dal male.

D'allora in poi elesse egli per Protettore della Sua Casa il B. Giovane, tenendone pubblicamente esposta l'Immagine con lampada accesa davanti. E ben meritò di provarne di nuovo il patrocinio. Una volta, che il mal di gotta, refolo immobile, falì a dargli gagliarde ftrette nella gola, e perduta già la parola, temevafi che di momento in momento non reftaffe affogato, benedetto da un Padre della Compagnia colle Reliquie di *S. Luigi*, e di *S. Carlo Borromeo*, ricuperò in quell'iftante la favella, e il moto libero del capo, ceffandogli ogni dolore con ammirazione fua, e dei circoftanti. E un'altra volta, che un fuo figliuolino di nove anni, per nome *Avventore*, già era ridotto da graviffima infermità vicino a morte, tofto che fu toccato da *Giuliana* fua forella minore coll'Immagine di *L*uigi, tornò in sè perfettamente, prefe fonno, e ufcì fuor di pericolo. Per quefti ed altri favori, ch'egli riconofceva dal Santo, pafsò di poi come in eredità ne' pofteri di quella Nobil Famiglia una particolar divozione verfo il medefimo: e ne lafciarono effi un degno atteftato colla vaga Cappella, che ereffero nella Chiefa della Compagnia di Gesù in Torino, accoppiando fu un medefimo Altare il Beato Giovane coll'Appoftolo delle Indie *S. Francefco Saverio*, e cogli altri Santi loro Avvocati.

Le riferite grazie ricevute dal fopradetto Cavaliere dieder occafione alle due feguenti. L'una fu, che, effendofi egli prefentato alla Curia dell'Arcivefcovo a deporre la fua guarigione dal mal di reni: quel Giovane, che aveva diftefa la fcrittura, chiamato *Giovanni Tommafo Morelli*, andò a trovare una tal *Brunetta Raineri*, la quale per un parto infelice già difperata da' Medici trovavafi all'eftremo: e, narratole il fucceffo del Sig. *Baronis*, animolla a ricorrere a *S. Luigi*. Lo fece ella fubito con gran fiducia, e quella notte medefima dormì quietamente qualche poco; ciò che fin allora non aveva mai potuto. Indi rifvegliatafi con un gran fudore di tutto il corpo; fi alzò fana da letto, e venne alla Chiefa della Compagnia a ringraziare il fuo Beato liberatore. L'altra grazia fucceffe in perfona del Sig. *Pietro Lumelli* Segretario del Senato di Torino: il quale, udito l'effetto prodigiofo operato nel detto Cavaliere dalle Reliquie di *S. Luigi*, e di *S. Carlo*, fi raccomandò vivamente a' medefimi Santi, per effer liberato da certi dolori acutiffimi, cagionatigli da una difcefa di catarro nella cofcia deftra; con tal tormento di giorno e di notte, che non lafciavalo nè dormire, nè mangiare, nè metter piede in terra; nè trovar pofitura nel letto, che non gli foffe di pena. E perchè fi ricordò che fua Moglie aveva fpecial divozione a *S. Luigi*, per un particolar favore da lui ricevuto: fece voto di venire alla Chiefa della Compagnia a far una Novena ad onor fuo, e appendere alla fua Immagine una cofcia di argento, fe foffe guarito. Appena fatto il voto, si addormentò l'infermo, e dormì 5. ore più. Poscia, deftatofi, non fentì più alcun dolore, e sbalzando con gran preftezza da letto, si mife a paffeggiar francamente per la camera; nè mai più patì fimile infermità. Tanto sia detto, perchè si vegga con quanta parzialità di amore rimiri S. Luigi il Piemonte; per quell'attinenza, che ha con effo per ragion della Madre. Or torniamo alle apparizioni.

Nel mefe di Luglio dell'anno 1609, era travagliata in Roma da febbre pericolofa, e da dolori atroci di reni Lucia di renzo, e moffa dal timore della vicina morte, mandò a chiamare Arfilia degli Altiffimi Vedova nativa di Tivoli, la quale viveva in Roma con gran concetto di fantità, maffimamente per li frequenti miracoli, che alle preghiere di lei operava in beneficio di molti S. Luigi, di cui era divotiffima. Quando questa vide il gran male, che avea Lucia, la interrogò, fe morrebbe volentieri: Ed ella: *Come volete, rifpofe, che muoja volentieri, fe non ho fato niente di bene in vita mia?* Efortolla allora la pia Vedova a raddolcire i fuoi dolori colla memoria di quei di Crifto, e della fua Madre Santiffima; indi prima di partir le fuggerì, che ricorreffe al Beato Luigi, che ogni dì più rifplendeva per molti miracoli. *Ben volentieri lo farò, ripigliò l'inferma; ma come io fono tanto indegna, non otterrò niente. Fatemi voi questa grazia di rendermi propizio questo voftro Beato. Ciò detto, partì Arfilia* (dice la medefima Lucia nel proceffo Romano di quell'anno) *Ed io verfo la mezza notte vegliando mi raccomandai al medefimo Beato; pregandolo iftantemente che, fe foffe gloria di Dio, e falute dell'anima mia, mi reftituiffe la fanità di prima; perchè mi trovava in peffimo ftato, e temeva moltiffimo di morire. Appena finita questa orazione, comparve nella camera lo fteffo Beato coll'abito della Compagnia di Gesù, veftito di cotta, con molta gloria e fplendore, e colla predetta Arfilia inginocchiata ai fuoi piedi. Io a questa vista concepii fiducia, e me gli raccomandai di nuovo. Ed ecco che in quel punto mi trovai libera dalla febre, dai dolori, e da ogni male. Che poi io allora vegliaffi, e non dormiffi, o fognaffi, ne fono certa, perchè poco prima m'era fvegliata, e aveva nella camera la lucerna acceffa, e vedeva chiaramente ogni cofa, e mi fentii riempire di una mirabile confolazione ed allegrezza, e toccai il polfo dell'arteria, e trovai che non v'era più veftigio alcuno di febbre. E il Beato, dopo d'effere ftato così un buon tratto di tempo, fparì, ma ben mi ricordo che nell'afpetto era giovane.* Fin quì Lucia, la quale feguita poi nello fteffo proceffo ad atteftare, che non aveva ella fin allora prefo niun medicamento, e che, venendo la mattina feguente il Medico, e dicendo che le farebbe fulla fera tornata la febbre, ella nondimeno perseverò nella medesima sanità, che col suo apparire le avea il Santo così istantaneamente restituita. Questo è il primo degli otto miracoli, che a richiesta del P. Ceppari furono esaminati ed approvati dai Medici Deputati in Roma dopo i quindici già passati dalla Sacra Congregazione, e dalla Ruota.

Più disperato della vita per un mortal flusso di sangue era l'anno 1609. il Rev. Giovanni Magi Sacerdote Lucchese. Questi il dì 6. Settembre fu sì abbattuto dal male, che verso il tramontar del Sole fu di mestiere munirlo del Santissimo Viatico, e dell'Estrema Unzione. Poco dopo restò privo dei sentimenti, fuorchè dell'udito, e già gli si era letta la raccomandazione dell'anima. Quando il Medico Gio: Antonio Conti ivi presente, che aveva divozione a S. Luigi, si accostò all'orecchio del moribondo, e gli suggerì, se voleva far un voto a questo Santo. Diede egli segno di sì, e il P. Don Gio: Battista Bianchini Canonico Regolare di S. Salvatore, Curato di S. Maria Fortsporta, il quale gli assisteva in quelle agonie, s'inginocchiò, e fece il voto di un frontale bianco, da mettersi a qualche Altare del Santo. Ed ecco, inoltrata già la notte, il moribondo vede comparirsi davanti il Beato Giovane con un'aria di volto allegrissimo, la qual vista tanto lo ricreò, che in quell'istante medesimo sentì partirsi dal corpo tutti quei dolori mortali, e la mattina seguente riempì di stupore quanti vennero a vedere sì ristabilito di forze quel che credevano di trovar morto. La relazione di questo fatto fu presentata con suo scritto dal detto Sacerdote al Reverendissimo Sig. Orazio Ugolini Vicario Generale del Vescovo di Lucca, se ne formò in quella Curia processo autentico, con udirvi le attestazioni del Parroco, e del Medico di sopra nominati.

Negli Atti della Canonizzazione si riferiscono due belle guarigioni, succedute nei tempi più vicini, a noi, e dichiarate dai Medici miracolose. La prima del Rev. Ignazio Regolo Sacerdote Imolese abitante in Roma, il quale l'anno 1683. stando per morire di una postema insanabile in un'orecchio, vide ad occhi aperti comparire il nostro Santo da lui chiamato in ajuto, che toccandogli leggermente il capo con una mano, in un'istante lo sanò. L'altra di Gaetano Medici figlio di un tal Clemente, Servitor domestico di Monsignor Bartolomeo Maffei, oggidì Nunzio in Francia, che per mal epilettico cadeva talora a terra fin a undici volte al giorno. Implorata l'intercession di Luigi, gli apparve questi ai 23. Gennajo dell'anno 1717. e ungendogli sensibilmente la fronte, lo lasciò sano.

Qual

Qualche circostanza più notabile contiene il fatto seguente. Lucia Moretti Vedova nativa del Sasso in Valtellina era più volte ricorsa al Santo, per esser liberata da un Demonio, che sin da dodici anni prima l'avea invasata, e ad ogni tratto miseramente la tormentava. A tal fine, da che incominciò i miracoli di Luigi in quella Chiesa, si era ella posta a servire in casa del Parroco, e faceva con gran gusto quell'uffizio, com'essa testificò nel processo, immaginandosi di servire al suo Beato. Una notte adunque del 1610. stando ella affatto svegliata, videsi apparire il Beato Giovane in quella guisa appunto, in cui lo mostrava la sua Effigie in quella Chiesa, e sentì che applicandole una mano fresca sul petto le disse: *Non dubitare, o Figlia, abbi pazienza, che Io t'ajuterò. Da quell'ora infin adesso*, dice la Donna, *con esser passati già quasi tre anni, non ho mai più patita molestia alcuna.*

Ma sarà bene, che lasciam su quest'ultimo qualche luogo a taluno ancora di quegli avvenimenti, in cui il Santo, anche senza mostrarsi visibile, ha dato sensibilmente alcun segno della sua presenza. Nè rapporterò per brevità due soli, e sia il primo quel che altrove ho promesso, accaduto il dì medesimo, che uscì il Breve di Paolo V. Sommo Pontefice, in cui davasi a Luigi titolo di Beato, cioè ai 19. Ottobre del 1605. in persona del Dottor Flaminio Bacci Romano, Sostituto del Segretario dei Riti. Era già questi entrato nel ventesimoquarto termine di una febbre assai pericolosa, con mormorio continuo nella testa, e un gagliardo flusso di sangue, che non lo lasciava quietare nè giorno, nè notte, senza ricevere giovamento veruno da tutti i rimedj adoperati. Quel dì adunque, verso le quattro della sera, avendo mandati a dormire i domestici, fù assalito da una stretta sì veemente del male, che temette di mancare per debolezza quella notte medesima. Alle sette ore gli risovvenne quel, che tre giorni prima avea udito leggersi della vita, e dei miracoli di Luigi dal Sig. Segretario dei Riti Gio: Paolo Mucante, e stando supino nel letto per l'abbattimento di forze, in cui era, si pose antendue le mani aperte sul volto, e con quanta voce potè disse pieno di fidacia queste precise parole: *Deh glorioso Beato Aluigi Gonzaga, degnati imponere le tue mani sopra di me, che ne spero certissimo la sanità. Deh grazioso Giovinetto, concedetemi questa grazia acciosché io possa ingerirmi nelle azioni della tua Santa Canonizzazione, la quale ho desiderata tanto.* Ciò detto, sentì due mani, che gli calcavan le sue sopra il volto di maniera, che gli si piegava il naso, e nel far egli leggera forza per respirare, sentì un grato e soavissimo odore, il quale egli recò tal refrigerio, che incontanente si addordormentò, e dormì fin alle dodici ore della mattina seguente, che venne una Servente a risvegliarlo. Subito desto, si trovò senza febbre, libero dalle doglie del capo e del ventre, guarito affatto dal flusso, tanto che voleva quella stessa mattina portarsi a visitare il Sepolcro del Santo, se il Medico non gli avesse ordinato di star in casa ancor per due giorni a fin di vedere, se il male fosse tornato. Passati i quali, compì la sua divozione, e depose in iscritto il miracolo, che fu poi anche inserito nei processi.

Udiamo ora nel processo di Castiglione il Sig. Clemente Ghisoni, tanto intrinseco già di Luigi fin da quando nella sua fanciulezza gli fu lasciato per Cameriere in Firenze dal Principe suo Padre, e testimonio fedelissimo in gran parte della sua vita secolare. Venendo egli dunque a parlare delle meraviglie operate da Dio per i meriti del Santo Giovane; fra le altre cose dice; *Mi aveva l' Eccellentissimo Principe Francesco mio Padrone fatto suo Maggiordomo, e me ne stava con lui in Roma. Quando rivedendo (come si suole a suoi tempi) i conti del dato, e del ricevuto, trovai che mi mancavano cinquecento scudi, nè poteva ricordarmi che cosa ne avessi fatto; anche dopo una diligente inquisizione di circa venticinque giorni, nei quali visitai minutamente tutti i miei scritti, e gli angoli degli scrigni, nè mai trovai cosa alcuna, perchè per dimenticanza non avea riportata quella somma su i miei Giornali. Indarno dunque stancandomi in cercare, poco mancava non dessi in disperazione, essendo ben io consapevole della mia innocenza, mà che non poteva mostrarla, e poteva avere speso quel dinaro, ma non lo sapeva, nè ardiva di farne parola al mio Principe, nè a nessun altro per vergogna; Che feci finalmente? Mi rivolsi supplichevole al Beato Luigi, pregandolo per quella servitù, che gli aveva usata in vita, che mi suggerisse il modo di ricuperare il danaro desiderato. E ciò io pregava l'anno 1606. a dì 27. Ottobre la sera. Indi andai a letto; e la mattina, al primo far del giorno, sentii la voce del Beato Luigi (e ben conosceva egli la voce del suo antico Padrone) che distintamente mi disse; Non temere, ma guarda nel libro dello Spenditore, che troverai quello che cerchi. Corro subito al libro indicato, e, aperta la finestra per leggere a quel poco chiaro dell' aurora, m'incontro subito in questo luogo: A dì 3. Ottobre dati allo spenditore scudi cinquecento. Resi subito grazie a Dio, e al Beato, e poi vestitomi, andai dritto al suo Sepolcro, ed ivi sentendo Messa nella Cappella di nuovo lo ringraziai; indi raccontai questo miracolo al R. P. Virgilio Cepari, e a molti nostri di Casa.*

Dopo tali apparizioni del Santo ai suoi Divoti non deve dispiacere al Lettore, che io per conclusione ne metta qui bre-

brevemente una, fatta già a lui medefimo, quando ancor vi-
vea, quale appunto trovavafi in certi manuferitti del P. Ceppari, a cui richiefta la fcriffe di poi il P. Francefco Sacchi-
no nel Compendio Latino della Vita del Santo, ch'ei preparò con diffegno d'inferirlo nelle fue Iftorie della Compagnia. Nel Viaggio adunque, che fece il Santo da Milano a
Roma l'anno precedente alla fua morte, in Compagnia del P.
Gregorio Maftrilli, e d'altre perfone, arrivati tra Siena e Roma al paffo d'un Fiume, che il P. Ceppari non nomina, ma
credefi da alcuni effere quello, che volgarmente chiamafi la
Paglia, lo trovarono per le acque fcaricate dai Colli vicini sì
ftranamente gonfio, che la guida fi sbigottì, e non fapeva ac-
certare a trovarne il guado ficuro. In quefto punto girò Luigi coll'occhio attorno, ed ecco vide improvvifamente, e moftrò ai Compagni non molto lungi un'uomo, il quale, come
la voleffe pefcare, andava dall'una all'altra riva guadando a
piedi il Fiume. Incamminatifi a quella volta, paffarono effi
pure agevolmente di là, ma appena ciò fatto, volgendofi a
cercare del Pefcatore, per tutto il luogo di quella riva più
non comparve. Nè potè dubitare il P. Maftrilli, com'effo teftificò nel raccontar pofcia il fucceffo, che non foffe quello
accaduto per i meriti del Santo Giovane, il cui Angelo Cuftode fotto tali fembianze gli aveffe voluto moftrare, e piuttofto fare miracolofamente quel guado.

C A P. XL.

Stupenda guarigione del P. Giufeppe Spinelli della Compagnia di Ge-
sù, con replicate apparizioni di S. Luigi, e del Venerabile Gio-
vanni Berchmans.

L'Avvenimento, che qui fi prende a difcrivere, è intrec-
ciato di circoftanze sì memorabili, che merita di occu-
cupar da fe folo un Capo intero. Tutto il racconto fi caverà dalla Relazione, che ne fu fatta ful luogo dai Teftimoni
di veduta, letta di poi ed approvata da quello fteffo, che ricevette la grazia, dalla cui bocca fi fono avuto quelle particolarità, che non poterono giunger all'occhio degli aftanti.
Il P. Giufeppe Spinelli della Compagnia di Gesù, mentre non
ancor Sacerdote in età d'anni ventidue ftudiava nel Collegio
di Palermo la Filofofia, il giorno 20. Decembre dell'anno
1632. fu forprefo nella Scuola da un'improvvifo deliquie, e
da un fuo male di palpitazione di cuore, cui già da un'anno
era fottopofto, ma caricatogli quefta volta tanto, che, temen-
dofi non veniffe prefto a mancare, convenne a braccio portarlo

alla

alla più vicina camera. Ceſſato indi a qualche tempo il perícolo, diede l'infermo in un delirio, che gli durò due giorni, finito il quale, gli ſi fece una tal diſceſa di catarro nel franco ſiniſtro, che lo refe non ſolo immobile, ma eziandio inſenſibile ad ogni pontura, e per fino al fuoco, che gli ſcottò a caſo quella gamba. Indi gli ſi attraſſe il braccio e la mano, e tra poco la paraliſia ſi diſteſe da quella parte a tutto il corpo, con andar ſempre più peggiorando per quanti rimedj gli adoperaſſero intorno. Coſì, venuto l'ultimo giorno del Gennajo ſeguente 1635. per una nuova oppreſſione di cuore perdè finalmente Giuſeppe l'uſo ancor della lingua, e per il pericolo di rimanere da un'ora all'altra ſoffocato, fu munito preſtamente del Santiſſimo Viatico, e dell'Eſtrema Unzione: Ma ripigliatoſi poſcia anche da queſto accidente, reſtò nondimeno affatto muto, e colla ſteſſa attrazione e paraliſia di prima.

Quanto più il male ſuperava la forza dei rimedj umani, tanto più l'infermo ricorreva ai Divini, e principalmente all'interceſſione di S. Luigi, al quale portava ſingolar affetto di divozione, anche per la prezioſa Reliquia del ſuo Sacro Mento, che inſerito in una bella ſtatua d'argento ſi venera nella Chieſa di quel Collegio. Quindi al 7. Febbrajo pregò, come poteva, co' cenni e in iſcritto, che gli ſi portaſſe la Statua del Santo in camera: ma non potutoſi allora compiacere, gli fu recato frattanto un dente maſcelare del medeſimo, che ſi conſervava a parte entro una cuſtodia di criſtallo. Al vedere lo Spinelli quel Sacro Pegno, ſi raccomandò con tutto l'ardore al Beato Giovane, promettendogli di digiunare ogni anno la ſua Vigilia, ſe gli otteneva da Dio la ſanità. E qui ſentì riſvegliarſi nell'animo un vivo deſiderio di conſecrarſi tutto con fervore maggiore del paſſato al Divino ſervizio: il qual ſentimento ricevuto da lui come una caparra della grazia, che il Santo voleva dargli, proſeguì l'infermo a replicare tutto il giorno le ſuppliche. Quand'ecco la notte ſeguente addormentatoſi, parvegli in ſogno di continuar la ſua orazione, e nel fervore di eſſa udirſi da un'alta e ſonora voce chiamar per nome due volte: *Giuſeppe, Giuſeppe.* Ed egli coſì in ſogno: *Chi è, chi mi chiama?* E lo diſſe ſì alto e chiaro, che deſtò l'Infermiero vicino di Camera: il quale credendolo guarito dalla mutolezza, corſe a veder che voleſſe. Ma quegli riſvegliatoſi non potea più articolar parola, durando tuttavia mutolo: nè volle indicare ad alcuno il ſogno avuto, fuorchè al P. Girolamo Tagliavia ſuo Confeſſore, cui lo confidò in iſcritto, perchè l'ajutaſſe ad impetrare la grazia, che con queſto nuovo argomento ſempre più ſperava dal ſuo Luigi.

Quando il Lettore ſarà giunto al fin del racconto, vedrà

che il fognar di Giuseppe, con tutta quella ferie ordinata, che fi dirà, e con gli effetti, che ne feguirono, non fu opera naturale di fantafia; ma v'intervenne qualche cofa di più; come fi legge di tanti altri fogni, nei quali è certo aver Iddio voluto più volte far moftra della fua Provvidenza verfo degli uomini. Sia detto ciò di paffaggio in grazia di quanto ci rimane da profeguire.

Quattro giorni dopo quefto primo fogno n'ebbe Giuseppe pur di notte un'altro, nel quale rapprefentandofegli la gravezza del fuo male, e il dover morire in quel fiore degli anni fuoi, parevagli di verfare gran copia di lagrime, con rinnovare a Dio per i mèriti del fuo fervo Luigi la domanda della fanità. Ed ecco che fi fente, non fapeva da chi, prendere per la deftra mano, e rivoltatofi alla fponda del letto vede due Giovani della Compagnia, veftiti di Cotta, riconofciuti tofto da lui l'uno per S. Luigi, e l'altro per il Venerabile Giovanni Berchmans Fiammingo, morto tredeci anni prima in Roma con fama fingolare di fantità, tenuto comunemente per la fua rara innocenza in concetto d'una copia fedeliffima di Luigi. Di quefti due, il Santo con un'aria di volto tutto amorevole l'interrogò: *Che cofa voleffe Giuseppe?* Ed egli, *Vorrei*, rifpofe, *poter parlare, e camminare.* Allora Luigi: *Perchè non piuttofto morire?* E Giuseppe a lui; *Dominus eft, quod bonum eft in oculis fuis, faciat.* Orsù via, foggiunfe il Santo, *fate buon animo, ricupererete la favella, ma l'ufo libero dei piedi non è in mia mano per ora di rendervelo, perchè Iddio non vuole ancora. Del refto, Confortare & efto robuftus, grandis enim tibi reftat via.* Ciò detto, difparve Luigi col fuo Compagno, e continuando lo Spinelli nel fuo fogno, vedefi nella camera dirimpetto al letto la Statua d'argento colla Reliquia del Santo, e intorno ad effa alcuni dei Domeftici ginocchioni in atto di orare per la falute di lui. In quefto mentre fembrava di poter già parlare, e d'intonar egli fteffo ad alta voce il *Te Deum laudamus*, profeguendolo fin al fine a vicenda con quegli altri, che ivi ftavano. Ma poco dopo deftatofi, trovò ancor quefta volta d'avere la lingua tuttora imprigionata, nè con tutto lo sforzo, che fece, potè mai fciorla.

Allora egli, interpretando che il Santo aveffe voluto con quella vifion della Statua infegnargli fenz'altro, quanto far dovea per impetrare la grazia promeffagli; tofto che fu la mattina feguente, tornò con altro fcritto a pregare il Padre fuo Confeffore, che gli fi recaffe la Statua di S. Luigi; fponendogli infieme nella carta l'accaduto quella notte, per agevolare l'intento. Non parve doverfi più tardare ad efaudirlo. La fera per tanto di quello fteffo giorno 11. Febbra-

Jo, alle ore quattro e mezza della notte, fu portata la detta Statua nella camera dell' infermo dal P. Pietro Villafrates Rettore del Collegio; accompagnandola con lumi accesi solamente alcuni pochi dei Domestici; che così ordinò il Rettore, per essere quella l'ora di ritirarsi ognuno alle sue stanze a far l'esame della coscienza. Quando Giuseppe si vide collocata di rincontro al letto quella Sacra Reliquia, non può spiegarsi il giubilo, che ne mostrò; significando all' Infermiero coi cenni, che quella notte infallibilmente ricupererebbe la favella per intercessione del suo Santo Avvocato.

Restato dunque egli solo colla Statua, mentre va eccitando la sua fiducia nel Santo, invocandolo con frequenti aspirazioni e sfoghi del cuore, presso le sette ore si addormentò. E quì di nuovo gli si presentaron davanti i due Angelici Giovani Luigi, e il Berchmans, dei quali il Santo à lui rivolto: *Giuseppe*, gli disse, *già Dio vi ha fatta la grazia di poter parlare. Sappiate però che per suo giusto giudizio avreste dovuto restar muto per tutta la vita; ma per li miei meriti vi ha fatta la grazia. Or Dio vuole che consecrate ad onor suo la vostra lingua con lodarlo e benedirlo: guardate l'abusarvene mai in sua offesa. Sappiate che questo ha da essere il principio della vostra salute e perfezione religiosa, e che avete da rinnovare ogni dì il proposito fatto di darvi in avvenire con maggior fervore alla perfezione; e ringraziate Dio, che per li miei meriti vi abbia restituita la lingua. Non vi spaventano le asprezze ed avversità, che incontrerete sovente, perchè io (e tenetelo per certo) vi sarò guida. Quanto appartiene al poter camminare, non è ancora maturo il tempo. Ma non vi ricordate voi di aver fatto voto di digiunare ogni anno la Vigilia della mia Festa?* Rispose l'infermo: *Sì, me ne ricordo:* E Luigi: *Non faresti*, soggiunse, *ancor voto di spendere ogni giorno un quarto d'ora di più in orazione, e nei giorni di Comunione una mezza ora; Anche questo* (ripigliò Giuseppe, attonito che gli si chiedesse sì poco) *anche questo lo voglio, e ne fo voto.* Allora il Santo aprì un vasetto come d'argento, che teneva nella destra, ed intintovi il dito di mezzo della sinistra, ch' era più vicina al volto dell' infermo, gli segnò con quello la lingua in figura di croce: e senza più col suo Compagno disparve. Svegliatosi in quel momento Giuseppe, subito con voce articolata e chiara esclamò: *Beato Luigi*, *Beato Luigi*: e seguitò a recitar varie orazioni in rendimento di grazie.

E' facile immaginarsi l'allegrezza di tutti i Domestici venuti la mattina dietro a sentir parlare speditamente quello, che per tredici giorni continui aveano veduto muto. Molti dei Sacerdoti celebrarono quella mattina Messa votiva del

San-

Santo, e nella fera fi fece per cafa una Proceffione, in cui portandofi la detta Statua, venivano tutti i Padri, e Fratelli difciplinandofi in ringraziamento a Dio, e al fuo Servo Luigi: e tre di effi confeffarono d'aver quella notte avuta in fogno la nuova del miracolofo fucceffo, uno dei quali fu l'Infermiero, che corfe perciò il primo, fubito levato da letto, a veder, fe foffe ftato veritiero il fuo fogno.

Paffaron frattanto altri quattro giorni, fenza feguir più novità alcuna. Quando il dopo pranzo dei 26. dello fteffo mefe, mentre ftava lo Spinelli parlando con alcuni del fuo Luigi, lo forprende un legger fonno: e in quel tempo parevagli di andar ragionando tra fe così: *Quando mai potrò dire una volta*: Lauda anima mea, Dominum, quoniam non deferuit fperantem in fe, & in Beato Aloyfio? *Tuttavia mi raffegno al beneplacito di Dio, e bramo che fi adempia in me la fua fanta volontà. Che fe farà fua Gloria e falute mia, che io duri per fempre così, come fono paralitico,* fiat voluntas Domini. *Anzi fe quel* Grandis tibi reftat via *mi prefagifce molte calamità, eccomi qui; e fi conti pur tra effe quefta mia fteffa infermità.* In mezzo a tali difcorfi, ecco apparirgli Giovanni Berchmans coll'abito fteffo di prima, e dirgli: *Giufeppe? dormite? Non fapete ch' è venuto il tempo della voftra guarigione? Pregate efficacemente con altri davanti la Reliquia del Beato Luigi, perchè effo compifca l'opera incominciata.* Deftatofi lo Spinelli, confidò quefto nuovo favore del Cielo al P. Rettore, e al Confeffore, e feguitò a raccomandarfi a tutti i Padri e Fratelli, perchè l'ajutaffero colle loro orazioni e penitenze. La fera poi dello fteffo giorno gli fu di nuovo portata dal P. Rettore la Statua di S. Luigi, e lafciatagli in camera, come l'altra volta.

Tofto che l'infermo rimafe folo, cominciò la fua orazione con più fiducia, che mai; e feguitò fin preffo alle fette ore. Nel qual tempo, prefo un dolce fonno, parvegli di fentirfi ripetere all'orecchio quelle parole: *Già è venuto il tempo della voftra guarigione*: E vide infieme entrar per la porta della camera col folito Compagno, il fuo Santo, veftiti amendue come prima, fe non che, ficcome Luigi avea in mano quel vafetto d'argento, così il Berchmans portava pendente dal braccio un bianco mantile. Indi Luigi, appreffatofi alla fponda del letto: *Animo*, diffe, *o Giufeppe, ftate fu allegro*. E l'infermo: *Qual maggiore allegrezza, che quefta voftra prefenza. Come potrò io mai compenfare un tanto favore:* Quegli allora foggiunfe: *Io non voglio, che la voftra fantificazione, procurate di* ..... *fanto; perchè Iddio vuol molte e grandi cofe da voi. Volsta ch' io vi ferva di fcorta.* Che *poffo mai bramar di più*, rifpofe se tosto Giuseppe. *Certamente allora si consistant adversum me castra, non timebit cor meum.* Fate dunque buon animo, replicò Luigi, ch' io vi guiderò nel cammino. Veglio che in avvenire il vostro nome sia Luigi, in memoria di un tanto beneffizio, e perchè vi serva esso di stimolo à seguitare con più coraggio la perfezione. Al che l'infermo: *Veramente io non sono degno d' un tanto Nome, e favore: conturoscio volentieri l' accetto.* Orsù, ripigliò il Santo, è tempo ormai di camminare. Ma prima volete voi obbligarmi con voto di far per un mese intero gli Esercizj spirituali del Nostro Santo Padre Ignazio? Acconsentì subito Giuseppe, che già aveva altre volte avuto un tal desiderio, e fece il voto.

Frattanto il Venerabile Giovanni Berchmans, accostatosi al fianco sinistro paralitico dell' infermo, tolte di sopra alle gambe la coperta e il lenzuolo; e S. Luigi, intinto nel vasetto, come l' altra volta, il dito, segnò la gamba proferendo questa preghiera: *Deus omnipotens det tibi per merita sancti Patris Nostri Ignatii, & Aloysii, ut possis ambulare; & faciat, ut ambulatio ista sit ad vitam aeternam.* E subito il Berchmans rasciugò col mantile dove era l'unto. Segnò poi il Santo al medesimo modo la coscia, con ripetere la stessa orazione. Indi passando ad unger il braccio, variò le ultime parole così: *Ut possis movere brachium; & faciat, ut motus iste sit ad vitam aeternam.* Ciò fatto, disse il Santo all' infermo: Orsù, via sù, mio Luigi, già siete sano: nè altro più vi resta, se non che vi diate da dovero alla perfezione. Volete altro? Rispose quegli; La salute spirituale; e che si adempia il desiderio dei miei Compagni, dell' Infermiero, e di tutti quelli, che si sono raccomandati alle mie orazioni. E Luigi a lui: *Bonam rem postulasti:* conseguirete la salute spirituale; ma voi ancora custoditela poi con diligenza, ed' abbiatela sempre a cuore. E in così dire gli porse amorevolmente la mano a baciare, e datagli la sua benedizione, disparve. Risvegliatosi in quell' istante il Giovane sclamò: O mio Luigi, o mio Luigi! Son guarito, son guarito. E nello stesso tempo balzò da letto, e inginocchiatosi davanti la Statua del suo caro liberatore vi durò un' ora intera in rendimento di grazie. Poscia da se solo senz' alcun appoggio andò a mostrarsi perfettamente sano al Superiore, e ad alcuni altri Padri; uno dei quali per la gran fiducia, che avea, di doverlo quella notte veder rifatto, lo stava aspettando col lume acceso in camera: e quando sel vide entrare, non potè per allegrezza contenere le lagrime.

Tosto che nella mattina si diede il segno a levare, corsero tutti a congratularsi con lui, non finendo di dar lodi a Dio, e al suo Santo: e riportarono processionalmente la miracolosa Sta-

Statua nell'Oratorio domestico; dove collocatala in mezzo a molti lumi full'Altare, vi perfeverarono lungamente la maggior parte in orazione. Indi il nuovo Luigi (che così feguitò poi fempre ad effer chiamato lo Spinelli) ufcì nella Chiefa a metter in pubblico il gran miracolo; facendofi vedere a fervir Meffa al Padre Rettore all'Altare di S. Luigi, e ricevervi la Santiffima Comunione in ringraziamento al benefizio sì fegnalato. Qual foffe la meraviglia di tutto Palermo allo fpargerfi la fama di un tal fucceffo, è fuperfluo il dirlo. De' Medici, ch'avean tanto tempo curato l'informo, non vi fu chi non confeffaffe, una tal guarigione non efferfi potuta fare fenza miracolo: e tre di effi ne lafciarono fopra ciò l'atteftazione fottofcritta di loro mano.

Ma il benefizio ancor maggiore, che impetrò S. Luigi al fuo Divoto, fu il trovarfi quefti indi in poi tutto ripieno nell'anima di un nuovo fervore, per cui dopo alcuni anni, chiefta ed ottenuta dal Noftro P. Generale la Miffione dell'Indie, andò ad impiegare in quell'Appoftolico miniftero il rimanente dei giorni fuoi, coltivando coi fuoi fudori le Ifole Filippine, maffimamente una nuova popolazione di Gentili convertiti alla Fede non molto lungi da Manila, chiamata Taitan. Dove fotto la fcorta del fuo Santo Protettore ebbe il P. Luigi Spinelli la confolazione di vedere in sè verificato il compimento di quel *Grandis tibi reftat via*, e di quelle molte e grandi cofe, che per avvifo del Santo Iddio voleva da lui.

C A P. XII.

D'un morto rifufcitato, e d'altri moribondi fubitamente fanati.

IL richiamare in vita i morti è un teftimonio sì chiaro di Dio a favor della fantità dei fuoi Servi, chè la Santa Chiefa non lafcia di far menzione, ancorchè fia d'un morto folo, rifufcitato per i meriti di qualche Santo, come di più d'uno fi legge nel Martirologio Romano. Quindi, non avendo voluto Iddio, che mancaffe ancor quefta gloria al fuo Servo Luigi, non era conveniente che la paffaffimo noi in filenzio, quantunque di un fol fatto in quefto genere ci fia rimafta memoria preffo il più volte citato Continuator del Bollando in un'atteftazione del P. Gio: Francefco Vanni della noftra Compagnia. Uomo accreditato per la fua probità e dottrina, dove fi narra quanto quì fegue.

Intorno all'anno 1641. nella Villa di Penna, Diocefi di Campli in Abruzzo, ftando un Fanciullo per nome Francefco, dell'età di fette anni in circa, a curare la greggia in un luo-

go,

go, chiamato il Piano, venne dal Cielo una dirottissima pioggia, che durò alcune ore, dalla quale non trovando il meschino dove rifugiarsi, trasportato dal grand'impeto delle cor-
renti, che scendevan dalle alture vicine, rimase affogato, e
dopo qualche tempo da una sua Sorella maggiore fu ritrovato
morto, e ricoperto di fango. Corse tosto afflittissima la Giovane a darne avviso ai Parenti, e venuto il Padre, che avea
nome Cristoforo, portò l'estinto Figliuolo sulle braccia a casa, dove alla presenza del Parroco D. Annibale Bencore, e
di alcuni altri, si fecero intorno al Fanciullo tutte le diligenze possibili per avvivarlo, ma tutte in vano, perchè quel corpo, a giudizio di quanti vi si trovavan presenti, era già fatto
cadavero. Allora il Parroco, che in un suo ritorno da Roma
avea seco portata un'ampolletta dell'Olio, che arde davanti
al Sepolcro di S. Luigi, per istinto particolare del Cielo,
vestitosi di Cotta e Stola Sacerdotale, raccomandò prima il
defonto al Santo, indi con quell'Olio miracoloso gli unse leggermente il naso, la bocca, e gli occhi. Cosa maravigliosa!
In quel momento medesimo, che l'Olio toccò le palpebre del
morto, aprì questi subito gli occhi, e come chi si risveglia
da un dolce sonno, si alzò vivo e sano in piedi, mettendosi
a camminar liberamente come prima, con incredibile stupore
di tutti, principalmente del Parroco, che a quell'atto sclamò: *Gran miracolo, gran miracolo!* Si trovò presente al successo insieme cogli altri un Nipote del medesimo Parroco, per
nome Gio: Battista Bencore, notissimo poscia in Roma, dove
esercitò molti anni la pittura, e come testimonio di vista, lo
raccontò più volte e confermollo al P. Vanni suddetto alla
presenza di molti altri.

Ad un morto risuscitato sieguano due miracoli approvati
dalla Santa Sede, i quali dai Medici furono giudicati equiva-
lenti amendue alla risuscitazione d'un morto. Il P. Giovanni
Giustiniani della Compagnia di Gesù, Nobile Genovese, mentre ancor giovinetto studiava nel Collegio Romano, patì nel
Giugno del 1605. per mal di calcoli una total ritenzione
d'orina, che gli durò undici giorni continui, senza che gli
giovassero punto tutti i rimedj ordinatigli da più eccellenti
Medici. Ogni dì più andava aggravandosegli il male, con essergli corrotta tutta la massa del sangue, e divenire l'infermo come putrefatto; sicchè quand'anche si fosse la natura ajutata con qualche scarica, nientedimeno a giudizio de'Medici doveva infallibilmente morire per quella universal putrefa-
zione del sangue, incapace d'essere naturalmente rimesso nello stato primiero. Quando, la sera del decimo giorno sentì
il Giovane ispirarsi al cuore di ricorrere all'intercessione di

S. Lui-

S. Luigi: e perchè non poteva da se reggersi in piedi, si fece da due persone condurre al Sepolcro del Santo; dove, baciata più volte la terra, e chiesta con gran fervore la sanità, fra le altre cose che promise, fece voto, se guariva, di attaccare al medesimo Sepolcro un voto d'argento, e di visitarlo, mentre stava in Roma, una volta ogni giorno.

Fattosi poi ricondurre alla sua camera, ecco venire da lui il Padre Basilio Romano, il quale *A nome del B. Luigi*, disse: *vengo a portarvi una buona nuova; ed è, che siate allegramente; poichè domani mattina ricupererete senza fallo per sua intercessione la primiera salute*. E interrogandolo uno degli astanti, perchè dicesse domani mattina, e non questa stessa sera: *Perchè*, rispose, *ho sentito che il B. Luigi m'ha ispirato di dire domani mattina, e non questa sera*. Questa interna ispirazione aveva avuta il P. Basilio quel giorno medesimo, mentre stava al Sepolcro del Santo facendo orazione per l'infermo; com'egli stesso depose nè processi, e lo apporta la Sacra Ruota nella sua Relazione. E in fatti parve, che il Santo volesse lasciare che il male andasse all'estremo, per operare più insigne il miracolo. Poichè quella notte l'infermo fu aggravatissimo, con sentirsi dagli umori ritenuti nel corpo quasi affogare. La mattina seguente, comparve colle mani stranamente gonfie, come pure avea gonfie in simil guisa le gambe, i piedi, e tutto il corpo; gli si era ingrossato il respiro; mandava fuori un'odore pestilente; il polso gli era notabilmente mancato: in somma da tutti i segni dichiararono i Medici, che fra poche ore sarebbe morto.

Si diedero subito a tal nuova gli ordini per portargli il Santissimo Viatico, dietro cui dovea seguire l'Estrema Unzione. Or mentre stava egli solo apparecchiandosi a ricevere l'Eucaristia, che già era in viaggio, prese in mano con gran fiducia una Reliquia di San Luigi; e rinnovato il voto della sera precedente, si segnò con quella d'ogni intorno il fianco, dov'era il dolore. Incontanente ecco, che si sentì staccare dal medesimo fianco una pietruzza, la quale mandò subito fuori con tutto quel putrido umore, per undici giorni ritenuto, che arrivò fino a trenta libbre di peso: e si trovò nel medesimo tempo tutto ristorato di forze, come quando era sano. L'Infermiero, che alle voci dell'Infermo era accorso al miracolo, volò tosto a darne la nuova incontro a' Padri, che già venivano col Santissimo, il quale fu a tale avviso riportato addietro; come pure l'Olio Santo, che gli stava già in camera preparato. E il Giovane alzatosi sano andò in Chiesa quel dì medesimo a soddisfare al voto; il dì seguente uscì per Roma; e a' 21. dello stesso mese, Festa del Santo, appese il voto d'argento al suo Sepolcro.

Nien-

Niente inferiore fu giudicato l'altro miracolo operato in benefizio della Signora Camilla Ferrari da Castiglione, la quale aveva allevato Luigi da fanciullino, mentre era Damigella della Marchesa sua Madre, e nell'invocarlo, che faceva sovente incontrandone le Immagini, solea per tenerezza d'affetto chiamarlo: *Figliuol mio caro, Figliuol mio benedetto.* Questa eran otto anni, che portava indosso una febbre continua, con frequenti vomiti di sangue, dichiarata da' Medici tisica confermata, giunta a quel terzo grado, da cui niuno guarisce; e trovavasi già vicinicissima a morire, per la grande stenuazione, e sfinimento di forze. In tal estremo si fece porre dirimpeto, affissa alle cortine del letto, una Immagine del Santo stampata in Roma, con effigiati all'intorno varj de' suoi miracoli: e contemplandola con gran tenerezza, e lagrime, andava di tanto in tanto dicendo queste parole: *O Beato Luigi, che ben sapete con quanto amore vi ho servito da piccolino, ricordatevi adesso di pregar Dio per me.* Nè tardò il Santo ad esaudirla. Perciocchè appena gli ebbe ella promessa una statuetta d'argento, con voto di recitar per un'anno una Corona ogni dì a suo onore, immantinente rimase libera da quella tisichezza tanto invecchiata, ricuperò del tutto le pristine forze, e seguitò a viver poi fino all'età di ottantatre anni.

Non fu però in questa sola occasione, che il Santo mostrasse a Camilla la sua gratitudine, avendo ciò fatto altre due volte con risanarle miracolosamente, prima un suo Figliuolo, di cui parlasi nel processo di Castiglione, indi l'anno 1650. la Sig. Isabella sua Figliuola nel Collegio delle Vergini di Gesù, amendue già disperati da' Medici. Nel qual pericolo della Figlia, confortandola il suo Padre Confessore a portar con pazienza una tal perdita, ch'ella sentiva assaissimo: *Sì Padre,* rispondeva; ma poi subito, volgendosi al suo Luigi, ripigliava trasportata dal dolore: *Figliuol mio caro, Figlio mio benedetto, questa grazia la voglio: non me ne scemate fuora altra, se non mi fate questa.* E il Santo, che ben conosceva con qual cuore ella parlasse così, prontamente la consolò.

Questa è quella Camilla, di cui ebbe il Padre Daniello Bartoli la notizia di quell'esempio rarissimo di verginal verecondia in Luigi ancor fanciullo, che il detto Autore ci lasciò inserito nella Vita di S. Stanislao Kostka: e giacchè non è stato dal Padre Ceppari descritto, mi piace di soggiungerlo qui colle stesse parole del Padre Bartoli: e sono le seguenti.

Era Luigi fanciullo di così poca età, che la Principessa Donna Marta sua Madre, colla quale tuttavia si allevava, consentivagli il giuocare con altri, e paggi e fanciullini, ch'erano in Corte. Ordinarono dunque una sera un giuoco di non so quale faccenda, se non che qual d'essi errava nel tempo, o nel modo d'imitare il mestiero commessogli, depositava un pegno: e per riscuoterlo dopo terminato il giuoco, gli conveniva, in nome di penitenza, far ciò, che discretamente piacesse al vincitore di comandargli. Or Luigi, avvenutogli d'essere uno de' pegnorati per aver fallito nel giuoco, al redimere del suo pegno, fu condannato a baciar l'ombra, che una fanciullina, per lo casuale trovavasi di rincontro al lume, gittava sul muro: e forse il dar nell'occhio al vincitore, fu l'esservi dipinta, come suole avvenire dell'ombre, scontraffatta, e mostruosa: e con ciò riderne; ch'era tutto il fine del giuoco. Ma bella, o brutta, ch'ella si fosse, Luigi, in udendo baciare una fanciulla, nè verun altro, eziandio in ombra, tutto insieme di vergogna, e di sdegno si accese in volto, e coprì di rossore; e lasciato il pegno e i compagni, ne ruppe il giuoco, e l'allegrezza: ne quegli mai più l'ebbero a simil tresca. Questo è così atto eroico di onestà in un fanciullo, come sarebbe in un grande il non fare con un corpo vero, quel che Luigi ricusò con un corpo ombreggiato, fu tutto insieme effetto d'una particolar direzione dello Spirito Santo, e presagio di dover mantener immacolato fino alla morte il candore della verginal purità. Fin quì sono parole del sopraddetto Scrittore.

Ripigliamo ora il filo de' nostri racconti: e vediamo un'illustre miracolo, autenticato in giuridica forma di Monsignor Cristoforo di Morlet Vescovo di Sant'Omer in Fiandra, e da lui inviato li 16. Agosto del 1633. al Sommo Pontefice Urbano VIII. Il Padre Guglielmo Flacco della Compagnia di Gesù, essendo l'anno 1632. Rettore in Gante della Casa di Terza Probazione, patì per mal di ritenzione di calcoli dolori così acerbi, che i medici dopo varj rimedj si dieder per vinti. Era egli nell'anno settantesimo terzo della sua età: e non potendo più la natura ajutarsi, nè mandar fuori in verun modo quegli umori lungamente ritenuti, il dì 20. Giugno, Vigilia di S. Luigi, trovossi vicinissimo a morte. Coll'animo adunque tutto intento a tal passaggio, dice il medesimo Padre nel processo, rivolsi tutte le mie speranze nel Cielo, e caldamente implorai per mio Avvocato Luigi, perchè mi assistesse in quell'estremo, e mi alleviasse il tormento. Riempivami di fiducia il ricordarmi d'avere già conosciuto familiarmente in Roma il Santissimo Giovinetto, come stato mio compagno carissimo nel Noviziato della Compagnia: e ne aveva poscia per tutta la vita portata altamente scolpita nell'animo con gran venerazione una viva effigie della sua virtù. Con tali sentimenti nel cuore, passata in dolori gravissimi tutta la mattina seguente, si fece il Padre venire il suo Confessore, per confessarsi generalmente di tutta la vita: credendosi che il Santo gli avesse ottenuta senza altro la grazia di morire in quel dì della sua Festa. Ma nel mez-

mezzo della Confessione, ecco l'infermo di tratto in tratto interrompere, e svenire per la forza dello spasimo, che pativa: tanto che il Confessore, temendo di non vederselo in quell'atto spirare sugli occhi: *Faccia*, gli disse, *Vostra Riverenza un qualche voto al suo Santo Avvocato*. E il Padre promisse tosto di apprendere un Reliquiario, che aveva, all'Immagine di Luigi nell'Oratorio domestico, sol tanto che gli mitigasse quel tormento ormai insoffribile. Passò appena lo spazio di un'Ave Maria dopo fatto il voto, che l'infermo mandò fuora con gran facilità due calcoli così aspri, che il Medico in vederli protestò non essersi potuti gettare da un uomo sì abbattuto, e debole senza miracolo. Nel punto stesso restò il detto Padre così libero da ogni male, che dentro di un'ora si alzò da letto, e andò a sciogglier il voto, rendendo col suo comparire in pubblico più solenne quell'anno la Festa del miracoloso beato.

Egualmente instantanea fu la sanità conferita in Cahors l'anno 1609. a Margherita du Rieu moglie dell'Avvocato Giovanni Vanelle; e ne fece altresì particolar processo il Vescovo di quella Città. Avea l'inferma passati già quasi tre mesi di gravissima malattia, con un tal viluppo di febbri continue, di tormini, deliri, veglie, e abbattimento di forze, che finalmente il Medico la dichiarò, come si ha dalla sua attestazione, non solo disperata della vita, ma prossima già a morire. Il P. Antonio Dautin della Compagnia di Gesù, chiamato il dì 11. Novembre ad udirne l'ultima Confessione, le suggerì di far un voto a S. Luigi, perchè, se fosse gloria di Dio, le impetrasse la sanità. E quel dì medesimo, nell'atto di ricevere il Santissimo Viatico, lesse ella la formola del voto, quale appunto glie l'aveva data in iscritto con approvazion del Marito il detto suo Confessore. Quand'ecco nello stesso momento, ch'ella finì di proferire la formola, le svaniron di dosso tutti i suoi mali, non rimanendole altro, che una pochissima debolezza, la qual presto ancor essa partì.

In Milano l'anno precedente Don Cesare Negri, Canonico della Real Collegiata di S. Maria della Scala, era giunto in una mortale infermità a tal segno, che perduto già il polso dell'arteria, stava per spirare a momenti l'anima. Una Monaca, che sapeva il suo stato, mandò a dirgli che ricorresse con qualche voto al Beato Giovane: il che avendo egli fatto, ricuperò incontanente le forze; nè passò molto, che si trovò colla primiera salute. In maniera ancor più miracolosa una Reliquia del nostro Santo salvò nella stessa Città da morte imminente una tal Suor Radegonda Monaca in Sant'Erasmo. Questa dal Lunedì fino alla notte del Venerdì seguente era ftata fenza poter prendere cibo veruno; e già tenevafi, che fra poco dovefſe mancare. Al primo tocco della Reliquia, la moribonda fubito rinvenne: cominciò a mangiare con gran facilità; e tra breve tempo del tutto guarì.

L'anno medefimo il Padre Gio: Francefco Maffi della Compagnia di Gesù ricevè in Roma una lettera del Sig. Tommaſo Filippini, Segretario del Sig. Marchefe Canofſa, fotto i 28. Ottobre; recatagli da un Contadino, che veniva da Giezano a fciòglier un voto al Sepolcro del Santo. Il tenor d'efſa è come fegue. *L'Illuſtriſſimo Sig. Marchefe Canoſſa mio Padrone ha fra gli altri agricoltori della fua villa il latore della prefente, il quale per alcuni meſi infermo di mortal malattia, ſi ridufſe finalmente a tale ſtato, che ſe gli raccomandava già l'anima colle folite preci della Chiefa. Io l'eſortai a fare un voto al Beato Luigi Gonzaga. Egli lo fece verſo un'ora di notte: quando partii, e animato dalla fiducia del voto, cominciò fubito a fentirſi meglio, e a ravvivarſi. E in fatti quello, che poco prima moriva, cenò poi con appetito, e dormì come fano fin alla mezza notte. Pochi giorni dopo ricadde in un altro pericolo della vita niente minore del primo, per ritenzione d'orina, per cui parevagli di fentirſi fcoppiate il ventre. Io di nuovo gli fuggerii d'implorare l'ajuto del Beato liberatore fuo. Lo implorò; e fubito con una fcarica falvò la vita. Ora viene coſtà per foddisfare al voto, il quale conſiſte in far dire una Meſſa ad onor del Beato, e ricevere anch' eſſo la Santiſſima Comunione. Perciò d'ordine del Signor Marchefe inviò queſt' uomo a voi, Reverendo Padre, promettendomi che lo ajuterete nell' adempimento del ſuo voto; e che riceverete voi pure non poca confolazione da un ſì evidente miracolo.*

Non è convenevole che lafciamo di dir qualche cofa de' fanciulli miracolofamente campati da morte, perchè ſi vegga la fingolar protezione nel noſtro Angelico Giovane verſo l'età innocente. Quattro fe ne annoverano nel proceſſo di Caſtiglione, che tutti ſtavano in procinto di ſpirare tra poco; due per una caduta mortale, e due per infermità parimente mortali. Fatto da' Genitori ricorfo con un voto al Beato lor Principe, fubitamente guarirono. Fra queſti un figliuolino di Bartolomeo Caſtelino, da fette meſi continui di malattia ridotto a pelle ed offa, ſi alzò toſto in piedi, e camminò da per fe, ricuperando in otto giorni le carni, e le forze di prima.

Niente men dimagrato vedevaſi per fattucchierie un fanciullo di quattro anni, figlio del Signor Torquato Cafati Cavalier Milanefe. Il Padre addolorato di vederfelo irreparabilmente morire, eſſendoſi per molti meſi adoperati in vanno tutti gli eforcifmi della Chiefa; finalmente a perfuafione d'alcune Monache fece voto di condurlo, crefciuto che foſſe negli

gli anni, al Sepolcro del Santo, se gli avesse salvata la vita.
E tosto il fanciullo ritornò in forze, e in breve comparve
sì ben in carne, come se non avesse patito mai simile male.

Nella Città di Ascoli il Nobile Sig. Serafino Ginestra depose l'anno 1695. in un suo scritto autentico con giuramento quanto quì siegue. Intorno al 1674. stava morendo di asma un suo figliuolino di quattro anni, per nome Luigi, e già
era sì all'estremo, che ogni respiro tenevasi dovesse esser
l'ultimo. Si ricordò in questo mentre il Gentiluomo, di aver
in casa dell'Olio tolto dal Sepolcro di S. Luigi: e presolo
con viva fede, ne unse leggermente il capo del moribondo.
Al primo tocco si vide quegli prendere subito in volto un'aria,
come di chi dolcemente dormisse; e dormì in fatti d'un sonno sì saporito, che poco dopo risvegliatosi fu interamente sano. In attestazion del miracolo si appese un voto di argento all'Altare del Santo nella Chiesa della Compagnia di Gesù: e se ne fece racconto da' pulpiti con giubilo universale
di tutta la Città. Indi a tre anni il piccolo Luigi in una
caduta dall'alto ricevette tal colpo, che sollevato da terra fù
creduto più morto, che vivo: tanto poco dava segno di respirare. Co' rimedj applicatigli finalmente rinvenne: ma nè
rimase il capo sì mal concio, e egli si formò tal enfiagione,
che il Cerusico appena promettevasi di poterlo con lunga cura campar dalla morte. Non indugiò il pio Cavaliere a raccomandare il figliuolo al suo Beato liberatore: per cui intercessione si vide tra poco svanire affatto con maraviglia del Cerusico la mortal enfiagione, e con essa ogni avanzo del male:
riconoscendone il Genitore dal Santo la grazia con un'altra
effigie d'argento.

Un altro Fanciullo in Valtellina, per nome Gaspare Benedetto, figlio del Sig. Giuseppe Maria Piazzi da Ponte, nel
Gennajo del 1676. era per una gravissima infermità non saprei
dire se moribondo solamente, o pure già morto. Il vero è,
che i circostanti, credutolo morto, l'aveano già ricoperto,
come si costuma ivi de' cadaveri. La Sig. Ippolita sua Madre,
sopra modo dolente di una tal perdita, si rivolse con un voto al Santo miracoloso del Sasso. E subito il fanciullo con
meraviglia di tutti di sotto al lenzuolo diè segni di vita; e
prese tal miglioramento, che fuor d'ogni speranza presto fu
sano.

Ma come di sì fatte guarigioni di moribondi già ne sono
state portate altre ne' Capi precedenti: soggiungerò quì per
ultimo due insigni prodigj più recenti, operati dal Santo Giovane in benefizio di due Vergini, una Religiosa e l'altra che
aspirava ad esserlo. L'anno 1688. nel Monistero di S. Giulia,

no di Como giaceva da lungo tempo inferma Suor Amanzia Gertruda della Porta per un tal gruppo di mali mortali, che ormai non reftavale più altro fegno di vita, che un efile avanzo di voce da farfi appena fentire. Avea tutto il corpo sì confumato, che pareva uno fcheletro, le forze sì ftenuate che non potea neppur leggermente muovere una gamba fenza l'altrui ajuto, nè ricevere alcun nutrimento, fe non infufole a ftille, come fi fa a' moribondi. In cafo sì difperato vennero a vifitarla di congedo per Valtellina due Fanciulle, Maria Lugrezia, e Maria Maddalena Guicciarde da Ponte, le quali allora ftavano in educazione in quel Moniftero, e vi tornaron poi a veftirfi Religiofe: e animandola a confidare ne' meriti di S. Luigi, le promifero di voler andare per lei al Santuario del Saffo, e inviarle prontamente dell'Olio della lampada. Con ciò lafciandola piena di fiducia, e d'interna confolazione, le pie Vergini fi partirono, e quella feguitò così alcuni giorni, afpettando che ogni dì doveffe effer l'ultimo. Quando ai 7. di Aprile, in ora che ftavan le Monache in Coro, e l'Infermiera l'avea per breve tempo lafciata fola, fentì l'inferma dentro di fe, come una voce, che con gagliardo impulfo le diffe: *Levati fu, levati che già fei fana.* E fu sì miracolofa l'efficacia di un tal iftinto, che provatafi ella a feguirlo, fi trovò in un momento con tutto il vigore di forze, in cui era prima del male: fbalzò di letto, e veftitafi prontamente andò con piè franco fino ad un Coretto, che guarda al Santiffimo in Chiefa. Quì tratenutafi qualche tempo in rendimento di grazie, al ritornare le Monache dal Coro, ecco farfi loro incontro fana e vivace quella che avean poco innanzi lafciata quafi morta, con quella forprefa di affetti, che poffono immaginarfi ad una vifta sì inafpettata. Tutto il Moniftero fi riempì di ringraziamenti, e lodi a Dio, e al Servo fuo Luigi, per cui interceffione non dubitavano efferfi operato un sì gran miracolo. Ma più ancora fe ne accrebbe la divozione, e rinnovoffi il comun giubilo, quando indi ad alcuni giorni, facendofi il rifcontro de tempi, fi trovò, che in quell'ora appunto fi era in Coro alzata da letto moribonda, in cui dalle due Guicciarde facevanfi per lei all'Altare del Santo in Valtellina le promeffe preghiere; e dal Parroco del Saffo confegnavafi il vafetto dell'Olio a chi dovea portarglielo. I Medici, che avean lungo tempo curata la Monaca, dichiararono concordemente una tal guarigione miracolofa: e fe ne fece l'anno 1698. relazione autentica, inferita dal P. Gianningo nel fuo Tomo degli Atti.

L'altro miracolo feguito in Fano l'anno 1725. è sì ftrepitofo, che N. S. Papa Benedetto XIII. volle che Monfig. Vefcovo

cevo di quella Città, fattone prima proceſſo giuridico, gliene inviaſſe un diſtinto ragguaglio ; con ſua grande allegrezza
per vedere autenticata dal Cielo con quel prodigio l'approvazione data il giorno avanti dalla Santità Sua alla ſentenza della Sacra Congreg. dei Riti, che avea decretato eſſere le Virtù, e i Miracoli di Luigi baſtantemente eſaminati ed approvati, perchè ſi poteſſe il Beato aſcriver tra Santi. Il fatto
renduto allora celebre colle ſtampe è come ſegue :

Nel Moniſtero delle Carmelitane Scalze viveva già da più
anni deſideroſa di veſtirne il Sacro Abito la Signora Tereſa,
figliuola dei Sig. Conte Pompeo Camillo di Monte Vecchio.
Queſta il dì 14. Giugno dell'anno ſuddetto s'infermò di febbre gagliarda, accompagnata da dolori sì acuti di teſta, che
non potendo per lo ſpaſimo poſar ſu le tempia, era coſtretta
giacer ſempre ſupina: e ſe le accadeva di muoverſi, biſogna-
va che le Monache accorreſſero ſubito a ſoſtenerle il capo,
vedutole talvolta gonfiarſi anche al di fuori ſenſibilmente.
Quali nauſee, inquietudini, e veglie cagionaſſe all'inferma
un tal male, è facile immaginarſelo. Crebbe queſto tant'oltre, che i Signori ſuoi Parenti, per poterla curar con più
comodo, la feceto il dì 6. Agoſto traſportare alla lor Caſa.
Ma qui in vece di migliorare peggiorò tanto, che ai 20. dello ſteſſo meſe, divenuta la febbre acutiſſima, e fattaſele una
mortale infiammazione nello ſtomaco con dolori sì atroci, che
non potea ſoffrire nè pur il tocco leggeriſſimo di panni lini
inzuppati d'olio, o d'altri liquori ordinati dal Medico; fu
mandato a chiamare il P. Ignazio di Marco Rettore del Collegio della Compagnia di Gesù, perchè diſponeſſe la Giovane
alla morte vicina.

Atteſtò il detto Padre, che in udire tal nuova gli venne
ſubito in mente il B. Luigi, di cui trattavaſi allora la Cauſa
della Canonizzazione: e preſa con gran fede una ſua Reliquia, ſe n'andò alla moribonda. La quale al primo udirſi nominare Luigi concepì toſto un'inſolita fiducia in lui, come
quella che fin dai primi anni n'era ſtata ſempre divota: e
ſegnata dal P. Rettore in fronte colla Reliquia, baciolla più
volte con ſegni di ſtraordinaria allegrezza. Volendo poi il
Padre laſciargliela ſu l'inginocchiatojo vicino, gli diſſe l'inferma: *Padre Rettore, ſi porti ſeco la Reliquia, perchè io non ſon
degna di ritenerla appreſſo di me sì gran teſoro.* Ed egli a lei: *Non
voglio, ſoggiunſe, portar via la Reliquia, fin tanto che il B.
Luigi non le abbia fatta la grazia.* Nè riuſcì vano il vaticinio.
Quanto la moribonda più ſi avvicinava all'eſtremo, tanto più
le creſceva in cuore la confidenza verſo il Beato, ſegnandoſi
ogni tratto colla ſua Reliquia. E giunta al dì 24. Agoſto, quan-

do già da tre giorni non avea potuto prendere cibo alcuno, e non era nè pure in iſtato di poter ricevere il Santiſſimo Viatico per impoſſibilità d'inghiottir la Particola; interrogandola il Sig. Conte ſuo Padre: *Come mai potete ſperare di più vivere, eſſendo già ſcorſi tre giorni, che non avete mai preſo cibo?* Ella riſpoſe: *Confido nel B. Luigi mentre fin da picciolina è ſtato ſempre mio particolar Protettore.*

Verſo le ore 19. perdè la parola, le ſi ingroſsò il reſpiro, e ſi coprì tutta in volto d'un pallor cadavererico. Sicchè chiamato in tutta fretta il Sig. D. Andrea Monteſi Parroco di S. Andrea venne a darle l'Eſtrema Unzione, dopo la quale dal ſoppraddetto P. Rettore le fu letta la raccomandazione dell'anima. Stavano in quella camera oltre ai già nominati il P. Rettore, e Sig. Curato Monteſi, il Sig. D. Giacomo Bucciarelli Confeſſore ordinario delle Carmelitane Scalze, il Sig. Dott. Carl' Antonio Pizzi Medico primario della Città, e tre Serve di caſa, e già ſtimavaſi che la moribonda doveſſe in breve ſpirare. Quand'ecco fu veduta far alcuni piccioli moti colla mano deſtra, creduti da' circoſtanti ſegni ordinarj di chi ſi avvicina alla morte: e allora una delle Serve le appreſsò alla bocca una ſtatuetta di S. Giuſeppe, reſtando la moribonda affatto immobile. Poco dopo tornò a replicare i moti di prima: ed il P. Rettore, accoſtandole alle labbra la Reliquia del Beato, le diſſe: *Signora Tereſa, vuole la Reliquia del Beato Luigi?* Coſa prodigioſa! In quell'iſtante medeſimo la Giovane perfettamente ravvivata diede con vigore da ſana un bacio alla Reliquia: e rivoltaſi con faccia lieta, e ridente al P. Rettore, diſſe: *Io ſono guarita.* E interrogandola il Padre tutto attonito per tal ſucceſſo: *Chi v'ha guarita?* Ella, tolta dalle mani del medeſimo la Reliquia: *Queſto,* riſpoſe, baciandola più e più volte con gran tenerezza, *queſto m'ha guarita.* E chi è queſto? Ripigliò il Padre. Ed eſſa: *Il B. Luigi, il B. Luigi mi ha fatta la grazia.* Allora il Medico: *Non ſi ſente ella più quel gran dolore di ſtomaco?* Ed ella: *Non mi ſento più male alcuno.* E proſeguì a raccontare, che, non eſſendoſi punto accorta nè dell'Olio Santo, nè della raccomandazione dell'anima, nè della Statuetta di S. Giuſeppe, al primo dirle il P. Rettore quelle parole? *Vuole la Reliquia del B. Luigi?* le udì ben chiare e diſtinte, particolarmente quella: *B. Luigi:* e che nell'iſteſſo tempo ſentì una voce interna, che le diſſe: *Il B. Luigi v'ha fatta la grazia.*

Si eccitò ſubito in tutti gli aſtanti un tenero pianto di allegrezza: e appena ſi poſero in ginocchio ad intonare il *Te Deum laudamus,* che la Giovane tutto in un tratto, alzataſi da ſè ſola a ſedere ſul letto, lo proſeguì; rimettendo anche

ta-

talora in iftrada quei, che fopraffatti dallo ftupore sbagliava-
no in recitarlo. Finito il *Te Deum*, chiefe ella da bere; e
bevuta più di una tazza d'acqua, con volto allegro foggiunfe: *Ad onore del Beato Luigi*. Nè pafsò un'ora, che veftitafi
da sè ftefla, ufcì nella ftanza vicina a complimentare le Dame accorfe al miracolo. Quella fera medefima cenò con appetito da fana; e la notte dormì agiatamente nove ore continue. Indi la mattina feguente andò a fvegliare la Signora
Conteffa fua Madre, colla quale venne a piedi alla Chiefa
della Compagnia di Gesù a confeffarfi, e comunicarfi in ringraziamento a Dio, e al Beato fuo liberatore. Si portò poi
quella ftefla mattina in carrozza a vifitare una fua Sorella
Monaca nel detto Moniftero delle Carmelitane Scalze; dove
già il dì precedente era ftata chiefta licenza di feppellirla:
e il giorno dopo tornò alla Chiefa della Compagnia ad affifter-
vi alla Meffa folenne, e al *Te Deum* cantato dai Mufici in
rendimento di grazie per la ricuperata falute, che feguitò
pofcia a godere perfettamente. Un sì ftupendo miracolo accrebbe molto la divozione al Santo in quella Città; e feco
traffe il feguito di molte altre grazie prodigiofe, ivi dal medefimo ottenute, le quali richiederebbèro troppo lunga narrazione.

C A P. XIII.

*Pronto foccorfo del Santo in varj pericoli, e bifogni
dei fuoi Divoti.*

R Adunerò fotto a quefto titolo alcuni cafi di grazie miracolofe, che non han potuto aver luogo in altri Capi;
atte a moftrare l'univerfal protezione di S. Luigi in ogni
varietà di pericoli, e bifogni dei fuoi Divoti. Andrò per tanto riferendone alcune fenz'altro ordine che quello, con cui
mi verranno prima alla penna.

Come quefto Beato Giovane venne alla luce con un mezzo
miracolo, effendo convenuto accelerargli il Santo Battefimo,
prima ch'avefs'egli finito di nafcere, per il grave pericolo,
che corfe la Marchefa fua Madre nel partorirlo; così pare,
che il Signore abbia voluto in particolar maniera glorificarlo,
dandogli ad efercitare dal Cielo una fpecial protezione in fimili occorrenze di parti infelici. In fatti non è da crederfi
effere avvenuto fenza una fingolar difpofizione di Dio, che il
primo voto portato al Sepolcro del Santo, prima ancor ch'egli
avefle titolo di Beato, fia ftato pur uno di tali miracoli, che
fi regiftrò poi nei proceffi; ed è come fegue: La Sig. Vit-

S 4   toria

toria Altieri Gentildonna Romana, essendole morta la creatura nel ventre senza poter mai sgravarsene, fu assalita da dolori sì atroci, che dopo varj accidenti mortali le mancaron del tutto le forze, e disperata dai Medici si trovò in procinto di morte. Stava allora in quella Casa una divota Giovane, per nome Serafina Mancini, che poi entrò nel Collegio delle Vergini di Gesù in Castiglione; la quale mossa a compassion della Dama, s'inginocchiò ad invocare per lei l'intercession di Luigi, promettendo di portare una tavoletta votiva al suo Sepolcro, se liberavala da quell'estremo pericolo. *Subito che feci il voto* (dice la stessa Giovane nel processo) *quella così come già mezza morta nel letto, partorì senza quasi sentire niun dolore un bambino morto tanto grande, che pareva di due anni.*

Nella stessa Città occorse il caso seguente, deposto in una sua attestazione da Agostino Balada da Morlupo abitante in Roma, che dallo scrivere i processi del Santo era divenuto divoto, che avea dal medesimo ottenuta la guarigione istantanea d'un suo Figliuolino di sette mesi da Risipola nella fronte. Una Giovane di quindici anni moglie di Domenico Massacci, gravida già di cinque mesi del primo portato, venne l'anno 1613. da Morlupo a Roma per soddisfare a un voto fatto alla SS. Vergine, detta dei monti. Il Marito poco pratico delle vie della Città la condusse per tanti giri, che per la stanchezza e strapazzo, come si credette di poi, le morì, senza essa accorgersene, la creatura nel ventre. Andarono quella sera ad alloggiare in casa del suddetto Agostino Balada, e passarono quietamente la notte. Ma la mattina seguente, Festa del Corpus Domini, ecco riempirsi in casa di tumulto e grida, che la Giovane gravida sta per morire. E in fatti i dolori, che la sorpresero, furon sì aspri, che la misera non poteva star ferma un momento; ma, come, dicesi nella scrittura, *si andava volgendo, e rivolgendo in guisa, che pareva una serpe.* Frattanto che aspettavasi la venuta del Medico, ricordatosi Agostino d'una partoriente, che narrasi nei processi liberata coll'Immagine di S. Luigi, esortò la Giovane a raccomandarsi a lui, e le fece portare la prima Immagine del Santo, che si trovò in casa. Ed ecco, che nell'atto stesso di mettersela l'inferma sul capo, partorì senza dolore alcuno un bambino morto; e restò così sana, che voleva quel dì medesimo uscire per Roma, se i Domestici non l'avessero obbligata a star in quiete. Ma il terzo giorno non si potè ella più contenere, che non andasse al Sepolcro del Santo a ringraziarlo d'averle salvata la vita.

Molte altre pruove somiglianti si potrebbero addurre di una tale assistenza del nostro Santo ne' pericoli delle Madri: ma vediamone più tosto alcuna ancora della compassione mostrata verso i bambini; perchè non perdessero la vita dell'anima. L'anno 1608, una povera Donna in Firenze, assalita da dolori di parto innanzi tempo, se ne stette per tre giorni continui più morta che viva, senza poter in verun modo esser ajutata. Fu mandata alle Monache Benedittine di S. Pietro in Monticelli per una Reliquia di S. Catarina da Siena: ma questa essendo allora appresso un'altra partoriente, ne diedero quelle Madri una di S. Luigi, donata loro l'anno medesimo dal nostro P. Claudio Seripandi; e tenuta in gran pregio per le molte grazie, che andava operando, registrate poscia dalle dette Religiose in una particolare scrittura. Portata dunque la detta Reliquia alla moribonda, appena le fu messa al collo, che quella diede tosto alla luce un bambino vivo di quattro mesi, che, battezzato, morì dopo mezz'ora; e la Madre non solo uscì dal pericolo, in cui era, ma si trovò in quell'istante perfettamente sana.

Similmente in Valtellina la Sig. Maria Elisabetta moglie del Sig. Giovan Antonio Paravicino da Bulfo stava spasimando in un parto dei più pericolosi, per lo strano travolgersi, che faceva la creatura nel nascere: e temevasi che non rimanesse insieme morta la Madre e il portato, se pur questa ancor viveva; come dava a dubitarne quel modo di partorire. Ma non sì tosto la Donna implorò l'ajuto del Santo col voto di visitar la sua Immagine in Sasso, se le avesse tenuta viva la creatura, tanto da poterle dar l'acqua del Santo Battesimo; che subito si sentì cessare tutti quegli spasimi, che pativa: e il bambino in quella medesima positura a rovescio venne vivo alla luce, senza cagionare alla Madre dolore alcuno; indi battezzato, fra poche ore spirò.

Singolare poi in questo genere si è provata l'efficacia dell'Olio, che arde davanti a quella miracolosa Immagine; e potrei qui recarne varj fatti ben meravigliosi dal processo formato in quelle parti, se non fossero poco diversi dai già riferiti. Quindi n'è derivata quella fiducia, per cui in Valtellina hanno le Madri tante volte ricevuto pronto soccorso dal Santo, non solamente nei loro parti travagliosi, ma in altri bisogni ancora concernenti a' lor piccioli figliuolini. Tra questi non è da tacersi il ricuperare che molte han fatto per sua intercessione il latte perduto; quando eran costrette andar quà e là mendicandolo da altre nutrici. Una di esse fu Maria moglie di Maurizio del Delei da Fontanina, che per tre settimane continue era stata senza latte, con avere un pargoletto di sei mesi da alimentare. Appena portatasi al Santuario del Sasso, e adoperato con viva fede l'Olio della lampada, gliene sopravvenne

venne subito tanta quantità, che nello stesso ritorno a casa non potè a meno di non gittarne buona parte per la soverchia abbondanza. Un'altra Maria moglie di Martino dal Mò in Valcamonica, dopo due interi mesi di simil mancanza, venuta ancor essa al Sasso, e fattasi la medesima unzione, riacquistò il latte in sì gran copia, che potea bastare al mantenimento di due bambini.

Ma passiamo ad altri benefizj più segnalati, e sia il primo di rallegrare le intere famiglie colla desiderata successione maschile. In questa parte non ha voluto il Santo lasciare sconsolato il Principe Francesco suo Fratello, del quale avea già in vita profettizzato alla Marchesa Madre, che sarebbe stato il sostegno della Casa sua. Ma tuttavia al Principe, già nel decimo anno del suo Matrimonio, mancava ancora la consolazion d'un Figlio erede; Finchè l'anno dopo per intercessione del suo Beato Fratello l'ottenne. *E in breve* (dic'egli stesso nel processo del 1608.) *manderò il mio voto al Sepolcro in Roma.*

Un somigliante favore leggesi nel Gianningo impetrato dal Santo in Milano nell'anno medesimo alla nobilissima Famiglia Barbiana dei Conti di Belgiojoso. Avea la Contessa Giulia moglie del Conte Alberico partorito già due volte, ma, come amendue i parti furon di femmine, viveva ella sconsolatissima per vedere in se rivolta l'aspettazione di tutta la Casa, che sospirava un Successore. Eguale al dolore della Contessa era quello della Marchesa Costanza Affaitata sua Madre; la quale professava una particolar divozione a San Luigi, tenendone esposta con lampada ardente l'Immagine nella Chiesa di Gromello, luogo del suo Marchesato, per voto fattone in una malattia mortale nella Quaresima dell'anno 1617. Suggerì ella per tanto alla Figliuola che prendesse per mezzano appresso Dio di una tal grazia il Beato suo Protettore. E quella insieme col Marito fece subito il voto di dare al figliuolo, che nascesse, il nome di Luigi, e promise di più altre cose ad onore del Santo; il quale non tardò punto ad esaudire la supplica. Imperocchè al compirsi del tempo ordinario dopo quel giorno del voto, partorì la Contessa un Figlio maschio; e con giubilo universale di tutto il Parentado adempì fedelmente le sue promesse. Questi fu il Conte Carlo Luigi, da cui si è poi continuata la succession della stirpe.

Vediamo ora alcuni casi di persone mirabilmente soccorse nella lor povertà, ed in altre occasioni di travagli. Un *Sartore* della Città di Napoli, come trovo negli Atti raccolti dal P. Gianningo, avea un debito in quaranta scudi, nè sapea come fare a pagarlo. Venne a passare per avventura nel dì festivo di S. Luigi davanti alla Chiesa del Collegio della Com-

pa-

pagnia; e vedendo esposta sulla facciata l'Immagine del B. Giovane, benchè non ne sapesse nè pur il nome, rapito nondimeno da quell'aria di Angelica modestia, che ne appariva sul volto, vi tenne fissi per qualche tempo gli occhi a guisa di estatico: poi trasportato dal suo travaglio, proruppe con gran confidenza in queste parole: *O Santo di Dio, cosa ci perderesti tu, se mi pagassi i miei debiti?* Ciò detto, senza pensar più innanzi passò oltre. Il dì seguente, andato senza danari al Luogo, che chiamano di S. Lorenzo, dove avea da fare il pagamento, per vedere se potesse mai ottenere qualche proroga; gli si fa incontro in abito Chiericale uno a lui sconosciuto, con dirgli: *Tu sei qua venuto per il tal debito; Or va, che non ti resta più nulla a pagare.* E senz'aggiunger più altro, partì. In fatti si trovò di poi cancellata quella partita, e soddisfatto il Creditore: il che come seguisse, nol dice l'Autor citato. Aggiunge egli bensì, che riconoscendo quell'Uomo un tal favore dal nostro Santo, cominciò d'allora innanzi a divenirne divoto, e cogli ossequj di pietà, che intraprese a suo onore, se ne meritò il patrocinio per altre sue occorenze.

Imperocchè una volta, che per un nuovo debito era condotto al Tribunale del Giudice; interpostosi per via il Santo nell'abito suddetto, con voce e sembiante autorevole lo fè rilasciare. Un'altra volta poi, trovandosi in estrema miseria, gli entrò improvviso nella bottega un non so chi, e gli disse: *So che sei in travaglio por la tua povertà: ma vieni, che io ti menerò dove troverai un tesoro, e ti faral ricco.* Si mosse egli subito a seguitarlo, senza sospettare di alcun inganno. Ma quando era poco lontano dal luogo destinato, ecco di nuovo presentarglisi nell'abito stesso di prima il Santo Giovane; il quale: *Guardati,* disse, *da costui, che ti mena in rovina e in perdizione. Io sono quel Santo, al quale tu ti sei raccomandato. Seguita pure ad esser mio divoto, e recita ogni dì cinque Pater ed Ave a mio onore.* Con ciò campò il meschino da quel pericolo, tanto peggiore che non era l'incomodo della sua povertà; e portossi a deporre presso i Padri della Compagnia questi strani favori, dicendo di farlo per ordine espresso del Santo; la relazione de'quali fu mandata l'anno 1653. all'archivio nostro di Roma.

Nel processo di Castiglione narrasi di un tal Faustino Livelli, che non sapendo una volta, per la gran penuria, come nè pure aver pane da sostenere la sua famiglia, stava in procinto di dar finalmente in disperazione. Quando in buon punto gli venne in cuore di raccomandarsi al Beato suo Principe, con sentirsi di dentro quasi una voce, che dicevagli: *Vattene alla Chiesa a visitare il Beato, che ti provederà del bisognevole.* Ubbidì prontamente alla ispirazione; ma volle il Santo che quella

la

la viſita ordinata a pregare, terminaſſe in un ringraziamento. Perciocchè nell'andare il poveruomo alla Chieſa, ebbe incontro per via fuor d'ogni eſpettazione, che gli ſomminiſtrò un buon ſoccorſo, quanto baſtava a rimediare alla preſente calamità.

Un povero Giovinetto in Ingolſtad, deſideroſo di attendere agli ſtudj, non avendo altro mezzo per mantenerſi, ſi era meſſo a ſervire l'anno 1685. in caſa di un Gentiluomo, che per carità conſentivagli di frequentare le Scuole. Fra gli altri ſervigj impoſtigli, aveagli il Padrone incaricata la cura di un prezioſo uccellino a lui cariſſimo: il quale un dì, che per inavvertenza era reſtata aperta la porticella della gabbia, ſe ne volò fuora in libertà. Quando il Giovinetto lo vide mancare, diede ſubito in un dirotto pianto, temendo che per una tale incuria non lo licenziaſſe il Gentiluomo di caſa, e non trovava modo di conſolarſi; finchè accorſi a quel piangere alcuni de' ſuoi compagni di Scuola, il più picciolo di eſſi: *Perchè*, diſſe; *non ricorrete al Beato Luigi?* E n'era egli ſingolarmente divoto, e ſì ſtudioſo in imitarne le Angeliche Virtù, che per la ſua amabilità ed innocenza ſolevano i compagni chiamarlo un altro Luigi. Si poſero perciò tutti inſieme in ginocchio ad implorare il ſoccorſo del Santo. Ed ecco (coſa mirabile!) la ſera di quel dì medeſimo l'uccellino, che ſin dalla mattina era fuggito, venne da ſe alla porta di quella caſa, ſtandoſene ivi fermo quaſi chiedeſſe di entrare: e ſi laſciò facilmente prendere da una fanciulla con gran meraviglia della Padrona, che dalla fineſtra oſſervollo, ed altrettanta allegrezza di que' Giovinetti al vedere ſì prontamente eſaudite le loro preghiere.

Ad un tal Friano Caſtolari del Ducato di Modena, preſo prigione per falſe imputazioni l'anno 1611. fu data a leggere da un ſuo amico la Vita di Luigi; dalla qual lettura concependo tal fiducia ne' meriti del Santo, ſi raccomandò più volte a lui, con promettergli, ſe lo ajutava in quel travaglio, di voler andare fino a Roma alla viſita del ſuo Sepolcro. La prima grazia, che toſto ne ottenne, fu partirgli dall'animo ogni malinconia ed impazienza; perſeverando a ſoffrire per un anno intero quel carcere ſempre in ceppi e catene, con una rara tranquillità. *Inoltre dico eſſer vero* (coſì egli ſteſſo nell'atteſtazione autentica, che ne fece l'anno ſeguente in Roma, andatovi a ſoddisfare al voto) *che, quantunque falſamente accuſato, fui meſſo per ſentenza del Giudice al tormento della corda, e tenuto ſoſpeſo per lo ſpazio di un'ora. Nel qual ſupplicio ſubito invocai l'ajuto della Santiſſima Madre di Dio, e del Beato Luigi; e innovando anche il voto di viſitare il ſuo Sacro Sepolcro. E in un momento mi ceſſò tutto quel gran dolore, che pativa; e tutto il tempo che durai così sospeso, non sentii niente più di dolore, che se non fossi stato pendente da quella corda.*

Ma in questo genere di campare i suoi Divoti da gravi disastri maravigliosa fu la maniera, con cui il Santo accorse in ajuto di Francesco Fabrini Cittadino Romano. Questi la sera della Vigilia di S. Matteo, essendo salito sopra un muro alto due picche e mezza, per ispiare l'origine d'un non so che strepito udito sul tetto di casa, sentì farsi forza alle gambe come da chi volesse rovesciarlo indietro; e mancandogli un piede, cadde appunto all'indietro colla testa in giù nel cortile: e dovea dare a perpendicolo sopra una larga pietra, dove gli cascò il cappello. Ma per aria gridando; *O Beato Luigi ajutami;* sentì subito una forza sotto le spalle, che spingendolo alcuni passi più in là; lo portò a piombare dirittamente entro la bocca di un gran vaso di creta, che chiamano olla, senza punto urtare col capo nel labbro all'intorno; restando con tutto il rimanente del corpo sospeso fuori in aria. E fu tanto l'impeto, con cui vi entrò, che rinserrato in quell'orlo non poteva nè uscire; nè muoversi, nè farsi udire gridando, ajuto. Invocò egli allora di nuovo il B. Giovane; e tosto con una facilità mirabile si sprigionò da quelle angustie, uscendone senza ferita, senza tumore, senza dolore veruno. Indi ringraziato con molto affetto il Santo, portò dipinto il successo al suo Sepolcro.

Degni di maggior maraviglia sono i casi seguenti. In Valtellina un tal Bernardo del Franceschino da Ponte fu sorpreso un giorno da un suo nemico, che scagliatosegli addosso colla spada in una mano, e un pugnale nell'altra, gli vibrò due colpi. Il misero assalito, in quell'atto di correre a salvamento, invocò il nostro Santo; e tosto gli parve di vederselo comparire glorioso nell'aria, dicendogli; *Non dubitare, che la cosa passerà bene.* In fatti, avendo egli ricevuti molti altri colpi da colui, che lo inseguiva alle spalle; quando finalmente fu in salvo, trovò bensì traforate in più luoghi e le vesti, e la camicia; ma niuna di quelle ferite era passata a toccargli nè pur leggiermente la pelle, mercè la difesa del suo Celeste Protettore.

Un bambinello di tredeci mesi in Castiglione figliuolo di Bernardino Bosio, cadde repentinamente colla faccia innanzi in mezzo al fuoco. Lo vide in quel punto la Madre poco lontana; e implorando ad alta voce l'intercessione di S. Luigi, col voto di offerirgli un bambino di cera, sollevò il Figliuolo dal fuoco senza una minima lesione. Soddisfece la Donna al voto, e si registrò poscia la grazia nel processo.

Un altro effetto dell'imperio dato da Dio al Santo Giovane

ne sopra gli elementi fu deposto nello stesso processo di Castiglione dal P. Decio Striverio della Compagnia di Gesù, allora Provinciale di Venezia; stato già Connovizio di Luigi, e suo Compagno più volte nelle visite degli Spedali di Roma. L'anno 1607. essendo questo Padre Provinciale di Polonia, eccitossi a' 21. Giugno nella Real Città di Varsavia un grande incendio; il quale, consumate già molte case, veniva dirittamente ad assalire il Collegio della Compagnia, senza speranza di poterlo salvare a cagione di un vento gagliardo, che spingeva a quella volta le fiamme. Trovossi cogli altri Padri presente al pericolo il P. Federico Barci Confessore del Re; il quale, per essere quel dì la Festa del B. Giovinetto, che per opera del P. Striverio Provinciale era molto venerato in quel Regno, suggerì al P. Rettore, che facesse a nome di tutti un qualche voto al Santo. *Lo fece il Superiore, e nel medesimo istante* (sono parole del Provinciale nel processo) *fuor dell'espettazione d'ognuno, tutta la forza del vento, che piegava contra il Collegio, quasi rispinta addietro, si voltò alla parte contraria; dove ancora si rivolse dal tetto la fiamma, di maniera che facilmente si estinse quel che già avea cominciato a bruciarsi. E perchè apparisse più chiara la certezza del miracolo, subito che fu smorzato il fuoco, si mutò di nuovo il vento, e tornò a soffiar come prima verso Settentrione, e seguitò così a soffiare per molti giorni, come già avea fatto molti altri giorni prima di quell'incendio.* Fin quì il detto Padre. Nè io mi stenderò di più ad altri casi poco dissomiglianti, contento di avere coi già riferiti, dato bastante saggio della prontezza, che ha il nostro Santo, nel riparare ai bisogni e pericoli dei suoi Divoti.

Non voglio però tralasciare il difendere ch'egli ha fatto in certo modo anche sè stesso nelle sue Immagini, e ne abbiam due pruove negli Annali del Collegio della Compagnia in Lucerna degli Svizzeri. L'anno 1693. si accese fuoco nella casa del Parroco in Gersavia con tale incendio, che divorò in breve tempo quante masserizie v'erano in quelle stanze. Solamente ad una Immagine di Luigi, benchè di carta, non recaron le fiamme alcun danno, e trovata di poi fra le ceneri affatto illesa, eccitò negli animi di tutti colla meraviglia non poca divozione al Santo. Un'altra sua Immagine, che avea col tocco guarita una Donna da grave malattia, restò per incuria smarrita fra certe biancherie, che dovean esser portate al bucato. Avvolta in quella massa, fu posta nel secchione, e dopo essere stata tre giorni a bagno, indi più volte sbattuta e spremuta insieme coi panni lini, nello spiegarsi finalmente dei medesimi, eccola comparire con giubilo delle astanti così sana e colorita, com'era prima, disponendo il Signore in que-

sti due fatti, che il fuoco, e l'acqua mostraffero quella ftef-
a riverenza verfo le Immagini, che già moftrarono verfo la
JPersona del Santo ancor fanciullo, come fi è narrato a suo
luogo.

C A P. XIV.

Curazioni miracolofe in varj generi d' infermità; seguite in Roma;
e in Caftiglione, Patria del Santo, e come ivi furono accolte
le sue infigni Reliquie.

TUtto il riferito fin quì non è se non una picciola lparte
dei miracoli, operati da Dio per interceffione di San
Luigi, effendo effi tanti in numero, che, oltre ai dugento
sei regiftrati nei proceffi, altri feicento fi trovano in varj
legittimi documenti, fatti in diverfe parti, fenza parlare di
quegl'innumerabili, dei quali non è reftata altra memoria,
che la gratitudine di chi gli ha ricevuti, moftrata dalla moltitudine dei voti appefi alle Immagini del Santo, giacchè non
v'è forfe alcuno dei trecento Altari in circa, eretti nella
Criftianità a fuo onore, dove non veggafi qualche teftimonianza di grazie per fuo mezzo ottenute. Per non andare
adunque foverchio in lungo, farò quì ora sul fine di quefta
Terza Parte una fcelta di alcune miracolofe guarigioni in diverfi generi d'infermità, tralafciandone molte di quelle, che
hanno fomiglianza tra loro, ed attenendomi più alla verità
che al numero. Eccone primieramente tre feguite in Roma,
ed approvate dalla Sede Appoftolica per la Canonizzazione
del Santo.

Arfilia degli Altiffimi, Vedova nativa di Tivoli, abitante
in Roma, trovavafi per mal di gotte artetiche ridotta a tale ftato, che delle mani non poteva valerfi in nulla, coftretta a foftenerle con una fafcia pendente al collo, e coi piedi
appena potea ftrafcinarfi alcuni paffi. Molti rimedj le furon
prefcritti dal Medico, ma che dovean tenerla in cura per
lungo tempo. Animata per tanto dal Confeffore a far ricorfo al fuo antico Protettore Luigi, dal quale avea effa ottenute più grazie a beneficio altrui, il primo di Agofto dell'
anno 1609. fi portò, foftenuta da due Donne, al Sepolcro
del Santo, dove comunicatafi a fuo onore, fi trattenne in
orazione due ore intere. Indi fattafi condurre alla Chiefa
della Cafa Profeffa, dopo qualche dimora, diffe alle Compagne: *Bifogna che io torni al Beato Luigi, perchè mi fento ga-*
gliardamente a fpinger colà. Fu quefto un prefagio della fanità, che voleva il Santo donarle quella fteffa mattina. Ritornata

mata ch'ella fu a quell'Altare, e fattasi metter alla meglio nelle mani un'ampolletta dell'Olio di quella lampada, disse con gran fede queste parole: *O Beato Luigi, ho ben io quì la medicina da tutti i miei mali in quest'Olio della vostra lampada, ma vedete pure che da me sola io non mi posso ungere. Ungetemi voi, Giovane Beatissimo, e fatemi conoscere la vostra potenza appresso Dio.* Appena ebbe ciò detto, che le si snodarono in un istante le giunture tutte, svanì l'enfiagione, dileguossi ogni dolore, e senza bisogno d'ajuto andò a mostrarsi già sana al Confessore, e al Medico, e a ripigliar come prima le sue facende domestiche.

Questa è quell'Arsilia, già nominata altrove, morta nel 1644. con fama di santità, e di molti favori miracolosi impetrati da lei coll'invocazione di San Luigi, tanto per se, come per altri, della quale, oltre a ciò che ne scrisse il P. Niccolò Baldelli della Compagnia di Gesù suo Confessore, leggesi nei processi del nostro Santo, che con un voto a lui fatto nella Quaresima dell'anno suddetto 1609. restò guarita perfettamente dentro lo spazio d'un giorno da pleuritide, e febbre assai gagliarda, quando già il Medico l'avea data per morta, e assalita poscia da acuti dolori di capo, se ne liberò subitamente al primo bagnarsi le tempie col vino, che avea servito a lavare le Ossa del Santo in una delle lor Traslazioni, valendosi del medesimo vino e per se, e per altri, in occorrenza di somiglianti dolori, sempre col medesimo effetto.

Doppiamente pure fu beneficato in Roma dal B. Giovane un fanciullino di quattordici mesi, per nome Gio: Francesco Filippini, il quale da febbre etica di un anno, aggiunta ad altro morbo, come di lebbra sparsagli per tutto il corpo, era talmente distrutto, che non appariva che pelle ed ossa. Non v'era modo di fargli ritenere il latte, il petto gli era divenuto sformatamente gonfio, e per ultimo tracollo gli sopraggiunse una diarrea così furiosa, che il Medico l'abbandonò come morto. Il Padre del fanciullo gli fece mettere addosso un dente di S. Luigi, che appunto quell'anno era stato dichiarato Beato. E lo stesso dì cessò la febbre, sparì l'enfiagione dal petto, e si riebbe l'infermo interamente da tutti quei mali già accennati.

Questa prima grazia però, tutto che riconosciuta dai Medici Deputati per vero miracolo, non fu che un preludio della seguente ancor più segnalata, che meritossi l'approvazione della Santa Sede. Dopo due mesi ricadde lo stesso Fanciullo in una febbre maligna con petecchie, e due carboni nella schiena tanto pestiferi, che quando li vide il Medico,

inti-

intimò alla Madre che si guardasse d'avvicinarsi al Figliuolo, perchè quei carboni erano contagiosi, e in termine di venti-quattro ore recavan senz'altro la morte a qualsivoglia perso-na, per gagliarda che fosse. Ricorsero allora i Parenti allo stesso rimedio della Reliquia di Luigi. Ed ecco, che nell'at-to di segnare con essa le petecchie, e i carboni, scomparve-ro questi immantenente colla febbre, che per essere nel set-timo accesso dovea a giudizio del Medico toglier il fanciullo di vita. La mattina seguente venne quegli a domandare ai Parenti, se fosse morto il figliuolino, ed essi si posero a ri-dere, poi lo mostrarono così sano, che il Medico segnandosi per lo stupore partì per non più tornare a visitarlo, e lo Spe-ziale, che avea veduto l'infermo il giorno avanti, si pose per meraviglia la mano alla fronte, e poi in terra, per fare, com' egli disse, *una gran Croce a un gran miracolo*.

Nè quì finì la beneficenza del Santo in quella Casa, che tanta speranza avea riposta nella sua Reliquia. Provolla an-cor la Madre del fanciullo Veronica Curti l'anno susseguen-te mille seicentosei, in cui per una febbre continua di tre mesi era divenuta d'amendue le orecchie affatto sorda. Non volea il Medico tentar per allora verun rimedio, temendo di non recar qualche danno al portato, di cui dubitavasi incinta. Prese ella dunque il mentovato dente di San Lui-gi, se l'applicò con gran fede alle orecchie, e incontanente disse alle astanti: *O là, io vi sento a parlare*. E disse vero, perchè all'entrar la Reliquia per gli orecchi, n'escì per sempre tutta la sordità, durata già per un mese, e si levò sana da letto.

I due miracoli seguenti ebbero insieme con altri l'appro-vazione giuridica dei Medici di Roma per essere presentati, quando fosse stato bisogno, al giudizio della Sacra Congre-gazione dei Riti. Gasparo Pallonio Gentiluomo Romano pa-tiva già da sei mesi un travagliosissimo mal di reni, che, quallora s'inginocchiava, gli cagionava sempre vertigini e svenimenti, con gran difficoltà nel rizzarsi, e nel mettersi a sedere. Per quanti rimedj addoperasse, andò il male tanto crescendo, che ritrovandosi un giorno il Cavaliere nell'Ora-torio di San Marcello in ginocchio all'Orazione delle qua-rant'ore, si sentì per l'acerbità del dolore mancar le for-ze, e cader di deliquio. Ricordossi in quel punto del suo Santo Condiscepolo Luigi, praticato da lui, ed ammirato per la sua singolare modestia ed umiltà, mentre studiavano insieme Filosofia nel Collegio Romano. Ed appena ebbe pro-messo di appender un voto al suo Sepolcro, che rimase li-bero da ogni dolore, con poter francamente perseverar quivi in ginocchio, e far lo stesso ogni dì al detto Sepolcro del Santo. E perchè non potesse dubitarsi che non fosse una tal guarigione opera di Luigi, ecco che differendo il Gentiluomo per qualche mese a compir la promessa, lo assaliron di nuovo le doglie di prima, dalle quali poi lo liberò il Santo per sempre, tosto che venne nel suo giorno Festivo a sciogliere il voto.

Il racconto di questo miracolo, e la vista del Pallonio risanato eccitò la fiducia d'un altro Nobile Romano ad impetrare dal Santo un simile benefizio. Fu questi Orazio Petronio, quinquagenario di età, e già da alcuni anni sì tormentato da calcoli, ch'era giudicato dai Medici aver tutte guaste le reni. Ogni movimento, che facesse per sedere, o per alzarsi, gli costava acerbi dolori, e più volte la veemenza dello spasimo l'avea ridotto vicino a morte. Udita la miracolosa guarigione del Pallonio, e animato da lui a ricorrere al nostro Luigi, ne lesse prima la Vita, indi per tal lettura pieno di divozione al Santo, si fece condurre al suo Sepolcro, dove, dopo breve e fervente orazione, restò in un subito libero dal male, senza mai più risentirsene, e mandata per testimonio del miracolo una tavoletta votiva, si elesse per suo Protettore il Beato Giovane, col voto di comunicarsi ogni anno nel dì della sua Festa.

Sarebbe materia di un gran volume il voler riferire tutte le grazie, che ha fatte in Roma il nostro Santo. Passano cinquecento i soli voti di argento, che sono stati portati al suo Sepolcro, oltre ai dipinti, che lungo riuscirebbe il numerarli. Facciamone di passaggio ancor qualche racconto. Un pover'uomo dopo dieci giorni di febbre fu sorpreso da un grave parossismo, accompagnato da flusso sì gagliardo, che credevasi doverne morire. La sua povertà l'obbligò a strascinarsi a due Spedali per farsi curare, ma non avendo potuto trovar recapito, s'inviò a quello di S. Giovanni Laterano. Per la strada passando davanti alla Chiesa del Collegio Romano, si portò al Sepolcro di Luigi, e inginocchiatosi disse con grande affetto queste parole: *O B. Luigi, ajutatemi, che se farete andar via questa febbre, e questo flusso, ancorchè io sia poverello, voglio fare quì un voto di valore di un scudo.* Esaudì subito il Santo la preghiera del Povero, il quale uscito di Chiesa, nel seguitare il suo cammino, s'accorse essergli cessato il flusso, partita la febbre, e ritornato il vigore di prima. Trovò di limosina uno scudo, e soddisfece al voto.

Nel processo di Roma depone di se il Fratel Matteo Calamità Coadjutore Temporale della Compagnia di Gesù, che avendo passate alcune settimane con un dolore interno di gi-

ginocchia, per cui non potea più piegarle, com'era folito, a far orazione; una mattina, che fentì dolerfi più che mai altra volta, fi rivoltò all'Immagine del Santo, dicendogli: *O B. Luigi, per quella carità fingolare, che, come fi legge nella voftra Vita, moftrafte fempre ai Fratelli Coadjutori della Compagnia, ajutatemi, vi prego, affinchè poffa fare la mia orazione in ginocchio, come gli altri, che vi prometto di recitare ogni dì a voftro onore un Pater, ed Ave, finche avrò vita.* Ciò detto, mi trovai (profiegue egli a narrare) *fubito libero da ogni male, e quando appena poteva tener piegate le ginocchia tanto da fare il voto, e aveva determinato di levarmi tofto in piedi, durai ginocchioni nel medefimo fito un'ora intera, poi nell'iftefo modo fentii anco la Meffa, e d'allora in quà feguito a fare il medefimo ogni dì, fempre fenza dolore, anzi ancor con piacere.*

Il Signor Lelio Guidiccioni Nobile Luchefe, s'infermò in Roma di febbre maligna con petecchie, che appena ufcite, diedero fegno di voler rientrare, e aggiungendofi all'eftrema debolezza di polfo, un continuo ed ecceffivo dolor di capo, e un affanno grandiffimo di cuore, che gli pareva d'averlo in mezzo a mille punte d'aghi, perduto in parte l'udito, ingroffatagli la favella, e il refpiro, già fi era coi Santiffimi Sacramenti preparato alla morte. Gli fu portata da un Padre della Compagnia una Reliquia di San Luigi, nei meriti del quale avea il Cavaliere ripofte le fue fperanze. E fubito che fe la pofe al collo; fentì tanto alleggerirfi, che la fera i Medici lo trovaron fuor di pericolo, non effendo venuta l'acceffione, nella quale temeafi non mancaffe: indi avendo ripofato quietamente tutta la notte, comparve la mattina feguente così libero dalla febbre, e da ogni altro male, che mai più non ne provò refiduo alcuno. Si formò fcrittura della grazia, e ne fu appefo il voto al Sepolcro del Santo.

Nè ha ceffato il Signore di glorificare il detto Sepolcro anche in quefti ultimi tempi. L'anno 1713. un Calzolajo, per nome Gio: Angelo Ventura, che per due anni di vertigini, e dolori acerbi di capo, aveva ormai perdute le forze, eftentava a reggerfi, ful baftone, venne ai 2. di Luglio a farfi unger la fronte coll'Olio, che arde davanti al Sacro Depofito, ed ecco che fubitamente rifanato fe ne ritornò a cafa, girando feftevolmente il baftone, fu cui erafi appoggiato venendo. Coll'Olio medefimo l'anno feguente ricuperò Gio: Battifta Pierimarchi la fanità d'un braccio, travagliato da più d'un mefe da una, come chiamano, fpina ventofa, che avea fempre refiftito a tutti i rimedj. Agnefa Ferrari abitante in Piazza Farnefe avea una fiftola affai pericolofa vicina a un occhio.

Il dì 15. Decembre del 1715. promette di far dire una Messa all' Altar di Luigi, e la mattina dietro truovasi staccatisi da se medesimi gl' impiastri, e rammarginatasi la carne perfettamente, con meraviglia del Cerusico, che la curava. Suor Maria Vittoria Van Stryp Monaca Professa in Santa Susanna, applicatasi al petto una Reliquia del Santo, guarì i 9. Luglio 1712. da un' asma convulsiva di cinque anni, e da altri mali di veglie, nause, e dolori di stomaco, per cui riusciva inutile ogni cura di Medici. Finalmente, per tralasciar altri fatti niente meno prodigiosi, il Padre Andrea Budrioli della Compagnia di Gesù, negli Atti di questa Causa, donde si sono tratti i casi quì accennati, attesta di se medesimo di dover la sua vita a manifesta opera del Santo, cui essendosi raccomandato col voto d' impiegarsi tutto in promuovere la sua Canonizzazione, rimase libero da una lunga febbre di diecinove mesi, e da replicati vomiti di sangue, avendo voluto il Beato Giovane che fosse a parte dei suoi miracolosi favori chi fatto poi Postulatore della sua Causa, dovea tanto affaticarsi per impetrare a lui gli onori di Santo.

Prima di passar innanzi ad altri luoghi, merita particolar memoria Castiglione, Patria di Luigi, onorata da diverse sue Reliquie, alle quali ha voluto Iddio accrescer nuovo pregio coi benefizj continui, dispensati a quei popoli per l' intercessione del Santo lor Principe. La prima, che sin dall'anno 1606. mandò il Principe Francesco alla Chiesa Collegiata dei SS. Nazario, e Celso, fu una buona parte d'uno stinco, donatagli l' anno precedente da' Superiori della Compagnia, quando si trasferì la terza volta quel Sacro Deposito. Della quale parlando nei processi il Signor Prospero Pastorio Maggiordomo della Principessa Bibbiana moglie del Principe, riferisce il festoso e divoto incontro fattole con queste parole. *Portando io d' ordine dell' Eccellentissimo Signor Ambasciatore Cesareo, in compagnia del Conte Attilio Montanari, Cameriero di Sua Eccellenza, a Castiglione da Roma una Reliquia di questo Beato, con tutto che la cosa fosse secreta, si penetrò in modo da quei popoli, che, quando mi appressai dieci miglia in circa a Castiglione, mi trovai incontro più di quindici mila persone in diversi luoghi e partite per la strada. E mi porgevano Corone, e Medaglie per strada, pregandomi che io le volessi toccare con detta Reliquia, come faceva, se bene non poteva per la calca supplire a tutti. E mostravano così fervente divozione, che, avendola io levata dalla cassetta, e messamela al collo, il popolo a gara mi levò la bambagia tutta, che aveva circondata la detta Reliquia. E a Vidizzolo, e Varlongo, luoghi tra Mantova, e Castiglione, mi levarono la detta cassetta, il velo, e la tela, con il cordone, che me la teneva al collo, e a* gara se la divisero in pezzi. E mi fu riferito che il Serenissimo Duca di Mantova si dolse, che nel passare io non avessi detto niente, perchè lui mi averebbe mandata incontro la sua Cavalleria, e fattole altri onori meritevoli, e l'istesso anco disse il Vescovo di quella Città. Il che io veramente feci, e procurai di andare così secreto per dubbio, che aveva, che non me la togliessero. E nell'andare mi fu riferito dal Capitan Generale Gabriello Bellomo di Castiglione, che nel passare della Reliquia una Donna avea ottenuta una grazia, che subito se n'era ita via, e non potei sapere altro, solo ch'era d'una infermità, e che lei nell'andar via diceva: O sia ringraziato Dio, che ho avuta la grazia, replicandolo più volte: Fin qui il Pastorio.

La Donna poi la lui mentovata fu Lisabetta Besacia da Zillini, la quale ratificò nei processi d'essere stata liberata in quella occasione da una molestissima febbre, ora terzana doppia con freddo e caldo eccessivo, ed ora continua, per cui non le avean giovato verun medicamento. Così quella Sacra Reliquia, onorata da Dio colle meraviglie nel primo suo entrare in Castiglione, fu accolta dalla pietà di quei popoli processionalmente con archi trionfali, ed altri apparati di giubbilo, e tra'suoni e canti musicali riposta nella suddetta Chiesa Collegiata, dove prima ancor di quell'anno era stato tanto il concorso e la divozione alla sola Immagine del Santo, che si vedevano intorno ad essa presso a quattrocento voti, e vi ardevano continuamente dodici lampade a spese delle comuni limosine. E nel 1606. Monsignor Arciprete Fausto Pastorio, che fu poi deputato a formare i processi, avea già fatta una raccolta di settanta grazie e miracoli, operati dal Beato Principe a favor dei suoi sudditi.

Fondatosi poscia in Castiglione il Collegio della Compagnia di Gesù, il Padre Generale Claudio Aquaviva, per compiacere al Principe Francesco, inviò in dono l'anno 1610. a quella nostra Chiesa la veneranda Testa del Santo, con non poco risentimento dei Padri della Casa Professa di Roma, che già da qualche tempo aveano goduto sì caro tesoro. Ma voler di Dio era, che l'Angelico Giovane andasse con una parte sì nobile di se ad infervorar sempre più negli animi dei suoi Vassalli quell'affetto, che seco poi tirò la serie delle tante grazie per mezzo di quell'insigne Reliquia ottenute. Portata ella dunque fino a Parma dall'Eccellentissima Duchessa Cesarini, che volle consolare le brame, che aveano, di venerarla i due suoi Figliuoli Don Alessandro, e Don Virginio, compagni allora del Serenissimo Principe Ottavio Farnese negli Studj di quella Università, ebbe ivi l'incontro del P. Rettore del Collegio di Castiglione, di Monsignor Arciprete Pastorio, e dei Signori Ca-

Camillo Cattaneo, e Dottor Salustio Petrocini, venuti apposta per farne il trasporto. Quindi ricevuti in Parma gli onori, massimamente di quelle Altezze, e della primaria Nobiltà, finalmente in un sontuoso cocchio a sei Cavalli del Duca Ranuzio fu recata a Castiglione, e quivi accolta con tanta festa, che per molti giorni continui era il Collegio della Compagnia pieno di gente, affollatasi a venerare un sì prezioso pegno del Santo suo Principe. Finchè dopo varie Traslazioni, fattene con Solennità di pompa, per la nuova fabbrica di quella Chiesa, fu collocata l'anno 1678. nel posto, che ora gode, sopra l'Altar maggiore, donde, chiusa in un ricco busto d'argento, donato già dal soppraddetto Principe Francesco, ha seguitato fin a'dì nostri a risvegliare coi benefizj l'universal divozione al Santo, essendo rari quei giorni, in cui davanti al miracoloso Cranio non veggasi ardere qualche cereo, o per ottener qualche grazia, o in attestato di averla ottenuta. Ne rapporterò qui brevemente due delle ultime, succedute in due fanciulli, colla lingua dei quali ha voluto il Signore pubblicare le glorie del suo Servo in tempo appunto della vicina Canonizzizione. La relazion d'amendue, data poscia alle stampe, è stata cavata dalle attestazioni del Medico, e dei Parenti dei fanciulli guariti, che ristretta più in breve è come siegue.

Alfonso Marini d'età di tre anni, figlio del Signor Dottor Antonio Marini, per febbre gagliarda con vajuolo di pessima qualità, trovavasi ai 26. Novembre del 1726. ormai disperato dai Medici, tanto più che in quella stagione quanti erano stati presi da simil male tutti erano morti. I Genitori allora ricorrendo al patrocinio del B. Principe, proccurarono quel dì medesimo da un Padre della Compagnia la benedizione al figliuolo con una Reliquia del Santo, e gli fecero inghiottire alcune goccie dell'Olio, che arde innanzi al Sacro suo Cranio. Entrata già la notte, oltre ad altri segni mortali, fu assalito l'infermo da tormenti sì violenti, che si aggrappava al muro, e strisciavasi per il letticciuolo a guisa di biscia. Mandarono i Parenti al Collegio delle Virgini di Gesù, per avere il soccorso delle lor orazioni. La Marchesa Donna Polissena Gonzaga Superiora fece loro rispondere, che quanto era più disperato il caso, più confidassero in Luigi, ungessero frattanto il figliuolo coll'Olio, che lor inviava, della sua lampada. Ed ecco, che fatta l'unzione, cessarono nel medesimo istante tutti quei dolori, e dopo l'infermo prese sonno, e dormì la notte quietamente. La mattina seguente, al vedere accostarsi il Medico, disse il Fanciullo con meraviglia degli astanti: *Son guarito, son guarito*. E ben potea dirlo, poichè fu ritrovato colla febbre assai mitigata, col vajuolo alzato e sfogato,

gato, quando prima illividito e nero non finiva di uscire, e cogli altri segni di morte affatto svaniti. Interrogato allora, chi lo avesse guarito? *Il B. Luigi*, rispose, *il B. Luigi*, e fra pochi giorni del tutto sano, comparve vestito dell' Abito del Santo a render pubblico il beneficio ricevuto. Qualche circostanza di questo fatto, che non leggesi sulla stampa accennata, l' ho io avuta dal P. Francesco Agnani Rettore del Collegio di Castiglione, al quale la notificarono i parenti, quando già la detta Relazione stava in Mantova sotto il torchio.

L'altra grazia successe nell'Aprile del 1726. in questa maniera. Pietro Gaudioso di tre anni e mezzo d'età, figlio unico del Signor Gaetano Boschi, dopo cinque giorni di febbre acuta, con un tumore, che dalla guancia scendeva sino alle fauci e rendeagli difficile il cibarsi, e affannoso il respiro, si ridusse il dì ventisei del detto mese a tal segno, che poco più rimaneva a sperare negli umani rimedj. La Madre, temendo assaissimo una tal perdita, interrogò con grande affetto il Fanciullo, se voleva lasciarsi fasciar il capo colla misura della Beatissima Vergine: Ma quegli, per ispirazione senza dubbio della medesima Vergine, che questa grazia voleva cedere al suo Luigi, come d'altri avvenimenti si è raccontato altrove: *No, no*, rispose, *voglio quella del B. Luigi*. E ben l'effetto mostrò che non fu data a caso una tale risposta. Tosto che da un Padre della Compagnia fu benedetto l'infermo con una Reliquia del Santo, e gli fu colla chiesta misura fasciato il capo, domandò prontamente da mangiare, e mangiò senza stento. Il dì seguente l'enfiagione appena più appariva, e la febbre era tanto scemata, che il Medico stupitone potè dirla quasi svanita. Finalmente il terzo giorno fu trovato il fanciullo libero affatto dalla febbre, dal tumore, e da ogni qualunque segno del male sofferto. Interrogato esso pure, chi l'avesse guarito; rispose: *Il B. Luigi, di cui porto la misura*, e benchè perfettamente risanato, non volle permettere che gli fosse tolta dal capo. In attestato della grazia portarono i Genitori un voto d'argento all'Altare del Santo.

Questi due casi più recenti ho stimato di scegliere, come più acconci ad accendere la confidenza verso il Santo, in confronto degli antichi in gran numero, dei quali volentieri mi sarei steso a riferirne qualcuno, se non fossero poco dissimiglianti da altri succeduti altrove. Non è però da tacersi la deposizione, che fa di se nel processo di Castiglione Donna Cinzia Gonzaga Nipote di Luigi, quella di cui già si è parlato in altro luogo. *Nel prossimo Agosto* (dic' ella ai 22. Ottobre del 1608.) *mi posi a letto travagliatissima da dolori di utero, che patisco alcune volte, soliti recar seco oppression di cuore, e*

soffo-

soffocamento di gola, tanto che non poffo allora inghiottire neppur una goccia d'acqua, aggiungendofi ancora tal doglia interna, che pareva mi foffero da cani sbranate le vifcere, e principalmente il ventricolo. Quando quefti dolori fono meno violenti, fogliono continuarmi intorno otto giorni, benchè non fempre colla fteffa intenfione, ma quando cominciano più fieri fogliono durare almeno un giorno e una notte. Ora queft'ultima volta furono più crudeli che mai. Non poteva nel refpirare contenermi dai gemiti e lamenti, tanto era lo fpafmo, nè poteva in qualfivoglia pofitura trovar quiete. Sopraggiunfe in quefto mentre il R. Padre Virgilio Ceppari mio Confeffore, e mi volle dar un'Immagine del B. Luigi, fperando che per fua interceffione guarirei. Ma io non giudicava, che ciò foffe allora opportuno, perchè i dolori erano ecceffivi, e il paroffifmo nel fuo principio. Rifpofe il Padre, che ben poteva il Beato rimediare ai dolori quantunque grandi, e in ogni tempo, e in ciò dire mi metto l'immagine ful petto. Io allora la ftringo, e prego il Beato ad ottenermi un tantino di refpiro. Cofa mirabile. Subito che l'Immagine mi toccò, ed io la ftrinfi, fuggirono i dolori, ceffarono i gemiti, prefi fonno, e dormii cinque ore fin a fera, e così tutto il male partì. Fin quì Donna Cinzia a gloria del Beato fuo Zio. Ed è da notarfi, com'ella aggiunge, che le altre volte non eranle mai ceffati i dolori al principio, nè così prefto, nè tutti in un iftante, ma dopo molte ore a poco a poco fcemavano.

A quefte grazie di Caftiglione fiami lecito accoppiare le due feguenti, anch'effe, come la precedente, in favore della Cafa Gonzaga, sì benemerita degli onori del Santo quì in Terra. L'anno 1605. il Sereniffimo Duca di Mantova, nel ritornare che fece da Roma, dov'era andato per impetrare la Canonizzazione del Beato Cugino, ne provò la gratitudine col benefizio, di cui diede egli fteffo ragguaglio al Principe Francefco, Ambafciatore Cefareo preffo la Santa Sede, nella lettera, che quì foggiungo.

Illuftriffimo, ed Eccellentiffimo Signore.

Con occafione di dar parte a V. Eccellenza del mio falvo arrivo a Cafa, di che fo, per l'amore che mi porta, ne fentirà contento particolare, io non poffo reftare di dirle, che di già con qualche mio benefizio ho provato il frutto della interceffionè del noftro Beato Padre Luigi Gonzaga. Poichè, ritrovandomi in Florenza fopravvenuto dal mio folito male del ginocchio, feci certo voto ad effo Beato, e mi fegnai la parte inferma colla Reliquia di effo, datami dall'Eccellenza Voftra. E parve appunto che miracolofamente mi fcemaffe il dolore, e fvaniffe il male con infolita preftezza. Arrivato poi quà, un'altra volta mi fi è meffa la medefima afflizione, anco nel fianco, parte affai più pericolofa, ed avendo io riffermato il medefimo voto, e di nuovo fegnatomi colla fteffa Reliquia, non poffo dire quanto diverfamente dal folito il male fia ceffato. Onde me ne ho liberato; dove altre volte foleva ftare dolorando le fettimane intere, e convalefcente molti altri giorni appreffo. Il che tutto viene da me attribuito alla interceffione del noftro Beato, per cui mezzo a fua gloria abbia fua Divina Maeftà voluto concedermi quefta grazia, della quale ho voluto dar parte fubito a V. E. participandole quefto mio fpirituale contento, di cui fo riceverà particolare allegrezza. La prego con quefta, fubito che la Santità di Noftro Signore fi contenti, che fi poffono drizzare Altari e voti a quefto Beato, a darmene parte, acciò io poffa foddisfare alla promeffa fatta, ed edificare nell' animo di quefti fuddiri così fanta divozione. In tanto refte raccomandandomi all' E. V. di cuore, e bacciandole le mani.

Di Mantova l' ultimo di Settembre 1605.
    Di Voftra Eccellenza.

Parente, e Divoliff.
Il Duca di Mantova.

Con eguale preftezza fu efaudito dal Santo l' anno medefimo il gran Marefciallo del Regno di Polonia Sigifmondo Myfzkovvsky Marchefe di Mirovv, aggregato dal Duca di Mantova alla Famiglia Gonzaga. Quefti, mandato dal fuo Rè per Ambafciadore in Carintia a levar la nuova Spofa Reina di Polonia, nel paffare per Praga, ebbe dall' Eccellentiffimo Signor Guglielmo San Clemente, Ambafciadore Cattolico preffo la Maeftà Cefarea, un compendio manufcritto della Vita di Luigi, infieme con una fua Immagine ftampata. Profeguendo poi il viaggio per la Boemia, la mattina per tempo del dì 16. Ottobre, mentre udiva la Meffa in Budroas, fu in un fubito affalito da sì veemente dolore, che gli convenne porfi a letto; e quel ch' è peggio, fenza che i Medici fapeffero come giovargli, perchè non conofcevano il male. Seguitò così a penare fin a mezza notte: quando, ricordandofi dello Scritto fuddetto, raccoltofi alquanto fi pofe a leggerlo; e contemplando l' Effigie del Santo, cominciò caldamente a implorare il fuo ajuto. Non paffò molto, che fi addormentò, e profeguì a ripofare quietamente fin a molte ore del giorno, deftandofi perfettamente fano. Tutto ciò depofe egli pofcia al Tribunale del Vefcovo di Cracovia; e per gratitudine mandò al Sepolcro del Santo quella lampada d' argento, di cui altrove fi è fatta menzione.

E tan-

E tanto basti aver detto della protezion di Luigi verso i suoi Sudditi, e verso la sua Famiglia; giacchè in altri Capi si sono narrate le apparizioni fatte alla Madre, e alla Cognata, la successione maschile impetrata al Fratello, e il miracoloso sostegno della Nipote nella mortal caduta dal monte in Valtellina.

CAP. XV.

Altre simili curazioni in altre parti.

BEn io m'accorgo che facilmente s'attedia il Lettore, quando, si vede schierare innanzi una lunga serie di morbi, talora scifosi, quantunque miracolosamente guariti; se non vi concorrono tali circostanze, che colle loro varietà servano come di condimento al racconto. Ma non per ciò è dovere, che il soverchio amore di brevità in chi scrive gli faccia tralasciare ciò che tanto vale a risvegliare negli animi la confidenza; essendo per lo più l'interesse un gagliardo incentivo per ricorrer alla intercessione de' Santi, a fine di ottenere il lor soccorso in tanti mali d'ogni genere, de' quali è sì piena questa nostra valle di miserie. Accetti dunque di buon grado chi legge, che dopo Roma, e Castiglione io lo conduca a dar in giro alcune occhiate ad altre parti beneficate dal nostro Santo. Abbia il primo luogo Firenze, Città sì cara a Luigi fino dagli anni dell'Angelica sua fanciullezza: dove successe nel 1607. il seguente miracolo, uno de' quindici approvati per la Canonizzazione.

La Signora Giulia de' Nobili, moglie del Senatore Paolo Vinta, pativa dolori acerbissimi di soffocazione d'utero, accompagnati da difficoltà di respiro, da frequenti deliquj, e da violenta convulsione di nervi; per cui era costretta passar i giorni e le notti intere sopra una bassa seggiola, senza poter da se sola far minimo moto della persona. Già i Medici vinti dalla stranezza del male, dopo cinque settimane di cura inutile l'aveano abbandonata. Quando, venutale alle mani la Storia della Vita di Luigi, poc'anzi uscita alla luce, si sentì animare a speranza di dover per li meriti di quel nuovo Beato ricuperare la sanità. Con tal fiducia nel cuore, il Giovedì Santo, che cadde quell'anno nei 12. di Aprile, volle provarsi di venire alla vicina Chiesa della Compagnia, per confessarsi col P. Vincenzo Filliucci famoso Teologo: e tanto andò strascinandosi sulle braccia delle sue Donzelle, che finalmente vi entrò. Ma quì le si rinnovaron sì fiere le doglie, che, credendosi ella di doverne morire, fece quella sua Confessione,

co-

come se appunto dovesse esser l'ultima. Al principiarsi della Messa diede in tale deliquio, che quasi priva de' sensi si lasciò cadere, a guisa di moribonda, a terra. Eccitossi a tal vista gran mormorio nella Chiesa, pienissima di popolo: e l'inferma, che tutto ascoltava, ma per l'eccessivo sfinimento non poteva articolare parola, sentiva interiormente gran pena di vedersi morire in quel pubblico, con far parlare di se tutta la Città.

In questo mentre, incontratasi coll'occhio nell'Immagine di Luigi, che le stava dirimpetto, le risovvenne quel che avea letto del voto di Verginità fatto in Firenze dal Santo ancora fanciullo davanti la Santissima Nunziata, e senza più, per questa sua offerta sì cara alla Vergine, lo supplica d'ajuto in quell'estremo bisogno. Tre volte replicò in cuor suo questa preghiera: e nel darsi all'Altare il segno per l'elevazione dell'Ostia, fatto cenno alle Donne, che l'ajutassero a reggersi su le ginocchia, si sentì in un momento sciogliere i nervi, e correre per tutto il corpo un tal vigore, che libera affatto da ogni male, durò ginocchioni davanti a tutto il popolo un'ora intera sin a finirsi le Sacre Funzioni: indi tornò da se sola a casa, e andò la sera a piedi per tutta Firenze alla visita de' Sepolcri del Signore, con gran maraviglia della Città, e gloria dell'Angelico nostro Beato.

Dalla Chiesa della Compagnia passiamo a vedere la guarigione d'una tale Suor Taddea nel Monistero di S. Niccolò parimente in Firenze. Questa dopo sei anni di male in un ginocchio, cresciutole un grosso pugno, e scoppiatole con gran quantità di sangue, e umore infetto; peggiorò fra pochi dì tanto, che essendosele aperte sotto il ginocchio tre pustule maligne, non potea più per la veemenza del dolore muover la gamba: e perchè non volle mai per modestia consentire d'essere medicata da' Cerusici, seguitò un mese intero a portar il male, con uscirne ogni dì materia corrotta in gran copia. Non cessava frattanto di raccomandarsi a S. Luigi, animata dalle molte grazie, che operava allora il Santo per mezzo di quella sua Reliquia, altrove da noi mentovata, che avevano le Monache di S. Pietro in Monticelli. Quando una notte fu sorpresa da attrocissima convulsione di nervi, e da spasimo tale, che sentendosi mancare, invocò ad alta voce il nome di Luigi; promettendogli in voto una gamba d'argento, se recavale qualche sollievo. Poco dopo si addormentò: indi si risvegliò col dolore sì mitigato, che potè il giorno dietro andare liberamente per tutto il Monistero. Ritornata poscia alla Cella, ecco che nell'atto di scioglier le bende, si apre da se stesso senza dolore il ginocchio, e manda fuori con impeto tutto quell'umor pe-

pestilente; rammarginandosi poi da per se l'apertura, senza
che le fosse applicato verun medicamento; e rimanendo l'inferma in men di quindici giorni del tutto sana da un male di
tanti anni.

Nella stessa Città un fanciullo Nobile, per nome Benedetto
Ridolfi avea cominciato fin dall'età di diecisette mesi ad essere posseduto da maligni Spiriti, che in poco tempo l'avean
fatto divenire smunto, storpiato, gobbo, attratto, e stranamente collerico. Cresciuto negli anni, cercava sovente di darsi
la morte con batter il capo nelle mura, rotolarsi per terra,
tentar di gittarsi nell'acqua, e con altre maniere simili. Prorompeva talora in parole, ed atti sconci sopra la sua età; nè
v'era modo di fargli apprendere la Dottrina Cristiana, o tenerlo quieto, quando passava sotto le finestre qualche Processione con Reliquie di Santi. Un dì, ch'era stato più del solito travagliato, riferì alla Madre d'aver veduto innanzi a sè
un Crocifisso in mezzo a due Preti, dal quale avea udito dirsi, che stesse di buon animo, perchè tra poco sarebbe liberato. Interpretò la Madre, che i due Preti fossero i Santi Ignazio, e Francesco Saverio della Compagnia di Gesù, de' quali era singolarmente divota; e ricerconne qualche Reliquia.
Ma non trovatala, nè riceve in vece dalla Signora Violante
de' Medici Gentildonna Fiorentina una di S. Luigi; la quale
posta addosso al figliuolo, cominciò questi a strillare, che gliela
levassero subito, perchè lo bruciava. Allora, fatto venire un
Sacerdote pratico di esorcizzare, dopo aver quegli toccato colla Reliquia il fanciullo in varie parti, trovò che il Demonio
s'era nascosto nel braccio sinistro presso alla mano, e postavi
sopra la Reliquia, il malvagio Spirito tosto partì, lasciando
il fanciullo tramortito. Il quale poi tra poco rivenne, e rimaso sano, cominciò a studiare: *per voler essere*, come diceva,
figliuol del B. Luigi nella Compagnia.

Degna pure d'un Santo, Protettore della Gioventù Studiosa, fu la grazia seguente. Cristoforo Canobbio Nobile Giovinetto in Milano, per dolori gravissimi in una coscia, apertasi
in varie parti con uscirne sovente marcia, era stato due anni interi quasi sempre obbligato al letto. Al principio di Novembre dell'anno 1607. afflitto di vedersi in quello stato,
quando gli altri Giovinetti suoi pari ripigliavano gli esercizj
di lettere, fece voto al Santo di portargli un' effigie d'argento, se lo guariva sol tanto da poter frequentare le Scuole nostre di Brera. Fu subito esaudito in modo, che potè lo stesso
mese principiare gli Studj, e proseguirli felicemente sin verso
il fine dell'anno: in cui ritornandogli que' dolori più fieri,
con una febbre assai veemente, al tocco delle Reliquie del

noftro P. S. Ignazio, e di S. Luigi, ceffarono in un'iftante i dolori, e la febbre dentro di quel giorno medefimo del tutto fparì. Da quefto fatto ben fi fcorge, qual foffe fin d'allora la divozion di que' Giovani Studenti verfo Luigi, di cui dùrava ivi tuttavia frefca la memoria. Ne diedero fra gli altri fingolari moftre i Rettorici; alle fervide iftanze de' quali l'anno 1610. non potè il P. Ceppari negare l'unica Reliquia del Santo, che allora aveva: e fu quella del Cranio, che tuttora effi confervano nella loro Congregazione; crefciuta poi in maggior pregio per le non poche grazie al tocco di effa ottenute dal Santo. Quindi, elettolo per lor Protettore, ne iftituirono Particolar Fefta ogni anno in Congregazione; e ne promoffero il culto, pubblicando colle ftampe quelle Sacre preci appropriate al Beato, che leggonfi nella Relazione della Ruota Romana. Per tacere delle folenniffime Fefte da effi fatte nella fua Beatificazione, non inferiori a quelle, che celebraronfi ultimamente per la Canonizzazione a nome di tutta l'Univerfità, onorata già co' fuoi ftudj dal Santo Giovane in amendue gli ftati di Secolare, e di Religiofo, e dal medefimo edificata cogli efempj delle Angeliche fue Virtù.

Ritornando ora a' miracoli, ne rapporterò quì dagli Atti della Canonizzazione tre fegnalati, che meritaronfi l'approvazione de' Medici Deputati in Roma. Angela di Buonomo giovane Brefciana per una infermità di catarri fpini, com'effa chiamavali, duratale più di tre anni, era rimafa ftorpia d'ambedue le gambe, con varie ulcere nelle braccia, nelle cofcie, e in tutto il corpo, fino a contarne fette nel folo ginocchio deftro. Inoltre le fi gonfiò ftranamente il collo del piede finiftro, e la gamba deftra le fi attraffe in modo, che diventò quattro dita più corta dell'altra; ficchè non potea dar un paffo fenza il foftegno delle ftampelle, e ciò ancor con dolore. Dopo due anni e mezzo di sì penofa ftorpiatura, portandofi nel dì feftivo di S. Luigi del 1605. alla vicina Chiefa Cattedrale, s'incontrò per via nella Signora Aurelia Ugoni Gentildonna Brefciana; la quale moffane a compaffione: *Perchè*, diffe, *non fate, o Angela, quattro paffi di più per vifitare oggi, ch'è la Fefta, il B. Luigi sì miracolofo, e lafciar ivi cotefte voftre ferle?* Abbracciò la Giovane il configlio: e giunta alla foglia della noftra Chiefa, fi rivolfe all'Immagine di Luigi: *pregandolo* (fon fue parole) *a intercedere preffo S. D. Maeftà, non la totale fanità mia non mi curando di reftare totalmente fana per mia mortificazione, ma di effer rifanata in qualche parte, o almeno di poter camminare con una fola ferla:* e promife di apprenderne una, o amendue alla fua Effigie. La notte feguente le fi chiufero i fette buchi del ginocchio deftro, fvanì l'enfiagione

gione del piede finiſtro, e potè il giorno dietro gittar via, come avea deſiderato, una di quelle grucce. Non ſi contentò di ciò la Gentildonna ſuddetta; ma proſeguì a domandare al Santo la perfetta ſanità dell' inferma. Ed ecco dopo tre dì laſciò quella d'uſare ancor l'altra ſtampella: indi la deſtra gamba più corta, ſcioltiſi d'improvviſo i nervi, ſi allungò alla giuſta miſura: finalmente di giorno in giorno, partendo l'un dopo l'altro tutti que' mali, dentro di un meſe reſtò la Giovane con un gruppo di miracoli del tutto ſana; laſciando appeſi que' due ſoſtegni all' Effigie del Santo.

Domenica della Paſſina, lavorando in un campo di Marco Bonfadini degli Aleſſandri, Oſte di Buffetto in Valtellina, lagnavaſi della diſgrazia di Lorenzo ſuo Figliuolo, che per una ſconcia curvezza portata dal ventre della madre, già era diciotto anni, chè andava a guiſa d'un giumento carpone per terra. E pure, ripigliò l'Oſte, *non è molto lontano di quà il noſtro B. Luigi nella Chieſa del Saſſo, onde quanti ritornano (e moltiſſimi vengono ad allogiare nella mia Oſteria) quaſi tutti raccontano qualche grazia da lui ottenuta.* Non tardò la Donna a portarſi alla viſita del Santo, pregando per ſuo figliuolo, e laſciando ivi quella poca limoſina, che la ſua povertà le permiſe. Poi tornò al campo a proſeguire il lavoro accordato per quattro giorni, ſenza ſaper ciò che foſſe avvenuto in caſa ſua. Quand'ecco venir l'Oſte in fretta verſo lei, ſclamando d'aver veduto nel ſuo Lorenzo un miracolo. *Perchè*, diſſe, *l'ho veduto io ſteſſo or ora con queſti occhi miei diritto e alzato ſu i due piedi, come gli altri uomini: con due baſtoni, non ſotto le aſcelle, ma nelle mani: ſe per debolezza di forze, o per non ſaper camminare, o per qualche timore, chi può indovinarlo? Egli nol può dire: già ſapete che è muto.* Ringraziò la Madre a tal nuova il Santo; e ritornata a caſa, trovò con ſuo ſtupore eſſer vero quanto l'era ſtato narrato.

Caterina Sirmonda Caſolari da Bormio avea il collo tutto accerchiato da ſcrofole maligne groſſe un buon pugno, che le toglievano ſpeſſo il poter muovere il capo, e per fino il parlare. Niun rimedio erale mai ſtato giovevole nel lungo corſo di dodeci anni; e l'età ſua quinquagenaria la rendeva ormai incurabile. Andata in pellegrinaggio alla Chieſa del Saſſo, al primo ungerſi il collo con alcune gocce dell'Olio tolto dalla lampada del Santo, le ceſſò toſto il dolore: indi fra pochi dì ſparì talmente quel male invecchiato, che non gliene rimaſe nè pur ſegno, o tumore, finchè viſſe.

Dovrebbero aver luogo in queſto Capo anche le guarigioni da febbri lunghe, e pericoloſe; ma, come già ſe n'è parlato altrove, baſti accennarne ſol tanto alcune per ſaggio. Provarono adunque l'efficacia delle Reliquie del *Santo* i Sighori Carlo Triulzio, Aleſſandro Taverna, e Franceſco Viſconti de' Signori di Roma, Cavalieri Milaneſi: che con ricchi voti d'argento, e d'oro riconobbero dal medeſimo la ſanità preſtamente ricuperata con meraviglia de' Medici, quando cominciavano a diſperarne. Col toco parimente delle ſue Reliquie reſtò libero in un ſubito il Conte Adriano Montemelini in Perugia da una lunga febbre di cinquanta giorni; e dentro lo ſpazio di un giorno fu riſanato da un altra continua con dolori acerbi di ſtomaco il Sig. Rinaldo Petrucci Nobile Saneſe che già temevaſi doveſſe morirne tra poco. Nello ſteſſo modo l'anno 1603. il Padre Marco Guſſone Nobile Veneto della Compagnia di Gesù, allora Novizio in Padova, guarì fuor d'ogni ſperanza da febbre maligna con petecchie, deliri, ingroſſamento di lingua, e difficoltà di reſpiro, e ſopravviſſe poi molti anni, fino a morire in Ferrara, vittima di carità in ſervigio degli appeſtati. Tre fanciulle ſorelle in Ponte di Valtellina, dopo quaſi un'anno intero di varie febbri, ſubito che furono dalla lor Madre Veneranda Crotti raccomandate con un voto al Santo miracoloſo del Saſſo, tutte tre l'iſteſſo dì rimaſero perfettamente ſane. L'Olio altreſì di quella lampada, portato a Caſteletto ſopra Ticino nello Stato di Milano, riſanò in un'iſtante la Signora Franceſca Repoſa, moglie del Sig. Franceſco Viſconti, da una febbre continua di due meſi, e da altre doglie di reni, e di ſtomaco.

Giacchè ſi è fatta di nuovo menzione della Valtellina, vediamo alcune altre prove, ben degne a ſaperſi, della virtù data da Dio all'Olio ſuddetto. Una groſſa pietra caduta dall'alto ſpezzò sì enormemente il capo a una Figliuol adi Domenico del Pizza di Fontanina, che il Ceruſico ne traſſe buona parte di cranio intriſo nelle cervella. Similmente percoſſo da altro gran colpo ſul capo Gio: Pietro Camer, e battuto come morto a terra, verſò sì gran copia di ſangue dalla bocca, dal naſo, e per fin dagli occhi, e dagli orecchie, che ſtette tre giorni continui a letto, ſenza dar ſegno di conoſcer veruno. Amendue coll'Olio del Santo guarirono: quella fra otto giorni fu in iſtato poter, come fece, girar per la Terra; queſti nel momento medeſimo, che gli fu unta la fronte, ricuperò i ſentimenti, ravviſò gli aſtanti, ſi alzò da per sè ſteſſo da letto, e in breve fu interamente ſano. Giannolino di Berniga, andato per legne al boſco; ſdrucciolò ſulle nevi; e nel cadere diede colla mano ſulla ſcure cadutagli innanzi, che gli ſpaccò il dito mignolo in mezzo fino all'oſſo. Sua Madre altro non fece, che ſtillare ſulla ferita due gocce dell'Olio del Santo, e faſciare il dito. Il giorno ſeguente, ſcioltoſi da per sè

il

il legame, non apparve altro fegno, fe non che roffoggiava
ancor quella parte, per cui era corfo il fangue. Lavorando
con altri Andrea del Zano il dì 13. Decembre del 1610. attorno a una gran pietra, che dovea muoverfi a forza di ftan-
ghe da un luogo all'altro; la difgrazia portò, che gli reftaffe
prefo tra il legno, e il faffo il dito di mezzo della mano deftra, fpezzatofi tutto con quello fpafimo, che può immaginarfi.
Subito tornato a cafa (dic'egli à'Giudici nel proceffo) *lo curai*
coll'Olio del Beato, con un voto di recitare ogni dì tre Pater, ed
Ave fin a Natale: e fubito cefsò il dolore; dormii tutta la notte:
e alla mattina il dito fu fano, come adeffo vedete.

Sono moltiffimi quei, che coll'Olio della detta lampada hanno
ricuperato l'ufo delle Membra. Una tal Lucia fervente in
cafa del Sig. Girolamo Quadrio da Chiuro, correndo inavvedutamente fopra una loggia, fi trapafsò con un chiodo da
parte a parte un piede, con reftarne qualche tempo per lo
fpafimo come morta. Così pure Michiele de'Micheloni nativo del Saffo, nel faltar giù da un muro, inveftì con un piede in una groffa fpina, che glielo traforò; feguendone tal enfiagione, e dolore, che per quindici dì non gli avea dato mai
pofa. Adoperarono amendue l'Olio del Santo con efito sì for-
tunato, che quella in due giorni totalmente guarì; e quefta
la mattina feguente, Fefta della Vifitazione di Noftra Signora, fenza che appariffe neppur la cicatrice di quella fua piaga, potè per dieci miglia fin al Santuario di Tirano preceder
a piedi il Vicecurato Don Niccolò Longhi, che gli veniva
dietro a cavallo. Nell'Agofto del 1611. Vincenzo Giambelli
da Talamona fegnò colla medefima unzione un'ulcera inve-
chiata di quindeci anni nella gamba finiftra; e in quattro giorni la vide affatto faldata. A Pietro Lanfranco abitante nella Mora fi ruppe per non fo qual accidente la gamba finiftra
in modo, che ripiegatafi indietro venne a toccar col calcagno
fotto il ginocchio, e una punta dello ftinco infranto gli traforò le calze doppie, che portava. Ricorfe il mifero con un
voto al Santo: e unto il luogo della rottura, il giorno dopo
trovò fparito ogni male, potendo camminare liberamente, come prima. In una caduta, che fece un fanciullo, chiamato
Francefco Spino, rotolando giù per una fcala di quindeci gradi, fe gli fracaffarono le gingiva, con ifchiavellarfene tutti i
denti. Gli fecero i Genitori prendere in bocca alcune gocce
dell'Olio del Santo; e replicato per tre giorni un tal rimedio, il fanciullo fenz'altro fu fanato. Finalmente dalla virtù
di queft'Olio riacquiftò, fi può dir, l'ufo di tutte le membra
un Figliuolo di Francefco Martinelli; il quale, condottolo da
fua Madre al Saffo, ed ivi fattagli la folita unzione, non patì

mai

mai più alcun accidente d'un suo mal caduco, per cui già da due anni continui stramazzava sei o sette volte ogni giorno a terra.

La sola invocazion di Luigi ha renduto celebre quel luogo per molti miracoli. Giacomo Rezzi dei Molinari contava già quattordeci anni di storpiatura, che lo faceva sconciamente zoppicare. Promette di visitare l'Effigie del Santo in Sasso: e appena messosi in viaggio, s'avvede con meraviglia di andar dritto; sicchè in tre ore potè correre speditamente il cammino di dieci miglia, portandosi a ringraziare il Santo del benefizio. Una mano di Maria Andreotta per morsicatura d'animal velenoso era divenuta sì livida, e gonfia, che dopo un'inutile cura di tre mesi già cominciava a putrefarsi, e grondar marcia. Non passaron tre giorni dopo invocato il soccorso di Luigi, che riebbe l'inferma la mano così sana, com'era prima. Un figliuolino di Giulio Rosca, per nome Alessandro, dell'età di due anni, non avea ancora potuto articolar parola. Subito che la Madre lo raccomandò al Santo, cominciò il Fanciullo a parlare speditamente. Pietrina Betalla da Telio, giovane di ventidue anni, divenuta di già da tre anni affatto cieca, dopo aver in darno provati molti rimedj, ricorse finalmente con un voto al Beato del Sasso. Dove essendo stata condotta a mano da sua Madre; *fatto ivi alquanto d'orazione* (così essa medesima nel processo) *cominciai improvvisamente a vedere qualche cosa; poi a distinguer più chiaramente, e l'istesso dì tornai a casa da per me senza guida. Replicai sovente la stessa visita; e trovai che di mano in mano mi si perfezionava la vista, e dentro di quell'anno la ricuperai perfettamente: e allora io vedeva tanto chiaro, quanto veggo adesso.* Le diedero i Giudici in prova un filo da inserir per la cruna d'un ago: il che ella fece prestissimo.

A chiunque averà letto ciò che si è narrato a suo luogo della celebrità di questo Santuario, non parrà soverchia la dimora, che ho voluto quì fare nella detta Valle, tanto favorita dal Santo. Usciamone ora a vedere meraviglie non inferiori in altre parti. Antonio Urbani giovinetto Senese, di professione Sartore, patì un gagliardo stemperamento di capo, per cui gli discese tanta copia di umor maligno negli occhi, che dal sinistro rimase cieco, essendosegli annidato nel mezzo come un fiocco, o nuvoletta, che gli copriva la pupilla; e temevasi che il medesimo non gli avvenisse del destro. Gli sopraggiunse inoltre la febbre, e una enfiagione in tutto il volto con frequenti dolori, che lo faceano stridere, e lamentarsi continuamente. La notte poi gli si empivano tanto gli occhi di quella materia tenace, e viscosa, che alla mattina con

Q

diffi-

difficoltà se gli potevano spiccar le palpebre. Dopo qualche tempo, che già il Medico l'avea abbandonato, gli fu mandata da un suo Zio una Immagine di S. Luigi, al quale si raccomandò vivamente l'infermo, col voto di recitare ogni dì per tutta la vita cinque Pater, ed Ave, se ricuperasse la vista: e, recitatili sin d'allora con molta divozione, segnossi l'occhio cieco tre volte colla detta Effigie, e se la pose vicino al capo. A cinque ore di notte si addormentò, e sognò di ritornare guarito alla sua bottega. A nove ore destatosi: *Zio*, sclamò, *io credo d'esser guarito, perchè non sento più dolore negli occhi: gli ho aperti, e spiccati senza difficoltà*. E dicea vero; benchè, stando all'oscuro, non potesse allora chiarirsene. Fatto giorno, gli entrò una sua Zia in camera: e il Giovane, al veder lume, tutto allegro: *Zia*, disse, *io vedo, io vedo, son guarito*. In fatti avea gli occhi purgati, e sani: quel fioco della pupilla sinistra erasi ritirato in un'angolo, dove in breve sparì l'umor maligno, la gonfiezza, e ogni altro male erano del tutto svaniti. Si levò subito dal letto, andò in ringraziamento a udir Messa, e ripigliò come prima il suo mestiero. Di un tal successo formossi processo autentico al Tribunale dell'Arcivescovo di quella Città, coll'attestazione giurata di più Medici, che lo dichiararono un'evidente miracolo.

Ma in questo genere non ha forse il nostro Santo dato mostra del suo potere altrove più, che nella Germania. Solo dall'anno 1665. sin al principio del presente secolo si numerano più di trenta avvenimenti particolari di persone liberate, altre da cecità manifesta, altre da mali assai penosi d'occhi, in Amberga, in Monaco, in Neoburgo, in Ingolstad, in Dilinga, in altre Città, e Luoghi di quelle Provincie; come si ha da varie relazioni, e si comprova dalla moltitudine de'voti, ed anche dalle lampade portate per tal cagione agli Altari del Santo. Degna sopra tutte di memoria è la guarigione d'un Giovinetto Nobile, che frequentava le *Scuole della Compagnia* in Ispruck. Scherzando egli inavvedutamente intorno a certa polvere d'archibuso; questa d'improvviso prese fuoco, e mandogli alla faccia tal vampa, che, oltre al lasciarlo tutto sformato, gli offese gravemente gli occhi, rimasi poco men che perduti. Ventidue giorni interi passò l'infelice totalmente cieco in continui dolori, e con niuna speranza di ricuperare la vista. Quando, uno dei nostri Padri, ritornato da Roma con aver seco portato dell'Olio, che ardeva al Sepolcro di S. Luigi, esortò l'infermo a valersi con viva fede di un tal rimedio. Non indugiò quegli a farlo, ungendosi con quel liquor salutare, due, o tre volte gli occhi, e promettendo di portare alla Chiesa della Compagnia una tavoletta votiva, se avesse ricevuta la grazia. Non passò un mezzo quarto d'ora, che il Giovinetto aprì amendue gli occhi interamente sani. Tra pochi dì sparirongli tutte le scottature dal volto; e appese di sua mano il voto all'Effigie del Santo.

Questo sol caso occorso l'anno 1700. ho voluto recare per brevità fra tanti altri, nei quali pare che abbia voluto Iddio premiare nel Santo Giovane quell'Angelica modestia d'occhi, ch'egli osservò fin verso la propria Madre. Non è però da lasciarsi una particella di una lettera, che il Serenissimo Massimiliano Emmanuele Elettor di Baviera per mano del Principe Clemente suo Figliuolo, oggidì Arcivescovo Elettor di colonia, presentò al Papa Clemente XI. domandando la Canonizzazione del Beato: dove parlando del sollievo, ch'egli stesso in un suo lungo mal d'occhi impetrò per intercession del medesimo dice: *Dabit hoc Sanctitas Vestra, & precibus meis, & obbligatissima devotioni mea, qua me B. Aloysii favoribus ab ophtalmico malo, cui diu, & multum adhibitis variis fomentis mederi frustra laborabam, ita me liberatum agnosco, & profiteor, ut nullum pene illius vestigium supersit.* Ottenne egli un tal benefizio fin dall'anno suddetto 1700. mentre risiedeva in Brusselles al supremo governo della Fiandra, e per gratitudine al Santo fece il dì suo Festivo cantar Messa solennissima nella Chiesa della Compagnia, e proseguì ogni anno a celebrare quel giorno con pari solennità.

Ma poniam ormai fine a questo Capo con tre avvenimenti succeduti di fresco, due dei quali sono stati divulgati già colle stampe. Nel Febbrajo dell'anno 1625. la Signora Caterina Salendi Giovane Nobile di Viterbo, stando per educazione nel Monistero delle Monache di Sant'Agostino, fu assalita da una violenta convulsione di tutti i nervi; la quale giunse a tormentarla in modo, che non bastavano due, o tre Religiose a tenerla ferma nel letto. Dopo più settimane, condotta alla Casa paterna per maggior comodità di curarla, andò il male crescendo tanto, che verso il principio di Ottobre, nel ritornarle di quei soliti contorcimenti, se le piegavan indietro le gambe fino a toccare l'estremità delle reni colle calcagna; e le braccia se le volgevano stranamente dietro le spalle a guisa di quelli, che stanno appesi alla corda. Per la divozione, che professava l'inferma a S. Luigi, già ne avea ottenuta una Reliquia, lasciatale sull'inginocchiatojo vicino dal P. Rettore del Collegio della Compagnia in quella Città: come vedevasi da quella dolorosa infermità chiuso l'ingresso in Religione, che essa sommamente desiderava; le sue frequenti preghiere al Santo Giovane erano con ricordargli i tanti contrasti, che

Q 2

do-

dovete già egli vincere per entrare nella fofpirata Compagnia di Gesù. Volle perciò il Santo allora appunto farle la grazia, quando era il male nel maggior colmo. La mattina degli otto del detto mefe le ritornaron sì fiere quelle attrazioni delle gambe all'indietro, che, quando l'altre volte tra un quarto d'ora finivano, allora anche dopo due ore e mezza non cedevano punto, ficchè temevafi che, o non moriffe ella di fpafmo, o non rimaneffe così ftorpia per fempre. Mentre ftava in quelle ambafcie, chiamando inceffantemente in ajuto il Beato fuo Protettore, inginocchiaronfi intorno al letto piangenti i Domeftici, invocando l'interceffione del Santo. Allora una Sorella dell'inferma, accoftatafi al letto le fegnò colla fuddetta Reliquia la gamba deftra, ed ecco la gamba fubitamente con meraviglia di tutti fi ftefe. Segnò la finiftra; e quella pure fi ftefe colla fteffa prontezza. Dal maravigliofo fucceffo animata più che mai l'inferma a confidare nel fuo Santo Avvocato, prefa in mano la Reliquia, applicoffela con viva fede al petto, dove duravano tuttavia le ftirature, e l'affanno. E tofto a quel contatto fi trovò libera da ogni male, ripigliando il colore da fana nel volto, l'appetito, il fonno, e le forze di prima in tutto il corpo. Di una tal guarigione, dichiarata dai Medici miracolofa, venne pofcia la Giovane con tutta la fua Nobil famiglia a ringraziar il Santo nella Chiefa della Compagnia. E dopo effere ftata più d'un'anno, fenza mai più fentire alcun refiduo di quei dolori, che prima quafi ogni mefe la travagliavano, veftì l'Abito di Religiofa, ch'era la grazia da lei principalmente bramata, e per i meriti di San Luigi più frequentemente domandata da Dio.

Più recente è ancor queft'altro fatto, feguito ai 6. Agofto dell'anno paffato 1727. in Borgo S. Donnino, e autenticato al Tribunale di Monfig. Vefcovo di quella Città. Una Giovane figlia del Sig. Giufeppe Maria Fogliazzi, per nome Margherita, già da un'anno e mefi, per efferle a cagione di alcuni sforzi slogato un'offo nelle vertebre, avea una deforme curvità nel fianco finiftro, con enfiagione in quella parte, e diminuzione del moto nell'omero, nel braccio, e nella cofcia, ficchè nè poteva fenz'appoggio reggerfi in piedi, nè dar un paffo fenza dolore. La forprendevano poi di tanto in tanto certi giramenti di capo, che oltre al difficoltarle il parlare, le tolgevan talvolta per fino la vifta, e quel ch'è peggio, già i Medici e Cerufici, vinti dalla forza del male, l'avean data incurabile. Verfo il fine di Luglio peggiorò tanto, che il dì feftivo di S. Ignazio fu coftretta metterfi a letto, e fra cinque, o fei giorni crebbe l'infermità fino a impedire il refpiro. Tutto quefto tempo differì S. Luigi, cui ella fovente

fi ra-

ſi racomandava, ad eſaudir le ſue ſuppliche; perchè foſſe
tanto maggiore la grazia, quando era il male più diſperato.
In tal eſtremo il P. Paolo Fulcini della Compagnia di Gesù,
Confeſſor dell'inferma, venne ad eccitarle più che mai in cuore la confidenza nel Santo, e coll'Olio della ſua lampada fattole in fronte un ſegno di Croce partì. Appena partito il
Padre, ſentiſſi la Giovane coſì riavuta, che, ſe le foſſe ſtato
permeſſo, ſarebbeſi toſto alzata dal letto. Alzoſſi dunque la
mattina dietro, e camminò liberamente come ſana, ſenza biſogno di alcun ſoſtegno. Reſtavano nondimeno ancor fuor di
luogo, benchè ſenza dolore, l'oſſo della ſchiena, e la gonfiezza della parte ſiniſtra tuttavia durava. Ricorſe allora ella con
maggiore iſtanza al ſuo Santo liberatore. Ed ecco dopo due,
o tre giorni, ſveglioſſi una notte con ſentirſi come da grave
peſo premere in quella parte. In fatti la mattina ſeguente fù
ritrovato, che l'oſſo andava prendendo piega verſo il ſuo ſito.
Alla qual viſta, applicataſi ivi un'Immagine del Santo (coſa
veramente prodigioſa, e come tale riconoſciuta dal Medico,
e dai Ceruſici) in quell'iſtante medeſimo ſi raddrizzò l'oſſo
perfettamente, e tornò a luogo, ſvanendo tutt'inſieme l'enfiagione, e rimanendo la Giovane coſì guarita da quel lungo
male, come ſe mai mai non l'aveſſe patito. I Genitori fecero cantare il *Te Deum* in ringraziamento al Santo, e diedero
alle ſtampe la relazion del ſucceſſo.

Abbia l'ultimo luogo il caſo ſeguente, l'ultimo appunto,
che ſia venuto a mia notizia, ed accaduto ſul finire dell'anno 1727. Nel Moniſtero delle RR. MM. Benedettine di S.
Pietro in Cremella, luogo della Dioceſi di Milano, eran già
da dieci meſi in circa, che Donna Roſanna Catterina Iſacchi
Monaca Profeſſa portava adoſſo una tiſichezza con toſſe inceſ-
ſante, e ſputo di ſangue, ſenza punto averle giovato tutti i
rimedj adoperati, anzi con andar tanto peggiorando, che il
Signor Dottor Ceſare Antonio Rainoni Medico ordinario del
Moniſtero, che la curava, dichiarola finalmente tiſica confermata
giunta a quel grado, da cui niuno guariſce. Avea da lungo
tempo un dolore continuo nell'un e nell'altro lato, che talora la travagliava in ecceſſo, e già ſu l'uno dei due fianchi
non potea più in verun modo appoggiarſi, ridotta inoltre a
tale ſtenuazione e debolezza, che poco più il Medico le dava
di vita. Ai 18. Decembre, andato a quel Moniſtero il P. Fra.
Carlo Maria Caſlino, Miſſionario Cappuccino, la ſè domandare
alle Grate per benedirla, ma riſpoſtogli da un'altra Monaca
Sorella dell'inferma, che non era ella in forze per venirvi,
e replicando il Padre le iſtanze, perchè veniſſe ſenza timore,

fi fece portare a baffo, e ricevè dal detto Padre la benedizione. Interrogolla egli pofcia, a qual Santo fi foffe raccomandata, come a più particolare Avvocato, e udito, che a S.
Luigi Gonzaga Gefuita, la efortò a profeguire una tal divozione con viva fiducia di dover ricuperare la fanità per i meriti del Santo.

Quand'ecco, la notte feguente, mentr'ella dormiva, vedefi
apparire in fogno il Santo Giovane, tutto gloriofo ed amorevole, che, datale la fua benedizione: *Levati*, diffe, *levati fu,
che fei guarita*. E ordinolle di andar colle altre Monache al
Mattutino, di ripigliare l'antico fuo Uffizio di Sagreftana, e
tutte le funzioni della Comunità. Al che replicando ella di
non potere per l'eftrema debolezza, principalmente delle gambe: *Non dubitare*, foggiunfe il Santo, *che io ti ajuterò, pruova,
e vedrai*. Ciò detto, difparve. E rifvegliatafi in quell'iftante
l'inferma, al fentirfi con infolito giubilo tutta riftorata; provò fubito a voltarfi ful fianco, dov'era prima maggiore il dolore, e vi fi appoggiò fenz'alcuna moleftia, indi sbalzando
dal letto, fi trovò così interamente guarita, che cominciò
tofto a camminare liberamente per la camera, come fe non
aveffe avuto alcun male. Sarebbe fenz'altro difcefa in Coro
al Mattutino, fe avendone fatto chiedere il confenfo alla Madre Priora, che per la morte della Badeffa aveva allora il governo del Moniftero, non le foffe ftato rifpofto di afpettare
fino all'arrivo di lei. Ma quando la Priora andò alla ftanza
della Monaca, e fi udì narrare tutto il fucceffo, non può
efprimerfi l'allegrezza, con cui accorfero le Religiofe attonite
al vederfi venir incontro con paffo franco, e colore da fana
quella, che poco prima avean tenuta quafi per morta. Alla
mattina fcefe effa medefima a ripigliare gli impieghi da Sagreftana, e a fonar le campane con tale agevolezza, che le pareva, per dirlo colle fue fteffe parole, *di tirare un filo di refe*.
Dopo la Meffa ringraziarono le Monache pubblicamente il
Signore col *Te Deum laudamus* per una guarigione sì prodigiofa, operata da lui ad interceffione del fervo fuo Luigi. Quel
dì medefimo fedette D. Rofana Catterina alla menfa commune
mangiando cibi da fana, e d'allora in qua non ha patito mai
più refiduo alcuno di un male sì difperato. Tutto il racconto
l'ho io cavato dalla lettera, che la Monaca rifanata fcriffe li
3. Gennajo di queft'anno 1728. al fopradetto Sig. Dott. Rainoni fuo Medico, allora affente, dall'atteftazione giurata
autentica, ch'effo medefimo richiefto da me ne ha fatta, e
dalla fede parimente giurata del Signor D. Giufeppe Beretta
Curato di Caflago, ch'era allora Confeffore ordinario del det-

to

to Monistero, ed avea più volte ministrati all' inferma i Santissimi Sacramenti, temendo che non venisse da un giorno
all'altro a mancare.

Fin quì s'è parlato delle virtù del nostro Santo, e delle
grazie del medesimo concesse ad altri; ora resta, che tutti
santamente emulatori delle prime, ci rendiamo con esse meritevoli dei suoi favori, e colle medesime ci disponiamo ad essergli compagni in quella immensa gloria, alla qual esso amo-
rosamente c'invita, e Dio Signore per sua misericordia ci
chiama per a suo tempo concedercela; E così sia.

IL FINE.

INDICE

DE' CAPI.

PARTE PRIMA.

Otte+

PARTE SECONDA.

Del-

314

Dell'

319

Dell' Efequie, Sepoltura, e cofe in effa occorfe circa il
Corpo di S. Luigi. Cap. XXII.   177

PARTE TERZA.

D'un

IL FINE.

PIIS

PIISSIMA E DOTTISSIMA

MEDITAZIONE

INTORNO

A' SS. ANGELI

TANTO IN GENERALE, QUANTO IN PARTICOLARE,
E PRINCIPALMENTE Custodi DEGLI UOMINI.

COMPOSTA

DALL' ANGELICO GIOVANE

SAN LUIGI
GONZAGA.

15

IL PADRE VIRGILIO CEPPARI della Compagnia di Gesù nel fin della Vita di S. LUIGI GONZAGA, da esso molto accuratamente e pienamente scritta, così discorre.

S'E' detto nel corso dell'istoria, che S. LUIGI compose una Meditazione degli Angeli ad istanza del P. Vincenzo Bruno, il quale, sapendo la divozione grande ch' egli portava agli Angioli Santi, e i nobili sentimenti che di essi aveva, a posta lo ricercò che la componesse, acciò restassero scritti a benefizio d' altri così belli, ed elevati pensieri: e acciocchè possa ciascuno leggerla colla Vita di lui, m' è paruto bene porla in questo luogo, ed è la seguente.

MEDITAZIONE.
DEGLI ANGELI SANTI,
E PARTICOLARMENTE
DEGLI
ANGELI CUSTODI.
COMPOSTA
DA S. LUIGI GONZAGA
VANGELO.

I Difcepoli vennero a GESU'; dicendo: (*) Chi penfi che farà maggiore nel regno de' Cieli ? e chiamando GESU' un fanciullo, lo pofe in mezzo di loro, e diffe: In verità vi dico, che fe non vi convertirete, e vi farete come fanciulli, non entrerete nel regno de' Cieli. Ora chiunque fi farà umile come quefto fanciullino, quefto tale è il maggiore nel Regno de' Cieli.

Avvertite di non fpregiare uno di quefti picciolini, perchè io vi dico, che gli Angeli loro nel Cielo fempre veggono la faccia del Padre mio, il qual è ne' Cieli.

PROFEZIE.

(1) *QUIS ficut Dominus Deus nofter, qui in altis habitat, & humilia refpicit in calo, & in terra?*

Chi farà com' è il Signor Iddio noftro; il quale abita nell'alto, e riguarda le cofe umili in Cielo, e in terra?

(2) *Deus ponit humiles in fublime.*

Iddio mette gli umili in luogo alto, e fublime.

(3) *Af-*

(*) Matth. 18. 1. & feqq.
(1) Pfalm. 112. 6.
(2) Job. 5. 11.
(3) Dan. 7. 9, 10,

(3) *Aspiciebam, donec throni positi sunt; & Antiquus dierum sedit: vestimentum ejus candidum quasi nix, & capilli capiti ejus quasi lana munda. Millia millium ministrabant ei, & decies millies centena millia assistebant ei.*

Riguardavo, mentre le sedie regali si mettevano in ordine: e un Vecchio di molta età si pose a sedere, il cui vestimento era a guisa di neve candido, e i capelli del suo capo a guisa di bianca lana, Migliaja di migliaja lo servivano, e dieci mille * milioni gli assistevano.

(4) *Angelis suis mandavit de te, ut custodiant te in omnibus viis tuis.*

Comandò Iddio per te agli Angeli, che ti custodissero in tutte le tue vie.

(5) *Immittet Angelus Domini in circuitu timentium eum, & eripiet eos.*

Custodirà l'Angelo d'ogni intorno tutti quelli, che temono il Signore, e libererà da ogni pericolo.

(6) *Neque dicas coram Angelo; Non est providentia, ne forte iratus Deus contra sermones tuos, dissipet cuncta opera manuum tuarum.*

Guardati di dire in presenza dell'Angelo, che non c'è provvidenza, acciocchè per forte Iddio adirato contra il tuo parlare, non disperda tutte l'opere delle tue mani.

CON-

---

* Essendo tutto assorto l'angelico giovane in contemplare la gloria degli Angeli, non badò gran fatto all'esatta materiale interpretazione di questo numero, il quale veramente monta a mille millioni, non a dieci mille milioni, come egli interpetra; e di ciò non dee alcun uomo discreto stupirsi, se rifletterà bene alla difficoltà che s'incontra negli esatti calcoli de' gran numeri; e quanto sia facile lo sbagliare in essi senza una profonda e lunga meditazione. Egli prese così alla grossa un milione per centomila, e così veramente sono dieci mille volte centomila. Nella sostanza non v'è alcun errore, mentre, se la Scrittura piglia spesso i numeri determinati per gl'indeterminati, al dire de' Sacri interpreti, come il sette, il dodici ec. qual numero innumerabile d'Angeli avrà voluto accennare con questo per altro grande di mille milioni? Chi sa che queste non sieno le dieci legioni d'Angeli toccate da Gesù Cristo a S. Pietro nel Getsemani, che sarebbero composte di cento milioni l'una; numero che in generale maniera ci adombrerebbe la grandezza di Dio. Se degli uomini in generale si dice a Dio nel Salmo XI. vers. ult. *Secundum altitudinem tuam multiplicasti filios hominum*, e degli eletti in particolare, che pure rispetto a' reprobi, sono pochi, si dice nell'Apocalisse 9. *Vidi turbam magnam, quam dinumerare nemo poterat*, che numero, rispetto a noi, senza numero sarà quello degli Angeli, che per sentenza di gravi Scrittori, sono dieci volte più di tutti gli uomini.

(4) *Psalm. 90. 11.*
(5) *Psal. 33. 8.*
(6) *Eccles. 5. 5.*

CONSIDERAZIONI.
PARTE PRIMA.
DEGLI ANGELI IN COMUNE.

1. CONSIDERA come CRISTO nostro Signore per il grande amore che porta a noi sue creature, non manca di porgerci sempre nuove occasioni con che possiamo far acquisto della sua grazia, e far progresso nelle virtù, per poter poi all'ultimo conseguir il fine ch'egli ci ha preparato dell'eterna beatitudine. Per questo ha voluto che nella Chiesa sua si celebrassero tutti i misterj della nostra redenzione, acciocchè rinfrescandoci di tempo in tempo la memoria di quanto il Signore ha fatto, e patito per nostro amore, ci eccitiamo ad amarlo, e servirlo, e anco a conformare tutte le nostre azioni all'esemplare, ch'egli ci ha lasciato della sua santissima vita. Ancora, non contento di questo, ha voluto che in particolare della sua santissima, e benedetta Madre, come anco di tutti gli ordini de' Santi, d'alcuni più segnalati si facesse particolar memoria; acciochè fossero come nostri protettori, e colle loro orazioni ci sovvenissero nelle nostre necessità spirituali, e temporali, e anco ci porgessero occasione d'imitare le loro virtù, e l'esempio della loro santa conversazione. Volle parimente, poichè la Chiesa, e tutti noi per mezzo de' Santi Angeli riceviamo tanti, e sì continui benefizj da sua Maestà, che si celebrasse con qualche solenità anco la loro memoria. E ben conveniva che gli uomini mostrassero verso di loro qualche gratitudine; poich'essi tanto desiderano, e procurano la nostra salute. Per questo dunque la Chiesa Santa celebra la memoria del glorioso San Michele, suo particolar Protettore, e di tutti gli altri Angeli, e Archangeli delle celesti Gerarchie, poichè tutti, come disse (1) l'Appostolo, sono ministri, e s'adoperano in qualche modo per salute degli eletti. Non si sdegnano quei beati Spiriti d'abbassarsi al servizio dell'uomo, tanto inferiore a loro; poichè vedono il grande Iddio, a cui essi con tanta avidità, e felicità servono, essersi umiliato a pigliar per salute dell'uo-

mo

(1) Hebr. 1. 14.

R,

mo la forma dell' iſteſſo uomo. Nè anco ſi ſdegnano d'averlo per compagno, e che di queſti vermicciuoli di queſta vil polvere ſi edifichino le mura della celeſte Geruſalemme, e ſi riſtorino le loro ruine: poichè adorano ſopra di ſe l'iſteſſo uomo fatto Dio. E vedi, quanto ben la Santa Chieſa nella feſtività di queſto invitto Archangelo legge il preſente Vangelio della virtù dell'umiltà; poichè ſiccome il ſuperbo Lucifero per volerſi uſurpare il divino onore, fu dal più alto ſeggio del Paradiſo precipitato nel profondo dell'Inferno: coſì l'umile (2) Michiele, e tutta la ſua ſchiera degli Angeli buoni, ſoggettandoſi al loro Creatore, e opponendoſi per zelo della gloria ſua a quell' orgoglioſo ſerpente, furono da Dio tanto ſublimati, e onorati. Ci è propoſto ancora queſto Vangelio nella ſolennità di tutti queſti Angeli i quali inſieme col Beato Michiele s'acquiſtarono per virtù dell'umiltà la corona della gloria, acciocchè gli uomini intendano, queſto eſſer decreto infallibile, ed eterno di Dio, che niuno poſſa aſcendere alla gloria la quale gli Angeli poſſeggono, ſe non per la via dell'umiltà, per la qual eſſi prima camminarono: Anzi ancora Criſto Salvator noſtro, per quella ſteſſa virtù acquiſtò la gloria nel ſuo ſacrato corpo, còme dice (3) l'Appoſtolo: *Humiliavit ſemetipſum factus obediens uſque ad mortem, &c. Propter quod & Deus exaltavit illum, &c.* Perchè umilò ſe ſteſſo, e fu ubbidiente ſino alla morte, però Dio tanto l'eſaltò, e glorificò. Onde ſarebbe coſa moſtruoſa, che le membra, che ſono i ſuoi fedeli, voleſſero entrar per altra porta, fuor di quella per dov'entrò il Capo loro.

II. CONSIDERA ora l'eccellenza di quei celeſti Cortigiani, di quei Principi del Paradiſo, la quale ſebbene l'intelletto noſtro non può coſì pienamente intendere, nè capire, nondimeno per quel poco lume il quale per il lor miniſtero ci è comunicato dalle coſe, che quaggiù conoſciamo, anderemo raccogliendo ad' onor loro qualche parte di quella dignità, e gloria; che dal Signore è ſtata loro conceduta. Tre coſe dunque ſono quelle che ſogliono rendere illuſtre una Corte, ovvero eſercito di un gran Principe. Primo la nobiltà delle perſone; ſecondo il numero di eſſe; terzo l'ordine che tra loro ſi ritrova. Tutte queſte tre parti ſingolarmente riſplendono in quegli Angelici Spiriti. Poichè ſe li conſideri prima, quanto alla loro natura, ſono le più degne opere che la mano di quel grande artefice Iddio abbia formate; ſono di ſoſtanza ſpirituale, e

per

(2) Apoc. 22. 7. (3) Philip. 2. 8. 9.

per sua natura incorruttibile, e la più perfetta d'ogni altra creatura; sono d'un intelletto tale, che circa le cose naturali non possono aver errore alcuno, o ignoranza: e conforme a questo maggior lume ch'essi hanno d'intelletto, hanno insieme una volontà più ferma, e più perfetta, senza, che da alcuna passione possa essere perturbata. Dipoi se ti rivolgi a considerare lo stato nel quale ora si trovano per grazia, essi, senza aver giammai peccato, s'hanno acquistata la gloria, e l'eterna beatitudine. Oltre di ciò, nella loro sostanza sono vestiti dell'abito della divina grazia, che li rende belli, e graziosi nel cospetto del Signore. Nell'intelletto sono dotati del chiaro lume della gloria, con che veggono a faccia a faccia il loro Creatore; e nella volontà adornati dell'abito della carità, con che amando Dio d'un amor di perfetta amicizia, li rende insieme figliuoli, e amici dell'istesso Iddio. Ora, anima mia, contempla la bellezza di questi celesti Cittadini, i quali, a guisa di tante Stelle matutine, e chiarissimi Soli, risplendono nella Città di Dio, e in essi, come in ispecchi limpidissimi, rilucono le divine perfezioni, l'infinita potenza, l'eterna sapienza, l'ineffabil bontà, e ardentissima carità del Creatore. O quanto sono graziosi, quanto puri, e quanto amabili questi beati Spiriti! quanto zelosi della gloria del loro Signore! e quanto desiderosi e solleciti della nostra salute! e però quanto degni d'esser da noi singolarmente amati, e riveriti! Perciocchè se l'onore (come dicono i Filosofi) è una riverenza la quale si deve ad alcuno per qualche eccellenza, o virtù che abbia in se; e così fra gli uomini, sebbene secondo la natura tra se sono tutti uguali, nondimeno quelli che per alcuna di queste dotti eccedono gli altri, sogliono essere tanto stimati, e onorati; quanto più converrà, che noi creature così basse, a paragone di quei celesti Spiriti, gli onoriamo, e riveriamo? poichè ciascuno di essi, per minimo che sia, in tutte le suddette doti, ed eccellenze, avanza qualsivoglia maggiore di tutti gli uomini. Oltre di ciò, se gli Angeli Santi, creature sì degne e per grazia sopra tutte l'altre creature, s'abbassano, e onorano l'uomo, perchè Iddio l'amò, e onorò; par molto conveniente, che noi piccoli vermicciuoli onoriamo quelli con ogni affetto, e divozione, i quali Iddio tanto onora, ed esalta nel Cielo: poichè questi sono quei figli diletti i quali sempre (4) veggono la faccia del Padre, e quei bianchi, e puri gigli (5) fra i quali si pasce, e quei monti pieni

---

(4) Matth. 18. 10. (5) Cant. 2. 6. & 8. alt.

pieni d' aromati odoriferi sopra de' quali paffeggia, e fi ricrea il celefte Spofo.

III. DOPO la dignità, ed eccellenza di quefta Corte celefte, confidera il numero, ed ordine de' Cortigiani: E prima quanto al numero è tanto grande, che avanza non folo gli uomini che al prefente vivono, ma tutti quelli che fono mai ftati, o faranno fino al giorno del Giudizio. La moltitudine di quefti beati Spiriti è a guifa di quell' arena nel mare, e delle ftelle, delle quali diffe (6) il Savio, che non fi poffono numerare: E, come afferma (7) S. Dionigio Areopagita, è maggior il numero degli Angeli, di qualunque numero che fi poffa dare al mondo in quefte cofe materiali. *Millia millium* (dice (8) il Profeta) *miniftrabant ei, & decies millies centum millia affiftebant ei*. Migliaja di migliaja fervivano al Signore, e dieci * mille millioni gli affiftevano: dove mette la Scrittura, al fuo folito, il numero certo per l' incerto, e mette il numero maggiore che fia appreffo gli uomini, acciocchè s' intenda che quefto numero folo appreffo di Dio è numerabile, e quello che appreffo di Dio è numerabile, appreffo gli uomini è infinito, e innumerabile. E però noi leggiamo in Giob. (9) *Numquid eft numerus militium ejus?* E forfe alcun certo numero della milizia del Signore? Della cui moltitudine dice ancora il regio Profeta, parlando (10) degli Angeli; *Currus Dei decem millibus multiplex, millia, lætantium; Dominus in eis in Sina in fancto*. I carri di Dio dieci migliaja di molte migliaja di fefteggianti; ne' quali abita il Signore nel fuo fanto monte Sinai. Ora (ficcome è fcritto (11) nell' Apocaliffe) dice il Santo Vangelifta aver veduta una gran moltitudine di Santi che ftavano nella prefenza di Dio, di tutti i popoli, lingue, e nazioni, la quale da neffuno poteva in modo alcuno effer numerata. Se quefto numero degli Eletti, i quali pur fappiamo effer la minor parte degli uomini è tanto grande, che non fi può numerare; quanto penfiamo che farà quello degli Angeli, i * quali dieci volte più avanzano la moltitudine di tutti gli uomini? Ed era ben ragione che i Cortigiani di quel celefte Monarca foffero in tanto numero; poichè fe dice (12) il Savio: *In multitudine populi dignitas Regis, & in paucitate plebis ignominia Principis*. Nella moltitudine dei popoli confifte

la

(6) Eccl. 1. 2.   (7) Dion. Areop. de Cæl. Hier. c. 9.
(8) Dan. 7. 20. * Vedi la Nota a car. 2.   (9) Job. 25. 3.
(10) Pfal. 67. 18.   (11) Apoc. 7. 9.   * Vedi la Nota a car. 2.
(12) Prov. 14. 28.

la grandezza, e dignità del Re; e il poco numero de' sudditi
è vergogna, e disonor del Principe, essendo Iddio quel (13)
Principe altissimo, Re dei Re, e Signor de' Signori, molto
ben conveniva che avesse (14) una famiglia ampia, e una
Corte numerosa in quello spazioso Regno, in quello smisurato suo Palazzo de' Cieli. O di quanta consolazione, e gaudio
sarebbe, o anima mia, poter vedere una moltitudine di così
belle creature tanto beate per gloria! O se mai ti toccasse
quella felice sorte di poterti ritrovare fra questi celesti squadroni, in compagnia di tanti Principi, e figliuoli di Dio, anzi di tanti Fratelli tuoi! perciocchè non si vergognano quei
sublimi, e amorosi Spiriti di aver gli uomini per fratelli, poichè l'istesso (15) lor Signore non solo non si vergognò di esser chiamato, ma anco volle farsi (pigliando l'umana carne)
realmente fratello nostro. O quanto volentieri ancor tu insieme con quelle voci Angeliche loderesti, e benediresti il Signore per tanto benefizio da lui ricevuto!

IV. CONSIDERA poi il mirabil ordine con che la divina
providenza ha disposto, e ordinato questi gloriosi Spiriti tanto verso il lor Creatore, come anco tra se stessi, e verso l'altre creature di questo mondo. E prima, se li consideri verso
Dio, non vi è tra loro alcuna diversità, ma tutti unitamente l'ossequiano, lo riveriscono come solo Principe, e Signor
di quella celeste Città. Dipoi se li consideri verso se stessi,
non troverai in così numerosa moltitudine di Santi Angeli alcuna confusione, ma un supremo ordine, e una maravigliosa
distribuzione, conforme a diversi modi d'intendere: l'uno più
alto, e più degno dell'altro, secondo che Iddio rivela loro i
suoi divini segreti, e si serve del loro ministero per benefizio
degli uomini. Discendendo poi al particolare, tutta quella moltitudine di beati Spiriti si divide in tre Gerarchie, suprema,
mezzana, e infima. Dipoi ciascuna di quelle Gerarchie è distinta parimente in tre Cori d'Angeli supremo, mezzano, e infimo. La prima delle quali contiene i Serafini, i Cherubini,
e Troni. Dove dai nomi loro facilmente conoscerai gli uffizj
ne' quali s'esercitano, poichè questo è proprio di Dio, d'imporre i nomi alle sue creature conforme agli uffizj che lor commette. Contempla dunque il primo Coro de' Serafini, i quali, a guisa di Camerieri segreti, e più intimi del Re del Cielo, sono, conforme al loro nome, non solo pieni, e infocati

---

(13) I. Tim. 6. 15. (14) Apoc. 17.
(15) Heb. 1. 6. Rom. 8. 29.

di carità, ma divenuti a guisa d'uno spiritual fuoco, sempre ardono del divino amore; e insieme con questo fuoco della lor carità infiammano, e illuminano gli Angeli inferiori a loro. Dipoi contempla i Cherubini, così detti per la pienezza della scienza, e d'un maggior lume d'intelletto, che hanno sopra tutti gli altri inferiori Spiriti, per vedere essi più chiaramente Iddio, e conoscere più cose in lui. Onde sono, a guisa di Consiglieri del celeste Re, pieni di scienza, e di sapienza, la quale parimente comunicano agli Angeli inferiori a loro. Contempla dipoi i Troni, i quali, come familiari, e Segretarj più intimi di Dio, sono stati ornati di questo nome per essere a guisa di seggi, e Troni regali, nei quali siede in un certo modo, e si riposa la Divina Maestà, la quale ancora, come in una sedia Pontificale, ovunque vanno, seco la portano. Discendi poi alla seconda Gerarchia, che contiene tre altri Cori d'Angeli, Dominazioni, Virtù, e Potestà, i quali sono disegnati particolarmente per governo universale di queste cose inferiori. E prima contempla le Dominazioni, le quali rappresentano il Dominio di quel supremo Principe, e, a guisa di Presidenti reali, comandano agli altri inferiori a loro, e gli indrizzano nei divini ministerj per governo dell'Universo. Di poi contempla le Virtù, le quali, adombrando col loro potere, e virtù l'infinita potenza del Signore delle virtù, eseguiscono tutte le cose più difficili, e operano in servizio di lui nelle creature effetti meravigliosi. Terzo contempla le Potestà, le quali, a guisa di Giudici, rappresentano l'autorità, e potestà del supremo, e universal Giudice: e hanno per uffizio di raffrenare le aeree potestà, rimovendo dagli uomini tutte quelle cose che li possono molestare, o impedire, acciocchè possano meglio conseguire la lor salute. Discendendo finalmente alla terza, e ultima Gerarchia, nella quale si contengono tre altri Cori, Principati, Arcangeli, e Angeli, contempla, il primo, e supremo dei Principati, chiamati con questo nome, perciocchè, siccome, quest'ultima Gerarchia è da Dio deputata per eseguire i suoi divini ordini verso le creature, questi nel primo Coro, rappresentando quel supremo Principe, sono da lui preposti al governo di diverse Provincie, e Regni particolari. Questi anco, come più principali, ricevendo da Dio immediatamente gli ordini, li commettono agli altri inferiori, porgendo loro ajuto nell'esecuzione di essi. Seguitano dipoi gli altri due Cori di Archangeli, e Angeli, i quali, conforme al lor nome, sono, a guisa di Legati, e Messaggieri, mandati da Dio nel mondo per diverse cagioni, anco deputati alla custodia di luoghi, e persone particolari. Nè altra differenza vi è fra questi due Cori, se non, che gli

Ar-

Arcangeli sono deputati per cose, e imprese maggiori, e gli Angeli per le minori. E tutto questo è quel poco che noi possiamo intendere di quella divina architettura, e ordine della Casa di Dio. Perciocchè, se la vista del nostro intelletto potesse più oltre scorgere, e considerare più in particolare la natura, e ufficio di ciascun Angelo; troverebbe, che, siccome essi hanno particolar ufficio, ed esercizio in quella suprema Gerusalemme, così con un particolar ordine rendono sopramodo vaga quella beata moltitudine, e Corte del celeste Re. Perciocchè, siccome vediamo in questo nostro cielo materiale, il qual è ornato di tante stelle, e distinto nel numero de' pianeti in varie sfere, e corpi celesti, che con sì mirabil ordine si muovono, e mandano i loro influssi alla terra: non altrimenti quel Cielo spirituale, e invisibile con un più meraviglioso, e divin ordine, contiene in se, a guisa di tante chiare (16) stelle, tante varietà d'Angeli, per i quali, come da tanti pianeti, il Signor dell'universo manda alla terra nostra gli influssi dei suoi doni, e grazie spirituali. Ora, anima mia, se la Regina Saba, udita, ch'ebbe la sapienza di Salomone, e veduta la magnificenza del suo Palazzo, e la copia, e l'ordine dei ministri, che gli servivano, dice la Scrittura che, per un eccesso, ch'ella ebbe di maraviglia della prudenza di quel sapientissimo Re, restò quasi senza spirito, e disse: (17) *Beati quelli che stanno alla presenza tua, e beati i servi, che sono degni di veder la tua faccia, e ascoltar la tua sapienza!* O se tu arrivassi ad intendere la dignità, e l'eccellenza, e l'ordine della Corte di quel vero Salomone, il quale colla tua eterna sapienza, e arte, l'ha così ben disposta, e ordinata, quanto più avresti occasione non tanto di maravigliarti, con quella Regina, ma piuttosto, con quel buon Profeta, (18) di venir meno per desiderio, e amor di quella beata abitazione! Che consolazione, e che gaudio sarebbe il tuo, se dopo il corso della presente vita potessi andare ancor tu ad onorare, e corteggiare insieme con questi felici Spiriti quel Signore il quale essi servono, & *cui servire regnare est*! O Santi, e puri Angeli, o voi veramente beati, i quali di continuo assistete alla divina presenza, e vedete con tanto vostro giubilo la faccia di quel celeste Salomone, dal quale siete stati riempiti di tanta sapienza, fatti degni di tanta gloria, e ornati di tante prerogative: voi Stelle lucenti, che così felicemente risplendete in quel Cielo Empireo, infondete, vi prego, ancor nell'

---

(16) *Matth.* 28. 3.   (17) *III. Reg.* 12. 8.   (18) *Psal.* 83. 3.

nell'anima mia i voſtri beati influſſi, conſervate la mia vita ſenza macchia, la mia ſperanza ferma, i miei coſtumi ſenza colpa, l'amor mio intiero verſo di Dio, e verſo il proſſimo. Pregovi, Angeli beati, che col voſtro ajuto, come per mano, vi degniate condurmi per la via regia dell'umiltà, per la quale voi prima camminaſte, acciocchè io meriti dopo queſta vita di vedere inſieme con voi la beata faccia dell'eterno Padre, ed eſſere con eſſo voi annumerato in luogo di una di quelle Stelle che per la lor ſuperbia caddero dal Cielo.

DEGLI ANGELI IN PARTICOLARE.

PARTE SECONDA.

V. MA DOPO la contemplazione delle Angeliche Gerarchie, degna coſa è di conſiderare la gloria di quell'invitto Capitano dei celeſti eſerciti S. Michele Arcangelo, il quale per merito del ſuo gran zelo, e fedeltà fu da Dio coſtituito Principe ſopra tutti quegli Angeli i quali per diverſi miniſterj ſi mandano al mondo. Fu anco il beatiſſimo Michele onorato con queſto nome, che s'interpreta: *Quis ut Deus?* perlocchè alzandoſi quel ſuperbo Lucifero per volerſi far ſimile a Dio, queſto valoroſo Arcangelo, non potendo ſopportare tanta ingiuria del ſuo Signore, acceſo di ardentiſſimo zelo, eſclamò dicendo: *Quis ut Deus? Quis ut Deus?* cioè chi è quegli tanto audace, e coſì potente, che poſſa aſſomigliarſi a Dio? come ſe diceſſe: Non vi è in Cielo, nè in tutto l'Univerſo perſona ſimile al noſtro Dio. O fortiſſimo Michele, degno veramente di queſto nome; benedetto ſei tu fra tutti gli Angeli, e degno di ogni lode, e onore fra gli uomini, perchè foſti coſì fedele, e coſì zeloſo della gloria del tuo Creatore. Queſto glorioſo Arcangelo fu da Dio non ſolo nella Chieſa trionfante, ma anco nella militante, dotato di molti privilegj. Perciocchè prima nella Legge antica fu fatto protettore, e Cuſtode della Sinagoga, e dipoi nel Nuovo Teſtamento, Principe, e protettore della Chieſa di Dio. Queſto è quel valoroſo Duce e Capitano (1) il cui grand'animo, e zelo ſeguitando tutto quello ſquadrone degli Angeli buoni, s'oppoſe all'audacia di quel velenoſo Dragone,

(1) *Apoc.* 12, 7. & ſeqq.

gone, spezzandogli la testa, ottenne la vittoria, e lo precipitò dal Cielo, insieme con tutti i suoi seguaci. Di più in tutte l'occasioni, ogni volta che fu bisogno porger alcun'ajuto, e combattere per salute del popolo fedele, sempre vi fu presente l'invitto Michele. Questo nell'Egitto combattè per il popolo di Dio, liberandolo per mezzo di molti segni, e miracoli dalla servitù di Faraone. Questo fu quell'Angelo il quale in quella orribil notte percosse per divin comandamento tutt'i primogeniti d'Egitto. Questo per ispazio di quarant'anni, andando avanti come Capitano, e scorta dei figliuoli d'Israele, sommerse nel mar rosso l'esercito di Faraone, che li perseguitava, uccise, ed estirpò tante genti, ed eserciti che loro erano contrarj, e finalmente l'introdusse a salvamento in quella terra la quale Iddio aveva lor promessa. Ancora dopo la morte di Moisè, (2) pretendendo l'astuto demonio di fare, con quel santo corpo, idolatra il popolo di Dio: questo forte Arcangelo zelofo dell'onor divino, e della salute di quell'anime, valorosamente se gli oppose, e ributtollo. Questo finalmente, quando il popolo d'Israele fu condotto prigione in Babilonia, essendo finito già il tempo prescritto della sua cattività, andò a porgergli ajuto, e a rimuovere tutti gli impedimenti della sua liberazione. E se bene in alcuni di questi luoghi, e azioni non è così espresso il nome di Michiele, nondimeno essendo egli costituito da Dio protettore, e custode di quel popolo, si può di certo credere, o che egli v'intervenisse in persona, ovvero altri Angeli per commissione del Principe Michiele. Dipoi questo glorioso Arcangelo, oltre la protezione generale che tiene della Chiesa Santa, ha ancora particolare uffizio di ricevere tutte le anime dei giusti, le quali partendo da questo mondo, passano all'altra vita: di difenderle dall'insidie, e oppugnazioni dell'inimico, e di presentarle avanti al tribunal di Cristo, acciocchè ricevano quel premio che conforme ai meriti di ciascuno, farà loro da Dio deputato. Dipoi, quando verrà il fine del mondo, comparirà similmente questo fortissimo Arcangelo, per combattere contra l'Anticristo, il quale con falsi miracoli si sforzerà di pervertire i fedeli per difender la Chiesa di Dio da quella terribile persecuzione. E dopo di aver ottenuta questa vittoria, e incatenato il Principe delle tenebre nel pozzo dell'abisso infernale, l'istesso Arcangelo suonerà quell'orribile tromba, al suono della quale

tut-

---

(2) *Deut. ult. v. 9. Judas in sua Canon.*

tutti i morti risorgeranno, e si presentaranno dinanzi a
quell'eterno Giudice, per sentire quella final sentenza, per
la quale i giusti saranno premiati d'eterna gloria, e all'incontro i peccatori condannati a perpetuo supplizio. Allora non
sarà più tempo di misericordia, nè di grazia, ma solo di una
rigorosa giustizia, e tutti per giusto giudizio di Dio, saranno destinati, a quel luogo che ciascuno in questo mondo avrà
meritato. O invito Principe, e Custode fedelissimo della Chiesa di Dio, e dell'anime fedeli, il quale sempre con tanta
carità, e zelo ti sei posto in tante battaglie, e imprese, non
per acquistar a te stesso fama, e riputazione, come sogliono i
Capitani del mondo; ma per ingrandire, e conservar quella
gloria, e onore il quale tutti dobbiamo al nostro Dio: e insieme per desiderio della salute degli uomini; vieni; ti prego,
in ajuto dell'anima mia, la quale di continuo, e con tanto
pericolo è combattuta dalla carne, dal mondo, e dal demonio
tuoi nemici. E siccome tu fosti guida nel diserto al popolo
d'Israele, vogli essere ancora fedel Duce, e scorta mia per
lo diserto di questo mondo, sino a condurmi sicuro a quella
felice terra dei viventi, a quella beata patria dalla quale tutti peregriniamo. O anima mia, quando verrà quell'ultima ora
della tua giornata; quando ti troverai in quel terribile, e
pericoloso passo, dove sarai forzata di sciogliarti da questo tuo
tanto amato corpo, e passar nuda, e sola per quella strettissima porta dell'angustie della morte, e per tanti squadroni
dell'infernal potestà, tuoi capitalissimi nemici, i quali ti staranno intorno, a guisa di famelici leoni, ruggendo, preparati
per rapirti, e divorarti! O se in quel punto questo invito
Arcangelo, siccome s'è mostrato sempre pronto in tutti i bisogni dell'anime fedeli, si degnasse con quella sua onorata
schiera di venir ancora in tuo ajuto, e combattere per te, e
ricoprindoti con quel fortissimo scudo della sua protezione,
farti passare sicuramente per mezzo dei tuoi nemici! Se ancora avanti il Tribunale di quel santissimo Giudice pigliasse la
tua protezione, rispondendo per te impetrandoti coi suoi preghi il perdono dei tuoi peccati! E finalmente accogliendoti
sotto il suo vittorioso stendardo, ti conducesse per offerirti in
quella santa, e beata luce ove egli, e tutti gli Angeli, ed
eletti figliuoli della luce risplendono con eterno giubilo, e
festa al loro Creatore! O che refrigerio saria il tuo, e con
quanta consolazione, e contento del tuo cuore, da questo
mondo ti partiresti!

VI. DOPO il glorioso Principe Michele, considera la dignità, e le eccellenti prerogative dell'Arcangelo Gabriele, il
quale, sebbene nelle Scritture è chiamato Angelo, non è però

rò da pensare ch'egli fosse uno di quelli dell'infimo ordine, i quali particolarmente si mandano per ajuto, e ministerio degli uomini, ma che fosse più che Angelo, cioè Arcangelo, e fra gli Arcangeli il primo, poiche, siccome il misterio che egli venne ad annunciare, non fu opera, e misterio comune, ma il più eccellente, e più degno che Iddio abbia giammai operato; così è da pensare che questo divino messaggiero fosse uno dei più alti, e degni personaggj che in quella Gerarchia risiedano. Questo è quel fedele amico del celeste Sposo, che fatto da lui consapevole del profondo segreto della sua Incarnazione, fu egli il primo che lo manifestò al mondo. (3) E questo è quel grazioso Paraninfo il quale fu mezzano tra l'Altissimo Iddio e l'umil Verginella di Nazaret, tra il Verbo eterno e la nostra umana natura. Ora per meglio intendere la dignità di questo Arcangelo, considera in particolare gli uficj che dal Signore gli furono commessi. E prima (come alcuni Santi affermano) si può piamente credere ch'egli fosse dato per particolar Custode alla Beatissima Vergine. E, siccome non avea Iddio altra pura creatura nè in Cielo, nè in terra, che più amasse, nè che più degna fosse di MARIA Vergine: così puoi pensare che, siccome i Principi del mondo sogliono dare le cose che più care gli sono, in custodia ai più favoriti cortigiani che essi abbiano, così in quella Corte celeste doveva essere il glorioso Gabriele uno dei più cari, e favoriti appresso il Re del Cielo. Considera poi l'altro ufficio di questo beato Arcangelo, che fu d'essere Ambasciadore mandato dalla Santissima Trinità per un negozio così alto, e così importante, come fu l'Incarnazione dell'Unigenito Figliuol di Dio, per la redenzione, e salute di tutto il mondo. Onde molto bene gli convenne questo santo nome di Gabriele, nome veramente misterioso, il quale s'interpreta VIRTUS DEI, perciocchè egli annunciò Cristo al mondo, il qual insieme doveva essere Iddio, e Uomo. Di più questo nome Gabriele più propriamente s'interpreta FORTEZZA DI DIO, e questo per parte dell'istessa opera, che egli annunciò al mondo, che fu quel fortissimo, e triplicato funicolo, quella strettissima unione della Divina Natura col corpo, e anima santissima di Cristo in una semplicissima ipostasi, e persona dell'eterno Verbo, siccome è scritto; (4) *Funiculus triplex difficile rumpitur.* Ancora si dice FORTEZZA DI DIO, perciocchè colla sua ambasciata fu mezzo acciocchè a noi si comunicasse la divina

vina fortezza, avendo Iddio infieme coll'umana natura prefa la noftra debolezza. Onde gli uomini in virtù di quefta fortezza divennero così animofi, e forti, che hanno operate poi cofe fopra ogni forza, e virtù umana. Angelo veramente forte, poichè non folo apportafti colla tua ambafciata agli uomini la divina fortezza, ma anco ci apportafti l'iftefo Dio forte (5) fopra ogni forte, il quale pigliando le fpoglie, e fcacciando dal mondo quel forte armato, il quale per tanti anni l'avea tiranneggiato, ci liberò dalla fua fervitù, e ci reftituì alla libertà dei figliuoli di Dio.

VII. RESTA ora, dopo di aver confiderato il zelo, e i fatti illuftri del Principe Michele, e la fortezza mifteriofa dell'Arcangelo Gabriele, che confideriamo parimente l'officiofa carità dell'Angelo Rafaele, il quale per effere, come l'iftefo diffe, (6) uno di quei fette Spiriti che fempre affiftono alla prefenza di Dio, è da credere ch'egli fia uno dei principali Angeli del Paradifo. E confeguentemente confidereremo i molti beneficj che ciafcuno riceve sì nell'anima, come nel corpo dal fuo Angelo Cuftode. Perciocchè quefto gloriofo Rafaele, sì per il nome ch'egli tiene, come per gli ufficj di pietà, ch'egli usò verfo il vecchio, e giovane (7) Tobìa, fu appunto uno tipo, e una figura efpreffa di tutto quello che fanno verfo di noi gli Angeli Cuftodi. E prima, molto bene gli convenne il nome di Rafaele che s'interpreta MEDICINA DI DIO, per l'effetto che egli fece appunto di medicina tanto fpirituale verfo il giovane Tobìa, come corporale verfo il fuo padre vecchio, in reftituirgli la vifta. E che altro anco è l'ufficio che ufa verfo di te il tuo Angelo Cuftode, fe non di medico, e di medico non meno corporale, che fpirituale? come di fotto fi dirà. Dunque per meglio intender quefto, confidera come tre fono gli ftati della vita umana. Uno mentre l'uomo fta nel ventre della madre. Secondo, da che è nato infin alla fua morte, e al particolar giudizio dell'anima fua. Terzo, nello ftato che feguita dopo morte. Ora in ciafcuno di quefti ftati, conforme a tutte l'azioni dell'Angelo Rafaele, contempla i particolari ufficj, che fa il tuo Angelo Cuftode verfo di te. E, quanto al primo ftato della vita, narra la Scrittura, che volendo il vecchio Tobìa (8) mandar il figliuolo in lungo viaggio, cercava compagnia ficura, colla quale lo poteffe mandare. Allora, avanti che il buon giovane ufcife dalla cafa paterna, mandò Iddio il fuo Angelo, il quale comparendogli

dogli in forma umana, se gli offerse per guida, e per compagno in tutta quella peregrinazione. O carità smisurata, e cura più che paterna del Creatore! il quale avanti che tu uscissi dal ventre di tua madre, avanti che tu avessi alcuna cognizione dei tuoi nemici, e dei pericoli che ti soprastavano, comandò Iddio ad uno di quei beati Spiriti, i quali sempre vedono, e godono la sua divina faccia, e a quello istesso che era stato primo Custode della madre tua, acciocchè egli pigliasse cura di te, cominciando in quel tenero stato, nel quale tu eri esposto a molti pericoli, a preservarti da quelli insieme colla madre, acciocchè non fosti impedito di poter pervenire sicuro alla grazia del Battesimo, ed essere scritto nel numero dei figliuoli di Dio. Ma che dico io, che il tuo Creatore mentre ancora eri nel ventre materno ebbe questa cura, e memoria del ben tuo? anzi *ab aeterno*, avanti che creasse gli Angeli, avanti che da principio facesse cosa alcuna, non erano ancora gli abissi, nè avea ancor posti i fondamenti del Cielo, e della terra, quando Iddio si ricordò di te, uomo miserabile, e fu sollecito della salute tua. E sebbene nella sua eterna mente previde tanta tua ingratitudine, e indegnità, con tutto ciò per sua mera bontà, senza che precedesse alcun tuo merito, egli dispose non solo di darti quell'ajuto, ma ancora di farti tutti quei benefizj i quali dal punto della tua concezione tu hai ricevuti, e riceverai per l'avvenire, fino a quell'ultimo maggiore sopra tutti gli altri beneficj, che è la tua eterna Beatitudine.

VIII. DIPOI, quanto al secondo stato della tua vita, dopo che tu fosti uscito alla luce di questo mondo, seguita la Scrittura Sacra, come l'Angelo Rafaele, uscendo con Tobia (8) dalla casa del Padre, promise di condurlo sano, e l'accompagnò fedelmente in tutto quel viaggio. Non altrimenti subito che tu fosti nato, ti accompagnò Iddio con uno di quei Celesti cittadini; acciocch'egli, come tuo particolar Custode e pedagogo, pigliasse la tua protezione; e fosse nel Cielo come tuo Avvocato appresso Sua Maestà, perciocchè in questa vita tutti siamo a guisa di fanciulli, e abbiamo bisogno (9) di tutore; e di pedagogo, il quale ci guidi, e che qualche volta ci pigli per la mano, e ci sostenti, acciocchè per sorte i nostri piedi non intoppassero nella pietra di qualche peccato, e talvolta ancora in alcun passo pericoloso: che ci pigli nelle sue braccia, acciocchè passiamo sicuri, non ci accorgendo noi del

---

(8) *Tob.* 2. (9) *Gal.* 4.

del pericolo, se non dopo averlo paſſato. Secondo, ſiccome l'Angelo Rafaele guidava per quella via il giovane Tobìa, (10) dandogli buoni conſigli, e ricordi, e particolarmente avendo a pigliar moglie l'iſtruì come doveva prepararſi, e dar principio al ſuo matrimonio, non già come gli uomini carnali, ma con ſanto timor di Dio, e con molta orazione: coſì l'Angelo tuo Cuſtode ti dà di continuo buoni conſigli, e iſpirazioni, indirizzandoti in tutte le tue operazioni, perciocchè egli t'eccita, e ſprona a fare molte opere buone, le quali ſenza queſto ajuto tu non fareſti; e queſto; ora allettandoti coll'eſempio di Criſto Signor noſtro, e de' Santi ſuoi, ora infiammando la tua volontà colla conſiderazione della bontà di Dio, e dei ſuoi infiniti beneficj; e ora illuminando l'intelletto col timore del futuro giudizio, e delle pene infernali. Terzo, ſeguita la Scrittura, a narrare i beneficj che riceve Tobìa dall'Angelo Rafaele tanto nella perſona propria, quanto ne' beni temporali. E prima, accoſtandoſi Tobìa (11) al fiume Tigre per lavarſi, fu aſſalito da un gran peſce, che lo volle divorare; ma l'Angelo lo difeſe, e liberò da quel pericolo, e volle che pigliaſſe il fiele di quel peſce, per reſtituir con quello la ſanità al ſuo Padre cieco. E oltre di ciò, l'iſteſſo Angelo non ſolo riſcoſſe per Tobìa quella ſomma di denari per la quale era mandato, ma anco lo fece divenire erede di tutte le facoltà di Raguele ſuo ſuocero. Ora che altro fanno Angeli noſtri Cuſtodi, ſe non vegliar di continuo ſopra di noi, per porgerci ajuto nelle noſtre neceſſità, non altrimenti che faccia una madre, la quale ſempre tiene l'occhio ſopra il ſuo piccolo figliuolino, acciocchè non cada, o ſi faccia alcun male. Penſa dunque, da quanti pericoli corporali egli ti ha preſervato, nei quali (come molti altri) tu ancora avreſti potuto incorrere, e ancora, quanto ſia ſtato ſollecito in proccurarti beni temporali, come ſanità, forze, e altri ajuti, acciocchè tu poſſa ſoſtentare la tua vita, conforme al tuo ſtato, e a quello ch'egli conoſceva eſſere più ſpediente per la tua ſalute. Quarto; ſiccome ancora l'Angelo Rafaele (ſiccom'egli diſſe) avea cura di rappreſentare a Dio l'orazioni, e buone (12) opere di Tobìa; coſì l'Angelo noſtro Cuſtode fa ufficio per noi di proccuratore, avanti il coſpetto di Dio, preſentandogli le tue orazioni, i tuoi deſiderj, e quel poco che fai di opere, riportando dall'iſteſſo Dio all'anima tua ſempre alcun dono, e grazia divina. O chi poteſſe vedere con quanta ſolleci-

---

(11) *Tob.* 10. (12) *Tob.* 12.

lecitudine gli Angeli Santi ascendono, e discendono sopra di noi, nella guisa che facevano per quella scala che vide il Patriarca Giacobbe! Ascendono rappresentando le necessità nostre, pregando il Padre celeste, e domandando misericordia per noi: scendono poi, riportandoci dall'istesso Padre sante inspirazioni, buoni pensieri, e altri divini, ajuti, e alle volte ancora qualche paterna correzione, per farci svegliare, ed entrare in noi stessi, (13) acciocchè insieme con questo mondo non ci danniamo. Quinto, siccome l'Angelo Rafaele insegnò a (14) Tobia il modo che dovea tenere per cacciare il demonio, acciocchè non avesse potestà sopra di lui, contra il quale anco l'Angelo combattè per difesa del giovane: così l'Angelo nostro Custode non altrimenti che un fedel Capitano a cui sia stata data in guardia una Fortezza, sta vigilante, acciocchè l'inimico nè per forza, nè per inganno possa ottener di noi vittoria. Perciocchè questi Santi Angeli sono quei fedeli Custodi i quali disse (15) il Signore, d'aver collocati sopra le mura di Gerusalemme per custodire nelle vigilie della notte il gregge suo, acciocchè il lupo infernale nostro avversario non rapisse per forte, a guisa di Leone, l'anime nostre. Ancora a questi stessi Angeli Custodi nostri appartengono quelle parole dell'Apocalisse: (16) Esto vigilans, & confirma; sta vigilante, e conferma: perciocchè sta vegliando per noi l'Angelo Custode contro il demonio, opponendosi al suo impeto, riparando i suoi colpi, e levandogli le forze, acciocchè ei non abbia tanto potere sopra di noi. Dall'altro canto, ci conferma or col rimuovere da noi l'occasioni di peccare, or ritirandoci da molti vizj, e peccati, nei quali senza il suo ajuto facilmente saressimo incorsi, or istruendoci del modo con che dobbiamo ajutarci nelle tentazioni, ora confortandoci, e dandoci animo, quando siamo travagliati, e combattuti dalla tentazione, e finalmente impetrandoci dal Signore aumento di forze, e di grazia, per poter resistere, e riportar vittoria. Sesto, siccome ancora l'Angelo Rafaele, acciocchè il demonio non uccidesse Tobia, come avea fatto a tutti gli altri mariti della moglie, lo prese e lo legò, confinandolo in un diserto, così il nostro buon Angelo particolarmente ci assiste al tempo della morte, per difenderci in quell'ora più che mai, e per liberarci dalle insidie, e oppugnazioni, del demonio, il quale allora più che in altro tempo, va attorno (17) cercando chi possa divorare,

con

---

(13) 1. *Cor.* 11. (14) *Tob.* 6. (15) *Isa.* 62. (16) *Apoc.* 3.
(17) 1. *Petr.* 4.

con preſervarci particolarmente da quei peccati a' quali in quel punto ſiamo più ſoggetti, come è infedeltà, e diſperazione, acciocchè noi poſſiamo andar liberi dalle miſerie di queſto mondo alla celeſte patria: e dopo che l'anima noſtra è uſcita dal corpo, l'iſteſſo Angelo, accompagnandola, la conſola, e conforta à preſentarſi con la fiducia innanzi al tribunal di Dio, mettendole avanti i meriti prezioſiſſimi di GESU' Criſto, nei quali al tempo di quel giudizio ſi dee confidare. E dopo che per divina ſentenza ſarà deſtinata a purgare quello che le reſta di pena nel Purgatorio, ivi ſpeſſo la viſita, e la conſola con darle nuova dei ſuffragi che per eſſa ſi fanno in queſto mondo, e con aſſicurarla della futura liberazione.

IX. QUANTO poi al terzo e ultimo tuo ſtato, conſidera ciò che finalmente fece l'Angelo Rafaele, il quale, dato ch'ebbe moglie al giovane Tobia, (18) e arricchitolo di tutti i beni del ſuo ſuocero, carico di molti doni, e ricchezze lo riconduſſe alla caſa paterna, ove fu con tanta maggior allegrezza ricevuto, quanto maggiore era ſtata la meſtizia cagionata dalla ſua tardanza, e dal dubbio di averlo perduto. Ora contempla parimente l'uffizio del tuo fedel Cuſtode, il quale dopo che l'anima tua ſarà purgata d'ogni macchia, e venuta già al fine della ſua lunga, e pericoloſa peregrinazione, dopo d'aver il tuo buon Angelo, come celeſte paraninfo, concluſo quel felice mattimonio, non già di te colla figliuola di Raguele, ma ſì bene dell'anima tua col celeſte Spoſo, ornata di molti doni, e grazie divine, la condurrà tutta lieta al Cielo (19) a quella ſuperna Geruſalemme, madre noſtra, e ivi con molta feſta, e gaudio di tutti gli Angeli, e Santi del Paradiſo, dai quali tanto avanti era aſpettata, l'appreſenterà nel coſpetto del ſuo celeſte Padre, (20) per ricevere dalle ſue divine mani la corona della gloria, e di quella felicità che ab eterno le era ſtata apparecchiata: per la quale noi tutti ancor miſeri gemiamo, e ſoſpiriamo in queſta valle di lagrime. O mille volte beata quell'anima che dopo d'eſſere ſtata fedele verſo il ſuo Creatore, e ubbidiente ai buoni conſigli del ſuo Angelo Cuſtode, dopo d'avere ſpeſi lodevolmente gli anni della ſua vita, ſarà dall'iſteſſo Angelo introdotta in quella beata patria, in quegli eterni Tabernacoli dei giuſti! Ivi ſi celebraranno le vere nozze (21) dell'Agnello colla ſua diletta ſpoſa, ivi ſarà piena allegrezza, perfetta pace, e ripoſo ſenza fine. Ma tu tal-

---

(18) Tob. 6. 10. (19) Gal. 4. (20) Rom. 5. (21) Apoc. 21.

anima mia, che altro non hai fatto in tutta la tua vita, se non offendere il tuo Creatore, e dar disgusto al tuo buon' Angelo Custode, dimmi, che consolazione potrà aver egli in condurti avanti del Padre tuo: e tu con che faccia potrai giammai comparirgli avanti? Oime, Dio mio, dunque mi debbo disperare? non già, ma, sapendo le vostre misericordie essere senza numero e che in persona di quel buon Padre (22) vangelico riceveste, con tanta carità quel figliuolo tornato a penitenza, mi confido, che se io ancora dolente, e pentito ritornerò a voi, Padre mio, non mi scaccierete, ma come pietoso Padre, mi riceverete, e, se non come figliuolo ubbidiente, almeno come penitente. Ora, che potremo (23) noi retribuire al Signore per tali e tanti beneficj da sua Maestà ricevuti? Perciocchè quello che noi dobbiamo a quei beati Spiriti, per mezzo dei quali l'abbiamo ricevuto, tutto lo dobbiamo al Creatore, il quale comandò (24) agli Angeli suoi, che ci custodissero in tutte le nostre vie, nondimeno ancora agli istessi Angeli Custodi nostri, per la loro gran carità, e fedel ministerio usato verso di noi, gran debito abbiamo di gratitudine. Però pensa un poco, che contraccambio potresti tu rendere al tuo fedel Custode, e che saria il dovere, che tu facessi verso di Lui. E prima, (25) per l'assistenza del tuo Angelo, gli devi onore, divozione, e riverenza, guardandoti di far cosa negli occhj suoi la qual tu non faresti in presenza di qualunque uomo tuo superiore. Perciocchè, guai a te, se questo Santo Angelo provocato dalle tue negligenze, e peccati, ti giudicherà indegno della sua presenza, e Angelica visitazione. Oltre di ciò, molte sono le virtù che piacciono agli Angeli Santi, e che desiderano di vedere nell'anime nostre, le quali dobbiamo con ogni diligenza procurare. E queste sono (26) la sobrietà, la castità, la povertà volontaria, i frequenti gemiti, con divote lagrime, e ferventi orazioni, ma sopra tutto, l'unione, la pace, e la fraterna carità sono quelle virtù che più ricercano da noi gli Angeli della pace. O anima mia, o immagine bellissima del Creatore, se tu intendessi la tua dignità, quanto sei amata, e prezzata da Dio, e quanto ti stimino gli Angeli, certo che per non fare questa ingiuria a quello che tanto t'onorò, e per non dare questo scontento al tuo fedelissimo Custode, non così facilmente t'imbrat-

(22) Luc. 15. (23) Psal. 225. (24) Psal. 90.
(25) D. Bern. (26) Gen. 19.

bratteresti, e disonoreresti colla feccia, e bruttezza del peccato; poichè se tanta allegrezza si fa nel Cielo (27) da tutti
gli Angeli per la conversione di un peccatore, che mestizia,
e che scontento puoi tu pensare che senta il tuo buon'Angelo, quando per alcun peccato tu cadi dalla divina grazia? e
s'egli avesse sangue per ispargere, e vita per poter dare, o
quanto volentieri ad imitazione del suo Signore la darebbe per
la tua salute. Proccura dunque adornarti piuttosto con quelle
virtù che rallegrano gli Angeli, e danno gloria al tuo Creatore, acciocchè da questi semi di preziosi meriti, conforme
alle virtù Angeliche, tu possa raccoglier frutto dolcissimo simile al premio degli istessi Angeli.

COLLOQUIO.

PREGHERAI Dio nostro Signore, che siccome egli con
sì mirabil ordine compartì gli ufficj, e i ministerj degli
Angeli suoi in beneficio degli uomini, così ancora si degni di
concederti, che da tutti quei beati Spiriti, i quali sempre
assistono, e servono nel Cielo a sua Divina Maestà, sia di continuo la vita tua custodita, e difesa dai tuoi crudeli nemici.
E siccome a quelli concedette così copioso dono di grazia;
così voglia per le loro orazioni conceder ancora a te la grazia
di poter imitare la loro umiltà, carità, e purità, acciocchè,
menando quaggiù in terra una vita Angelica, tu sia degno ancora lassù di esser fatto simile agli istessi Angeli, e di goder
insieme con loro la sua desiderata, e beatifica visione.

DO-

(27) *Matth.* 18.

DOCUMENTI.

1. **D**ICE il Signore, (1) che se non diventaremo come fanciulli, non entraremo altrimenti nel Cielo, perciocchè, siccome egli stesso in un' altro luogo dice: (2) Di tali è il Regno dei Cieli. Dunque se vogliamo salvarci, conviene che abbiamo quelle proprietà le quali hanno i fanciulli; che siamo tali nei nostri costumi, quali essi sono in quell'età. I fanciulli sono semplici, e senza malizia, e inganno: sono puri di mente, e di corpo; non istimano nè onore, nè disonore; non fanno ingiuria ad altri, e di quella che loro è fatta, non si vendicano: non contendono con altri, ma a tutti cedono: sono finalmente timorosi, e facili a soggettarsi a' loro maggiori. Queste sono virtù Cristiane delle quali l' istesso Cristo fece professione, e nelle quali ci esortò ad imitarlo, quando (3) disse: Imparate da me, che sono mansueto, e umile di cuore; nelle quali due virtù tutte le suddette proprietà si contengono.

2. Dice ancora (4) il Signore: Colui che si farà umile, come un fanciullo, quello farà maggiore nel regno dei Cieli, O quanto bene disse l' Appostolo, che la sapienza della carne è nemica, e contraria a quella di Dio! perciocchè nel mondo quelli sono stimati maggiori, i quali sanno meglio conservare i punti dei gradi, e degli onori: e di questi tali nessun conto ne tiene Iddio. Per lo contrario colore i quali proccurano più di abbassarsi, e mettersi sotto i piedi di tutti, quelli sono veramente grandi nel cospetto di Dio, e saranno ancor nel Cielo maggiori degli altri, conforme al detto (5) del Savio: Quanto magnus es, humilia te in omnibus, & coram Deo invenies gratiam.

3. Quanto più l' uomo si farà minor degli altri, tanto farà maggiore: perchè quanto uno è più umile, tanto e più vicino a Cristo, il qual è sopra a tutti. Onde se così è, non dovrebbono i Cristiani, e le persone spirituali contendere fra loro delle precedenze, e del primo luogo, ma piuttosto dell'ultimo: perciocchè colui che desidera d'aver il primo luogo in terra, si ritroverà confuso nel Cielo. Non

siamo

---

(1) *Matth.* 18. 3.   (2) *Matt.* 19. 14.   (3) *Matt.* 18, 4.
(4) *Matth,* 11. 29.   (5) *Eccl.* 3, 20.

fiamo dunque folleciti di voler parere maggiori degli altri, ma di farci inferiori a tutti: perciocchè non è più giufto, nè migliore, quello che è più onorato, ma per lo contrario, quanto alcuno è più giufto, tanto è maggiore e più degno d'onore.

4. Se tanta è la riverenza che dobbiam portare ai Santi Angeli Cuftodi, che per rifpetto loro, come il Signore comanda, (6) dobbiamo guardarci di non fprezzare qualunque altro uomo, per minimo, e baffo, che fia, e così anche l'Appoftolo (7) configliava le donne per non offendere colla lor poca oneftà, e vanità gli Angeli gelofi della falute degli uomini, che nelle Chiefa fi copriffero la tefta: quanto più ci dobbiamo guardare dal far ingiuria, o altra offefa più grave, ai proffimi noftri! poichè offendendo loro, offendiamo i loro Angeli, i quali, come amici, e domeftici intimi di Dio, dimanderanno contro di noi vendetta; e fenza dubbio l'otterranno.

5. Siccome gli Angeli s'impiegano con tanta diligenza, e cura nella cuftodia degli uomini; non però colla mente loro mai lafciano di vedere, e contemplare la faccia del Padre celefte, nè fi allontanano dal divino amore: perchè la cura, e follecitudine che hanno di noi, è fubordinata allo fteffo amore, e per quello è prefa da loro: così devono le perfone fpirituali che hanno cure, e occupazioni efteriori, proccurare di pigliarle di forte, che non folo non impedifcano le interiori; ma piuttofto ajutino al loro profitto fpirituale, e alla contemplazione delle cofe di Dio. Il che, avverrà, quando, conforme all' efempio degli Angeli Santi, proccureranno che le loro azioni efteriori procedano, ed abbiano efficacia dalle interiori, e da quelle fiano ordinate, e regolate, cioè che non fiano prefe per altri fini, ma folo per puro amor di Dio.

6. Quelli che hanno cura di ridurre anime a penitenza, debbeno imparar a non abbandonar mai l'imprefa, per difgufti che ne ricevano, nè meno per dubbio della buona riufcita di quelli che fpiritualmente ajutano; ficcome col loro efempio c'infegnano gli Angeli Cuftodi, i quali non abbondonano giammai la cura, e la cuftodia di un peccatore, ancorchè ricevano molti difgufti per i loro peccati; ed ancorchè foffero da Dio per rivelazione fatti certi, che quelli, che hanno in cura, non fi debbono convertire; non lafciando mai di ftimolarli alla penitenza, mentre che fono in quefta vita, e in iftato di potarfi pentire, e ridurre all' ifteffo Dio.

7. Seneca, Filofofo gentile, fcrivendo ad un' amico fuo, gli infegna, che per ftare fopra di fe nelle azioni, e parole fue, s'immagini fempre di avere appreffo di fe Catone, come fuo fevere cenfore.

(6) Matth. 18. 10. (7) 1. ad Cor. 10.

fore. Del qual documento dovremo noi Cristiani con molto maggior ragione fervirci, immaginandoci in tutte le noftre azioni di aver fempre appreffo di noi gli Angeli Cuftodi, come feveri cenfori noftri, a fine, che quefta rapprefentazione ci ajutaffe a ftar fopra di noi, e aver riguardo a tutto quello che noi facciamo, o diciamo: perciocchè fe altrimenti faremo, è da temere che quelli i quali ora fono noftri avvocati appreffo Dio, di poi il giorno del Giudizio non fiano noftri accufatori.

IL FINE.

NOI RIFORMATORI

DELLO STUDIO DI PADOVA.

Concediamo Licenza a *Gio: Antonio Pezzana* di poter riftampare il Libro intitolato: *Vita di S. Luigi Gonzaga &c.*, *fcritta dal P. Virgilio Ceppari &c.*, *riftampa*, offervando gli ordini foliti in materia di ftampe, e prefentando le copie alle pubbliche Librarie di Venezia, e di Padova.

Dar. li 2. Settembre 1788.

(*Girolamo Afcanio Giuftinian Kav. Rif.*

(*Zaccaria Vallareffo Rif.*

(*Francefco Pefaro Kav. Proc. Rif.*

Regiftrato in Libro a car. 268. al num. 2514.

Marcantonio Sanfermo Segr.

Ingram Content Group UK Ltd.
Milton Keynes UK
UKHW032040240723
425688UK00011B/47